HEINZ HUG

Der tägliche Ökohorror

HEINZ HUG

Der tägliche Ökohorror

So werden wir manipuliert

Wirtschaftsverlag Langen Müller / Herbig

1. Auflage Januar 1997
2. Auflage September 1997

Schutzumschlag: Atelier Bachmann, Reischach
Schutzumschlagmotiv: CreaStock/Bavaria, Gauting
Satz: Fotosatz Völkl, Puchheim
Druck: Jos. C. Huber KG, Dießen
Binden: Großbuchbinderei Monheim
Printed in Germany
ISBN 3-7844-7354-7

Inhalt

Vorwort

Mit diesem Buch werde ich manchen gewaltig auf den Frack gehen – aber man kann nicht everybody's Darling sein. Das ist auch gar nicht meine Absicht. Außerdem gibt es Ökoschmusebücher satt bis zum Abwinken. Dafür, so hoffe ich, spreche ich den verblüfften Opfern des deutschen Weltuntergangstheaters um so mehr aus dem übervollen Herzen. Und die sollten auch einmal die – allgemein verständlich und naturwissenschaftlich exakt beschriebene – Gegenposition zum sattsam bekannten Endzeit-Singsang zu lesen bekommen. Denn in der Ökodiskussion ist nur weniges so eindeutig gesichert, wie es nach den Medienberichten erscheint. Vielmehr sind gerade hier »Sinn-Macher« tatkräftig am Werk!

Der ganze Übertreibungszirkus fing an, als vor wenigen Jahren die Partei fürs Tannengrün im 68er Schlabberlook in die Parlamente einzog. Viele sahen in der parlamentarischen Vertretung für gefährdete Minderheiten, Kröten und Kräuter einen Spuk, der sich nach einem kurzen Zwischenspiel in Luft auflösen würde. Tatsächlich wurde aber die deutsche Romantikerseele zutiefst gerührt. Die Träume von der heilen Welt im Rotkäppchenwald und am Dorfbrunnen unter der Linde sprachen mehr Wähler an, als die tradierten Parteien zunächst glauben mochten.

Inzwischen haben sich die Biotop-Ritter als Postencompañeros entpuppt, die eine andere Republik wollen und denen der Umweltschutz nur als Vorwand diente. Das Wohl der Bevölkerung und deren Arbeitsplätze ist ihnen vollkommen schnuppe. Aber noch viel problembehafteter ist der unter grüner Sonne erblühende gesellschaftliche Wandel zu spätrömischen Verhältnissen!

Die übertrieben dargestellten Gefahren der Technik und unserer Zivilisation sind das Herrschaftsinstrument, mit dem man an sich begründete Ängste zur Hysterie verkommen lassen hat. Das Ergebnis ist eine kollektive Realitätsverweigerung in Deutschland, die weltweit einmalig sein dürfte. Es entstand ein Neurosenzirkus, in dem machtausübende »Gutmenschen« die Dompteure abgeben. Daneben gibt es die von ihnen beherrschten Gutmenschen – die ÖkotanzbärInnen. Diese trennen inzwischen als Biotonnen-Enthusiasten ihren Müll mit neurotischer Akribie; fürchten seit über 20 Jahren, daß der Wald stirbt; warten horrorsüchtig darauf, daß sich das Kernkraftwerk Obrigheim wie Tschernobyl zerlegt; genießen den ultragefährlichen Elektrosmog mit Lustangst – und dem Handy am Ohr; kennen wegen des allgemeinen Weltelends kaum noch gute Laune und haben 1990/91 die Fastnacht ausfallen lassen – weil im Persischen Golf Truppen aufmarschierten. Die Existenz beider Sorten Gutmenschen ist der eine Teil unseres täglichen Ökohorrors.

Der andere sind die Lehrmittel und Spielzeuge im Ökochonder-Kindergarten. Ich habe einige wichtige Absonderungen der Ökosprechtüten auf ihre Plausibilität hin abgeklopft und mit den Aussagen einschlägiger Lehrbücher und der Literatur verglichen. Deshalb sind sämtliche in diesem Buch genannten Fakten abgesichert und, soweit von Bedeutung, die Quellen im Literaturverzeichnis vermerkt.

Um aber gleich einem Mißverständnis vorzubeugen: Wer jetzt meint, der Umweltschutz gehöre zum Teufel gejagt, wird von mir keine Zustimmung bekommen. Genausowenig wie ich Verständnis für Leute habe, die um der schnellen Mark willen notwendige Vorsorgemaßnahmen unterlassen. Auch stimme ich nicht der platten Parole zu: Technik ist immer gut. Sie ist genauso dämlich wie: Natur ist gut – Technik ist schlecht.

An dieser Stelle möchte ich allen Personen, die mitgeholfen haben, das Buch zu realisieren, herzlichst danken.

Heinz Hug, Wiesbaden im Juni 1996

1. Im Gasthof zum Grünkernbratling

These: *Seit mehr als zwanzig Jahren werden die Technikrisiken in manipulativer Absicht übertrieben dargestellt. Die dadurch geweckten Ängste und die weitverbreitete »naturwissenschaftliche Legasthenie« halfen den DirektorInnen des Hysteriezirkus, den »sanften ökologischen Wahn« als Richtlinie der Politik zu etablieren. Inzwischen haben fast alle Parteien einen grünen Anpassungsprozeß durchgemacht, der zwangsläufig dazu führen mußte, daß Minderheitenpolitik groß- und die Politik für die Bevölkerungsmehrheit kleingeschrieben wird. Weil infolgedessen immer mehr Quatschthemen das Tagesgeschäft bestimmen, sind die traditionellen Parteien einem erheblichen Teil ihrer Wähler fremd geworden. Wo es aber keine echte Auswahl mehr gibt, dort bleibt zwangsläufig auch die parlamentarische Demokratie irgendwann auf der Strecke. Auf diese Art und Weise wird nicht nur unser Lebensstandard, sondern auch der Staat verspielt.*

Freuen Sie sich auf den Ökoblockwart

Ein strahlender Julitag 1995. Die Sonne gibt ihr Bestes, und die rot-grüne hessische Landesregierung nebst ihrem inoffiziellen Rundfunkorgan, dem HR III, pflegt gerade eifrig den dritten Ozonalarm in diesem Jahr. Ozon, ein heimtückisches Gas, das plötzlich an der Grenze von Bayern nach Hessen in einem entsetzlichen Maße gefährlich wird, zwingt Radarmeßwagen auf die Straße und läßt es ratsam erscheinen, bei körperlichen Arbeiten etwas langsamer zu tun. Deshalb ruht sich Lehrer Lämpel auf der Terrasse seines vor einigen Monaten von der Schwiegermutter geerbten Jugendstilhäuschens aus. Diese kleine Villa liegt in einer idyllischen Alleinlage außerhalb Kassels, während der Lehrer selbst in der Nähe seiner Schule wohnt. Da läutet das Telefon. Ein Mitarbeiter vom Bauaufsichtsamt stellt sich vor und fragt, ob Familie Lämpel gerade Renovierungsarbeiten an dem Haus im Trompetental vornähme. Als dies bejaht wird, erklärt der Beamte, ein besorgter Bürger, dessen Namen er nicht nennen könne, habe ihn auf die Bauarbeiten aufmerksam gemacht. Deshalb müsse er sich jetzt erkundigen, ob Herr Lämpel denn eine Baugenehmigung eingereicht habe. Bei ihm jedenfalls würden keine Unterlagen vorliegen.

Herr Lämpel erklärt, daß er lediglich auf Betreiben und auf Anweisung des Entwässerungsamtes eine neue Senkgrube setzen würde, und hierfür habe er die entsprechenden Unterlagen da. Neben diesen Arbeiten möchte er die alten Pflastersteine im Hof neu verlegen, die Regenrinnen erneuern, den alten Heizkessel ersetzen, ein modernes Bad installieren und anschließend die Zimmer tapezieren. Ihm sei nicht bekannt, daß man hierfür einen Bauantrag stellen müsse. Doch, so wird ihm ungerührt und bürgerfreundlich erklärt, das Häuschen stünde nämlich im Außenbereich innerhalb eines Naturschutzgebiets, und da sei das neue hessische Naturschutzgesetz vom 19. Dezember 1994 zu beachten. Am besten wäre es, wenn er doch einmal beim Bauamt vorbeikäme und dabei auch gleich die Baugenehmigung für das alte Haus vorlegen würde. Jetzt wird Herr Lämpel hellhörig und erklärt, daß das Haus vor etwa 100 Jahren gebaut wurde, zwischenzeitlich mehrfach den Eigentümer gewechselt habe, daß seine Schwiegermutter dort über 40 Jahre ohne Beanstandung gewohnt habe und daß er selbstverständlich keine 100 Jahre alte Baugenehmigung in seinen Akten habe. Außerdem könne die Renovierung nur im Interesse der Allgemeinheit sein, denn er möchte das Haus anschließend an eine junge Familie vermieten und somit also Wohnraum zur Verfügung stellen.

»Wie, Sie wollen nicht selbst einziehen?« ertönt es vom anderen Ende der Leitung. Das könne von der zuständigen Behörde ohnehin nicht genehmigt werden, denn Häuser in dieser Alleinlage dürften nach der neuen Regelung bestenfalls noch vom Eigentümer selbst bewohnt werden. Ja, wenn er vermieten wolle, dann sei es fraglich, ob das Haus überhaupt genutzt werden dürfe, denn die Vermietung stelle ja eine erhebliche Nutzungsänderung dar. Damit war zunächst das Gespräch beendet.

Kurz darauf wird Lehrer Lämpel, bewaffnet mit einem Architekten und einem Rechtsanwalt, bei der Baubehörde vorstellig. Während der lebhaften Diskussion stellt sich heraus, daß die Baubehörde aus Gründen des politisch formulierten Umweltschutzauftrags sehr wohl ein Wörtchen mitreden darf, wenn ein Bürger in Hessen ein geerbtes Haus im Außenbereich renovieren möchte. Zunächst wird vom Sachbearbeiter auf den Paragraphen 35 des

Bundesbaugesetzes hingewiesen. Danach darf im Außenbereich nur ein »privilegierter Personenkreis« bauen. (Zum Beispiel Landwirte! Eventuell noch engagierte Politiker, die auch Jäger sind?) Dies treffe ja wohl in diesem Fall nicht zu. Lehrer Lämpel gibt nicht auf und weist darauf hin, daß er gar nicht bauen wolle im Sinne der Erstellung eines Gebäudes, denn das Gebäude und der Hof würden nicht um einen Zentimeter wachsen. Das hilft ihm nichts. Denn als nächstes greift der Baubeamte auf den bürgerfreundlichen Paragraphen 5 des neuen hessischen »Naturschutzgesetzes« zurück. Dort sind die »Eingriffe in Natur und Landschaft« definiert. Insbesondere fällt hierunter: »Die Herstellung, Erweiterung, Änderung oder Beseitigung von baulichen Anlagen ... im Außenbereich.« Mit der Renovierung des Hauses sei zwangsläufig eine Änderung verbunden, so wird ihm erklärt. So was bedürfe aber nach Paragraph 6 des gleichen Gesetzes einer Genehmigung, und die würde nicht erteilt. »Dann würde aber das Haus verfallen – und denken Sie an den Denkmalschutz!« wendet der Architekt ein. Ungerührt wird ihm wörtlich entgegnet: »Wo steht es denn geschrieben, daß ein Haus erhalten werden muß? Es ist schließlich die Politik des Landes Hessen und auch die des deutschen Städtetags, das Wohnen im Außenbezirk einzuschränken und auf das Notwendigste zurückzuführen.« Man erkennt unschwer die Richtlinie: »Ruinen schaffen – ohne Waffen.« Nach der Ankündigung des Anwalts, gegen die Behörde zu klagen, verlassen die Besucher die bürgernahe Behörde.

Die Geschichte ist keine Satire, sondern hat sich, von kleinen Änderungen abgesehen, so zugetragen. Sie wirft ein grelles Schlaglicht auf das selbstherrliche Auftreten deutscher Behörden und beleuchtet gleichzeitig den Gesinnungs- und Geisteszustand des Gesetzgebers. Studienrat Lämpel versteht die ansonsten von ihm gehegte rot-grüne Welt nicht mehr. Besonders verärgert ihn, daß er, der sich ganz besonders viele Gedanken um die ramponierte Welt macht, bei der Landtagswahl im Februar 1995 die Grünen gewählt hat. Bleibt ihm nur die bittere Erkenntnis: Der rot-grüne Ökoneurosenzirkus frißt langsam, aber sicher auch seine eigenen Wähler!

Ein weiteres Schlaglicht auf den mentalen Zustand der bundesrepublikanischen und insbesondere der hessischen Politkaste wirft der Paragraph 34 des bereits genannten Naturschutzgesetzes. In dem Ökoknaller heißt es: »Bei allen Naturschutzbehörden werden unabhängige und sachverständige Naturschutzbeiräte gebildet.

Die Naturschutzbeiräte beraten und unterstützen die Naturschutzbehörden in allen Angelegenheiten des Naturschutzes. Sie können Anträge stellen und sind auf Verlangen zu hören.« Ein solcher Beirat ist rechtzeitig zu unterrichten über die Vorbereitung von Rechtsverordnungen, die Aufstellung von Landschaftsplänen und ähnlichem, wie es in Paragraph 3 vorgesehen ist. Das betrifft auch die Aufstellung von Bauleitplänen. Aus welchem Personenkreis setzen sich die Beiräte zusammen? In Paragraph 34 Absatz 5 heißt es dazu: »Mindestens die Hälfte der Beiratsmitglieder wird auf Vorschlag der nach Paragraph 29 des Bundesnaturschutzgesetzes anerkannten Verbände berufen.« Damit sind unter anderem die Schutzgemeinschaft Deutscher Wald, der BUND, der Naturschutzbund Deutschland (NaBu) gemeint. Mit anderen Worten: Die *Ökoverbände regieren* inzwischen bei uns mit, und das nicht nur in Hessen, sondern auch auf Bundesebene.

Als 1994 das hessische Naturschutzgesetz im Landtag verabschiedet wurde, gab es ordentlich Zoff. Die CDU sah den Konsens im Naturschutz gefährdet und sprach von einer Politik der Spaltung, weil dem Naturschutz die Priorität gegenüber allen anderen Lebensbereichen eingeräumt würde. Der SPD-Minister Jordan stellte die Regierung als Ansammlung um den Naturschutz besorgter Gutmenschen hin und konterte zungenfertig: »Wir müssen die Natur gegen Sie (die Opposition, d. Verf.) verteidigen.« Die oppositionelle FDP betrachtete die grüne Ökosoße als Gängelung und unangemessene Ausweitung der Bürokratie.

Dabei ist das Schlimmste gerade noch vermieden worden. Denn einige Naturschutzverbände verlangten ursprünglich, daß der *Pflegeschnitt* von Hecken und Obstbäumen, der ohnehin nur in der Zeit vom 1. September bis 15. März gestattet ist, *auf Antrag amtlich* zu genehmigen sei. Was für ein herrliches Betätigungsfeld für durchgeknallte *Ökoblockwarte.* Als das vom Tisch war, gab der BUND noch nicht auf und forderte den Minister auf, den Bürgern wenigstens die bürokratische Pflicht aufzuerlegen, den Pflegeschnitt bei der unteren Naturschutzbehörde anzuzeigen. Das hätte mit Sicherheit eine feine zusätzliche Abteilung »Obstbaum- und Heckenpflegeschnitt« mit Abteilungsleiter (Mindestbesoldung A 14), Heckenschnitt-Sachbearbeiterin, Sekretärin und Außendienstmitarbeitern gegeben.

Jetons für das Verschwender-Roulette im Politkasino

Um weitere vier Jahre im Geschäft zu bleiben, hat sich die hessische SPD mit den Grünen darauf geeinigt, in der Legislaturperiode von 1995 bis 1999 keine neuen Straßen zu bauen, die in »Natur und Landschaft eingreifen«. Das tut aber fast jede Straße, weshalb die CDU/FDP-Opposition im hessischen Landtag von einem Skandal spricht. Ortsumgehungen, die von lärm- und abgasgeplagten Bürgern gewünscht werden, fallen ins rot-grüne Koalitionswasser. Das Magazin *Focus* schreibt: »Hans Eichels Wahl zum Ministerpräsidenten hing u. a. vom Verzicht auf die Ortsumgehung des Dörfchens Hirzenheim Glashütten ab.« Bernd Kistner, der Sprecher des hessischen Verkehrsministers Lothar Klemm, sagte dazu: »Uns blieb keine andere Wahl.« Wie gesagt, es geht nicht um die Bürger, sondern nur ums Pöstchen.

Damit irgendwer – die Köpfe sind rund und blaß sowie beliebig austauschbar – weitere vier Jahre das Minister- oder Ministerpräsidenten-Rädchen drehen darf, stehen in Hessen eine Reihe von »So-da-Brücken« in der Landschaft. Beispielsweise stecken in der nicht fertiggestellten Ortsumgehung von Nauheim bei Groß-Gerau 5 Millionen Mark. Die von den Grünen ebenfalls blockierte Leuna-Brücke in Frankfurt-Höchst kostete 60 Millionen Peanuts, sie bindet den Ort nicht etwa an die Autobahn an, sondern mündet auf einen Firmenparkplatz der Hoechst AG. Aber Steuergelder sind für unsere Regierenden, solange sie reichlich fließen, so was wie Monopoly-Spielgeld oder Konfetti, das sie mit einem unterdrückten Helau aus der Polit-Narrenkanone in die Gegend feuern.

Die Vergeudung von Steuergeldern ist keine hessische Spezialität, sondern wahrscheinlich *das* tragende politische Prinzip zur Pflege der Wählerklientel. Der Bund der Steuerzahler tritt gelegentlich ans Schienbein; so hat er 1994 die *Verschwendung von Steuergeldern auf 60 Milliarden Mark* geschätzt. Da der ehemalige Wirtschaftsminister Bangemann auf die Frage, wieviel Nullen eine Milliarde habe, nicht recht antworten konnte, sei der obige Betrag noch einmal in Ziffern wiederholt: 60.000.000.000 Mark. Zur Eintreibung der Jetons für das Polit-Roulette greifen die Finanzämter teilweise zu rabiatesten Mitteln. Dabei ist es Wurscht, ob ein Klein- oder Mittelbetrieb wegen der nicht gewährten Steuerstundung pleite geht.

Das Karl-Bräuer-Institut hat herausgefunden, daß der Arbeitnehmer 1994 von 100 Mark 48 Mark und 10 Pfennige an Steuern und Sozialabgaben hergeben mußte. Das heißt, er arbeitet fast ein halbes Jahr nur für die Finanzierung der staatlichen Geldumverteilungs- und Geldvernichtungsmaschinerie. Zur Erinnerung: 1950 waren es gerade mal 115 Tage – ein Drittel des Jahres. Und dennoch kommen unsere Politiker, weil sie seit Beginn der Bundesrepublik notorisch zur Wahl ein paar Luftballons für die Kinderchen als soziale Geschenke versprachen, nicht mit den Einnahmen aus. Ohne Bedenken macht man immer mehr Schulden. Selbstverständlich darf die Riesenfinanzlast der Wiedervereinigung nicht verschwiegen werden. Aber jeder Privatmann hätte bei einem solchen Lebenswandel längst eine eidesstattliche Erklärung – sprich Offenbarungseid – ablegen müssen oder wäre vom Vormundschaftsgericht entmündigt worden!

Im Juni 1995 installierte der Steuerzahlerbund in Wiesbaden eine Schuldenuhr. Diese zeigt 4000 Mark Schuldenzuwachs der öffentlichen Hand pro Sekunde an. Täglich sind das über 340.000.000 Mark! Und für welch einen Quatsch das Geld zum Teil in die Landschaft geschossen wird! Als die SPD 1995 in *Nordrhein-Westfalen* mit den Grünen zusammen ins Bett stieg, wurden u. a. folgende Verschwendungen zur Bedienung der *grünen Wählerklientel* vorgesehen:

- Bau von 100 Fahrradstationen auf Bahnhöfen: 150.000.000 DM
- Einrichtung eines Schwulen- und Lesbenreferats im Sozialministerium: 700.000 DM
- Schuldnerberatung im Strafvollzug: 1.000.000 DM
- Prostituiertenförderung (wahrscheinlich gibt's noch nicht genug): 500.000 DM
- Internationalismus = Multi-Kulti: 4.000.000 DM
- Förderung von Schwulen- und Lesbenverbänden: 1.400.000 DM
- Gutachten über den Aufbau einer Frauen(FrauInnen?)-Hochschule: 1.000.000 DM
- Rechtsinformation für Abschiebungsgefangene: 2.500.000 DM
- Forschungsprojekt »Antischwule Gewalt«: 500.000 DM, usw.

Und damit genügend Bargeld für solche und ähnliche von der »Bevölkerungsmehrheit« (man spricht vom Wählerauftrag!) sehnlichst herbeigewünschte »Segnungen« hereinkommt, hat man/frau die Steuerfahndung von Nordrhein-Westfalen um 170 zusätzliche

Dienstleistungsarbeitsplätze aufgestockt. Macht jährlich noch einmal schlappe 15 Millionen. Sage niemand, die Grünen hätten kein Beschäftigungsprogramm!

Wie steht es aber mit der Akzeptanz der »Grünen-Politik«? Die Zustimmung der Gesamtbevölkerung für wichtige politische Ziele der Grünen 1994 spricht für sich:[1, 2, 3]

- Die staatliche Überwachung von Verdächtigen nicht ausdehnen, den großen Lauschangriff verhindern 21 %
- Dafür sorgen, daß die Polizei nicht mehr Macht und Befugnisse bekommt 16 %
- Mehr für Frauen tun 34 %
- Die doppelte Staatsbürgerschaft zulassen 24 %
- Autofreie Innenstadt 14 %

Die sanft-rabiate Eindrittelgesellschaft

Die modernistische Ausflippgesellschaft hat noch ganz andere tolle Quatschnummern drauf. Um an die Macht zu kommen und auch dran zu bleiben, ist den Politikern fast jedes Mittel recht. Ein echter Saisonrenner war und ist die Forderung nach Herabsetzung des Wahlalters. Weil man sich an den älteren, nicht so recht auf schrill-schrullige Quatschthemen abfahrenden Bürgern stört, möchte man das Wahlvolk durch Herabsetzung des Wahlalters und Begrenzung des Wahlrechts für Ältere verjüngen. So jedenfalls wollte es die SPD-Frau und Publizistin Heidi Schüller, die 1994 immerhin Mitglied von Scharpings Schattenkabinett war. Da ist was dran, denn junge Menschen sind beliebig emotionalisierbar. Außerdem

- glauben sie informiert zu sein, weil sie ökologische Weisheiten aus der Schule kennen. Das reicht aus. Wirtschaftliche Hintergründe sind sekundär, denn das Geld fällt jeden Monat vom Himmel.
- haben sie keinerlei Lebenserfahrung und können Ereignisse nicht geschichtlich einordnen.
- verfolgen sie kaum seit Jahren die Politik und interessieren sich in der Mehrzahl wohl nicht dafür. Minderjährige haben andere Sorgen.
- stöhnen sie nicht über die Steuer, weil die nur die Eltern zahlen. Deshalb sind sie leicht zu überzeugen, daß wir mit dem Rest der

Welt teilen müssen – weil wir so reich sind. Außerdem kann man die Jetons notfalls bei den Reichen und Besserverdienenden einsammeln.

Bei der hessischen Landtagswahl hatten die Wähler einmal die seltene Gelegenheit, ihre Meinung zu dieser Paradiesvogel-Idee kundzutun. Nur ein knappes *Drittel* der Wähler stimmte für die Gewährung des aktiven Wahlrechts schon ab 16 Jahren! Solch eine Kinderquarkspeise kann nur in einer Gesellschaft aufkommen, in der die Kapitäne auf der Kommandobrücke längst die Bodenhaftung verloren haben!

Der Unfug ist sogar noch steigerungsfähig. So hat sich als Ergebnis einer »Expertenanhörung« die Kinderkommission des Bundestags im Februar 1996 dafür ausgesprochen, das Wahlalter sogar auf 14 herabzusetzen. Einer der »Experten«, der Münchner Rechtsanwalt Peter Merk, meinte, daß das Wahlrecht ein Grundrecht sei, es »gelte damit ab der Geburt«. Das müßten die Väter des Grundgesetzes noch hören können. Die wären fest davon überzeugt, daß die Bundesrepublik des Rinderwahnsinns fette Beute geworden sei! Würde man den »Experten« beim Wort nehmen, dann müßten wir in Bälde für Kinder im Krabbelalter am Wahltag den Jüngstwählerstimmenforscher berufen, der, am Laufställchen horchend, die Äußerungen der Kleinsten als politische Willensbekundung interpretieren würde. Laute wie »Brabbel-glühn-glüüh« ließen sich als eindeutige Stimmabgabe für »Grün« interpretieren!

In der FDP blockierte jahrelang eine Eindrittelklientelvertretung die Lauschverteidigung – ein Begriff, der als Lauschangriff diffamiert wird – der Rechtsordnung. Dies, obwohl sich Fachleute der Strafverfolgungsbehörden darüber einig sind, daß dem Mob der organisierten Kriminalität am besten mit den Methoden der elektronischen Beweisführung »unter strenger rechtsstaatlicher Kontrolle« beizukommen sei. Nach endlosem Hickhack kam es endlich im Dezember 1995 zu einer FDP-Mitglieder-Befragung, die ein klassisches Eindrittelergebnis brachte: 63,6 % befürworteten den »Lauschangriff«, und nur 35,7 % waren dagegen – eben wieder *das berühmte Drittel!* Unter Tränen trat die linksliberale Justizministerin Leutheuser-Schnarrenberger (Kollegenspott: Lautheuler-Schluchzberger) zurück.

Oder: Die Stadt Freiburg im Breisgau besitzt einen der ältesten deutschen Flugplätze, der seit 1911 besteht und heute überwiegend von Geschäfts- und Sportfliegern genutzt wird. Da die Grünen außer während des Urlaubs praktizierende Gegner der Luftfahrt sind, ist für sie der Bremsklotz das wichtigste Utensil eines Flughafens. Folglich beschloß der rot-grüne Gemeinderat die Stillegung für 1996. Die angeblich von Lärm und Dreck gepeinigte Bevölkerung sammelte 40.000 Unterschriften für den Erhalt des Flughafens. Der so erzwungene Bürgerentscheid zeigte bei hoher Wahlbeteiligung ein erstaunliches Resultat. Hier kam noch nicht einmal das berühmte Drittel zustande. Nur rund ein Viertel stimmte mit den Rot-Grünen überein, während eine Dreiviertelmehrheit für den Erhalt des Flughafens war.[4]

Oder: Die bereits genannte rot-grüne Blockade der Ostumgehung des hessischen Ortes Nauheim wurde durch einen Bürgerentscheid mißbilligt. Bei einer für einen Bürgerentscheid hohen Wahlbeteiligung von 60,3 % stimmten 61,1 % für den Bau der neuen Straße und nur 38,8 % waren dagegen.[5] Kurz danach, am 30. November 1995, erfährt man, daß es trotz des Bürgerentscheids beim »Nein aus Wiesbaden« bleibt, denn die Umgehung würde »Geist und Sinn der Koalitionsvereinbarung« widersprechen. Klar, wer will schon Populismus betreiben? Das Volk wird gefälligst regiert. Wo käme man denn hin, wenn auch dessen Wille durchgesetzt würde?

Sieht man von der unbestreitbaren Notwendigkeit eines wirksamen Umweltschutzes (68 % Zustimmung) einmal ab, finden zentrale Programmpunkte der Ökopartei nur bei einer *Wählerminderheit* Anklang, dem *»magischen Drittel«*. Da ist schon zu fragen, wie viele überhaupt diese Partei wählen. Bei der Bundestagswahl 1994 gaben 6,5 % der zur Wahl gegangenen Bürger ihre Erststimme den Grünen. Akzeptiert man die These, daß extrem weltanschaulich orientierte Parteien, wie die Grünen oder die PDS, eher ihre gesamte Wählerschaft mobilisieren als die anderen Bundestagsparteien, so kommt man bei einer Wahlbeteiligung von 79 % auf rund *5,1 % grüne Stammwähler.*

Der Hamburger Politologe Joachim Raschke sieht sogar nur etwa 3 % als dauerhafte Bündnisgrün-Wähler[6], wobei das strategische Potential der Grünen auf höchstens 20 % geschätzt wird. Inzwischen umwerben alle Parteien diese 20 %, die als Technikangst-Suchtknochen und emanzipathologische Gutmenschen mit Sicherheit das grüne Original wählen werden.

Sogar die einstmals konservative CDU spielt beim grünen Ringelpiez mit Anfassen mit. Sie würde sich aber besser um die Nichtwähler kümmern! Immerhin hat sie 1994 bei der Bundestagswahl 2,447 Millionen (2,447 Mio. · 100 : 17,473 Mio. = 14,0 %) ihrer Wählerstimmen an die Nichtwähler verloren und dank des Geißler-Süssmuth-Pflüger-Dunstkreises von der SPD nur 0,754 Millionen und von den Grünen sogar nur 0,117 Millionen zu sich herübergezogen.[7] Schuld daran ist, daß der CDU ein wertkonservativer Flügel fehlt!

Und noch eins ist wichtig: *Je mehr sich die Politik um das Eindrittel-Minderheitsgeschäft kümmert, desto mehr verliert sie die Bodenhaftung und die Zustimmung der Bevölkerungsmehrheit.*

Heute bleibt die Küche kalt

Dem *konservativen Wähler* geht es heutzutage ähnlich wie einem Gast, der eine Wirtschaft betritt und nach einem saftigen Rumpsteak mit Fritten und einem ungezieferfreien (raupen- und wildkäferfreien) knackigen Salat verlangt. Die Bedienung des Gasthofs *»Zum Grünkernbratling«* kommt mit schmuckem lila Halstuch einher; ihre nackten Füße stecken – weil Strümpfe krank machen – in Birkenstock-Sandalen aus heimischen Naturhölzern. Vor Aufnahme der Bestellung erklärt sie ungefragt, aber sehr aufgeschlossen, daß sie lesbisch sei und einen Schwulen geheiratet habe. Das Paar freue sich auf den Nachwuchs, der nach der heterologen Insemination demnächst kommen dürfte. Außerdem serviere sie für gesellschaftliche »Reformen«, für die Dritte Welt und gegen die Abholzung des Amazonasgebietes. Kurz: Sie führe ein politisch und ökologisch korrektes Leben. Dann kommt sie zur Speisekarte und erläutert dem konservativ wählerischen Gast die Gerichte.

Heute gäbe es als Spezialität gutmenschliches Rührei von freilaufenden Hühnern mit kämpferisch-engagiertem Migrantenkult gewürzt. Dazu reiche man in grünem Ökoküchenkräutersud (»Nouvelle Cuisine Verte«) angerichtete Schwarzwurzeln nebst biodynamischen Salzkartoffeln. Statt der zeitgemäß modernisierten Schwarzwurzeln könne der Gast auch rote Bete mit Blattspinat und rote Radieschen aus den neuen Bundesländern haben. Dazu gäbe es das *neue* Marxismus-Dressing, weil das alte nicht so recht beim Publikum angekommen sei. Man sei aber jetzt sicher, daß es diesmal besser schmecke, denn einmal muß es ja klappen. Zumal man etwas Bananengeschmack beigefügt habe.

Alternativ hätte man auch noch die Hausspezialität, gefühlssprechbetonte Grünkernbratlinge – da sei dann alles drin: gutmenschliches Sülzsprech, engagierte Technikängste, wegschauende Friedenspolitik, kämpferisches Ökoentsetzen und Politik für Minderheiten.

Tischgespräche sollten nur »politisch korrekt« über nicht tabuisierte Themen, die von der im Hintergrund hörbaren Combo-Band vorgetrommelt würden, geführt werden. Der Gast könne sich auch gerne an den Ökochonderstammtisch oder zur Selbsterfahrungs-Radfahrergruppe mit gelegentlichem Urschrei in der linken hinteren Ecke setzen.

Obwohl man im Gasthaus *»Zum Grünkernbratling«* tolerant bis zur Selbstverleugnung sei, sei man in jedem Fall intolerant gegen die Intoleranten. Die werde man sofort vor die Tür setzen. Das habe aber nichts mit Lokal- oder Denkverbot zu tun. Reinen Wein würde man zwar nicht führen, dafür gäbe es aber naturtrüben Öko-Most von Streuobstwiesen, der würde auch ganz schön den Verstand umnebeln. Vom gleichen Lieferanten habe man auch Apfelsekt mit Bio-CO_2. Der konservative Gast lehnt dankend ab und verläßt das Lokal seiner einstigen Wahl. Er bleibt künftig schlicht zu Hause, brät sich dort sein Rumpsteak im trauten Familienkreis und hofft auf andere Köche in seinem einstigen Stammlokal. Man nennt ihn auch den konservativen *Nichtwähler.*

Der lange Marsch an die Spitze des giftig-ätzenden Eisbergs

Den Marsch durch die Institutionen begannen die grünen Lichtgestalten so um 1968. Damals gab es, von Amerika ausgehend, in der Bundesrepublik – nicht in der DDR – eine vorher nicht gekannte Unruhe. Der Radau der 68er Apo-Bewegung kulminierte in Hausbesetzungen, in *gewalttätigen* Vietnam-Demos der *Friedensbewegung* (!), Krawallen des Heidelberger »Sozialistischen Patientenkollektivs« (waren die alle krank?), in Antikernkraft-Kampftruppen, dem SDS und anderen Gruppierungen, die wie Pilze nach einem warmen Regen aus dem mit Marxismus gedüngten Boden schossen. Der drögen, technikbegeisterten, zufriedenen Wiederaufbaugeneration mit dem blankgeputzten VW-Käfer vor dem »Häuschen im Grünen« konnte man mit Parolen wie »Komm herunter vom Balkon – reih dich ein für den Vietkong« nicht imponieren. Die hielten das zu Recht für vollkommen abgedreht und zeigten höchstens mal den Vogel. Der Radikalenerlaß – so etwas gab es mal, heute sitzen die damals »Bedrohten« im Bundestag (!) oder auf hohen Beamten- und Regierungspöstchen – hielt kaum jemand davon ab, den neuen Wohlstand und den ersten Urlaub auf Mallorca zu genießen. Auch drangen die perfide »repressive Toleranz« des »Polizeistaates« und die Gefährdung der Freiheit durch »Notstandsgesetze« nicht so recht in die mit Nierentischchen ausgestatteten Wohnstuben.

Trotz allem machte sich seit ungefähr 1969 ein diffuses Gefühl der Unzufriedenheit bei den Wählern breit, die in eine Sehnsucht nach besseren, demokratischeren Zeiten mündete. Zehn Jahre zuvor hatte die SPD ihr stramm marxistisches Klassenkampf-Mäntelchen abgestreift und war mit dem Godesberger Programm auch für Bürgerliche wählbar geworden. Das Ergebnis war 1972 die Ablösung der aus CDU und SPD bestehenden Großen Koalition durch eine SPD/FDP-Reformregierung unter Willy Brandt. Die neue linksliberale Regierung münzte flugs einige »Flower-Power-Highlights« der 68er-Philosophie in praktische Politik um.

Trotz allem Entgegenkommen seitens der sozialliberalen Regierung ließen sich die 68er nicht so recht integrieren. Die roten Brauseköpfe wollten mehr. Leider zog das *Umweltargument* trotz der Krawalle um das Kernkraftwerk Whyl noch nicht so recht. Dann aber, Gott sei Dank, stellte sich die moderne Chemie mit der Entwicklung der instrumentellen Spurenanalyse selbst ein Bein: Plötzlich ließ sich das Pflanzenschutzmittel DDT in bisher nicht bestimmbaren Mengen überall nachweisen, Cadmium, Blei und Quecksilber fanden sich überall – insbesondere im Wattenmeer und in jedem Hering. Die chemische Keule war entdeckt. Zupaß kam auch die Contergan-Tragödie, in deren Folge in den 60er Jahren Kinder mit furchtbaren Mißbildungen auf die Welt kamen. Ein paar Jahre später, 1976, entdeckte man nach dem Seveso-Unfall das Dioxin als *das* Lehrmittel der Katastrophenpädagogik (»Dioxin-GAU«).

Danach ging es Schlag auf Schlag: Der krebserregende Formaldehyd waberte in den Kindergärten, und der Wald würde sterben, weil der Regen so sauer wie Essigwasser sei. Im Fernsehen wurden unter Ableiern der Katastrophenorgel Bildmontagen von Heidelberg und Umgebung ohne Bewaldung gezeigt. Den Bundesbürgern begannen schön langsam die Haare zu Berge zu stehen. Die 68er und der ihnen nahestehende Ökomärchen-Strickkreis der Medien dümpelten argumentationsselig auf der Heavy-Metal-Welle.

Übertreibung schadet nicht, und was am lautesten quietscht, kriegt am meisten Fett – will sagen die meisten Abonnenten. Die Geburtsstunde des Angst, Schrecken, Betroffenheit und Entsetzen verbreitenden *Ökomanipulations-Journalismus* war gekommen. Waschmittel wurden zur »Spitze eines giftig-ätzenden Eisbergs«. Weil Bio-Obst ohne »Chemokeule« wächst, wurde der Wurmkanal im Apfel zum Gütezeichen einer genießbaren Frucht. Der standesbewußte Ökochonder von Welt preist heute jede Made im Apfel und knutscht jede Raupe im Salat.

Zu der Zeit erfand man *den* Schlüsselbegriff fürs schlechte Gewissen: die *Wegwerfgesellschaft.* Das allein reichte natürlich nicht aus, denn die Verbraucher konsumierten fleißig weiter. Da die Abfälle und die hochgejubelten Umweltskandale proportional zu unserem Wohlstand wuchsen, beruhigte vor allem der jugendliche Dunstkreis studierender 2-CV-Fahrer sein schlechtes Gewissen, indem er einfach Grün mit rotem Untergrund wählte.

Ein besonders erhellendes Licht auf das Selbstverständnis des Ökologismus wirft eine Versammlung der »Bundeskonferenz (BuKo) der Bewegung gegen die Atomanlagen«, die im Januar 1987 in Nürnberg stattfand. Dort gab sich ein bunter Haufen ökomarxistischer Traumtänzer ein Laber-Stelldichein. Unter anderem trat die grüne Europa-Abgeordnete Brigitte Heinrich auf. Die Frau war sechs Jahre vorher wegen Verstoßes gegen das Kriegswaffenkontrollgesetz und das Sprengstoffgesetz rechtskräftig zu einer Freiheitsstrafe von 21 Monaten verurteilt worden, weil sie 16 Handgranten und ähnlichen Plunder über die deutsch-schweizerische Grenze geschmuggelt hatte. Rein zufällig tauchte das Öko-Diplomatengepäck »in konspirativen Wohnungen einer Nachfolgeorganisation der Baader-Meinhof-Bande« auf. Zweifellos ein versprengter Sozialarbeiterhaufen, der nur ein bißchen zu weit gegangen war.

Auf der Nürnberger »BuKo«, zu deren Mitveranstaltern die Bundestagsfraktion der Grünen sowie deren Landtagsfraktionen aus Bayern und Niedersachsen zählten, wurden alle möglichen Traumtänzereien gefordert. So stand man für die ersatzlose Streichung des Paragraphen 129a (Bildung terroristischer Vereinigung) oder die Abschaffung des Paragraphen 130a (Anleitung zu Straftaten), auch wollte man die »militante Debatte« durchsetzen. Eine Arbeitsgruppe »Schrauben« dachte mehr ans Praktische und beschäftigte sich damit, wie man Befestigungselemente an Strommasten entfernen könne. Besonderen Beifall erhielt der inzwischen verstorbene »Zukunftsforscher« und unermüdliche Technikkritiker Robert Jungk (Hauptwerk: »Heller als tausend Sonnen«). Er meinte, daß Tyrannen zwar schnelle Erfolge hätten, aber sie seien alle gestürzt worden. Mit Blick auf die in der Bundesrepublik »regierende technokratische Klasse« rief er aus: »Weg mit den Tyrannen, fort mit den Tyrannen.« Als er merkte, daß er damit zu weit gegangen sein könnte, fügte er schnell hinzu, er hoffe, daß ihm das nicht als Aufforderung zur Gewalt ausgelegt werde.[8] Natürlich nicht!

Das macht Sinn

Am Anfang wurde die Öko-Agitprop meist ohne naturwissenschaftlich-technische Kenntnisse unters Volk gestreut. Beispielsweise stand in der Illustrierten *Quick* vom 8. Februar 1979: »Die gekörnten Abflußreiniger enthalten Ätznatron, das mit Wasser verbunden zu einer aggressiven Säure wird.« Den Journalisten war halt unbekannt, daß Ätznatron Natriumhydroxid ist, dessen wäßrige Lösung Natronlauge ergibt und keine Säure! Die *Siegener Zeitung* vom 9. Juni 1979 gab andere profunde Chemiekenntnisse zum besten: »Der Schwefel wird gewaschen, mit bestimmten Säuren angereichert und verfestigt sich dann zu Gips.« Das klingt in den Ohren eines Chemikers ähnlich, als würde jemand behaupten, man könne durch Verreibung von Brombeeren mit Erde ein Körbchen frischer Erdbeeren synthetisieren und gleichzeitig das Element Brom freisetzen.

Üblicherweise tötet ein Insektizid den Pflanzenschädling ab (Empörung nicht vergessen, weil es statt Pflanzenschädlingen nur Biotopnützlinge gibt!). Noch 1984 erklärte eine große Illustrierte die Wirkung eines Insektizids folgendermaßen: Die »vom Befall gefährdeten Agrarprodukte (werden) für die Schädlinge so ungenießbar gemacht, daß diese sich nicht mehr rantrauen und schließlich verhungern«. Wenn das keine Tierquälerei ist!

Inzwischen sind die Katastrophalos geschickter. Einschlägige

Organisationen halten heute hochqualifizierte *Naturwissenschaftler mit dem entsprechendem Bewußtsein* unter Dampf. Die beliefern die Redaktionsstuben selektiv mit den notwendigen spinatmarxistischen Schmiermitteln. Umweltbelastungen werden seither naturwissenschaftlich exakter und weniger lächerlich kommentiert. Das ist bei weitem noch kein Garant für eine objektive Information der Bevölkerung. Denn die Redaktionen werden selbstverständlich nur mit dem Grünfutter versehen, das der *Biological Correctness* genügt. Forschungsergebnisse, die nicht zum Katastrophenzirkus passen, werden einfach totgeschwiegen oder als unqualifiziert zu den Akten gelegt.

Einen weiteren Sachverhalt muß man den Öko-Hofsängern um die Ohren schlagen. Denn gemäß ihrer Doktrin ist ausschließlich unser *Wohlstand* für sämtliche Umweltschäden verantwortlich. Nicht nur, daß damit die in den exkommunistischen Ländern angerichteten Verwüstungen ohne Erklärung bleiben, greift das Argument zu kurz, weil es die Zahl der Konsumenten außer acht läßt. Zudem hat es uns eine schwere *gesellschaftliche Sinnkrise* beschert. Einerseits möchte man ganz gern die Arbeitsplätze erhalten, andererseits aber auch verhindern, daß die Leute die an diesen Arbeitsplätzen produzierten Waren (etwa Autos) nutzen. So kommt es, daß technikfeindliche Techniknutzer mit dem Auto in den Ferien locker 8000 km runterspulen und gleichzeitig auf jeden eindreschen, der mit dem Pkw zur Arbeit fährt, oder der es wagt, an ihrer Wohnung vorbeizufahren. Das darf man getrost als galoppierende »Schizogreenie« bezeichnen.

Die eigentliche Umweltkatastrophe, nämlich der weltweite explosive Zuwachs der Bedürfnisträger – sprich Menschen –, wird durch die ökomarxistische Wohlstandskritik in den Hintergrund gedrängt. Während der Dachstuhl lichterloh brennt, führen wir scholastische Diskussionen, ob der ein oder andere Grenzwert noch zu hoch sei. Es könnte ja sein, daß von 50 ausgelegten Feuerwehrschläuchen einer keinen Druck hat.

Das Ergebnis des gigantischen Panikgeschäfts ist, daß wir uns ständig durch Wohngifte, Elektrosmog, Dioxin, Kernkraft und andere unsägliche Gefahren außerhalb der Tempo-30-Zonen bedroht fühlen. Einer Umfrage von 1995 nach glaubt jeder zweite Bundesbürger nicht mehr daran, daß es möglich sei, gesund zu leben.[9] An sich müßten wir an den Landesgrenzen Schilder aufstellen, die jeden Einreisenden vor den potentiellen Gesundheits- und Dachschäden von Teilen der Bevölkerung warnen, die als Ökolehrer mit Tempo 100 die linke Fahrspur blockieren. Alles ist in Deutschland vergiftet, sogar der Wein, der neben »Glykol« auch noch das giftige Ethanol enthält, das 1993 für 40.000 Tote sorgte. Im Ozon-Jammertal lebend, sind wir zu einem ziemlich weinerlichen Haufen von Ökochondern verkommen, der alle vier Jahre mit einem wahren Goldregen überschüttet würde, wenn es die olympische Disziplin des »Angsthabens« gäbe. Im grünfriedlichen »Angstschleuder- und Empörungsweitwurf« oder in »den gestrichen vollen Hosen« wäre Deutschland unschlagbar!

Längst kursieren deutsche Ökotaumelbegriffe als Fremdwörter im Ausland, wie »l'angst« in Frankreich, »il Gift« in Italien und »el Waldsterben« in Spanien. Verräterisch sind auch die neuerdings in den Vereinigten Staaten kursierenden Germanismen. Jack Rosenthal vom *New York Times Magazine* nennt als Beispiele deutsche Begriffe wie »Schadenfreude«, »Wunderkind«, »Zeitgeist« und vor allem »Weltschmerz« und »Angst«.

Umgekehrt wird manche angloamerikanische Redewendung geschmäcklerisch eingedeutscht. Von der Modernismussucht geplagte Neusprechler haben die englische Redewendung »It makes sense« mit *»Es macht Sinn«* ins Deutsche übertragen und merken noch nicht einmal, wie sie dabei die Hosen runterlassen. Wer hiphop und trendy sein will, verwendet den Ausdruck anstelle der alten Redewendung »Es ergibt einen Sinn«. Fazit: Wir leben also nicht nur im Land der Lieder-/Gedichte-/Theater-/Filme-/Spaß-/Angst-/Bilder-/Medien- und Modemacher, sondern auch im Land der *Sinnmacher.*

Schon 1923 war bei Oswald Spengler nachzulesen, daß die Presse nicht informiert, sondern die »freie Meinung« erzeugt – eben Sinn macht. Spengler formulierte das so:[10] »Was ist die Wahrheit? Für die Menge das, was man ständig liest und hört. Mag ein armer Tropf irgendwo sitzen und Gründe sammeln, um ›die Wahrheit‹ festzustellen – es bleibt *seine* Wahrheit. Die andere, die öffentliche des Augenblicks, auf die es in der Tatsachenwelt der Wirkungen und Erfolge allein ankommt, ist heute ein Produkt der Presse. Was sie will, ist wahr. Ihre Befehlshaber erzeugen, verwandeln, vertauschen Wahrheiten. Drei Wochen Pressearbeit, und alle Welt hat die Wahrheit erkannt.«

Und so ist es. Die ständige Öko-Agitprop zeigte und zeigt Wirkungen. Wenn die bei ARD und ZDF akkreditierten Hiobsbotschafter unheilbeschwörend loslegen, genießen sie die ungeteilte

Aufmerksamkeit der von Lustangst beseelten Endzeitgemeinde. Richtig konsumierter Ökohorror schlägt heute jeden Dracula- oder Frankensteinfilm um Längen. Was an den Meldungen Science und was daran Fiction ist, ist zwischenzeitlich vollkommen belanglos geworden. Hauptsache Angst, Entsetzen und Empörung. Beim Blick in die Zeitung denken die meisten gar nicht mehr an das schöne alte deutsche Sprichwort »Der lügt wie gedruckt«, sondern fühlen sich ernsthaft informiert. Tatsächlich sind sie nicht mündiger und aufgeklärter als die Kleinen auf den Kindergartenstühlchen, denen die Tante ein paar Märchen vorliest.

Wer noch Zweifel hat und meint, man würde uns beispielsweise beim sommerlichen Ozonklamauk nicht zum Ökonarren halten, der braucht nur einmal nachzulesen, was der Gutmenschen-Prediger Franz Alt in einem Anfall von Offenheit 1976 unumwunden zugegeben hat: »Aber natürlich gibt es hier keinen objektiven Journalismus, aber natürlich müssen wir manipulieren – im Fernsehen noch mehr als beim Rundfunk und bei der Zeitung und im Magazin noch mehr als bei der Tagesschau. Ein Journalist, der sein Tun reflektiert, wird die Subjektivität seiner Arbeit nicht bestreiten können.«[11]

Obwohl heutzutage jedermann Zugriff auf einen ungeheuren Informationsapparat hat, wird er immer weniger objektiv informiert. Und deshalb ist es eine der verblüffendsten Paradoxien der Neuzeit, daß die Bevölkerung trotz enorm gestiegenen Bildungsniveaus und trotz ungehemmten Zugangs zu einer ungeheuren Informationsfülle nicht klüger, kritischer und aufgeklärter, sondern lediglich *manipulierbarer* und auch *manipulierter* geworden ist.

Hanebüchene Lügen lassen sich am besten im Fernsehen verkaufen. Dies fand im Februar 1995 der Psychologe R. Wiseman von der britischen Universität Hertfordshire (Hatfield) mit Hilfe von 41.471 menschlichen Versuchskaninchen heraus. Je einem Drittel der Personen wurden Lügengeschichten über die Medien Fernsehen, Radio und Zeitung vermittelt. Am skeptischsten waren die Radiohörer, von denen nur 26,6 % die Märchen glaubten. Dann folgten die Zeitungsleser, die sich nur zu 35,8 % leimen ließen. Am naivsten waren die Fernsehzuschauer, von denen 48,2 % die Lügen für die Wahrheit hielten.[12]

Die Allensbacher Demoskopieforscherin Noelle-Neumann hat das Meinungsfabrikations-Problem schon vor Jahren mit ihrem Modell von der Schweigespirale aufgegriffen.[13] In ihrer Untersuchung berichtet sie einleitend von einem Experiment des amerikanischen Sozialpsychologen Salomon Asch:

»Eine Gruppe von acht Personen, in der sich jeweils eine uneingeweihte Versuchsperson befand, wurde angewiesen, die Länge einer vorgegebenen Linie mit drei anderen, verschieden langen Linien zu vergleichen. Jedes Mitglied gab laut sein Urteil ab. Während dieses Tests sah sich die Versuchsperson plötzlich mit ihrer Meinung im Widerspruch zu den übrigen sieben, die von einem bestimmten Zeitpunkt an ständig und bewußt eine *falsche Aussage* machten. Von 10 Versuchspersonen waren nur 2 standfest genug und blieben bei ihrem Urteil. Die anderen schlossen sich der Mehrheitsmeinung an.« Oder andersherum ausgedrückt: Sie akzeptierten das, was sie als »Expertenmeinung« ansahen.

Frau Noelle-Neumann greift dieses Versuchsergebnis auf und untersucht den Einfluß der Medien auf die Meinungsbildung: Zuerst gibt es da eine *Minderheitenmeinung*, die von einer selbstbewußten Gruppe vorgetragen wird. Ihr folgen zunächst nur vereinzelt einige Anhänger – dann immer mehr. Die Tendenz dieser neugebildeten Avantgarde-Gruppe zu reden wird immer stärker, und um der Isolation zu entgehen, schweigt die andere Gruppe immer mehr. Es entsteht eine *Schweigespirale.* Man braucht sich nur vorzustellen, daß die Medien das Transportmittel für Meinungen schlechthin sind, dann ist auch die Zusammenfassung von Frau Noelle-Neumann schlüssig: »Aus der Vorstellung von diesem Interaktionsmodell einer ›Schweigespirale‹ wird öffentliche Meinung als herrschende Meinung beschrieben, die zu ihrer Beachtung im eigenen Verhalten und Handeln zwingt, indem sie den Zuwiderhandelnden mit Isolation bedroht.«

Wohin die politische Reise geht, war schon vor über 20 Jahren nachzulesen. Damals wählten 80 % der Redakteure die SPD oder die zu dieser Zeit besonders linksliberale FDP.[14] Eine neuere Umfrage von 1993 ergab unter den Medienmachern für das linksliberale beziehungsweise liberale, sozialdemokratische, grün-alternative und sozialistische Spektrum eine Mehrheit von 70,1 %. *Nur 4 %* bezeichneten sich als *neutral,* und lediglich 2,4 % schätzten sich als eher konservativ ein.[15] Die Szene ist zweifellos bunter geworden. In der Summe aber nutzen die journalistischen Manipulationsträger ihre Lufthoheit über der Schweigespirale weidlich aus, um durch Wählermanipulation die Republik schrilli-schrulli-femi-öko-hipi-hopi-multi-kulturell ausflippen zu lassen. Dabei tragen die Meinungsfabrikanten weder Verantwortung, noch sind sie jemals für den von ihnen angerichteten geistigen Flurschaden zur Verantwortung zu ziehen. Für das, was ein Fernsehjournalist in den Köpfen kaputtmacht, muß er niemals geradestehen. Man fragt sich, was hat so ein Mann eigentlich davon? Vielleicht das Ansehen, das nicht bescheidene Gehalt, die öffentliche Beachtung?

Das trickreichste Werkzeug unserer Berufshysteriker ist die Anwendung des *Ökomakro/mikroskops* – ein Manipulationsinstrument, mit dem man je nach Bedarf beliebig vergrößern und verkleinern kann. Als beispielsweise während des Golfkrieges die Ölquellen in Kuweit abfackelten und Unmengen schwarze Brühe in den Persischen Golf flossen, reduzierten die Berufsapokalyptiker den Globus auf die Größe des Golfgebietes. Sie prophezeiten den Weltuntergang, weil der sich über die gesamte Erde verteilende Qualm eine neue Eiszeit verursachen würde; zumindest würden die Quellen noch jahrelang brennen, und das Öl würde sämtliche Fische im Meer vergiften. Da war selbstverständlich Kollektivhysterie angesagt. Doch der Spuk fand schnell ein Ende. Mit einigen gezielten Sprengladungen blies der amerikanische Feuerwehrmann Red Adair die Ölkerzen in wenigen Wochen aus, und der Persische Golf war nach einigen Monaten so sauber oder dreckig wie zuvor.

Wer das Klima retten will, ißt keine Leberwurst

Neben dem blinden Glauben hat der Ökomanipulations-Journalismus ein weiteres wichtiges Werkzeug, nämlich das Prinzip *Wirkung = Ursache.* Es geht um die Erfindung und um die manipulative Verwendung von Nonsens-Zusammenhängen. Was irgendwo, irgendwie und in *irgendwelchen Spuren als Schadstoff bestimmbar ist, wird mit dem Ausbruch* einer Krankheit in Zusammenhang gebracht oder *als Ursache* einer Umweltveränderung hingestellt. Das funktioniert in der Praxis frei nach dem Motto: Weil die Störche fast ausgestorben sind, gibt es auch weniger Kinder. Oder die Eierschalen von Singvögeln gehen kaputt, weil sie durch den sauren Regen dünner geworden sind.

Auf einen weiteren Nonsens-Zusammenhang stießen britische Forscher vor einiger Zeit. Sie fanden heraus, daß in der Nähe von Kirchtürmen die Leukämierate in der Bevölkerung signifikant erhöht ist. Wendet man das »Wirkung = Ursache«-Prinzip an, so kommt man nicht umhin festzustellen, daß es sich um Strahlenschäden handelt, die wahrscheinlich mit der göttlichen Ausstrahlung der Gotteshäuser zusammenhängen.

In den von der Gesellschaft Deutscher Chemiker (GdCh) herausgegebenen »Blauen Blättern« wurde in der 1992er April-Ausgabe das »Wirkung = Ursache«-Prinzip in dem Aufsatz »Achtung! Leberwurst!« aufs Korn genommen.[16] Seit Jahren beobachtet der Chemiker Knarf Elzneik (leicht zu entzifferndes Pseudonym) mit großer Sorge den ständigen Anstieg aller möglichen Mißliebigkeiten wie Todesfälle, Krankheiten, Verkehrsunfälle, Scheidungen, Kriminalität, Drogenmißbrauch und anderen entsetzlichen Alltagshorror. In satirischer Form schildert Elzneik seine Forschungsbemühungen und wie er plötzlich die Ursache aller Übel erkennt.

Im Gefolge eines erfreulichen Schlachtfestes mit reichlichem Genuß deftiger Leberwurst und kräftiger Verdauungsschnäpse stolpert er etwas benommen mit einem unguten Gefühl im Bauch nach Hause. Sein naturwissenschaftlich gut durchtrainiertes Gehirn beschäftigt sich unaufhörlich mit der Ursache aller bekannten oben aufgezählten Mißliebigkeiten inklusive der seines revoltierenden Magens. Plötzlich überkommt ihn die Erleuchtung wie ein Blitz: »Es ist die Leberwurst! Leberwurst tötet, Leberwurst ist die Ursache aller Krankheiten, der Kriminalität, der Unfälle, von allem Übel!«

Als er, zu Hause angekommen, ins Zimmer taumelt, ahnt es auch seine Frau sofort: »Was ist passiert? Wie du wieder aussiehst, schau dich doch einmal im Spiegel an!« »Ja«, so schreibt der Satiriker weiter, »ich wußte nun, was meine Pflicht war. Als Wissenschaftler, der gewohnt war, kausale Zusammenhänge sofort zu erkennen, war ich es der Menschheit schuldig, die Gedanken konsequent durchzudenken und zu verfolgen bis zum bitteren Ende. Und jetzt bin ich sicher. Die Tatsachen liegen auf der Hand, aber ich überlasse es dem Leser, die gleichen Schlußfolgerungen wie ich zu ziehen, nämlich: ›Die Leberwurst ist an allem schuld!‹

1. Fast alle Personen, die in Europa während des letzten Jahres gestorben sind, haben in ihrem Leben einmal Leberwurst gegessen.
2. Fast jeder, der in einen Autounfall verwickelt war, hat Leberwurst gegessen. Man überlege: Eskimos, die keine Leberwurst essen, sind selten in Autounfälle verwickelt.
3. Viele Kommunisten essen Leberwurst (das gilt übrigens ebenso für die Nazis).

4. Es ist schockierend, aber alle, die zwischen den Jahren 1840 und 1890 Leberwurst gegessen haben, sind heute tot!
5. Fast jeder, der zwischen 1900 und 1930 Leberwurst gegessen hat, ist heute gezwungen, eine Brille zu tragen.
6. Alle, die zwischen 1910 und 1960 Leberwurst gegessen haben, müssen zur Zeit einmal im Jahr zum Zahnarzt. – Ist es nicht auffällig, daß kleine Kinder, die normalerweise Leberwurst hassen, selten zum Zahnarzt gehen müssen?
7. Die meisten Menschen, die durch eine Lawine getötet wurden, haben in ihrem Leben Leberwurst gegessen. Bemerkenswerterweise werden Araber, die bekanntlich auch keine Leberwurst essen, selten durch Lawinen getötet.
8. Ein großer Prozentsatz derjenigen, die von Heuschnupfen geplagt werden, haben in ihrem Leben Leberwurst gegessen. Bemerkenswert auch hier, daß Heuschnupfen bei Eskimos und Arabern nicht vorkommt.
9. Viele Drogenabhängige haben Leberwurst gegessen. In der Arktis und Antarktis, wo, wie gesagt, nicht viel Leberwurst gegessen wird, findet man interessanterweise kaum Drogenabhängige.
10. Auffallend ist auch, daß in einer gescheiterten Ehe mindestens einer der Partner Leberwurst gegessen hat.
11. Es ist wohl auch kein Zufall, daß jeder Europäer, der einmal Leberwurst gegessen hat, auch schon einen Sonnenbrand hatte. Auch hier mache ich wieder auf die Tatsache aufmerksam, daß Eskimos und Araber selten einen Sonnenbrand haben.«

Zum Schluß resümiert der Autor, daß man die bahnbrechenden Erkenntnisse auch auf die Blutwurst ausdehnen solle, und erklärt: »Erste Hinweise deuten darauf hin, daß vielleicht zwischen der Blutwurst und höheren Armeeoffizieren, Top Industriemanagern, amerikanischen Fußballspielern und Kamikazepiloten ein Zusammenhang besteht.«

Führt man die Überlegungen konsequent weiter, so läßt sich bestimmt die Einrichtung eines neuen, satt mit Steuergeldern ausgestatteten »Sonderforschungsbereichs« (SFB) begründen, der unbedingt mit einem tollen Cray-Superrechner ausgestattet werden muß. Wenn man das Erkenntnisnetz nur dicht genug legt, findet man sicher eine 95prozentige Wahrscheinlichkeit dafür, daß die Leberwurst mit ihrem Zwiebelgehalt auch das Klima verändert. Man denke nur an die vielen nicht nur geistigen Blähungen und das dabei gebildete Methangas, das als ultragefährliches Treibhausgas gilt.

Das perfide an dem vom Ökomanipulations-Journalismus benutzten »Wirkung = Ursache«-Prinzip ist, daß es weder belegbar noch widerlegbar ist, weil es viel mit Grundsätzen zu tun hat, die auch von den Weltreligionen genutzt werden. Entweder man glaubt daran, oder man ist ein Ketzer. Auch das falsche Erkenntnisprinzip der *unvollständigen Induktion* steht bei den Ökosprechtüten in höchstem Ansehen. Dabei reiht man nur eine größere Zahl von zum Weltbild passenden Beobachtungen aneinander, und schon ist der »Beweis« geglückt.

Reale Anwendungsbeispiele gibt es zuhauf. Da brauchen nur einmal ein paar heiße Sommer hintereinander zu kommen, schon ist in den ökoerhitzten Köpfen die Klimakatastrophe da, insbesondere wenn die These wie 1993 nicht nur von den Medien, sondern auch vom damaligen Bundesumweltminister Töpfer vertreten wird.

Ein anderes Beispiel: Vor einiger Zeit verendeten in der Nordsee während eines heißen Sommers Tausende Seehunde. Durch das Fernsehen gingen ans Herz rührende Bilder von klagenden Seehund*babys* mit niedlichen schwarzen Kinderaugen, deren Muttertiere verendet waren. Was kann dafür nur verantwortlich sein? Natürlich nur die grenzenlose Verschmutzung der Nordsee durch den Menschen. Als sich diese Behauptung als Quatsch herausstellte, weil eben das Seehundsterben auf einer Viruserkrankung beruhte, wurde eilig nachgekartet und behauptet, die Tiere wären wegen der mit Giftstoffen belasteten Umwelt für das Virus anfällig geworden. Das ist *nicht belegbar,* aber auch *nicht widerlegbar.* Die Vorgehensweise ist charakteristisch für den bioaktiven Gehirnwasch-Journalismus. Schon Einstein stellte fest, daß es leichter sei, ein Atom zu spalten als die Meinung eines Menschen.

Stadtluft macht dumm oder Bodenversiegelung ohne Bohnerwachs

Ein anderes schönes Beispiel für die Arbeit des Menetekel-Journalismus ist die Bodenversiegelungs-Agitprop vom Winter 1994/95, als ein Hochwasser ungewöhnlichen Ausmaßes die Uferstädte an Rhein, Mosel und einigen anderen Flüssen überflutete. Was ist den bundesrepublikanischen Ökohorror-Sprechtüten dazu eingefallen? Natürlich, der Mensch ist daran schuld.

Der Mensch hat es nicht nur sauer-, sondern auch dauerregnen lassen, weil er das Klima verändert hat. Dazu hat er die Bäche und Flüsse in Rinnen verbannt oder zumindest so begradigt, daß das Wasser schneller abfließt und sich weiter unten zum Hochwasser aufstaut. Zu allem Überfluß hat er den Boden versiegelt (besonders schlimm sind freistehende Einfamilienhäuser), und das nur, damit er ozonschleudernd und kindergefährdend mit seinen Blechkisten sinnlos auf den Pisten herumrasen kann. Auf besonders fruchtbaren geistversiegelten Boden fällt ein solches Argument in der Bundesrepublik, wenn es von einem anerkannten Naturschutzverband, wie dem World Wide Fund for Nature (WWF) im Januar 1995, medienwirksam vertreten wird. Der Dauerregen von oben und der Meinungsregen der rot-grünen Hofberichterstatter sensibilisierten die Bevölkerung hinreichend, und die Bodenversiegelungstheorie wurde besonders von jenen geglaubt, die in einer Stadt wohnen, denn dort hat man die dichtbebauten Straßen und Plätze ständig vor Augen. Daß dies eine Mehrheit der Bevölkerung ist, leuchtet ein, denn der Urbanisierungsgrad der Bundesrepublik beträgt immerhin 90,4 %. Und so macht die Stadtluft eben dumm!

Kaum jemandem ist aufgefallen, wie absurd das ist, denn von den 356.697 qkm der Bundesrepublik entfallen 12,2 % auf Siedlungs- und Verkehrsfläche. Davon sind nur 1 % durch Häuser, Garagen und Zufahrten »versiegelt«, und 5 % dienen als Verkehrsfläche.[17, 18]

Der Flächenanteil der besonders umstrittenen Bundesstraßen und Autobahnen macht gerade einmal 0,19 % aus. Weiterhin sind 2,5 % der Fläche Felsen u. ä., die neben den 1,8 % Wasserfläche ohnehin kaum Wasser versickern lassen.[19]

Der Erftwasserverband hat durch einen ingenieurwissenschaftlichen Modellversuch die Bodenversiegelungstheorie experimentell überprüft und ist zu dem Ergebnis gekommen, daß die *Versiegelung ein Mehr an Wasser von nicht einmal 1 %* erbringt.[20] Diese Erkenntnis wurde von unseren öffentlich-rechtlichen Katastrophentrompetern verschwiegen, weil sie nicht in den Kram paßte. Abgesehen davon zeigen einschlägige Hochwassermarken an Häusern für den Rhein wesentlich extremere Hochwässer in den Jahren 1682 und 1784 an. Wahrscheinlich gab es schon damals zu viele zugepflasterte Straßen, auf denen Pferdekutschen rumrasten.

Rutschen Sie zweimal im Jahr auf Knien zum Dankgottesdienst

Das Ergebnis jahrelanger Apokalyptiker-Bemühungen ist eine gepflegte Technikangst, weil wir uns von morgens bis abends von unsäglichen, schrecklichen Gefahren umgeben sehen. Die daraus folgende Ökomassenpsychose ist inzwischen in eine auf der Welt einmalige *Technik-* und *Industriefeindlichkeit* umgeschlagen.

Ängste, mit denen unter Elferrat-Schellengeläut hausieren gegangen wird, verdüstern das Leben und stören unser geistiges Wohlbefinden. Dabei gibt es wahrhaftig *keinen Grund zu klagen.* Wir haben einen warmen Hintern, wohnen statt in fensterlosen Läusehütten in mehr oder minder komfortablen, zugfreien Häusern, haben immer ein paar Klamotten auf dem Balg und stehen im Vergleich zu anderen Ländern bis zur Halskrause in der Überflußsahne. Das Wasser muß nicht mit Eimern vom Brunnen geholt werden, sondern fließt einfach aus der Wand – meist sogar wunschgemäß warm oder kalt. Hunger ist uns fremd. Dabei ist es gerade einmal 150 Jahre her, als in Europa die Kartoffelernte durch aus Amerika »importierten« Mehltau zerstört wurde. »Als 1846 sich der Befall wiederholte, waren Hungersnot, Skorbut, Durchfall, Cholera und Typhus die Folgen.« Heute haben wir andere Probleme, nämlich mit unserer Figur, weil wir uns zu voll stopfen!

Wenn wir nur den Finger krumm machen, wird es in einem Raum hell, und um Musik zu hören, müssen wir im Gegensatz zum Feudaladel des 17. Jahrhunderts keine eigene Kapelle unterhalten. Für unsere Zerstreuung sorgt eine riesige Industrie, und wenn wir eine Blinddarmentzündung bekommen, sterben wir nicht mehr daran. Von den Öko- und Denknorm-Direktoren der Naturschutzverbände und der Journaille angesteckt, sehnen wir uns heute zur heilen Welt der Bronzezeit zurück, als das Spontangrün auf dem Acker noch nicht mit der Chemiekeule erschlagen wurde. Damals wurden die Frauen kaum älter als 30 bis 35 Jahre. Ausgebrochene Zähne, Karies, Kieferabszesse, Rippen- und Schädelbrüche sowie Fehlgeburten beendeten das junge Leben. Dafür gab es so gut wie keine Mammakarzinome – weil keine Frau alt genug dafür wurde![21]

Man hat die Mumie einer vor 2900 Jahren gestorbenen ägyptischen Tempelsängerin computertomographisch untersucht und gefunden, daß die junge Frau an einem Zahnabszeß gelitten hatte.

Dieser fraß sich durch den Oberkiefer und führte unter fürchterlichen Schmerzen schließlich zum Tod durch eine Blutvergiftung. Heute leben wir zwar nicht notwendigerweise gesünder, weil wir eben zuviel Süßigkeiten essen! Aber der regelmäßige Gebrauch von Zahnpasta mit Laurylsulfat – vor einiger Zeit einmal Schadstoffrenner der Woche – verhindert erfolgreich Karieserkrankungen. Und im Zweifelsfall geht man zum Zahnarzt, der die Zähne unter Betäubung zieht, gegebenenfalls bohrt und mit einer Kunststoffüllung versieht. Bloß kein Amalgam, Gift, Hilfe, Weltuntergang!

Im Mittelalter hat man den Kindern bei Zahnschmerzen einen Hundezahn um den Hals gehängt, »bei Augenentzündungen wurde empfohlen, den Mist eines weißen Hahnes zusammen mit Honig und Essig aufzulegen«, und bei Stuhlzwang durch eine Ruhrerkrankung erhoffte man Linderung durch ein Zäpfchen aus gepulverten Käfern mit Bocksfett.[22]

Zwischen 1348 und 1350 raffte die Pest schätzungsweise ein Drittel der zwischen Island und Indien lebenden Bevölkerung dahin. Gegen den Erreger *Yersinia Pestis* hat man heute Antibiotika als wirksame Waffe zur Verfügung. Wobei wir uns darüber im klaren sein müssen, daß die Krankheit nicht ausgerottet ist, sondern immer mal wieder in Ländern wie Indien auftaucht. In Europa verschwand sie einfach. Weshalb weiß man nicht recht. Im Pestjahr 1348 wußte man keine andere Behandlungsmethode, als die Krankheit als Strafe Gottes anzusehen und zur Buße als Geißler durch die Lande zu ziehen. »Die medizinischen Kenntnisse reichten nicht aus, die hygienischen Verhältnisse waren, wie man seit 1894 weiß, geradezu ideal für die Vermehrung des Krankheitserregers.«

Die Cholera trat 1892 zum letztenmal epidemisch in Deutschland auf. In Hamburg starben 70 % der Erkrankten, weil das Trinkwasser mit Choleraerregern belastet war. Heute wird wegen der Überschreitung von Grenzwerten durch die keimtötende Chlorierung lamentiert, die unser tägliches Naß zu einem Chemie-Cocktail mache (ZDF, Sendung Frontal vom 21. November 1995). Wie in Bild 1 gezeigt, waren bis ins frühe 20. Jahrhundert Infektionskrankheiten durch unsauberes Trinkwasser und verdorbene Lebensmittel die Todesursache schlechthin! Die meisten Menschen starben im Säuglings- und Kindesalter. Ohne die böse Chlorchemie gäbe es heute kein Natriumhypochlorit, mit dem wir

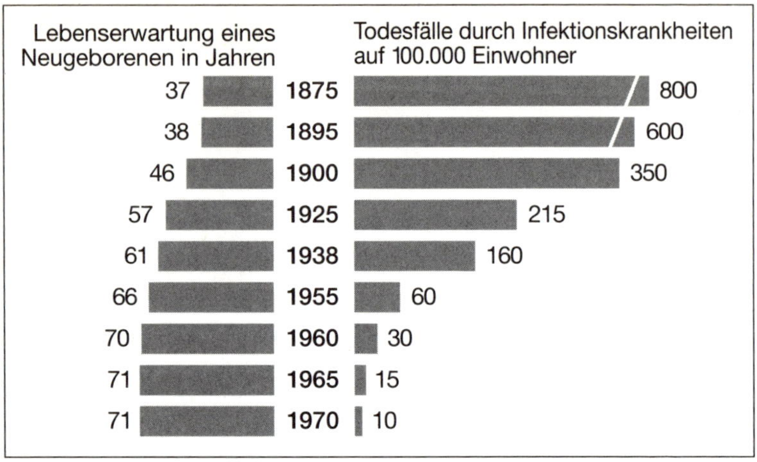

Bild 1: Änderung der Lebenserwartung und der Todesfälle durch Infektionen

unsere Babynuckel desinfizieren. All die fürchterlichen Sachen gehören zum Teufel gejagt. Lieber gesund, aber tot!

Wir werden ständig älter und fürchten dennoch permanent um unser Leben. Zu Zeiten des römischen Imperiums betrug die durchschnittliche Lebenserwartung gerade einmal 20 Jahre – auch wenn man nicht im Teutoburger Wald dabei war! Anfang des 19. Jahrhunderts konnte Mann/Frau/Fräulein eine Lebensspanne zwischen 35 und 40 Jahren erwarten. Trotz der ständigen Bedrohung durch Pestizidrückstände in Lebensmitteln, unsäglich gesundheitsschädliche Abgase, heimtückisch meuchelnde Gifte im Trinkwasser, krebserregenden Elektrosmog wurde man/frau bereits 1970 durchschnittlich 71 Jahre alt, weil unter anderem die Sterblichkeitsquote durch klassische Infektionskrankheiten massiv zurückgegangen ist.

Obwohl das grüne Panikorchester in den 70er Jahren die ersten Töne von unserem baldigen Ende anschlug, stieg die Lebenserwartung in Deutschland weiter. 1995 betrug sie für Männer 73 und für Frauen 79 Jahre. 1975 hatte ein 65jähriger Mann eine Lebenserwartung von 77,1 Jahren, 1991 ist sie auf 79,6 gestiegen. Die entsprechenden Zahlen für eine 65jährige Frau lauten 77,1 Jahre und 83,4 Jahre. Diese schlichten Zahlen müßten jedem ökopathischen Gutmenschen eigentlich unter die Jammermütze gehen.

Vielfach wird argumentiert, die Kinder würden besonders unter den Umweltbedingungen leiden. Das stimmt, aber *nicht bei uns,* wo die Kindersterblichkeit trotz der erschreckenden Bedrohung durch den automobilen Wahnsinn gerade einmal 0,8 % beträgt und die Kinder eher unter dem Videorekorder leiden, der als heimlicher Erzieher im Kinderzimmer wirkt. Auf die Umwelterkrankungen, unter denen Kinder bei uns angeblich leiden, komme ich noch zurück.

In der russischen Föderation ist die Kindersterblichkeit mit 2,4 % dreimal so hoch wie bei uns, und in Rumänien beträgt sie 2,8 %. Als Folge des Drecks und der mangelnden Hygiene sieht es in den Entwicklungsländern noch übler aus. Nur eine kleine Auswahl: in Angola 21,5 %, in Äquatorialguinea 19,8 %, in Benin 18,3 %, in Moçambique 27,6 %, in Nigeria 18,3 % und in Zaire 15,0 %.[23] Diese Zahlen gelten, obwohl dort zweifellos weniger Autoabgase emittiert werden. Hausmüllverbrennungsanlagen als Dioxinschleudern sollen dort relativ unbekannt sein, und Nitrate im Kindertee bedrohen die Heranwachsenden in Entwicklungsländern wohl kaum. Die Kinder sind dort nicht nur kränker, sterben dort nicht nur häufiger, sondern auch früher, aber nicht an Wohngiften, die uns angeblich dezimieren.

Die früheren medizinischen Zustände sind nicht annähernd mit den unsrigen zu vergleichen. Goethes Frau starb unter entsetzlichsten Qualen nach wochenlangem Leiden offensichtlich an einer Urämie. Heute bekäme sie rechtzeitig ein Antibiotikum verschrieben und wäre nach wenigen Tagen wieder auf den Beinen.

In einem in neuerer Zeit gefundenen Tagebuch beschreibt der 1814 in Mackenzell geborene Damasus Gerlach, wie ihm 1835 im Fuldaer Krankenhaus eine Knochengeschwulst vom linken Oberschenkel *ohne Narkose* entfernt wurde:[24]

»Mit drei bis vier tiefen, gezogenen Schnitten hatte Dr. Adelmann eine handlange Wunde geschaffen. Das Blut wurde mit nassen Schwämmen aufgefangen. Mit starken, blanken Stahlinstrumenten wurden die zwei Flechsen (Sehnen) von zwei Mann festgehalten. Nun wurde rings um die Geschwulst geschnitten, als solle sie abgelöst werden. Meine Brust und mein Leib bewegten sich so schnell, als sei eine Dampfmaschine drin. Daraufhin wurde ein Instrument gereicht, das ich noch nicht gesehen hatte. Dasselbe wurde angelegt und mit aller Kraft gedreht. Ich konnte nicht mehr zusehen ... und durchbiß zwei Kissen. Nach anhaltendem Drehen tat es einen Krach, und ein großes Stück der Geschwulst war abgedreht.« Nach einer weiteren halben Stunde gelang es dem Arzt im dritten Versuch, die Geschwulst zu entfernen. Wegen den in der Wunde verbliebenen Knochensplittern entzündete sich das operierte Bein. Der Patient berichtet weiter: »Damit gehörig Ausfluß da sei, wurde die Wunde mit einem krummen Messer weit geöffnet. Nun kamen täglich viele junge Ärzte und auch Bader und untersuchten die Wunde mit langen Sonden und stießen dadurch alles wund.« Trotz dieser Behandlung überlebte der Patient die Operation.

Damals gab es nur die Fünf-Mann-Operation, bei der drei festhalten mußten, einer schnitt und einer schrie. Als 1846 der Chirurg J. C. Warren erstmals schmerzlos einen Halstumor unter Anwendung von Äthernarkose entfernte, war es damit vorbei.

Um diese Zeit fand Joseph Lister, daß die »Verwesung« die Ursache des Eiterns von Wunden sei. 1865 verwendete er erstmals Karbolsäure (Igitt, eine Säure! Frißt die sich nicht überall durch?) mit ausgezeichnetem Erfolg zur Sterilhaltung einer Operationswunde.

England besaß um 1700 gerade einmal fünf Krankenanstalten, zwei davon in London, in denen die Patienten eher zu Tode gepflegt wurden statt geheilt.

Heutzutage ist Hygiene für jedermann, der sie haben will, eine Selbstverständlichkeit. Zur Erinnerung: 1892 trat die Cholera in Hamburg vor allem in den Wohngebieten der ärmeren Bevölkerungsschicht auf, weil deren Trinkwasser nicht über Feinsandfilter vorgereinigt wurde! Die Tatsache, daß Seife kein Luxusartikel für Wohlhabende ist, sondern für wenige Pfennige an jeder Ecke gekauft werden kann, rettet zweifellos unzählige Menschenleben.

Im 19. Jahrhundert herrschten unvorstellbar unhygienische Zustände. So gab es 1845 in Manchester 35 Klosetts auf 1000 Einwohner. Das hielte man heute noch nicht einmal in Gefängnissen für vertretbar. Im Gegenteil: Im hessischen (Bad) Weiterstatt hat man unter rot-grüner Sonne ein Luxusgefängnis mit Hallenschwimmbad für 19 Millionen Mark gebaut!

Von der 35-Stunden-Woche konnte im 18. und 19. Jahrhundert nicht entfernt die Rede sein. 1750 mußten Frauen und Kinder im Sommer zwölf, im Winter acht Stunden täglich arbeiten und 70 % ihres Lohns für Nahrungsmittel aufwenden. Heutzutage machen sich die Grünen nebst den Gewerkschaften Gedanken über eine 30-Stunden-Woche. Das hat Folgen: Wer in unseren modernen

Zeiten bei einer Behörde oder einem sonstigen Dienstleistungsbetrieb nach 15 Uhr anruft, hat meist einen Anrufbeantworter am Telefon, der ihm mitteilt, daß man bitte in der Kernarbeitszeit von 9 bis 14.30 Uhr wieder anrufen solle.

Statt daß wir je nach Glaubensrichtung dem Herrgott oder unserem Schicksal von morgens bis abends auf Knien rutschend für unser Wohlergehen danken, leisten wir uns eine gepflegte *angstgenährte Nörgelkultur;* eine lautstarke Gegen-alles-Minderheit hat uns in einen freudlosen Haufen endzeitsüchtiger Öko-Zombies verwandelt. Alles, so wird uns von morgens bis abends vorgesungen, hat ein Janusgesicht, und die Folgen der auf moderne Technik gestützten Wohlstandsgesellschaft seien schlimmer als ihr Nutzen.

Als der Kurfürst Friedrich Wilhelm 1649 die ersten Erdäpfel als neuartige Blumenpflanze in seinem Berliner Lustgarten anpflanzen ließ, dachte er nicht im Traum daran, vorher die Umweltverträglichkeit prüfen zu lassen. Heutzutage wäre so etwas unmöglich, und wenn man es recht bedenkt, hätten unsere bundesrepublikanischen Hysteriezündhütchen, wären sie nur rechtzeitig auf dem Plan gewesen, nicht nur den Anbau von Kartoffeln unterbunden, sondern auch die folgende Auswahl von Technikanwendungen blockiert:

1. Die *alkoholische Gärung,* da Ethanol, der wissenschaftliche Name des Trinkalkohols, nicht nur lebertoxisch, sondern auch krebserregend ist und sicher mehr Krebstote verursacht als sämtlicher Formaldehyd der Welt. Und nicht nur dies, auch Mißbildungen werden durch Alkoholgenuß während der Schwangerschaft verursacht. Zur Erinnerung: Contergan verursachte Mißbildungen bei 3000 Kindern. Alkohol brachte es im vergleichbaren Zeitraum auf die stolze Zahl von 50.000.[25]
2. Das *Fleischbraten,* weil durch die bei jeder thermischen Behandlung von Lebensmitteln auftretende Maillard-Reaktion Stoffe entstehen, die zumindest im Tierversuch eindeutig krebserregend wirken. Das Chemikalienrecht müßte hier eingreifen, damit die Pfanne im Schrank bleibt und wir mit rohem Fleisch im Mund und Trichinen im Körper künftig gesünder leben!
3. Das *WC,* weil damit eine Unmenge Wasser vergeudet wird; alternative Plumpsklos sind umweltfreundlicher und murksen nicht so viele Bakterien ab, die ja schließlich auch ein Lebensrecht haben!
4. Die industrielle *Papierfabrikation* wegen Gewässerverunreinigung durch Linginsulfonsäuren und Abholzen der Wälder.

5. Den Betrieb von *Dampflokomotiven* (Steinkohleteer ist krebserregend, Schienen verschandeln die Landschaft) und von *E-Lokomotiven* (Elektrosmog, CO_2-produzierende Energiewandlung, landschaftsverschandelnde Strommasten). Als 1835 die erste deutsche Strecke zwischen Nürnberg und Fürth eröffnet wurde, gab es Proteste, die mit ähnlichen Argumenten geführt wurden wie heute gegen den Bau der Transrapidbahn!
6. Die *Seifenproduktion;* dazu wird Natronlauge benötigt, die mittels stromfressender Chloralkalieelektrolyse aus Steinsalz hergestellt wird mit dem Nebenprodukt Chlor. Außerdem kann Seife bei empfindlichen Menschen Hautekzeme verursachen. Nicht vergessen: Zu Risiken und Nebenwirkungen fragen Sie Ihren Arzt oder Apotheker!
7. Die großtechnische *Glasproduktion;* je Kilogramm neues Glas fallen etwa 200 g nutzloses Calciumchlorid als Sondermüll aus der Sodasynthese an.
8. Die *Verwendung von Waschmittel;* Verunreinigung der Gewässer.
9. Die *Elektrifizierung* und das *Telefon.* Beides wäre mit Sicherheit durch die Umweltverträglichkeitsprüfung gefallen wegen Verschandelung der Landschaft, Gefährdung durch elektrische Schläge und des entsetzlichen Elektrosmogs.

Für die meisten Bundesbürger kommen die Brötchen vom Bäcker. Das ist nur die halbe Wahrheit, denn die Brötchen kommen, salopp formuliert, aus der Schwefelsäurefabrik. Denn 60 % der Weltschwefelsäureproduktion werden zur Gewinnung von Superphosphatdünger eingesetzt. Da beißt die Ökomaus keinen Faden ab. Da wir bei einem Urbanisierungsgrad von 90,4 % unsere phosphathaltigen Ausscheidungen dem WC anvertrauen und wegen der Schwermetallschwermut auch keinen Klärschlamm auf die Felder bringen wollen, muß das Phosphat eben auf einem anderen Weg auf den Acker gelangen, sonst bleibt der Backtrog leer.

Technikpessimismus, wohin man schaut

Wer heute die überall in der Gegend wohlfeil herumliegenden Ökoargumente aufgreift und benutzt, gilt als informierter, aufgeklärter und nachdenklicher Zeitgenosse. Das sollte man nicht gleich mit einer Handbewegung abtun, denn zweifellos gibt es ökologische Probleme, die bewältigt werden müssen. Zunehmend müssen wir uns aber um *Hysteriegrenzwerte* bemühen, damit die finanziellen Mittel nicht für Umweltkosmetik wie die Asbest- und PCB-Sanierung von Gebäuden verschossen werden und das wirklich Notwendige aus Mangel an Kapital unterbleibt.

In seinem Buch »Die Ohnmacht der Macht« analysiert der langjährige *FAZ*-Redakteur Konrad Adam die Entwicklung der Industriegesellschaft unter ökonomischen und ökologischen Gesichtspunkten und kommt zu der trüben Einsicht, daß der Nutzen naturwissenschaftlicher und technischer Forschung geringer als der angerichtete Schaden sei.

Zweifellos war die Entdeckung der Kernspaltung durch Otto Hahn die Voraussetzung zur Entwicklung der A- und der H-Bombe durch Robert Oppenheimer und Edward Teller. Alle drei »haben die Welt bewegt und Politik im allergrößten Maßstab betrieben«. Der Vollständigkeit halber muß hier insbesondere noch Albert Einstein genannt werden, denn ohne seine Relativitätstheorie hätte ein ganz wesentlicher Fundamentstein zum Bau der Atomwaffe gefehlt. Auch darf sein Brief an Roosevelt von 1939 nicht fehlen, in dem er den US-Präsidenten vor den Möglichkeiten der deutschen Atomforschung warnte.

Naturwissenschaftler betreiben Politik, ob es ihnen paßt oder nicht. Konrad Adam greift als Beispiel die Entwicklung der Ammoniaksynthese (1908–1913) nach dem Haber-Bosch-Verfahren auf. Haber sicherte damit Deutschland nach der Blockade der Salpetertransporte aus Chile die Fortführung des Ersten Weltkriegs, denn ohne Ammoniak funktioniert auch das Ostwald-Verfahren zur Salpetersäuresynthese nicht. Salpetersäure wiederum ist unabdingbarer Ausgangsstoff für die Produktion von Nitroglycerin, Dynamit, Nitropenta, Trinitrotoluol (TNT) und anderen »feinen« Sprengstoffen – aber auch von Kunstdünger. So weit, so gut. Auch der Kunstdünger hat ein Janusgesicht, denn die Folgen sind Überdüngung der Böden und Emission von Distickstoffoxid, das als »Klimagift« gilt. Konrad Adam resümiert: »Gut und Böse lassen sich nicht mehr voneinander trennen, und die Frage, ob man eine Technik als Fortschritt begrüßen oder als Rückschritt verdammen will, läßt sich nur noch willkürlich beantworten.«

Sicher ist diese Kritik nicht ganz unberechtigt. Nur, ohne den Kunstdünger würde auch in Deutschland nach wenigen Jahren mit Sicherheit ein bisher nicht gekannter Mangel aufkommen, und zwar dann, wenn die »Chemisierung« der Böden komplett abgebaut wäre und wir wieder zur Dreifelderwirtschaft zurückkehren müßten.

Welche Probleme ohne Schädlingsbekämpfungsmittel auftauchen, erleben wir in manchen Jahren, wenn dank Insektizidfreiheit die Schwammspinner im Frühjahr die Wälder und Obstbäume kahlfressen. Eine solche Aussage muß jeden Öko aus den Latzhosen fahren lassen. Es ist aber so. Selbst die Länder der Dritten Welt leben nur teilweise von ökologischer Folklore-Landwirtschaft. Würden sie sich nämlich ausschließlich darauf verlassen, wäre das Unterernährungsproblem noch größer. Das eigentliche und einzige Problem der Menschheit ist die explodierende *Überbevölkerung*, und sonst nichts! Die Lösung dieses Problems verdient unser aller Anstrengung, denn wahrscheinlich ist es schon fünf nach zwölf.

Im übrigen werden nur 5 % der Welt-Salpetersäure-Produktion für Sprengstoffe verwendet, was zweifellos noch zuviel ist.

Verfolgt man den Gedanken zu Ende, wonach die Pandorabüchse von neugierigen Naturwissenschaftlern geöffnet wurde, dann darf man nicht erst bei Otto Hahn und Fritz Haber beginnen. Nein, die wissenschaftliche Chemie fing um 1790 mit Lavoisier an. Und selbst dabei kann man nicht verweilen, denn für die Entwicklung der Ammoniaksynthese benötigte man grundlegende Erkenntnisse der physikalischen Chemie, eines Spezialgebiets der Chemie, das ohne Entdeckung der Infinitesimalrechnung um 1670 durch Isaac Newton und Gottfried Wilhelm Leibniz nicht auskommt. Nicht nur die Chemie ist auf die Mathematik angewiesen. Ohne diese Wissenschaft wären die Physik und sämtliche moderne Technik undenkbar. Den Gedanken kann man beliebig weiterspinnen und landet im Altertum, als der Mensch zu zählen und zu messen anfing. Damals beherrschte die Menschen die Angst vor strafenden, Seuchen schickenden Göttern und nicht die Angst vor der unkontrolliert amoklaufenden Technik.

»Angst kann warnen oder auch dumm machen«, so überschreibt der Medizinprofessor Bochnik einen Artikel in der *FAZ* über psychiatrische und politische Aspekte der Angst. Er meint: »Hysterische Ängste sind gewissen politisch manipulierten Ängsten verwandt: Heute gehört in manchen Kreisen eine sonderbare schamlose Lust am Behaupten von Ängsten zum guten Ton. Sie paßt zur neuen Wehleidigkeit, in der es die Deutschen vermutlich zur führenden Nation gebracht haben ... Das Schlimme daran: Angst wird nicht als Widersacher der Besonnenheit erkannt, sondern als politischer Ratgeber begrüßt.« Niemand kann heute mehr alle Aspekte der Technik überblicken und verstehen. Das aber, was man *nicht versteht,* wird schnell als Bedrohung wahrgenommen, die »die Selbstsicherheit überwiegt, die sich auf die Einschätzung der Chance des Bestehens oder der Überwindung stützt«.

Was ich nicht weiß, macht mich nicht heiß

Die wenigsten Techniknutzer setzen sich mit den einfachsten Funktionsprinzipien einer Stereoanlage, eines Videorekorders, eines Computers, eines digitalen Handytelefons, eines CD-Players, der Einspritz- oder Abgasreinigungsanlage ihres Autos auseinander. Nur wenige machen sich die Mühe oder sind in der Lage, die Prinzipien der von Meteorologen vorgestellten Klimamodelle nachzuvollziehen. Kaum jemand überlegt, wie die Produktion in einer Chemieanlage abläuft und welche Gefährlichkeit die dort gehandhabten Stoffe differenziert betrachtet haben – oder nicht haben.

Das Bekenntnis, über technische Dinge und die Gesetze der Naturwissenschaften *nichts zu wissen,* wird von manchem Hochschulabsolventen fast mit ähnlichem Stolz getragen wie das spätere Bundesverdienstkreuz. Ordnet aber jemand die Operette »Der Zigeunerbaron« dem Komponisten Karl Maria von Weber zu, so gilt er als ungebildet, ebenso wenn er den preußischen General von Clausewitz mit einer alkoholfreien Biersorte verwechselt. Vollkommen mitleidig belächelt wird derjenige, der unter Goethes »Faust« eine frühe Boxkampfnovelle versteht. Ätzendes Natriumhydroxid als Säure zu betrachten, ist nicht weiter tragisch, wer aber den Philosophen Schopenhauer mit einem Trinkgefäß oder einer mittelalterlichen Schlagwaffe verwechselt, hat sich »geoutet« (modernes Sülzsprech).

Geschichtliche Detailkenntnisse zieren den Journalisten und Politiker. Aber wenn er von der Chemie gerade so viel weiß, daß es dort »kracht und stinkt«, daß Säuren irgendwie rot und Laugen blau färben, daß alles magischerweise mit schwerverständlichen Buchstaben beschrieben wird und daß die Arbeit in einem Chemiewerk sehr gefährlich und unverantwortbar ist, dann gilt er als

Insider. Insbesondere wenn er seinen Glaubenssprit vorher bei ausgesuchten Experten getankt hat. Die sind natürlich immer glaubwürdiger als die in der Wirtschaft angestellten Industrieknechte. Deren Sachverstand wird schließlich nur zur Vertuschung benutzt.

Der Chemiker Siegfried Kabuß schreibt: »Die kollektive Verweigerung des Sachwissens hat Konsequenzen für die Qualität des öffentlichen Diskurses: Betroffenheit tritt an die Stelle von Kompetenz und Urteilsfähigkeit ... Öffentliche Sachdiskussionen entarten in aller Regel zu weltanschaulichen Auseinandersetzungen.«

Täglich stößt man auf verblüffende Beispiele *naturwissenschaftlicher Legasthenie.* Als beispielsweise 1986 ein Umweltskandal vor einem Wiesbadener Gericht verhandelt wurde, äußerte der zuständige Richter im *Wiesbadener Kurier:* »Ich weiß ja nicht, was Trichloräthylen ist, aber es hört sich ziemlich gefährlich an.« Er hätte sich genausogut entsetzt über α-D-Glucopyranosido-β-D-fructofuranosid äußern können und nicht gemerkt, daß er vom Rohrzucker spricht. Was würde derselbe Richter sagen, wenn sich ein im Halteverbotsbereich ertappter Verkehrssünder die Ausrede einfallen ließe: »Ich dachte das ›Parkverbot‹ sei Bestandteil des Bundesbaugesetzes, wonach in bestimmten Wohngebieten nur kleinere Gärten zulässig sind.«

Hochschullehrer, die sich mit immer mehr studierunfähigen Abiturienten herumschlagen müssen, finden, daß beispielsweise nur wenige der jungen Studieroptimisten sachlich richtig erklären können, weshalb das Wasser auf einem Berggipfel bei niedrigerer Temperatur als im Tal siedet. Der Energieerhaltungssatz, wonach Energie nur von der einen in die andere Form umgewandelt werden kann und nicht »erzeugt« wird, ist genauso unbekannt wie das Prinzip des Wirkungsgrades bei der Energieübertragung, ganz zu schweigen vom Entropiebegriff. Es ist eine Schande, daß in einem Land, das seine Außenhandelsbilanz durch den Export technischer Güter ausgleicht, die naturwissenschaftliche Bildung zugunsten anderer Fächer immer mehr gekappt wird. Nichts kennzeichnet unseren geistig-mentalen Standort mehr als der fast perfekte chemisch-physikalisch-biologische Analphabetismus unserer Führungsschicht.

Gerade diejenigen, die später keine Naturwissenschaft studieren, müßten bis zum Abitur unbedingt und unabwählbar in einer Zweifächerkombination in Chemie, Physik oder Biologie unterrichtet werden. Das darf aber keine Chemie sein, die sich mit den Feinheiten der chemischen Bindung – noch dazu ungenau – auseinandersetzt. Denn die Halbkenntnis von »Orbitalen als Aufenthaltswahrscheinlichkeitsräume der Elektronen im Atom« hat für den späteren Juristen oder Wirtschaftswissenschaftler soviel geistigen Nährwert wie das Auswendiglernen des Telefonbuchs von Wanne-Eickel. Wenn aber im Unterricht ein Verständnis für Stoffmengen und den Ablauf chemischer Produktionsprozesse geweckt sowie der Einsatz und der verantwortungsvolle Umgang mit wichtigen alltäglichen Produkten erarbeitet würde, dann hätte auch derjenige etwas davon, der sich später nie mehr mit Chemie beschäftigt. Es müßte in den Schulen gelehrt und in der Öffentlichkeit gesagt werden, wozu wir überhaupt Chemie treiben! Dabei sind die Chancen und Risiken ausgewogen gegenüberzustellen. Auch gehörte in einem ordentlichen Chemieunterricht etwas gesagt über die Wirkungsmechanismen von Giften, die Dosis-Wirkungs-Kurve und über die unterschiedliche Karzinogenitätswirkung entsprechender Stoffe aus natürlichen und künstlichen Quellen.

Der Biologieunterricht sollte kritisches Verständnis und nicht nur Furcht vor der modernen Biotechnologie wecken. Der Physikunterricht müßte vom Wasserkochen wegkommen und zum Technikverständnis führen. Und vor allem muß klargemacht werden, was alles nicht mehr möglich ist, wenn diese oder jene Technik eingeschränkt oder gar verboten würde. Wir leben in einer von der Technik und den Naturwissenschaften geprägten Welt und leisten uns dennoch eine profunde Unkenntnis auf diesen Gebieten. Es gibt sogar immer wieder Bestrebungen der Ständigen Konferenz der Kultusminister (KMK), wonach naturwissenschaftliche Fächer in den letzten Schuljahren vor dem Abitur abgewählt werden können sollen und nicht mehr Bestandteil der Abiturprüfungen zu sein brauchen. Vielleicht sollte man an deren Stelle einen Leistungskurs »Wie habe ich richtig Technikangst?« einführen?

In gestrecktem Schweinsgalopp

Zunächst bleibt zu resümieren: Mit den »Modernisierungen« der soziallliberalen Zeit – Gutmenschen bezeichnen sie als »Reformen« (westdeutsches Discount-Abitur für über ein Drittel eines Jahrgangs, neues Strafrecht mit Gefängnissen als Streichelzoo für Gestrauchelte, Demonstrationsrecht als Krawallfetisch) – verfiel die Bundesrepublik in einen sanften Dekadenz-Trab. Mit dem Einzug der Grünen in die Parlamente und vor allem seit ihrer *Regierungsbeteiligung* in einigen Ländern änderte sich die Gangart, und das Land rast seither in *gestrecktem Schweinsgalopp in die Dekadenz und Teilentindustrialisierung.* Selbstverständlich hat die Industrieabwanderung noch andere Gründe, aber so ganz darf man die Schadstoffhysteriker und Strahlinisten nicht aus der Verantwortung entlassen.

Zweifellos wäre die Bundesrepublik ohne die grüne Öko-Partei in wenigen Jahren auf einen Umweltstandard gelangt, wie er in den Ländern des ehemaligen Ostblocks üblich war und teilweise noch ist. Das ist ein Verdienst, das hoch anzurechnen ist. Das war's dann aber auch!

Seit 1983 die Partei des abgestorbenen Tannengrüns mit Anti-Kernkraft-Stickern, »Rauschebärten, Turnschuhen, Schlabberpullovern« *(Spiegel)* für »das Nicaragua der freien Menschen« in den Bundestag gezogen ist, wird zunehmend Politik für Minderheiten und *gegen* die Bevölkerungsmehrheit betrieben. Idealistisch-traumtänzerische Utopiejägerei ist Trumpf!

Den gleichen Ökomeiern, die bei jedem Schwermetallion im Trinkwasser Beklemmungen bekommen, ist jahrelang zu den für jeden erkennbaren offensichtlichen Umweltbelastungen in der ehemaligen DDR nichts eingefallen. Dies obwohl seit den 60er Jahren die Schadstoffmengen in Werra oder Elbe sattsam bekannt waren. Weil das aber gute, sozialistische Schadstoffe waren, hat man die grünfriedlichen Schlauchboote lieber den Schlotbaronen von der BASF vor die Nase gesetzt. Erst nach dem Zusammenbruch des Schrott-Regimes, das sich zum Spott auch noch mit dem Emblem »demokratisch« geziert hatte, fiel es den Gutmenschen wie Schuppen von den Augen.

Rührend ist auch der naive Grünkinderglaube an die beglückende Wirkung der »Befreiungsbewegungen« in der Dritten Welt. Die dortige Bevölkerung schätzte diese meist ganz anders ein als die realitätsentrückten Friedenstraumtänzer. So entschieden sich die Nicaraguaner in ihrer ersten freien Wahl nicht für die von den Öko-Gutmenschen geschätzten marxistischen Sandinisten, sondern für die eher konservative Partei der Frau Chamorra.

Nur die CSU bietet noch nachhaltigen Widerstand und läßt sich nicht verführen. So hängen Theo Waigel schwarz-grüne Koalitionsspekulationen genauso zum Hals heraus wie die ökobewußte Partei selbst: »Die Grünen fressen und zehren die anderen Parteien auf. Bekämpfen muß man sie, die Wähler muß man ihnen wegnehmen und nicht mit ihnen herumpoussieren.« Was aber macht die CDU? Ihr oberster Chef äußerte in einem Gespräch mit der *Bild*-Zeitung, ein Teil der Grünen habe »Visionen«, die ihm »sympathisch« seien. Kein Wunder, wenn also die CDU in den letzten Jahren immer mal eine kräftige Grünkernmahlzeit verschlungen hat.

Der ehemalige Fraktionsvorsitzende der Union, Rainer Barzel, beschreibt in der *FAZ* das zeitgeistlich-modernistische Surfen auf der Politbühne mit den Worten: »... von ›Koalitionsaussagen‹, ›multikultureller Gesellschaft‹, ›rot-grün‹ und ›grün-schwarz‹ ist viel zu hören. Von dem, was die Bürgerinnen und Bürger interessiert und angeht, von Politik also, hört man wenig – von zuwenig bis nichts. Der Betrieb betreibt sich selbst«.

Problematisch an den Grünen ist ihr vollkommen abgedrehtes Sendungsbewußtsein, das keine anderen Meinungen mehr zuläßt, sowie ihr Gesellschafts- und Rechtsverständnis, das sich allmählich staatsgefährdend auswirkt, weil es beispielgebend wirkt.

Daß die grün-alternativen Gutmenschen den Umweltschutz nur als Geißfuß benutzen, um unsere Staatsordnung auszuhebeln, wird in einer Dokumentation der CDU von 1995 mit folgenden Worten herausgestellt: »Wer sich zum Beispiel mit den programmatischen Aussagen der Bündnisgrünen auseinandersetzt, trifft auf eine ganz andere Partei – nicht auf die freundlichen Naturschützer und engagierten Bürgerrechtler, denen man an der kommunalen Basis oft begegnet, sondern auf linkssozialistische Fundamentalisten, ideologische Alt-68er und radikale Öko-Utopisten. Nach wie vor bestimmen sie den Kurs der Bündnisgrünen stärker, als vielen bewußt war.«[26]

Es ist viel schlimmer: Seit die Grünen in die Parlamente eingezogen und in einigen Ländern sogar an der Regierung beteiligt sind, möchten die anderen Parteien die grünen Wähler auf ihre Seite ziehen. Dies führte zu einem Wettstreit, wer die größere *Irrationalität* gebiert. *Keine der Altparteien merkt, daß ein solcher Wettkampf nicht zu gewinnen ist, denn im Belegen von Quatschthemen sind die Grünen unschlagbare Meister.* Im Gegenzug *dazu* vergraulen die Altparteien mit der *Sozialpädagogisierung der Politik* ihre Stammwähler.

2. Die Folgen der Grünkernmahlzeiten

These: *Weil in grünen Brauseköpfen die Risiken allemal größer als die Chancen sind, gilt: Ängste, Ängste über alles, über alles in der Welt. Auf der neuen deutschen Nationalhymne reitend, bremsen die Ökogutmenschen jegliche innovative Technik aus. Gleichzeitig treiben hohe Lohnkosten, Überreglementierungen, der sogenannte ökologische Umbau der Industriegesellschaft und die von umweltreligiöser Inbrunst beseelte Jagd auf das letzte Schadstoffmolekül die gewerblichen Arbeitsplätze scharenweise außer Landes. Damit nichts liegenbleibt, nehmen die Unternehmen beim Ausflaggen gleich auch die Forschungs- und Entwicklungsarbeitsplätze mit. Was soll man damit auch hier? Die Hoffnung, daß dies durch Dienstleistungsarbeitsplätze oder Jobs im Umweltschutz wettgemacht werden könnte, entbehrt jeglicher Grundlage.*

Gentechnische Stimmungskanonen

Ökomeinungsfabrikanten und ihre Handelsreisenden haben die Zivilisation und unseren Wohlstand geschickt als die einzige *Ökosünde* schlechthin verkauft. Das paßt auch ganz zur entzauberten und säkularisierten Welt, in der man mit der alttestamentarischen Erbsünde höchstens noch bei Konfirmanden Eindruck schinden kann. Ein Beispiel für die fanatische Bekämpfung der Ökosünde ist die Kriegsführung gegen die Autofahrer, zu der manche Landes- und Lokalpolitiker die öffentliche Verwaltung und die Ordnungskräfte schlicht mißbrauchen.

Nicht nur die Verkehrsteilnehmer werden durch alle möglichen Mätzchen schikaniert, auch Unternehmen, die, um zu überleben, neue Produkte entwickeln müssen. Ein ganz trauriges Kapitel ist die Gentechnik, bei der sich nach jahrelanger Blockade erst seit Anfang 1996 eine Besserung abzeichnet. Das aber auch nur, weil die Pöstchensuchtknochen nicht von den Arbeitslosen bei der nächsten Wahl aus ihren geliebten Regierungsämtchen gejagt werden wollen. Ihr naturwissenschaftlich-technischer Sachverstand ist nach wie vor der von 1968 und reicht bei weitem nicht aus, die Risiken und Chancen ausgewogen zu beurteilen. Durch selektiert ausgesuchte Experten beraten, meinen sie sich ein Urteil bilden zu können. Selbst kapieren sie in der Regel nichts.

Es gibt Politiker, die die Chancen durchaus auch erkennen. So äußerte sich Roman Herzog 1995 über die Einstellung der Endzeitentsetzten zur Gentechnik in einem *Focus*-Interview: »Es herrscht ... oft die Vorstellung, da werden Menschen gezüchtet. Genetische Eingriffe, die die Keimbahn verändern, werde ich unter gar keinen Umständen akzeptieren. Andere verändern aber nur die Körperzellen, die ja nicht zur Fortpflanzung kommen, also keine dauerhaften Änderungen mit sich bringen. Sehr hilfreich kann beispielsweise in Krankheitsfällen das sogenannte Genprodukt sein, ohne daß irgend etwas an der Keimbahn verändert wird. Diese Unterschiede werden nicht zur Kenntnis genommen. So kommt es, daß 70 % unserer Mitbürger gegen Gentechnologie sind, aber zugleich 70 % für Genmedizin.«

Die hessische SPD und ihr Koalitionspartner, die Grünen, blicken da Gott sei Dank besser durch. Sie wissen schon, was für die Bürger gut ist. Deshalb haben sie das hessische Naturschutzrecht bezüglich der Gentechnik ausgesprochen restriktiv gefaßt. In Paragraph 25 heißt es: »Gentechnisch veränderte Pflanzen oder Tiere dürfen nicht ausgesetzt oder angesiedelt werden, wenn eine Verfälschung, Verdrängung oder sonstige erhebliche Gefährdung natürlich vorkommender Arten nicht ausgeschlossen werden kann.« Die Formulierung ist so gewählt, daß damit jegliche gentechnische Freilandforschung unterbunden wird.

Die Innovationsblindheit und Technikfeindlichkeit seiner Partei hat der nordhessische SPD-Vorsitzende, der Landrat Schlitzberger, mit folgenden Worten charakterisiert: »Es kann nicht sein, daß die letzte technische Erfindung, die die SPD insgesamt begrüßt hat, die Erfindung des Farbfernsehers war.« Recht hat der Mann! Fiel auf einem Parteitag nur das Wort Gentechnik, wurde von Berufsentsetzten auf dem Ökohorrorklavier sofort das Lied vom Weltuntergang angestimmt.

Im Oktober 1995 berichtete der *Wiesbadener Kurier* von einer Ausstellung im »Umweltladen« über Gentechnologie. Natürlich handelt es sich nach Meinung der Ladeninhaber um einen gefährlichen und überflüssigen Unfug. Soweit es sich um den Nutzen des gentechnisch hergestellten Rinderhormons BST handelt, kann man bedingt zustimmen, denn angesichts der Butterberge benötigt die EG wahrlich keine Kühe, die bis zu 40 % mehr Milch geben. Wie sieht es aber in Ländern der Dritten Welt aus, in denen viele Kinder durch eine bessere Milchversorgung vor dem Hungertod bewahrt werden könnten?

Vor allem aber wird in dem Artikel des *Wiesbadener Kuriers* vor den gesundheitlichen Risiken der Gentechnik gewarnt. Die seien allemal größer als die möglichen Chancen. Wer hätte das gedacht? So etwas macht natürlich neugierig, deshalb geht man mal »Shopping« in dem mit Steuergeldern finanzierten Umweltladen. Jede Menge chlorfrei gebleichte Prospekte werden bereitwillig in die mitgebrachte Jutetasche gestopft. Einer, für den die Organisationen BUND, Demeter und Bioland verantwortlich zeichnen, hat die schöne Überschrift »Gentechnik gehört nicht auf den Acker«. Auf der ersten Seite des Blättchens erfährt man wahrheitswidrig, daß die Gentechnik einen Genmix entstehen läßt, den die Natur *so nicht* hervorbringen *könnte.* Das stimmt insofern nicht, weil auf natürlichem Weg prinzipiell jede Genkombination entstehen kann und konnte; wenn sie sich im Verlauf der Evolution gegenüber konkurrierenden Genen anderer Lebensformen durchsetzte, blieb sie erhalten. Dann werden die Öko-Country-Sänger deutlicher: »Alle bisherigen Erfahrungen zeigen, daß Eingriffe des Menschen in das komplizierte Wirkungsgefüge des Naturhaushaltes zu nicht vorhersehbaren Folgen führen können. Freilandversuche machen uns alle zu Versuchskaninchen.«

Um dies zu verhindern, möchten BUND, Demeter und Bioland als Verband Betroffenheit (Betroffenheit ist immer gut!) geltend machen und vor Gericht klagen. Das geht leider nicht ohne Bares. Deshalb bittet man um eine monatliche Spende von bescheidenen 5 DM. Das sei, so wird argumentiert, weniger als ein großes Glas Bier in der Kneipe. Vollkommen richtig. Bezüglich der Spendenfreudigkeit teilt sich an diesem Punkt die Bevölkerung in politisch korrekte Spontangrün-Liebhaber und in ignorante Ökobösewichter. Die letzteren trinken lieber das Bier und machen anschließend genüßlich ein Bäuerchen, während die vom Umweltelend zerknirschten Gutmenschen ihr Geld den Biobäuerchen spenden. Damit werden die Ökohorror-Companies vor dem finanziellen Ruin und die Erde vor dem »Gentod« gerettet.

Beispiel Insulin

Ein altes Sprichwort sagt: Was ich nicht weiß, macht mich nicht heiß. Das Gegenteil ist richtig. Also: Wie »funktioniert« die Gentechnik? Die Grundprinzipien der modernen Biotechnik lassen sich ohne Brimborium am besten am Beispiel der gentechnischen Insulinproduktion beschreiben. Wo aber fängt man an, wenn nichts bekannt ist?

Jedes Lebewesen besteht zu einem wesentlichen Anteil aus *kurzkettigen Peptiden* beziehungsweise *langkettigen Proteinen (Eiweiß).* Beide sind vom chemischen Aufbau her prinzipiell gleich, sie unterscheiden sich nur in der Kettenlänge. Man spricht von *Makromolekülen* oder auch *Polymeren.* Beispielsweise enthält der menschliche Körper neben 60 % Wasser als nächste Hauptkomponente 20 % Eiweiß. Die *Grundbausteine (Monomere)* der Proteine und Peptide sind die etwa *20 verschiedenen, natürlich vorkommenden Aminosäuren,* die im Eiweißmolekül wie die Perlen einer Perlenkette aneinandergereiht sind.

Die Kombination aller 20 Aminosäuren läßt Milliarden und Abermilliarden verschiedener Eiweißstoffe zu. Besteht beispielsweise ein Peptid aus 61 Aminosäurenbausteinen, so erhält man unter Verwendung aller 20 Alternativmöglichkeiten 20^{61} denkbare Peptidmoleküle. Zur Synthese je eines Moleküls davon wäre das 2,6fache aller Atome des Universums nötig!

Zwei Dinge entscheiden, ob beispielsweise ein Gerüstprotein wie das Keratin der Haare oder ein Peptid wie das Insulin entsteht. Es ist die *Reihenfolge* der Aminosäuren *(Sequenz)* und die *Kettenlänge.* Wie kriegt die Natur es hin, daß bei der Synthese a) die richtige Reihenfolge und b) die richtige Kettenlänge eingehalten wird?

Die Antwort ist recht einfach. Die Natur benutzt eine Art »Tonband«, auf dem das Lied von der gewünschten Peptid- oder Proteinsynthese gespeichert ist. Das »Tonband« ist die Desoxyribonukleinsäure (engl.: *D*esoxyribo*n*ucleic *a*cid), die international üblich mit DNA abgekürzt wird. Auch die DNA ist ein Polymermolekül, das aus Monomerbausteinen besteht, die in diesem Fall als *Nukleotide* bezeichnet werden. Die Kombination der Nukleotide ergibt den *genetischen Code,* der letztlich bestimmt, welche Proteinsynthese »gesungen« wird. *Die DNA ist demnach der entscheidende Bestandteil der Erbsubstanz in den Zellen aller Lebewesen.* Übrigens besteht der menschliche Körper nur zu etwa 1 %

aus DNA, die den gesamten Bauplan der $6 \cdot 10^{13}$ Zellen des Organismus enthält.

Schön wäre es, wenn alles im Leben einfach funktionieren würde. Leider ist es nicht so. Die Natur spielt nämlich zur Proteinsynthese nicht die DNA ab, sondern zieht sich von ihr eine *Kopie,* die sogenannte *m-RNA* (engl.: messenger *R*ibo*n*ucleic *a*cid). Und jetzt erst kommt der wesentliche Punkt: Zur Synthese eines Peptids wird das »m-RNA-Tonband« auf einem winzigen Körperchen innerhalb einer Zelle abgespielt. Es handelt sich um das *Ribosom,* an dessen »Tonkopf« die richtige Melodie erklingt, während zugleich an anderer Stelle des »Tonbandgeräts« das gewünschte Protein aus in der Zellflüssigkeit herumschwimmenden Aminosäuren synthetisiert wird (Bild 2).

Was macht die Gentechnik anders? Sie schneidet sich ihr eigenes »Tonband« zurecht. Das ist schon fast alles. Bleiben wir bei der gentechnischen Insulinsynthese. Der genetische Code des Insulins ist bekannt. Anstelle von Bauchspeicheldrüsenzellen, die im menschlichen und tierischen Organismus das Insulin synthetisieren, benutzt die Gentechnik ungefährliche (Entsetzen äußern!) Mikroorganismen wie die Colibakterien. Nur, wie kriegt man die dazu, das ihnen fremde Peptid Insulin genauso zu synthetisieren, wie es die Zellen einer Bauchspeicheldrüse tun?

Der Kniff besteht darin, daß man sogenannte *Plasmide* »austrickst«. Plasmide sind winzigste, nur in Bakterienzellen vorkom-

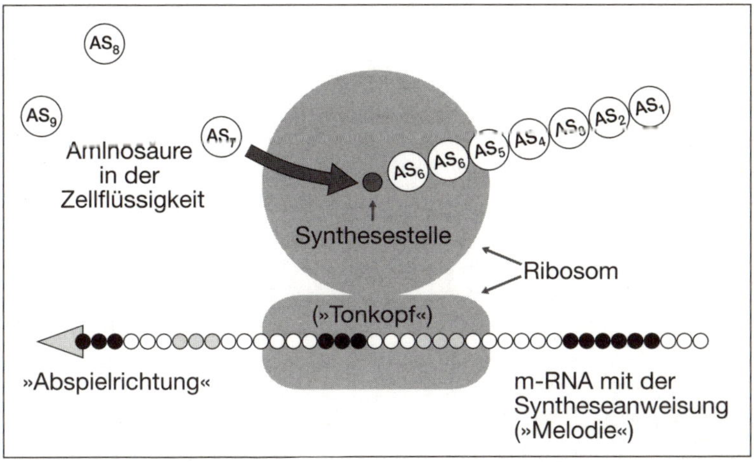

Bild 2: Proteinsynthese an Ribosomen

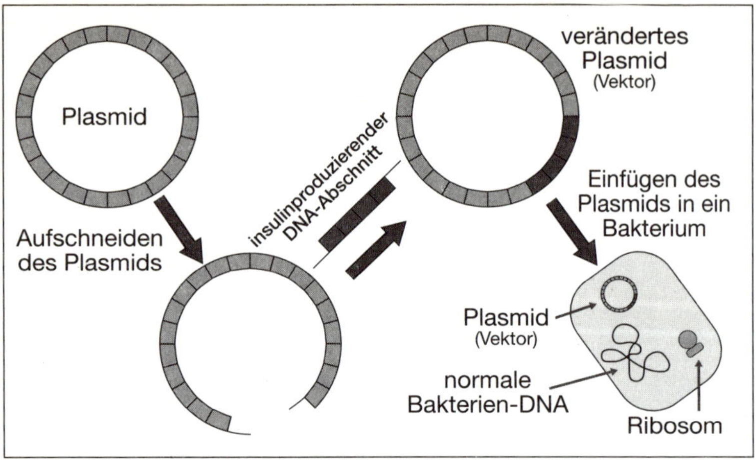

Bild 3: Grundprinzip der Gentechnik

mende ringförmige zusätzliche DNA-Moleküle. Die wichtigsten Kniffe zur »Plasmidmanipulation« entdeckte man in den 80er Jahren, wofür die jeweiligen Forscher mit einem Nobelpreisregen belohnt wurden. Dies entlockte einem tonangebenden Weltuntergangsapostel die Äußerung: »Bestimmte Nobelpreise wären am besten gar nicht vergeben worden.« Im ersten Schritt schneidet man, wie in Bild 3 gezeigt wird, das Plasmid mit sogenannten *Restriktionsenzymen* auseinander.

Dann »klebt« man den insulinproduzierenden DNA-Abschnitt mit Hilfe anderer Enzyme, den Ligasen, ein und erhält auf diese Weise ein Plasmid, das den Bauplan zur Insulinsynthese enthält. Plasmide lassen sich gut in Bakterienzellen einschleusen, weshalb sie auch als »Gentaxis« oder wissenschaftlicher als *Vektoren* bezeichnet werden. Auch Viren können als Vektoren dienen.

In unserem Falle versetzt das *gentechnisch geänderte Plasmid* die Ribosomen von *Escherichia-coli-K12*-Bakterien in die Lage, das Lied von der *Insulinsynthese* zu spielen. Nicht verschwiegen werden soll, daß es Hunderte unterscheidbarer Escherichia-coli-Arten in der Natur gibt, die alle für diese Aufgabe in Frage kämen. Auch könnte die Insulinsynthese mit *Yersinia-pestis*-Bakterien (Pesterregern) laufen. Die Gefahr ginge in diesem Fall nicht von dem gentechnisch produzierten Insulin, sondern von der Pathogenität des Erregers aus!

Der weitere Verfahrensschritt der Insulinproduktion läuft in einem sogenannten *Fermenter* ab. Das ist ein zwei Stockwerke hoher Kessel. Dort wachsen die gentechnisch veränderten Bakterien in einer optimierten Lösung und produzieren dabei jede gewünschte Menge einer Vorstufe des Humaninsulins, die man nur noch abernten und geringfügig verändern muß.

Chemiker haben alle möglichen Stoffe synthetisiert, von denen man befürchtet, daß einige davon demnächst die Welt untergehen lassen. Weshalb bitte sehr kann nicht auch Insulin auf rein chemischem Weg in Glaskolben (in vitro) hergestellt werden? Mit anderen Worten: Lassen sich Peptide außerhalb der Zellen synthetisieren? Ja, aber nur dann, wenn *wenige* Aminosäuren zu kurzkettigen Peptiden verknüpft werden sollen. Bei längerkettigen Peptiden oder gar Proteinen ist das vollkommen aussichtslos. Unter Naturstoffchemikern kursiert der Spruch: »Wer noch nie sein Brot mit Tränen aß, der hat noch keine Peptide gekocht«.

Um 1900 versuchte sich der Nobelpreisträger Emil Fischer als einer der ersten an der rein chemischen Peptidsynthese – mit mäßigem Erfolg. 60 Jahre später synthetisierte der Aachener Chemiker Zahn »auf einem optimierten Fußweg« nach jahrelanger Arbeit wenige Milligramm reines Insulin aus Kilogramm-Mengen von Aminosäuren.

Heute ist die Merrifield-Festphasen-Methode der eleganteste Weg zur chemischen Peptidsynthese. Aber auch damit erhält man bei weitem keine befriedigenden Ergebnisse, wenn ein Peptid mit vielen Aminosäurebausteinen – das Insulin hat 51 – in großem Maßstab hergestellt werden soll.

An Insulin besteht aber ein riesiger Bedarf, und zwar nicht nur wegen der Profitgier der Pharma-Schlotbarone. Natürlich muß etwas verdient werden, denn ohne Moos – nix los: keine Lohnzahlung, kein Urlaubsgeld und kein 13. Monatsgehalt, geschweige denn eine Rente. Vor allem geht es darum, und das meine ich ernst, kranken Menschen zu helfen. Immerhin leidet in den Industrieländern *jeder 50. an Diabetes,* der unbehandelt nach kurzer Zeit zum Tod führt. Bereits 1982 waren in der alten Bundesrepublik 380.000 Menschen ständig auf Insulinspritzen angewiesen. Der Bedarf steigt und wird weiter steigen, weil allem Anschein nach die Veranlagung zur Zuckerkrankheit vererbt wird und die Betroffenen nicht mehr sterben, bevor sie Nachkommen zeugen können.

1982 deckte die Hoechst AG 80 % des bundesdeutschen Insulinbedarfs, und zwar ausschließlich aus Bauchspeicheldrüsen von

Schlachttieren. Die Isolierung des lebensrettenden Hormons auf diesem seit 1923 im Stammwerk praktizierten und ständig verbesserten Weg ist jedoch sehr mühsam. Zunächst wird das tiefgefrorene Ausgangsmaterial mit einem Walzenvorbrecher, dann einem Feinbrecher zerkleinert und anschließend durch einen Fleischwolf geschickt. Bei einem pH-Wert von 3 extrahiert man das Pankreasmaterial mit Ethanol und erhält über etliche weitere Zwischenschritte das Rohinsulin.

Dieses wäre für den medizinischen Gebrauch vollkommen ungeeignet. Deshalb muß in dem Molekül noch an der Stelle »B30« die Aminosäure L-Alanin gegen L-Threonin ausgetauscht werden. Auch das ist sehr aufwendig, und vor allem erhält man ein Produkt, das trotz aller Sorgfalt nie an die Qualität des gentechnisch gewonnenen Humaninsulins heranreicht. Auch darf der Kostenaspekt, der uns als Beitragszahler der Krankenkassen interessieren sollte, nicht ohne weiteres unter den Tisch gekehrt werden. Schließlich lassen sich nach dem geschilderten Verfahren aus einer Tonne tiefgefrorenem Schweinepankreas nur zwischen 50 und 100 g Insulin gewinnen. 1 kg Insulin kostete 1982 happige 100.000 Mark.

Täglich wurden damals in der Hoechst AG elf Tonnen tierische Organe verarbeitet, die weltweit erworben werden mußten. Eine kosten- und energieintensive geschlossene Gefrierkette per Bahn, Schiff und Lkw war notwendig. Dazu ist anzumerken, daß die Pankreasdrüse sofort nach ihrer Entnahme tiefgefroren werden muß, weil sonst das empfindliche Insulin innerhalb kürzester Zeit abgebaut wird. Kälte ist aber die teuerste und umweltbelastendste »Energieform«, mit der im Chemiebetrieb gearbeitet wird!

Wegen des ständig steigenden Bedarfs hat die amerikanische Gesundheitsbehörde (FDA) in den 70er Jahren untersuchen lassen, inwieweit die künftige Insulinversorgung aus Schlachttieren gesichert sei. Man fand heraus, daß bereits *Mitte der 90er Jahre ein Versorgungsengpaß* zu erwarten sei, weil die Zahl der Schlachttiere nicht beliebig vergrößert werden könne. Und die Sonnenblume mit einer Bauchspeicheldrüse ist noch nicht gefunden worden! In jedem Fall würde wohl schon heute wegen Mangels an Pankreasdrüsen ein Losverfahren entscheiden müssen, wer Insulin bekommt und wer nicht! Das Ganze würde also ähnlich laufen wie bei der Organspende. Somit wurde den Insulinherstellern klar, daß sie sich nach alternativen Quellen umsehen mußten. Der Ausweg war und ist die Gentechnik!

Gen-Salto-mortale ohne Netz und doppelten Boden?

Wenn man den obergärigen Ökoköpfen zuhört, dann ist jegliche Gentechnik ultragefährlich! Deshalb einmal die in den Medien weniger verbreiteten Tatsachen zur Insulinproduktion:[1]

1. Weil dem in der Pharmaindustrie verwendeten Produktionsplasmid die für die Übertragung auf andere Bakterien notwendigen DNA-Abschnitte und Gene entfernt wurden, *kann es nicht* auf andere coliähnliche Bakterien *übertragen* werden. Man spricht von einem *Sicherheitsplasmid.*
2. Das Bakterium wird durch die gentechnische Veränderung weder pathogen, noch besitzt es außer der Fähigkeit der Insulinproduktion eine andere Eigenschaft.
3. *E. coli K12* besiedelt nachweislich weder den menschlichen noch den tierischen Darm. Das Bakterium wird schon jahrzehntelang – auch ohne gentechnische Veränderung – in den Labors gehandhabt. Im Magen wird es sofort verdaut. Fütterungsversuche mit enormen Dosen unter gleichzeitiger Neutralisierung der Magensäure ergaben eine geringe Nachweisbarkeit für einige Wochen im Darm.
4. Die Fermenter und die anderen Anlagenteile sind bakteriendicht durch
   - Zu- und Abluftsterilfilter,
   - keimtötende Dampfversiegelung der Ventile,
   - Überführung der Bakterienkulturen in geschlossenen Leitungen.
5. Alle Abwässer werden gesondert behandelt.
6. Bei Leckagen sorgt eine Wanne dafür, daß der Fermenterinhalt nicht einfach in die Kanalisation gelangen kann.
7. Der Insulin enthaltende Eiweißkörper tritt an den Enden der stäbchenförmigen Bakterien als Ballaststoff auf. Die längerfristige Produktion dieses Ballaststoffes führt automatisch zum Absterben der Bakterienzelle.
8. Nach Abschluß der Fermentierung und vor Aufarbeitung des Rohproduktes werden sämtliche *E.-coli-K12*-Bakterien mit einer Desinfektionslösung abgetötet.

Weiterhin existieren in der Anlage entsprechend den gesetzlichen Vorschriften jede Menge Sicherheitsschleusen.

Trotzdem wird niemand ernsthaft bestreiten, daß jede Technik neben den Chancen auch Risiken besitzt. In Deutschland pflegt man deshalb zu den zehn Gürteln mindestens noch 50 Hosenträger anzuziehen. Es konnte also nicht ausbleiben, daß der Gesetzgeber zunächst einmal ein *Gentechnikgesetz* mit erheblichen Einschränkungen verabschiedete. Das ist zwischenzeitlich gelockert worden, schließt aber nach wie vor wildes Experimentieren aus. Eine der wichtigsten Bestimmungen ist, daß Experimente mit Veränderungen an der Keimbahn des Menschen sehr restriktiv gehandhabt werden. Weiterhin sind *vier* international gültige *Sicherheitsstufen* zu beachten.

- *Stufe 1* (S1) betrifft Arbeiten mit nicht krankheitserregenden Organismen, von denen nach heutigem Erkenntnisstand kein Risiko für Mensch und Umwelt zu erwarten ist. Kritik der manisch Besorgten: Pathogenes Potential *kann* immer vorhanden sein, wobei besonders opportunistische Erreger zu berücksichtigen seien, die geschwächte Menschen anfallen können. Das Argument kann abgehakt werden, weil eine vergleichbare Gefährdung schon vorhanden ist, wenn man sich nur in den Finger schneidet.
- In *Stufe 2* (S2) wird der Umgang mit krankheitserregenden Organismen (z. B. Eitererreger, Mumpsvirus) mit geringem Risiko für Mensch und Umwelt eingeordnet.
- *Stufe 3* (S3) umfaßt Arbeiten mit krankheitserregenden Organismen, von denen ein mäßiges Risiko für Mensch und Umwelt ausgeht. Typisch hier wären Arbeiten mit HI-Viren oder mit Pesterregern.
- In *Stufe 4* (S4) fallen Arbeiten, bei denen ein begründetes Risiko für Mensch und Umwelt besteht, beispielsweise Arbeiten mit infektiösen Erregern wie dem Pockenvirus oder mit Retroviren und nackter DNA.

Bereits bei S2-Arbeiten sind besondere bauliche Bedingungen für die Labors vorgeschrieben, zu denen nur Personen mit geeigneter Schutzkleidung Zutritt haben. Die Stufen S3 und S4 erfordern völlig von der Außenwelt isolierte Sicherheitslabors, aus denen kein Molekül, geschweige denn ein Staubkorn unkontrolliert in die Umwelt entweichen kann. Über 90 % der Arbeiten betreffen die Sicherheitsstufen S1 und S2. Außerdem haben 20 Jahre gentechnischer Forschung in aller Welt längst belegt, daß die Mehrzahl der gentechnischen Arbeiten und Produkte keine besonderen Risiken birgt.

Wie groß ist eigentlich die Gefahr, daß »wild gewordene Gene«

aus Laboratorien entweichen und Unheil verbreiten? Wird tatsächlich die Menschheit mit aus der Genkanone verschossenen Tumorbakterien gekillt? Zur Beantwortung der Frage wäre als erstes zu klären, ob artfremde Gene so ohne weiteres von Pflanzen auf Tiere oder Bakterien und in umgekehrter Richtung übertragen werden können. Die Antwort lautet schlicht: Das Experiment hierzu läuft seit Millionen von Jahren und findet ständig statt. *Die Natur ist der größte Gentechniker!*

Der ehemalige DDR-Bürgerrechtler und Biochemiker Jens Reich äußerte in einem Vortrag, daß die DNA kein »Heiliger Gral« sei, in den nicht eingedrungen werden könne. Wahrscheinlich stammen 20 % des menschlichen Genmaterials von Viren. Bei Mäusen hat man nachgewiesen, daß sie beim Fressen 5 % des genetischen Materials unverändert ins Blut aufnehmen und fremde DNA sogar in ihre Körperzellen einbauen.[2] Ernst Ludwig Winnacker vom Genzentrum in München[3] rechnet vor, daß wir mit Kartoffeln, Marmelade, Wurst, Käse und allen anderen Nahrungsmitteln täglich Gramm-Mengen artfremder DNA zu uns nehmen – dennoch mutieren wir nicht zu Marsmenschen, Turbokühen oder Wollmilchsäuen.

Wie steht es aber mit neuartigen Genen, die in der Natur nicht vorkommen? Hierzu ist folgendes anzumerken: erstens, daß in der landwirtschaftlich eingesetzten Gentechnik keine »neuen« DNA-Abschnitte synthetisiert, sondern lediglich bekannte auf Wirtsorganismen übertragen werden, und zweitens: *Wenn irgendein denkbares Mensch und Tier krank machendes sowie Pflanzen vernichtendes Gen einen evolutionären Vorteil hätte, so wäre es längst entstanden!* In einem einführenden Lehrbuch heißt es:[4] »Bisher sind keine Unfälle bei der Handhabung von manipulierten Organismen aufgetreten, da der transformierte Organismus nicht gefährlicher ist als die Summe aus Vektor (Plasmid) und Wirtsorganismus. Bedingt durch die Produktion von Impfstoffen aus humanpathogenen Materialien, haben Labors und Produktionsstätten eine hinreichende Erfahrung im Umgang mit ›gefährlichen Organismen‹.«

Der Nobelpreisträger Manfred Eigen, der sich seit Jahren mit der Evolution beschäftigt, äußerte in einem Interview: »Man kann mit der Gentechnik nicht unwissentlich in eine Katastrophe hineinrennen. Das wäre in der Natur längst passiert. Natürlich kann man – wie die Natur selber – auch Gifte produzieren. Aber dazu braucht man keine Gentechnologie.«

Abgesehen davon finden genetische Veränderungen an freigesetzten Mikroorganismen auch dann statt, wenn bakterielle Krankheitserreger im Organismus eines Menschen nach erfolgreicher Antibiotikabehandlung resistent geworden sind.

Interessant ist, daß die Schluckimpfung gegen Kinderlähmung nach heutiger Rechtslage wahrscheinlich *nicht mehr zulassungsfähig* wäre, denn dabei handelt es sich um die »Freisetzung genetisch manipulierter Varianten pathogener Viren«. Das Vakzin der Polioschluckimpfung ist ein so naher Verwandter des Wildtyps, daß Revertanten (»Rückkreuzungen«) und somit Infektionen infolge von Impfungen nicht ausgeschlossen werden können. Ein Verbot der Impfkampagne aufgrund von Besserwisserei und inflexibler Rechtsgängelei hätte aber den Tod von Millionen Kindern zur Folge gehabt und Leid über unzählige Familien gebracht.

Die englische Biologin Penny Hirsch untersuchte, ob genetisch markierte Knöllchenbakterien ihr Erbgut auf die natürliche Bodenflora übertragen können. Nach sechs Jahren und Tausenden von Bodenproben ließ sich kein einziger Gensprung dokumentieren!

Trotz all dieser Erkenntnisse konnten ökolinke Angstflattermäuse jahrelang das Zweckgerücht am Leben erhalten, das Aidsvirus sei aus Genlabors der Amerikaner entwichen. Die bösen Coca-Cola-Imperialisten wollten eine neue Ultrawaffe entwickeln, die dann nach hinten losging. Bedauernswerterweise waren Homosexuelle die ersten Opfer. Dieser Genlabor-Kinderglaube ist inzwischen eindeutig als vom KGB lancierte Zeitungsente entlarvt worden. Es geht weiter: Da Gene nicht statisch sind, sondern ständig ausgetauscht werden, weiß man heute sicher, daß die Vorläufer der Aidsviren HIV-1 und HIV-2 schon vor etwa 600 bis 900 Jahren existierten. Im übrigen lassen sich in Blutproben aus den 50er Jahren – lange vor Entwicklung der Gentechnik – HI-Viren nachweisen![5]

Die Job-Exporteure

Trotz enormen sicherheitstechnischen Aufwands mußte die Hoechst AG *acht Jahre* warten, bis die Anlage zur gentechnischen Produktion von Insulin am 16. Juni 1994 in Betrieb gehen konnte.

Und das hat etwas mit dem Standort Deutschland und hier insbesondere mit Hessen zu tun! Üblicherweise ist der Regierungspräsident in Darmstadt die Genehmigungsbehörde für die Anlagen der Frankfurter Hoechst AG. Zweifellos ohne besondere Absicht hatte man den RP Gießen als Genehmigungsbehörde vorgeschrieben, dessen Regierungspräsident, Hartmut Bäumer, rein zufällig der Partei der Grünen angehörte. Mit allen möglichen Verfahrenstricks, Einwänden und Rückfragen wurde die Anlage über Jahre in betriebsbereitem Zustand blockiert. Genauer betrachtet, ging es um drei Anlagen mit unterschiedlicher Funktion, nämlich den Fermtec-, Chemtec- und den Isultec-Betrieb. Der besseren Übersicht halber soll der zeitliche Ablauf des Rechtsverfahrens über die drei Anlagen in geraffter Darstellung erfolgen:[6]

14.09.84: Antragstellung für die Fermtec-Anlage als Produktionsanlage.
24.06.85: Die Anlage wird genehmigt, Baubeginn Juli 1985.
Okt. 86: Der Genehmigungsbescheid des Regierungspräsidenten wird durch den Umweltminister gestoppt.
Sept. 87: Die Fermenter-Anlage ist betriebsbereit, wird in der Folge aber durch Einsprüche blockiert.
26.11.87: Hoechst beantragt den Sofortvollzug.
07.07.88: Dem Antrag auf Sofortvollzug wird rund acht Monate später stattgegeben.
25.10.88: Einspruch gegen den Sofortvollzug.
03.02.89: Das Verwaltungsgericht hebt den Einspruch auf.
17.02.89: Beschwerde beim Hessischen Verwaltungsgerichtshof.
06.11.89: Der Sofortvollzug wird vom genannten Gerichtshof in einer umstrittenen Entscheidung aufgehoben.
Es folgen weitere juristische Detailscharmützel.
26.06.90: Aufgrund des am 01.07.90 in Kraft getretenen Gentechnikgesetzes beantragt die Hoechst AG eine Abänderung der Entscheidung des Hessischen Verwaltungsgerichtshofs vom 06.11.89.
02.08.90: Die Einwender erklären das Verwaltungsgerichtsstreitverfahren bezüglich der drei Anlagen für erledigt.
Sept. 90: Das Verfahren wird vom Verwaltungsgericht Frankfurt definitiv eingestellt.

Die Einführung des Gentechnikgesetzes führte nicht notwendigerweise zu Verbesserungen.

28.10.91: Hoechst muß einen Änderungsantrag stellen mit dem Ziel, die Genehmigungsauflagen dem neuen Gentechnikrecht anzupassen.
01.07.92: Dem Änderungsbescheid wird nach acht Monaten vom Regierungspräsidenten stattgegeben.
Aug. 92: Einwender erheben Einspruch.
04.09.92: Die Hoechst AG beantragt den Sofortvollzug.

Es folgen etliche weitere juristische Pingpong-Spiele zwischen den Einwendern, dem Regierungspräsidenten, dem Verwaltungsgericht und der Hoechst AG. Seit dem 4. Januar 1993 schließlich wird die Anlage als Versuchsbetrieb mit behördlichen Auflagen betrieben. Ende 1995 hatte die Hoechst AG noch immer keine endgültige Genehmigung für die großtechnische Produktion von Insulin. Die Firmenleitung kalkuliert zu dieser Zeit mit einem Betrag von *100 Millionen Mark,* der in den Sand gesetzt wurde, nur weil man die gentechnische Insulinproduktion in Deutschland betreiben wollte. Das gibt zu denken!

Auch mit dem *Hirudin* hatte man kein rechtes Glück. Hirudin ist ein Peptid, das aus 65 Aminosäuren besteht und von Blutegeln gebildet wird. In reinster Form soll Hirudin künftig zur Behandlung arterieller und venöser Thrombose-Erkrankungen und von Koronarthrombosen eingesetzt werden. Mit Hirudin kann im Gegensatz zum heute gebräuchlichen Heparin die Blutgerinnung auch ohne den Faktor Antithrombin III verhindert werden. Da die chemische Totalsynthese aus den bereits beschriebenen Gründen aussichtslos ist, könnte die Substanz durch Extraktion aus Blutegeln gewonnen werden. Jeder Egel enthält aber nur 3 mg davon, weshalb sich der Bedarf auf diesem Weg niemals decken ließe. Bleibt also nur entweder der Verzicht auf das Hirudin oder die gentechnische Gewinnung mit entsprechend veränderten Hefezellen. Nachdem die Hoechst AG im Juni 1991 etliche Zentner an Aktenordnern mit den in Deutschland obligaten Genehmigungsunterlagen für die *versuchsweise* gentechnische Herstellung einer Kleinmenge Hirudin abgeliefert hatte, fand das übliche juristische Pingpong-Procedere statt. Die Firma ging geduldig eineinhalb Jahre lang auf alle möglichen Nachfragen und Einwendungen der Genehmigungsbehörde ein und stellte – das ist noch nicht verboten – dann den gleichen Antrag in Frankreich. Zum Transport der Unterlagen wurde, nebenbei bemerkt, diesmal kein Kleinlaster benötigt. Nach sechs Monaten gab es in Frankreich grünes Licht, während man in Hessen unter grüner Einwirkung die Ampel weiter auf Rot stehen ließ. Nach weiteren fast zwei Jahren wurde schließlich auch die Genehmigung zur Versuchsproduktion im Frankfurter Stammwerk erteilt. Große Preisfrage, wo die Produktionsanlage für Hirudin gebaut wird!

Ähnlich ging es der BASF in Ludwigshafen. 1989 gingen gegen eine gentechnische Anlage zur Produktion des für die Krebsbehandlung vorgesehenen Tumornekrosis-Faktor 600 gutmenschliche Einsprüche bei der Genehmigungsbehörde ein. Im März des gleichen Jahres mußte sich die Firma Grünenthal bei Aachen gar mit 3000 entsetzten Einsprüchen gegen eine Anlage zur Produktion eines Wirkstoffs zur Blutgerinnung herumschlagen. Die Firma Bayer reagierte schnell und verlagerte ihre molekularbiologische Forschung 1989 nach New Heaven, Connecticut (USA)!

Anderswo gehen die Uhren anders. Bereits 1976 wurde in den USA die Firma Genentech, Inc. gegründet. Von da an ging es Schlag auf Schlag. In Deutschland hingegen wurde Schlagwort auf Schlagwort gegen die Gentechnik produziert. Während in Amerika schon im August 1977 das Somatostatin, ein Wachstumshormon, gentechnisch hergestellt wurde, bremste man hierzulande die Pharmaindustrie nach allen Regeln der politisch motivierten Verfahrensverschleppungskunst aus.

Die US-Firma Eli Lilly erhielt schon am 29. Oktober 1982 von der Food and Drug Administration (FDA) die Erlaubnis, gentechnisch hergestelltes menschliches Insulin unter dem Namen »Humalin« auf den Markt zu bringen. Seit 1984 wird dieses Präparat auch in deutschen Apotheken verkauft, ohne daß sich ein damit behandelter Diabetiker über Nacht in ein Frankenstein-Monster verwandelt hätte oder sonstwie zu Schaden gekommen wäre. Damals rechnete man in den USA mit einem Zeitbedarf von 40 bis maximal 60 Monaten für die Sicherheits- und Zuverlässigkeitsprüfungen von neuen Medikamenten durch die FDA.[7]

Schon 1995 hingen in der EU 184.000 Arbeitsplätze direkt von der Biotechnologie ab. Die Tendenz ist steigend! Berücksichtigt man noch die indirekt betroffenen Arbeitsplätze, so kommt man nach Angaben der Europäischen Kommission auf neun Millionen Beschäftigte in der biotechnologischen Industrie, die eine Bruttowertschöpfung von 450 Milliarden Ecu erbringen. Zum Vergleich: In den USA gab es 1995 bereits 1300 Biotech-Unternehmen, die fünf Milliarden Dollar an Forschungsmitteln aufwandten und 100.000 Wissenschaftler beschäftigten.[8] Die Japaner standen da nicht viel nach. Nach Angaben des *Wall Street Journal* wird der Bioindustrie in Europa bis zum Jahr 2000 ein beschäftigungswirksames jährliches Wachstum von 20 bis 30 % vorhergesagt.

Wenn die Gentechnik nicht in Deutschland stattfindet, so findet sie anderswo statt. Davon kann man sicher ausgehen. In einer 1994 veranstalteten Umfrage[9] unter 400 forschenden Molekularbiologen aus verschiedenen Nationen bezeichnete die Mehrzahl das deutsche Gentechnikgesetz als die weltweit restriktivste Regelung. 76 % der europäischen Wissenschaftler waren der Meinung, daß ausländische Labors die Arbeiten weiterführen würden, wenn es nicht im eigenen Land geschieht. Als in Frage kommende Staaten wurden 155mal die USA, 59mal Frankreich, 42mal England und 47mal Japan genannt. 92 % der Wissenschaftler waren außerdem überzeugt, daß Deutschland durch seine Gengesetzgebung bereits *den Anschluß verloren* habe. Nach Ansicht der Befragten sind an dieser Entwicklung vor allem die Fernsehbeiträge schuld, die als »unsachlich, desinformierend, mickymausartig im Stil, unfair und beleidigend« charakterisiert wurden.

Die Gesetz- und Verordnungs-Junkies

Rechtsregelungen, Rechtsregelungen über alles, über alles in der Welt. Das ist eine andere Strophe unserer neudeutschen Nationalhymne. Ein ganzes Komponistenteam hat sich hier verdient gemacht. Da sind als erstes die Journalisten zu nennen. Ihr segensreiches Wirken hat die voll perfektionierte, von Hysterie- und Irrationalität geschüttelte Vollkaskogesellschaft geschaffen. In ein paar Jahren kommen die Babys in Deutschland bestimmt mit Sicherheitshelm auf die Welt.

Das nächste Komponistenteam sind die 672 Abgeordneten des Deutschen Bundestags. In der 13. Wahlperiode sitzen dort neben 111 unterrichtsflüchtigen Lehrern 125 Juristen.[10] Die scheinen offensichtlich auch einen größeren Teil der Bevölkerung zu repräsentieren und machen logischerweise das, was sie am besten können. Deshalb ist der Bundestag zu einem Spielwieschen für gesetzes- und verordnungslüsterne Rechtsgelehrte und belehrende Lehrer geworden. *Somit kennt die Reglementierungswut des deutschen*

Gesetzgebers schier keine Grenzen mehr. Nicht zuletzt deshalb wurde das deutsche Gengesetz vom Juni 1990 zunächst so restriktiv formuliert, daß auch bei *weitgehend identischen Arbeiten* immer wieder ein *erneutes* Anmeldungs- und Genehmigungsverfahren durchzuführen war. Erst 1994 nahm man die notwendigsten Korrekturen vor, gegen die bezeichnenderweise das rot-grüne Hessen im Bundesrat stimmte.

Andere Länder haben da weniger Probleme. 1992 waren beispielsweise in den USA, in Japan und Frankreich Arbeiten der Stufen 1 und 2 nicht genehmigungs-, oft nicht einmal anzeigepflichtig. Dies betrifft immerhin 90 % aller gentechnischen Arbeiten.

Wir mauern uns mit allen möglichen Gesetzen so weit ein, bis irgendwann nichts mehr geht! So wurde das Chemikaliengesetz vom 1. Januar 1982 durch ein lawinenartiges Anwachsen von begleitenden Verordnungen und anderen Rechtsvorschriften zu einem Monstrum aufgeblasen. Alles, auch die kleinste Kleinigkeit, will man mit deutscher Gründlichkeit regeln, und vor allem will man von dem vom Ökohorror beeindruckten Wähler wiedergewählt werden. Motto: Wir kümmern uns um eure Gesundheit – kümmert ihr euch um unser Pöstchen. Allein 1990 wurden 14 Rechtsregelungen auf dem Umweltsektor verabschiedet oder novelliert.* Zum Betrieb einer chemischen Produktionsanlage sind heute über 2200 Gesetze zu beachten![11] Man muß hier schon einmal fragen, sind wir noch ganz klar im Kopfe? Sind wir noch zu retten? Nirgendwo sonst wird das produzierende Gewerbe so reglementiert wie hierzulande!

Schon im Chemiestudium greift ein solcher Unfug. In einem Fortgeschrittenenpraktikum werden von 100 Studenten jährlich 2500 verschiedene Syntheseschritte durchgeführt. In den Technischen Regeln für Gefahrstoffe, genauer der TRGS 451, heißt es unter Punkt 7, Abschnitt 6:

»Für eine Verbesserung der Arbeitssicherheit an Hochschulen besonders sinnvoll sind versuchsbezogene Betriebsanweisungen mit der Ermittlung von Gefahrstoffeigenschaften, Beschreibung von Schutzmaßnahmen, Entsorgung etc., die der fortgeschrittene Student (z. B. Diplomand) aus der Literatur selbst ermittelt, mit

* UmwelthaftungsG, LWG Rhld.-Pf., AbwAG, 17. BImSchV (Abf.Verbr.Anl.V), 2. BImschV (Leichtfl. HKW), TA Abfall, Abf. Rest.ÜberwV, Rest.Best.V, Abf.Best.V, GentechnikG, Gefahrsst.V, ChemG, BImSchG, UVPG

dem Versuchsbetreuer durchspricht und nachprüfbar protokollmäßig festhält. Die Beachtung der Richtlinien für Laboratorien ist dem Studierenden zumutbar.«

Wenn man sich das durch den Kopf gehen läßt, dann investiert der künftige Diplomchemiker einen nicht unerheblichen Teil seiner Arbeitszeit in Literaturstudien über Gefahrstoffeigenschaften im allgemeinen und besonderen. Zweifellos führt das sehr gut in die berufliche Praxis eines heute in der Produktion tätigen deutschen Industriechemikers ein, der seinen Arbeitstag meist damit zubringt, Formulare und Anfragen aller möglichen Behörden zu bearbeiten.

Für Forschung bleibt immer weniger Zeit, und so wäre es und ist es bei strenger Beachtung der TRGS 451 auch an Hochschulen. Der Mainzer Hochschullehrer Professor Kunz bringt es auf den Punkt:[12] »Die schriftliche Diplomarbeit besteht dann aus einem Stapel gefahrstoffrelevanter Formulare und Protokolle, denen als Wurmfortsatz ein kleines experimentell untersuchtes Detailchen anhängt.« Der gleiche Student, der an der Tankstelle beim Tanken von 20 Litern Benzin einen Liter Benzol ohne jegliche »TRGS« in der Öffentlichkeit handhabt, kriegt eine Sicherheitsbelehrung und eine »Betriebsanweisung« aufs Auge gedrückt, wenn er im Labor mit dem 100sten Teil dieser Menge hantiert.

Das hätte Professor Liebig noch erleben müssen. Der wäre im Karree gehüpft. Mit der Entdeckung des Kunstdüngers wäre es Essig gewesen – was nach Ansicht unserer Öko-Ajatollahs auch nicht so schade gewesen wäre. Durchgeknallter geht's nimmer. Man kann einem jungen Menschen fast nur noch raten, im Ausland Chemie zu studieren und auch gleich dort zu bleiben, bis die Deutschen ihre Ökogemütskrankheit auskuriert haben. Vielleicht klappt es ja einmal. Gewisse Bedenken habe ich schon, weil der Leidensdruck noch nicht groß genug ist.

1992, als die Chemieindustrie noch ein offenes Wort wagte, teilte das BASF-Vorstandsmitglied Quadbeck-Seeger mit, daß die deutsche Gesetzgebung massiv die chemische Forschung behindere.[11] Er bezeichnete das *Chemikaliengesetz*, das *Bundesimmissionsschutzgesetz* und das *Gentechnikgesetz* als die größten Hemmschuhe für die chemische Forschung.

Hurra, der Raps ist tot – das BaföG wächst

Unsere bio-korrekten Feld-, Wald- und Wiesenmeister agieren unter Anleitung der aus Parlamenten und Redaktionsstuben heraus regierenden Gutmenschen gegen jegliche Freisetzung gentechnisch veränderter Pflanzen.

Beispielsweise antwortete Marina Steindor von den Grünen 1995 auf eine Interviewfrage in der *Frankfurter Allgemeinen Sonntagszeitung,* ob Ertragssteigerungen mittels gentechnischer Methoden angesichts des Hungers in der Welt nicht begrüßenswert wären: »Das ist eine der üblichen ideologischen Ausreden. Wenn Sie sich anschauen, welche konkreten Forschungsprojekte laufen, dann geht es vor allem darum, bestimmte Pestizide im Markt zu halten. Die Konzerne züchten neue Pflanzen, die resistent sind gegen Insektizide. Wenn dann neue gegen das Gift resistente Insekten auftauchen, kann man wieder eine neue Pflanze konstruieren, wieder eine neue Chemikalie auf den Markt bringen.«

Solche Ansichten kommen auch den Vorstellungen der PDS entgegen, die ein Verbot jeglicher Gentechnik fordert, weil diese ihrer Meinung nach nur der »Durchkapitalisierung der Landwirtschaft im Profitinteresse der Chemieindustrie dient«. Man sieht, da wächst so langsam zusammen, was zusammengehört.

Andere Länder, andere Standorte, andere Sitten. In den USA müssen seit Mitte 1993 bestimmte Freisetzungen nicht mehr genehmigt, sondern nur noch angemeldet werden. Dies betrifft etwa 99 % der Versuche. Außerdem kostet ein Freisetzungsversuch in Amerika etwa ein Zehntel von dem, was allein für das deutsche Antrags- und Genehmigungsverfahren zu kalkulieren ist! Nach Angaben der Biologischen Bundesanstalt für Land- und Forstwirtschaft in Braunschweig (BBA) erfolgten bis Ende 1993 weltweit rund *2000 Freisetzungsexperimente,* davon rund 1400 in den USA und 300 in Europa – in dem Noch-Hochindustrieland *Deutschland nur etwa 20.* Bis Mitte 1995 wurden in Frankreich 140, in Großbritannien 74 und in Belgien 66 Freilandversuche mit transgenen Pflanzen ohne grünfriedliche Störungen durchgeführt.

Im Gegensatz zur angstsprech regierten Bundesrepublik ist der Anbau transgener Pflanzen in den USA inzwischen normal. Auf Tausenden Hektar Ackerland wurden im Frühjahr 1996 gentechnisch veränderte Pflanzen – Mais, Kartoffeln, Baumwolle und anderes – angebaut. Nun können sogar auf einem Feld mit starkem

Kartoffelkäferbefall Kartoffeln ohne Pflanzenschutzmittel prächtig gedeihen. Was ist daran negativ? Die Kartoffelpflanzen besitzen ein Gen, das ein für Schädlinge tödliches Gift produziert. Die Erbanlage hierzu stammt übrigens von einem Bodenbakterium und ist somit keine »Laborneuheit«. Wenn sie »gefährlich« wäre, dann hätte sich diese Erbanlage längst anderweitig verbreiten können!

In den 80er Jahren hat die Hoechst AG ein neues Pflanzenschutzmittel – ökozerknirschte Gutmenschen sagen »chemische Keule« oder »Spontangrün-Gift« – namens »Basta« entwickelt. Das Herbizid zeigt eine ähnliche Toxizität wie Kochsalz und ist dennoch hochwirksam. Deshalb müssen nur relativ geringe Mengen ausgebracht werden. Da es auf grüne Pflanzen wirkt, »unterscheidet« es nicht zwischen Unkraut und der landwirtschaftlichen Nutzpflanze Mais, solange sich diese im grünen Jugendstadium befindet. Wenn es gelänge, »Basta«-resistenten Mais zu züchten, könnte das Herbizid mit größerem Erfolg ertragssteigernd eingesetzt werden.

Eine ähnlich wichtige Pflanze ist der Raps. Die AgrEvo, ein Tochterunternehmen der Firmen Hoechst und Schering, hat einen transgenen Raps entwickelt. Blieb nur die Aussaat zur Erprobung im hessischen Wölfersheim. Das aber führte zu einem endlosen Genehmigungs-Hickhack. Als es fast soweit war, äußerte der grüne Gießener Regierungspräsident, Hartmut Bäumer, daß das Vorhaben bereits aus naturschutzrechtlicher Sicht nicht genehmigungsfähig sei. Die für die Freisetzung zuständige Bundesgenehmigungsbehörde, das Robert-Koch-Institut in Berlin, gab trotzdem grünes Licht. Der grüne Regierungspräsident sah sich weiter von unfaßbaren, entsetzlichen Gefahren umzingelt und wollte deshalb nicht alleine entscheiden. Sage und schreibe 26 weitere Fachbehörden wurden von ihm um eine Stellungnahme gebeten. Als das nichts half, verlangte er den Nachweis, daß sich unter dem Feld keine Drainage befindet, durch die fremde Gene in heimische Fische gelangen könnten.

Das ist aber noch gar nichts! Ein Gießener Biochemiker, der ähnliche Versuche durchführen wollte, mußte sogar ein Gutachten über die während des Tests zu erwartenden meteorologischen Verhältnisse beibringen. Als dieses vorlag, verlangte der grüne Regierungspräsident eine Aufschlüsselung der Wind- und Wetterverhältnisse getrennt nach allen vier Jahreszeiten.

Damit der Protest gegen transgenen Raps auch wissenschaftlich untermauert wird, unterstützte man im September 1995 mit hessischen Steuergeldern den bundesweiten Kongreß »Gentechnikfreie Landwirtschaft« in Friedberg. Obwohl alle möglichen Bedenkenträger in- und ausländischer Öko-Institute, von Umweltschutzorganisationen und sogar vielbeschäftigte Politiker der Grünen mit sorgenzerfurchter Stirn teilnahmen, bezeichneten die Dunkelmänner der hessischen Unternehmerverbände (VhU) das vom »Genethischen Netzwerk« ausgerichtete kämpferisch-engagierte Betroffenheits-Meeting als unausgewogen. Bei einem Besuch auf dem Wölfersheimer Acker, an dessen Rand seit drei Monaten eine jugendliche Empörungsgruppe, die »Wühlmäuse«, campierte und durch alle möglichen Aktivitäten die Freisetzung des transgenen Raps behinderte, opferten die Kongreß-Teilnehmer sogar ihr Schuhwerk für die gute Sache.

Wer so reichlich Stimmungen sät, der will auch ernten. Und so kam es denn auch. Nachdem die Genehmigung nicht mehr länger versagt werden konnte, erfolgte am 9. Oktober 1995 die Aussaat. Am 2. November konnte man in der *FAZ* nachlesen, daß »irgendwer« zu der in diesem Fall scheinbar erlaubten Notwehrwaffe, der »chemischen Keule«, gegriffen und mit einem in Deutschland *nicht zugelassenen Pflanzenschutzmittel (!)* die gentechnisch veränderte Rapssaat abgemurkst habe. »Der Gen-Raps ist tot«, frohlockten die »Wühlmäuse« und luden ihre Anhänger zu einer »Beerdigung mit Feierstunde« zum Versuchsfeld ein.

Die Sabotage von Freisetzungsexperimenten hat in der Bundesrepublik Tradition. Ähnliches geschah auf einem Versuchsfeld der Planta GmbH in Einbeck, und im Sommer 1990 besetzten Gentechnik-Entsetzte ein Feld mit transgenen Petunien. Ein anderes Versuchsfeld mit blattlausresistenten Kartoffeln wurde im Sommer 1994 mit einem Totalherbizid beglückt. Im gleichen Jahr hatte man sich noch einmal die transgenen Petunien vorgeknöpft. Wenn das kein Pflanzenschutz ist!

Wandert eine deutsche Industriefirma schikanemüde ins benachbarte Ausland ab, dann aber wird wegen der weggefallenen Arbeitsplätze und des Ausfalls an Spielgeld – pardon Steuergeld – heftig gejammert. Die jugendlichen Wähler der Grünen dürften diese Auswirkungen auch irgendwann einmal merken, nämlich dann, wenn sie nach dem Studium einen Job suchen oder wenn mangels Finanzmasse ihr BaföG gekürzt werden muß. Merke: *Sonntags sägen Grüne mit einer Demo an dem Ast, an dem werktags das BaföG manch ihrer Wähler wächst.*

Eierlegende Wollmilchsau, Genkäse und Co.

Welche Chancen und Möglichkeiten bietet eigentlich die Gentechnik? Viele, wenn auch nicht alle Ergebnisse der Gentechnik lassen sich *auch durch Züchtung* erreichen. Die genetische Ausstattung eines durch natürlichen Zuchterfolg erhaltenen Organismus ähnelt der eines gentechnisch gewonnenen; ein wesentlicher Vorteil der Gentechnik liegt darin, daß sie *den Zeitraum verkürzt.* Die folgenden vier Arbeitsgebiete sind besonders interessant:

- Die gentechnische *Gewinnung von Enzymen* als Hilfsstoffe. Wer heute zu einem Waschmittel greift, das mühelos Fett-, Blut- und Eiweißflecken entfernt, kann so gut wie sicher sein, daß das Pulver gentechnisch gewonnene Enzyme enthält.
- Die Verbesserung von *Nahrungsmitteln* und die Steigerung der *Nahrungsmittelproduktion* für einen immer größeren Weltmagen. Selbstverständlich sollte dabei nicht alles gemacht werden, was machbar ist.

  Der eher konservativ gestrickte *Spiegel*-Fechter *Focus* hat einmal nachgefragt: »Wie sollen gentechnisch behandelte Lebensmittel verkauft werden?« »Ohne Einschränkung«, meinten nur 3 %, während 69 % der Ansicht sind, daß sie »nur mit besonderer Kennzeichnung« auf den Ladentisch gehörten – aber immerhin angeboten werden sollten. Und es zeigt sich auch hier, daß etwa ein Drittel der Bevölkerung ökochondrisch reagiert. Denn in dem *Focus*-Interview meinten 28 %, daß gentechnisch veränderte Pflanzen »überhaupt nicht« gehandelt werden sollten.

  Dabei gibt es durchaus große Chancen auf dem Lebensmittelsektor. Es lassen sich Nutzpflanzen entwickeln, die beispielsweise gegen Krankheiten resistent sind, die auf extrem schlechten Böden gedeihen, die Abwehrstoffe gegen Insektenfraß entwickeln, die weniger gedüngt werden müssen oder eine bessere Lagerfähigkeit haben. Das *Agrobacterium tumefaciens* ist ein *natürlicher* Gentechniker, der Tomate und Kartoffel infiziert, indem er – wie bei Viren üblich – einen Teil seiner Erbinformation in das pflanzliche Genom überträgt. Es entstehen krebsartige Wucherungen, die die Pflanze in der Qualität erheblich beeinträchtigen. Mit der Gentechnik konnte man das Problem in den Griff bekommen. Was ist daran negativ?

  Die Kartoffelnaßfäule wird durch das Bakterium *Erwinia caro-*

tovora verursacht. Chemische Behandlungsmethoden, wenn man einmal von der Behandlung mit Antibiotika absieht, stehen nicht zur Verfügung. Die klassische Züchtung resistenter Pflanzen versagt, weil in diesem Fall keine Resistenzmerkmale zur Verfügung stehen. In Hamburg wurde eine transgene Kartoffel entwickelt, die eine signifikante Widerstandsfähigkeit gegen den Erreger besitzt. Was ist daran negativ?

Der bundesdeutsche Reise-Michel, der in fremden Urlaubsländern unter Lustangst bedenkenlos ungewohnte Lebensmittel mit unbekannten Eigenschaften konsumiert, befürchtet, daß transgene Pflanzen neue Allergien auslösen können. Dabei kann gerade das Gegenteil zutreffen. Japanische Gentechniker haben aus dem Reis die Erbanlagen für ein allergenes Speicherprotein entfernt, so daß er jetzt auch für Allergiker genießbar ist. Was ist daran negativ?

- Die *Medizin.* Hier liegt die Akzeptanz der Bundesbürger bei immerhin 70 %. Kein Wunder, den Mühseligen und Beladenen will man immer helfen. Es könnte einen ja auch selbst einmal treffen. Wohingegen Gentechnik auf dem Acker nur dem Profitinteresse der Industrie dient.

  Die erste medizinische Nutzung der Gentechnik, die Produktion von *Wirkstoffen* wie Insulin oder Hirudin, ist bereits ausführlich erläutert worden.

  Als zweite medizinische Anwendung ist die *somatische Gentherapie* zu nennen. Dabei werden dem Patienten zunächst Körperzellen entnommen. Nach gentechnischer Entfernung der Defekte werden diese Körperzellen retransplantiert. Der Körper des Patienten kann anschließend wie der eines gesunden Menschen das bisher fehlende Hormon oder auch einen Wirkstoff selbst herstellen. Ein Beispiel wäre die Stoffwechselkrankheit Hypercholesterinämie, eine monogenetische Erbkrankheit, die unbehandelt bereits in jungen Jahren zu Hypertonie, Hirnschlag und Herzinfarkt führt. Ursache ist ein defektes Gen an der Oberfläche von Leberzellen. Gelänge der gezielte Einbau des richtigen Gens in 10 % der defekten Leberzellen, so wäre die Krankheit behoben. Es ist nicht auszuschließen, daß das besonders glaubensstarken Ökobetschwestern und -brüdern schon zu weit geht.

  Auch in der Krebsforschung könnte man mit der Gentechnologie weiterkommen. So berichteten im August 1994 Wissen-

schaftler vom Ludwig-Institut für Krebsforschung in New York über Versuche mit dem immunologischen Botenstoff Interleukin-12 (IL-12). Die Substanz verstärkt, wie schon länger bekannt ist, die körpereigene Krebsabwehr. Die Forscher verabreichten an Bindegewebstumoren erkrankten Mäusen ein Gemisch von IL-12 und einem Krebsantigen. Es kam zu starken Abwehrreaktionen gegen die Krebszellen und schließlich zu deren Zerstörung. Als Krebsantigen wurde ein kleines Eiweißmolekül verwendet, das dem p-53-Protein, einem Krebsschutzfaktor, ähnelt. Die Erfolge deuten darauf hin, daß es irgendwann einmal gelingen dürfte, einen Krebsimpfstoff oder ein wirklich heilendes Krebsmittel zu entwickeln. Das aber wird sehr wahrscheinlich ein Protein sein, dessen Herstellung ohne Gentechnik aussichtslos ist.
Als weitere Möglichkeit wäre die Therapierung der Mucoviszidose zu nennen, die mit 1 : 2000 die unter Weißen am häufigsten auftretende Erbkrankheit ist. Bei 70 % der Patienten fehlt das sogenannte CF-Gen. Dadurch kommt es zur Bildung eines dicken Schleims im Verdauungs- und Atmungstrakt, was wiederum zur Ansiedlung von Krankheitserregern führt, die beispielsweise wiederholt auftretende Lungenentzündungen bewirken. Die meisten Patienten sterben vor Erreichung des 30. Lebensjahrs. Melissa Rosenfeld vom National Heart and Lung Institute in Bethesda/USA ist es gelungen, das korrekte CF-Human-Gen in ein vorher desaktiviertes Schnupfen-Virus einzupflanzen. Würde dieses Virus in den Atemwegstrakt von Mucoviszidosepatienten gebracht, so synthetisierte es dort das fehlende CF-Protein, und die Patienten könnten wieder aufatmen.
Durch tendenziöse Berichte haben die Schwarzmalermeister-Fachgeschäfte ARD und ZDF vor einiger Zeit gegen die Organspende Stimmung gemacht. Als Folge davon sterben in Deutschland fast täglich unnötig Patienten, nur weil weniger Spender oder deren Angehörige bereit sind, geeignete Organe wie Niere, Herz, Leber oder Lunge zur Verfügung zu stellen. Mit der Gentechnik könnte es mittelfristig gelingen, Organe von Spendertieren transplantierbar zu machen. Was das für einen auf eine Organtransplantation wartenden Patienten bedeutet, kann ein gesunder Mensch gar nicht nachvollziehen.
In der Wirkstoff-Forschung führte der biologische Test neuer

Substanzen früher zu einem zeitlichen Engpaß. Heute können mit gentechnisch verfügbaren effizienten molekularen Testsystemen mehrere zehntausend Substanzen pro Jahr geprüft werden, und vor allem kann man immer häufiger auf Tierversuche verzichten.

- Die *Genomforschung.* Es geht um nicht mehr und nicht weniger als um die Entschlüsselung des menschlichen Erbguts. O Gott, was kann man dagegen Argumente vorbringen – ohne Ende. Beispielsweise könnten menschliche Gensequenzen ohne Wissen des Betroffenen im Labor vermehrt werden – der Mensch als genetischer Steinbruch. Oder es wird unterstellt, daß Arbeitgeber künftig ihre Mitarbeiter nach der Genkartierung der Bewerber aussuchen oder daß Versicherungen Verträge nur noch dann annehmen, wenn die Genanalyse des Versicherungsnehmers eine Risikominimierung verspricht. Einem solchen Mißbrauch muß selbstverständlich ein rechtlicher Riegel vorgeschoben werden, damit – wie in den USA geschehen – einem Kind nicht der Versicherungsschutz verweigert wird, weil die Genanalyse die Veranlagung zu einer bestimmten Krankheit festgestellt hat. Chancen sehen unsere Gutmenschen in dem Genomprojekt kaum. Dabei gibt es auch auf diesem Gebiet eine Menge positiver Aspekte. So können mit dieser Technik Krebsgene identifiziert und neue Methoden zur Bekämpfung dieser vielschichtigen Erkrankung entwickelt werden.

Die Gutmenschen im Öko-Chor

Ein anderes schönes Beispiel für die Folgen ausgiebiger Grünkernmahlzeiten ist das Kernkraftwerk Mülheim-Kärlich in der Nähe von Koblenz.[13] Um die Anlage wird seit 20 Jahren gestritten. Kernenergie ist zweifellos nicht *die* Lösung unserer Energieprobleme, aber während einer Übergangszeit werden wir damit leben müssen – ob es uns nun paßt oder nicht. Da hilft auch kein völkerverbindender Spruch eines bekannten saarländischen Besserwissers und Sekundärtugendboldes, der das französische Kraftwerk Cattenom als »Zentrale des Todes« abqualifizierte.

Das Kernkraftwerk Mülheim-Kärlich ist noch vor der ersten Ölkrise 1973 als eine von fünf rheinland-pfälzischen Anlagen geplant worden. Im Umkreis von 30 km leben etwa 700.000 Menschen, von denen damals nur wenige den Bau ablehnten. Die erste Teilerrichtungsgenehmigung wurde 1975 zügig erteilt, wobei die ursprüngliche Planung vorsah, das Kernkraftwerk auf einer geologisch nicht unbedenklichen Erdfalte zu errichten. Als man den Fehler bemerkte, wurde der erste Bescheid 1990 entsprechend korrigiert.

Nach der Trennung von Reaktor und Maschinenhaus und einer örtlichen Verlagerung wurde eine zweite Teilerrichtungsgenehmigung erteilt. Und das ist der Knackpunkt. Weil dies in der ersten Teilerrichtungsgenehmigung von 1975, die ja die eigentliche rechtliche Grundlage darstellt, nicht so vorgesehen war, können Kernenergiegegner seit Jahren erfolgreich gegen die Inbetriebnahme klagen.

Der Klamauk der Katastrophenpriester ging richtig los, nachdem 1979 der amerikanische Atommeiler »Three Miles Island« havarierte. Mit Hilfe der Medien verkauften grüne Strahlinisten den Reaktor bei Mülheim-Kärlich als »Three Miles Island«-Kopie. Als Reaktion zählte das Koblenzer Oberverwaltungsgericht 151 Klagen. Diese scheiterten, wie fast alle anderen 280 Klagen, die zwischen 1975 und 1980 gegen den Kernkraftwerksbetrieb angestrengt worden waren, an verfahrensrechtlichen Problemen.

13 Jahre nach Baubeginn erreichte das Kernkraftwerk 1986 erstmals im Probebetrieb seine volle Leistung von 1300 Megawatt. Im gleichen Jahr flog in Tschernobyl als Folge einer grob fahrlässigen Fehlbedienung ein RMBK-1000-Reaktor durch eine Knallgasexplosion in die Luft – ein Ereignis, das alle zehn Jahre Anlaß für grünfriedliche Angstfestspiele sein dürfte. Die Stimmung schlug nun vollends um. Die Energiekrise war längst vergessen, denn schließlich kommt der Strom aus der Steckdose und wird im Zweifelsfall von französischen Kernkraftwerken geliefert.

Als deshalb die Stadt Neuwied 1986 stellvertretend für alle Ökogutmenschen der Region klagte, hatte sie beim Oberlandesgericht Erfolg. Seit dieser Zeit gibt es jede Menge juristischen Hickhack, in dem zwischenzeitlich auch die rheinland-pfälzische Landesregierung mitmischt. Dennoch konnte der Reaktor, nachdem der Kühlturm im Mai 1987 neu genehmigt worden war, zum Probebetrieb wieder angefahren werden. Im September 1988 war erneut das Ende der Fahnenstange erreicht. Das Bundesverwaltungsgericht in Berlin schaltete den Reaktor ab. Bereits damals sprach die Nichtbetreiberfirma, die Rheinisch-Westfälischen Elektrizitätswerke AG (RWE), von einem *Schaden von 2 Millionen Mark am Tag!* Das sollte uns unsere Gesundheit wert sein, wenn die unterstellten Gefahren tatsächlich so real wären, wie es in den Medien dargestellt wird. Man muß sich zu Recht fragen, wie lange eine solche Belastung nicht nur betriebswirtschaftlich, sondern auch volkswirtschaftlich zu verkraften ist? Wenn man aber ernsthaft eine solche Frage stellt, dann fangen unsere Gutmenschen im Öko-Chor zu singen an: »Wir sind ja so reich, so reich, so reich ... und die Belastbarkeitsgrenze unserer Wirtschaft ist noch lange nicht überschritten.« Klar sind wir endlos reich, deshalb gibt es nach wie vor satte Lohnsteigerungen, keine Einschränkungen im Sozialbereich und auch keine Nullrunden. Vor lauter Reichtum haben wir noch nicht einmal Arbeitslosigkeit!

Trotz allem wurde von den RWE ein neues Genehmigungsverfahren eingeleitet, gegen das diesmal 66.000 Einwendungen bei Gericht eingereicht wurden. Es geht, wie gesagt, um die Erdbebensicherheit, und man könnte den Bedenken ohne weiteres folgen, wenn die Planungen tatsächlich diesen Aspekt unberücksichtigt gelassen hätten. Das ist aber nicht der Fall. Der ganze Streit ist also nur ein vordergründiges juristisches Pingpong-Spiel.

Am 21. November 1995 hob das Oberlandesgericht in Koblenz auch die korrigierte Teilerrichtungsgenehmigung von 1990 auf, wobei eine Revision ausdrücklich nicht zugelassen wurde. In der Urteilsbegründung heißt es: »Im Hinblick auf die angenommene Erdbebensicherheit fehlt jeder Sicherheitszuschlag, weil die Genehmigungsbehörde sich allein darauf beschränkt hat, das historische Erdbeben von Düren aus dem Jahr 1756 gedanklich an den Kraftwerksort zu verlegen, ohne weiter konkrete Untersuchungen, z. B. eine genaue geologische Untersuchung, anzustellen.« Dazu ist anzumerken, daß das Erdbeben von Düren das stärkste jemals in dieser Gegend registrierte war. Um vorzubeugen, hat der Bauherr das Kraftwerk »nur« für ein doppelt starkes Erdbeben gerüstet. Fehlt eigentlich neben der verlangten geologischen Untersuchung nur noch der Nachweis, daß Meteoriteneinschläge in der Gegend um Koblenz nicht zu befürchten seien. Damit wäre auch gleichzeitig sichergestellt, daß im Nördlinger Ries kein Kernkraftwerk gebaut werden darf. Dabei zählt Deutschland wahrhaftig nicht zu den erdbebengefährdeten Gebieten. Obwohl die Eifel stärker als andere Gegenden gefährdet ist, kann man sie bei weitem nicht mit Tokio, Italien oder San Francisco vergleichen.

Ähnlich verlief es mit der Siemens-Brennelementefertigung in Hanau, die aufgrund ständiger Schurigelei durch die Genehmigungsbehörde vom Betreiber inzwischen aufgegeben wurde. In einem Leserbrief an die *FAZ* schrieb dazu am 21. Dezember 1994 Professor Alt aus Aachen unter anderem: »Die Folge ist der Verlust von drei Milliarden Mark inländischer Wertschöpfung, die gleichzusetzen sind mit dem Verlust über alles von etwa 30.000 Arbeitsplätzen – über die 250 direkt betroffenen, hochqualifizierten Arbeitsplätze hinaus. Demgegenüber suchen zur Zeit 15.000 junge Elektroingenieure eine erste Berufsanstellung.«

Die teigfett Satten, ihre Produkte und Produktionsstätten

Selbstverständlich wandern Firmen nebst zugehöriger Jobs nicht nur wegen des ökochondrischen Narrentanzes ab, sondern weil der Standort Deutschland zu teuer geworden ist. Das hat zweifellos auch etwas mit einem künstlich niedrig gehaltenen Dollarkurs zu tun. Denn mit dieser Währung wird im internationalen Handel fakturiert – und folglich werden so auch die Stücklohnkosten verglichen. Die Situation kann sich aber rasch ändern.

Am 20. Januar 1996 konnte man in einer Tageszeitung nachlesen, daß BMW einen »Weltbebauungsplan« verfolge, »der die Konsequenz habe, daß die Münchner Autoschmiede künftig ›in Deutschland keine neue Produktionsstätte mehr errichten wird‹«. BMW-Vorstandsmitglied Horst Teltschik meinte, daß der internationale Wettbewerb, »bei dem auch Inder und Chinesen immer stärker mitmischten, ›für exportorientierte deutsche Unternehmen enorme Chancen‹« biete. Auch möchte BMW die Weiterentwicklung vorhandener Automarken künftig in Amerika vornehmen. Die vorhandenen Produktionsanlagen sollten aber nicht zu »virtuellen Unternehmen umfunktioniert« werden, vielmehr soll Deutschland auch in Zukunft Basis für den Motorenbau, den Karosseriebau, die Entwicklung und die Elektronik bleiben. Im gleichen Zeitungsartikel erfährt man, Siemens habe beim Bau einer englischen Chip-Fabrik bemerkt, daß britische Ingenieure bei vergleichbarem Ausbildungsstand halb so teuer wie ihre deutschen Kollegen seien. Die nächste Chip-Fabrik will Siemens zwar nicht in England, aber zusammen mit Motorola in den USA errichten.

Anschließend plane man ein Engagement in Osteuropa. Immerhin habe Siemens 1995 nur noch 60 % seiner Sachanlageinvestitionen in Deutschland angesiedelt. Dies aber bei gleichzeitigem Abbau der inländischen Arbeitsplätze seit 1970 von 200.000 auf 167.000.

Zweifellos ist der US-Markt sehr attraktiv. Wem aber wollen die Unternehmer sonst noch ihre Waren verkaufen? Den Arbeitslosen in Deutschland, Frankreich und England? Oder denjenigen in Osteuropa und im asiatischen Raum, denen sie weniger als 5 Mark in der Stunde zahlen? Meint man ernsthaft, die Leute würden sich einen VW-Golf für 25.000 Mark oder gar einen 7er BMW oder einen Mercedes für rund 90.000 Mark leisten können und wollen?

Solange sich die Löhne und Sozialstandards international nicht angeglichen haben, wird Arbeit dort eingekauft, wo sie am billigsten ist. Das ist leider eine bittere Wahrheit. Einen gewissen Ausgleich könnte man in Deutschland durch *längere Maschinenlaufzeiten* erreichen. Also müßte auch feiertags, samstags und sonntags – ohne besonderen Lohnausgleich – gearbeitet werden, wie es beispielsweise im Mercedeswerk in Rastatt zwischen der Unternehmensleitung und den Arbeitnehmern vereinbart worden ist. Da wäre etwas drin, denn nach Auskunft des Gesamtverbands der Kunststoffverarbeitenden Industrie (GKV) waren die Produktionsanlagen der deutschen Industrie 1994 nur 60 Stunden je Woche in Betrieb, was immerhin 13 Stunden weniger ist als im Schnitt der EU-Länder – Freizeitpark Deutschland!

Autos baut man im asiatischen Raum inzwischen in besserer Qualität. Leider! Gott sei Dank hat es sich noch nicht so recht herumgesprochen, so daß ein deutsches Auto zu fahren immer noch eine Prestigefrage ist – insbesondere wenn es sich um einen »Nobelhobel« handelt. Fragt sich nur, wie lange noch? Der ADAC fragte 1995 die Leser seiner Clubzeitschrift, welche Erfahrungen sie mit Mittelklassefahrzeugen verschiedener Hersteller gemacht hätten, im Detail nach: Pannenhäufigkeit, Mängelhäufigkeit, Reparaturhäufigkeit, Werkstattnote, Ersatzteilversorgung und Kraftstoffverbrauch. Hier die Rangliste der zuverlässigsten Autos: 1. Toyota Carina, 2. Nissan Primera, 3. Mazda 626, 4. Honda Accord, 5. Citroën Xantia, 6. Mercedes C, 7. Volvo 850, 8. 3er BMW, 9. Audi 80/A4, 10. VW Passat, 11. Opel Vectra, 12. Ford Mondeo. Die Aufzählung bedarf wohl keiner weiteren Kommentierung, wenn selbst »Oberklassehersteller«, wie Mercedes und BMW nur den sechsten und achten Platz erreichen. Teilweise gehen ausländische Produzenten dazu über, eine zwei- oder gar dreijährige Garantiefrist zu gewähren, weil sie sich der Qualität ihrer Fahrzeuge so sicher sind. Unter Verarbeitungsqualität verstehe ich nicht, daß im Fahrzeug Leder und Edelholzfurnier verarbeitet wurde und die Kiste locker über 200 km/h läuft, sondern daß auch nach 100.000 km nichts knarzt, nach 40.000 km kein Öl tropft und daß das mit Elektronik vollgestopfte Armaturenbrett nicht nach ein paar Jahren für eine hübsche Stange Geld ausgetauscht werden muß!

Die Wirtschaftskrise der 90er Jahre ist ein weltweites Phänomen, nur verhalten sich andere Länder geschickter. Um wirtschaftlich wieder auf die Beine zu kommen, brauchen wir neue, moderne Produkte, weniger hysteriegetriebene Dekadenzbereitschaft, weniger ökoängstliches Gegreine, einen Schuß Preußentum (Ottfried Hennig, CDU) und einen gesunden verantwortungsgetragenen Technikoptimismus, damit es auch in Zukunft Industriejobs in diesem Land gibt. Die Jagd auf das letzte Schadstoffmolekül zu Wasser, zu Lande und in der Luft schützt die Umwelt nicht, sondern schadet ihr, weil erstens die Produkte dann im Ausland unter wesentlich schlechteren Umweltstandards (Beispiele Indien, China) hergestellt werden und zweitens die alten Anlagen in Deutschland nicht mehr modernisiert werden. Warum? Weil erstens die Genehmigung für neue, moderne Produktionsanlagen zu lange dauert und zweitens auch die Auflagen und gerichtlichen Prozeßkosten gegen gutmenschliche Einwender (»1/3-Bürgerbeteiligung«) die Rentabilität gegen Null senken.

Wir müssen vor allem mitmischen in allen zukunftsträchtigen Gebieten wie beispielsweise der Mikroelektronik, die ohne moderne Chemie nicht denkbar ist. Gerade hier wurde in den 80er Jahren kräftig von Ausgeflippten draufgedroschen. Die Kampagnen der Angstmorphinisten gegen den Computer sind noch in bester Erinnerung (Jobkiller, Überwachungsstaat). Wenn wir schon bei der Mikroelektronik ins Hintertreffen geraten sind, dann muß die Bundesrepublik eben anderweitig wieder zu einem Standort für *Forschung und Entwicklung* (F & E-Standort) werden, und zwar ohne ökohysterisches Wenn und Aber.

Wem ist beispielsweise bewußt, daß ein Chemiker, der in der »Spielzeugapparatur«, sprich Glaskolben, im Labor wenige Gramm eines neuen Pharmawirkstoffes oder eines neuartigen Kunststoffes entwickelt hat, diesen auch *an Ort und Stelle* in die großtechnische Produktion überführen können muß? Zudem ist eine möglichst kurze Zeitspanne zwischen der Entwicklung und der Einführung eines neuen Produktes eine unabdingbare ökonomische Notwendigkeit. Wenn aber nach dem Forschungsstadium in Deutschland eine überzogene Zahl von Genehmigungsverfahren notwendig ist, weil wir uns durch Rechtsregelungen (Chemikaliengesetz, TA-Luft usw.) eingemauert haben, dann findet sich nicht nur der Blaumannarbeitsplatz in der Produktion, sondern auch der F & E-Arbeitsplatz im genehmigungsfreundlicheren Ausland wieder.

Wer glaubt, es sei doch alles nicht so tragisch, der informiert sich nicht hinreichend. Am 17. Januar 1995 konnte man in der *FAZ* lesen: »Hoechst reißt 100 Gebäude im Stammwerk ab.« Entlang der Hoechster Farbenstraße sollen bis Ende 1997 die etwa 10 ha des Nordwerkes platt gemacht werden. Wer jetzt meint, auf den 200 ha des Gesamtareals seien immer noch genügend Betriebe angesiedelt, dem sei gesagt, daß der größte Teil des Geländes im südlichen Bereich ohnehin nicht bebaut ist. Den Abriß betreibt die Firma nicht aus Daffke oder weil sie sonst nichts Besseres zu tun hätte. Nein, da stecken massive Gründe dahinter, die etwas mit dem Wählerverhalten, den Grünkernmahlzeiten, den obergärigen deutschen Ängsten und dem damit verbundenen Gutmenschentum zu tun haben.

Sicher reißt man einen Teil der Betriebe auch deshalb ab, weil sie veraltet sind oder weil energieintensive Produkte, wie Düngemittel, anderweitig günstiger angeboten werden. Beim β-Naphtol-Betrieb ist das aber nicht der Grund. Damit ließe sich auch heute noch Geld verdienen, wenn nicht die Abwasserauflagen der rotgrünen Regierung wären. Das hauptsächlich als Farbenvorprodukt benötigte β-Naphtol wird in zweistufiger Reaktion aus Naphthalin hergestellt. Die erste Stufe ist die Sulfonierung mit Schwefelsäure. Danach erfolgt eine Umsetzung mit Natriumhydroxid (Natronlauge) zum β-Naphtol. Als Nebenprodukt, und das ist der springende rot-grüne Punkt, fällt Natriumhydrogensulfit ($NaHSO_3$) an. Das läßt sich an anderer Stelle im Werk als Reduktionsmittel einsetzen. Dann fällt aber am Schluß reines Natriumsulfat (Na_2SO_4) an. Was tun damit? Früher konnte das saubere Produkt den Waschmittelherstellern verkauft werden, die es als Stellmittel in Waschpulvern verwendeten. Das Natriumsulfat landete somit auf dem Umweg über die Waschmaschine »im Bach«, wobei hervorzuheben ist, daß Natrium- und Sulfationen (Na^+ und SO_4^{2-}), in die das Na_2SO_4 in wäßriger Lösung zerfällt, immer im Wasser, und insbesondere im Meerwasser, vorhanden sind. Die Umweltbelastung ist so gut wie Null (Empörung und Entsetzen wegen der Verharmlosung nicht vergessen!).

Hoffentlich habe ich Ihnen nicht zuviel Chemie zugemutet! Jedenfalls gab es seit der Umstellung der Waschmittel plötzlich nicht mehr genügend industrielle Abnehmer für das Nebenprodukt. Da aus *Umweltschutzgründen* die Einleitung von Natriumsulfat in den Main mit einer hohen Abgabe belastet wäre und eine Lagerung als Sondermüll oder gar eine Verklappung im Meer schon allein wegen der Naturschutzverbände nicht in Frage käme, sah sich die Firma aus Rentabilitätsgründen gezwungen, die β-Naphtolproduktion aufzugeben. Im übrigen fielen im Werk jährlich 40.000 t dieses Salzes an. Eine Verklappung in der Nordsee hätte deren Salzgehalt um 0,00002 % erhöht. Das ist weit weniger als aus natürlichen Quellen jährlich umgeschlagen wird. Abgesehen davon hätte man, um den Massenanteil des Salzes in der Nordsee um ein Promille zu erhöhen, immerhin 5000 Jahre gebraucht.

Die Verbindung Resorcin gehört wie das β-Naphtol zur Substanzgruppe der Phenole. Aus diesem Grund fällt beim Herstellungsprozeß ebenfalls Natriumhydrogensulfit beziehungsweise Natriumsulfat an. Darum wurde der Resorcinbetrieb aus exakt den gleichen Gründen abgerissen. Die Hoechst AG, die sich nach dem Krieg zum weltweit größten Hersteller von β-Naphtol und Resorcin entwickelte, kauft heute beides in China ein. Welche Um-

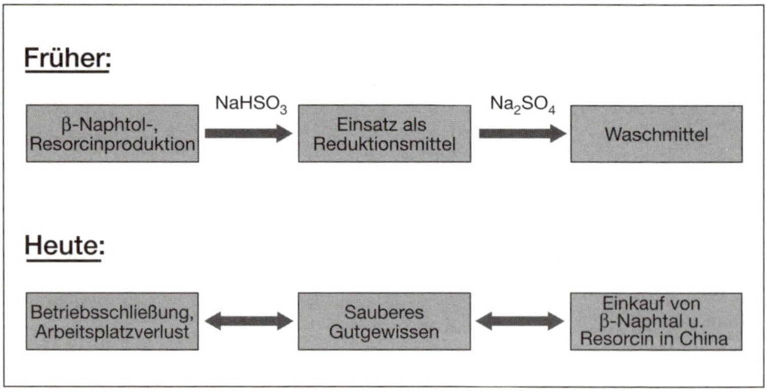

Bild 4: Gutgewissen durch Produktionsaufgabe

weltstandards dort üblich sind, kann man nur vermuten. Im Bild 4 ist das Prinzip zur Veranschaulichung nochmals dargestellt. Weiterhin fallen im Werk Hoechst der Bohrmittelbetrieb, der Ammoniumthiosulfatbetrieb und die seit 1993 nach einem Unfall stillstehende Chloralkalielektrolyse der Abrißbirne zum Opfer.

Das ist kein Problem, das nur die Hoechst AG betrifft. 1992 teilte die Bayer AG mit, daß sie im Verlauf des folgenden Jahres die Anthrachinonproduktion nebst den zugehörigen Folgeprodukten einstellen werde. In einer Fachzeitschrift[14] heißt es: »Die Fertigungskosten sind durch Umweltschutzauflagen in Deutschland so angewachsen, daß die Produkte nicht wettbewerbsfähig herzustellen sind. Die Chemikalien werden vorwiegend aus fernöstlicher Produktion zu Preisen angeboten, die die Herstellungskosten in Deutschland deutlich unterschreiten.«

Selten taucht eine vergleichbare Meldung einmal in den Massenmedien auf. So wurde im Fernsehen am 24. August 1995 mitgeteilt, daß die Firma Hagen-Batterie den Standort Deutschland aufgebe, weil sie die immer weiter verschärften Umweltauflagen nicht mehr erfüllen könne. Man erfährt auch, daß damit 250 Arbeitsplätze zwar nicht aus der Welt sind, aber immerhin nach Italien, dem künftigen Standort, exportiert werden.

1985 machte sich die Firma Boehringer in Ingelheim einmal Luft und schrieb in einer Broschüre über die Schließung des Werks Hamburg Moorfleet: »Wer Rückstände nicht mehr lagern, auf De-

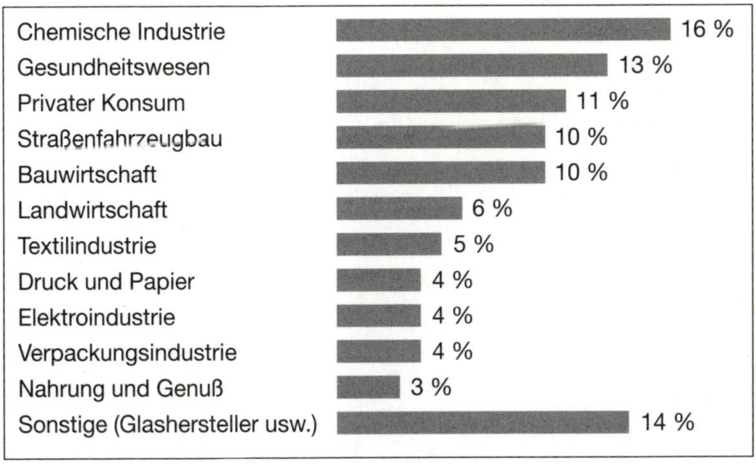

Bild 5: Absatzstruktur der chemischen Industrie, Quelle: VCI

Quelle: VCI

ponien transportieren darf und Emissionswerte von nahezu Null erreichen muß, ist am Ende.« Die Hamburger Behörden stellten in neuen Grenzwerten so hohe Anforderungen, daß zum erstenmal in der Geschichte der deutschen Chemie eine Produktionsanlage als Folge behördlicher Auflagen stillgelegt wurde. Sachverständige des Umweltbundesamtes bezeichneten übrigens die geforderten Emissionswerte als »rein politische Werte«.

Obwohl die Chemieindustrie eine Schlüsselindustrie ersten Ranges ist (Bild 5), hat sie weder in der Öffentlichkeit noch in den Parlamenten eine echte Lobby.

Im Gegenteil, da finden sich entweder die betroffenen Schweiger oder die Gegner zusammen. Im Bundestag sitzen nicht mehr als fünf Volksvertreter mit einer soliden Chemieausbildung – unvorstellbar, wenn nur fünf Juristen oder nur fünf Lehrer dort säßen! Diese Abgeordneten äußerten sich 1995 gemeinsam in der von der Gesellschaft der deutschen Chemiker (GdCh) herausgegebenen Fachzeitschrift.[15] Und gerade dieses Gespräch belegt recht hübsch, wie die *Einstellung zur Chemie auch unter Fachleuten eindeutig eine Frage der ganz persönlichen weltanschaulichen Position* ist und weniger eine Frage des jeweiligen Kenntnishintergrunds! Mit den gleichen persönlichen Voraussetzungen ausgestattet, kann nämlich der eine Fachmann die Chemie positiv sehen, ein anderer die Chemie als des Teufels betrachten. Das ist natürlich dann der eigentliche Experte!

Der Abgeordnete Rochlitz (Grüne), Diplomchemiker, entgegnet auf die Frage, wie die Chemie ihr Ansehen aufpolieren könne: »Die Zielstellung, nur ein positives Bild zu zeichnen, genügt nicht. Die Chemie ist janusköpfig. Es gibt Chancen und Risiken. Auch was schlecht gelaufen ist, gehört auf den Tisch, z. B. die weltweite, ubiquitäre Verseuchung mit DDT und anderen Stoffen.« Das wird von niemandem ernsthaft bestritten. Deshalb meint der SPD-Vertreter Kubatschka: »Man muß aufhören, immer nur eine Seite anzuschwärzen. Die Chemie hat viel Positives geleistet, z. B. für die Ernährung und für die Gesundheit. Aber natürlich sollen wir aus den Fehlern der Vergangenheit lernen. Deshalb ist die Abschätzung der Folgen bei neuen Technologien so wichtig.« Einig sind sich die Experten, daß einige Chemieunternehmen in der Vergangenheit eine saumäßige, geheimniskrämerische Öffentlichkeitsarbeit getrieben haben und durch ihre mangelnde Informationsbereitschaft erst recht aufgefallen sind.

Der Mann mit der Fliege, Heinz Riesenhuber (CDU), widerspricht dem chemiekritisch eingestellten Kollegen Rochlitz zwar mehrfach, vertritt aber am Schluß des Gesprächs die Auffassung: »Ich habe mich nie als chemiepolitischer Sprecher meiner Fraktion verstanden. Aber die naturwissenschaftliche Ausbildung bringt eine ganz bestimmte Art des Umgangs mit der Rationalität, wie man Strukturen versteht, wie man denkt. Da ist die Chemie reizvoll ...« Nach Aussagen des Abgeordneten Schwanhold hat auch die SPD-Fraktion keinen chemiepolitischen Sprecher. Dafür gibt sich Rochlitz als chemiepolitischer Sprecher der Grünen zu erkennen; er ist natürlich in der Hauptsache »anti«.

Anläßlich der Gentechnikdebatte im hessischen Landtag im Mai 1992 vertrat Umweltminister Joschka Fischer die Meinung, daß »grundsätzlich Alternativen zur Chemieindustrie gedacht werden müssen«. Die Chemieindustrie hat schon verstanden und denkt sich grundsätzliche Alternativen zum durch Alternativos geistig verseuchten Standort aus. Sie ist weltweit fündig geworden. Gutmenschen sprechen, wenn man sie darauf aufmerksam macht, von der »Globalisierung der Wirtschaft«, gegen die man ohnehin nichts ausrichten könne. Mit einer überzogenen Umweltgängelei habe das in keinem Fall etwas zu tun. Wer hätte das gedacht?

Wenn wir so weitermachen, dann verkommt die Bundesrepublik in wenigen Jahren zu einem Industriemuseum, in dem es bestenfalls noch Arbeitsplätze für Museumswärter in Nostalgiebetrieben mit Nostalgieprodukten gibt. Bedauerlicherweise werden wir dann mangels Schmiermittel zwischen Daumen und Zeigefinger kaum noch das Sozialamt der Welt spielen können. Dafür betreiben wir wieder emissionsarme klappernde Mühlen am rauschenden Bach und beobachten durch handgefertigte Bio-Ferngläser, wie sich Fuchs und Hase auf der Waldlichtung bei Vollmond begegnen.

Während wir uns mit Ökoängsten plagen und fast jede Betriebsgenehmigung dank ausgiebiger Grünkernmahlzeiten zu einem olympiareifen juristischen Hindernisparcours entarten haben lassen, verhält man sich anderswo äußerst rührig.

In den Vereinigten Staaten, genauer in Spartanburg, South Carolina, gibt es dafür ein Beispiel. Bis 1950 arbeiteten 86 % aller Bürger der Region in Baumwolle verarbeitenden Textilfabriken, die wegen des Siegeszugs der Chemiefasern keine Zukunft hatten. Progressive Politiker – man versteht in den USA etwas anderes darunter als bei uns – fanden, daß die Region einen tollen Standortvorteil hätte, nämlich ein ausgeprägtes »Pro-Busineß« und »Anti-Gewerkschafts-Klima« (*Focus*) sowie günstige Lohn- und Arbeitsbedingungen. Sie setzten auf Industrieansiedlung. So entwickelte sich am Interstate Highway 85 in wenigen Jahren einer der modernsten Standorte in Amerika. Heute gibt sich alles dort ein Stelldichein, was in Deutschland Rang und Namen hat: Hoechst, Siemens, adidas, BASF, Bosch, Bertelsmann, BMW und eine Menge kleinerer ehemals deutscher Firmen. Der Unternehmer Willy Ruefenacht, der dort Autokühler baut, sagt: »Nach South Carolina zu gehen war der beste Entschluß meines Lebens.« Die ganze Fabrik mit 400.000 (!) qm Land mit Parkflächen und Grünanlagen hat ihn nicht mehr als 1,6 Millionen Dollar gekostet. In Deutschland erhielt er dafür in einem süddeutschen Ballungsgebiet gerade einmal drei Einheitsreihenhäuser der Marke »Déjàvu«. Wenn er wollte, könnte Ruefenacht eine eigene Autobahnauffahrt haben. In Deutschland gäbe es bei einem solchen Ansinnen eine Handvoll Entsetzen und 'ne kräftige Fahrrad-Demo empörter Ökoeltern mit Kindern am Gepäckträger. Die Sozialkosten und die Löhne sind in Amerika um die Hälfte niedriger als in Deutschland – dies allerdings vor allem aufgrund des niedrigen Dollarkurses. 1994 beschäftigte Ruefenacht 100 Arbeiter und will bis 1998 auf 400 kommen. Während er zu Hause in Deutschland ein Jahr auf die Baugenehmigung gewartet hätte, konnte er in South Carolina nach acht Monaten mit der Produktion beginnen!

Die Öko-Jünger

Seit den späten 70er Jahren stricken Bürgerinitiativen (BI) und die daraus hervorgegangenen Ökovereine mit Parolen wie »Wir fordern ...«, »Weg mit ...«, »Abschalten«, »Nein, danke«, »Frauen gegen ...« oder noch besser »Kinder gegen ...« an einer bis dahin seltenen Erfolgsstory. Die BI sind die neuen Helden, die als Öko-»Batmen« die profitorientierten Industrie-»Joker« von der Platte putzen.

Man braucht nur einmal die Resonanz der Bevölkerung auf Aktionen von bunten Umweltschunkelgruppen wie BBU, NaBu, BUND oder Greenpeace zu betrachten. Wenn sich ein Öko-Singsang-Verein gegen eine neue Technik ausspricht, ist das Produkt in Deutschland schon fast gestorben, zumindest ist – wie bei der

Gentechnik – mit erheblichem Widerstand zu rechnen. Man denke nur an die Hysterie wegen des Elektrosmogs, der aus Handys, Strommasten und Computern quillt und uns demnächst allen ein Karzinom ins Hirn grillen oder eine Leukämie bescheren wird. Es gibt Leute, die glauben fest daran, und die Medien spielen zum Öko-Veitstanz kräftig auf. Denn wer noch nicht durchgedreht ist, der soll es noch werden. Das wäre doch gelacht.

Der *Spiegel*, der jahrelang das teilweise an eine offene Psychiatrie erinnernde Treiben kräftig geschürt hatte, charakterisierte 1995 den allgegenwärtigen deutschen Taumel mit den Worten: »Während es in jedem Volk einen bestimmten Bodensatz an Ausbeutern, Betrügern und Scharlatanen gibt, die nur an sich und ihren Vorteil denken, hat sich das deutsche Volk geschlossen in einen Chor von Gutmenschen verwandelt, der seinen Hausmüll gewissenhaft trennt, Umweltfrevel mit Boykott-Maßnahmen bestraft und Lastwagen voller Lebensmittel in Hungergebiete schickt. Edel sei der Deutsche, hilfreich und allzeit bestürzt, daß die Welt nicht so ist, wie sie sein sollte: friedlich, solidarisch und FCKW-frei.«

Wer aber weiß denn schon, daß beispielsweise der BBU (Bundesverband Bürgerinitiativen Umweltschutz) ein umweltpolitischer Kampfverband ist, der von Spitzenbeamten des Bundesinnenministeriums in der sozialliberalen Zeit gegründet wurde? Zur Erinnerung: Der BBU organisierte die Demos von Brockdorf, Gorleben und der Startbahn-West, die alle in bürgerkriegsähnliche Schlachten ausarteten.

Ganz besondere Verdienste hat sich der unter Helmut Schmidt als Staatssekretär im Bundesministerium des Inneren rührig tätige Günter Hartkopf erworben. In einer Rede vom 8. Januar 1986 offenbarte der Ex-Staatssekretär in Bad Kissingen die Strategie der Kriegsführung gegen den Wohlstand und die bestehende Wirtschaftsstruktur. Die Notwendigkeit von Öko-Druckvereinen begründete er mit den Worten:[16] »Eine reine Staatsorganisation könnte auch nicht übermäßige Erfolge vorweisen, weil als Gegner fortschrittlichen Umweltschutzes große finanzkräftige Wirtschaftsorganisationen mit Verbündeten innerhalb und außerhalb der Verwaltungseinheiten vorhanden sind. Zur Organisation des Umweltschutzes und damit zur Unterstützung der Umwelt bedarf es daher einer Lobby, die außerhalb von Verwaltung und Parlament Forderungen für Umweltschutz erhebt und damit in Politik und Medien gehört wird.«

Hier wird einfach unterstellt, die Wirtschaft würde Umweltschutzmaßnahmen aus Profitinteresse bekämpfen, weshalb man ihr mit Umweltverbänden Dampf machen müsse. Dabei sollte jedem, der für drei Pfennig klar im Kopf ist, bewußt sein, daß »fortschrittlicher Umweltschutz« ohne Zusammenarbeit mit der Wirtschaft undenkbar ist. Obwohl so gut wie alle größeren deutschen Unternehmen sich der »nachhaltigen Entwicklung« verschrieben haben, kann niemand den Firmen die Abwanderung verbieten, wenn organisierte Besorgnisträger die Verabschiedung immer schärferer Umweltgesetze durchsetzen. Politiker machen da gerne mit. Ihnen ist es egal, was aus dem Land wird. Hauptsache: ein paar Legislaturperioden stromlinienförmig mitgeschwommen, Ansehen und Diäten genossen.

Bei der Würdigung der Grünen-Welle-Vereine darf man den internationalen Gutmenschenmulti Greenpeace nicht vergessen. Kaum etwas charakterisiert den deutschen Ökoschizo-Michel mehr als seine Begeisterung für das Industrieabrißunternehmen. Am Freitag jettet der gestreßte Pädagoge mal schnell nach Griechenland, um von den verhaltensgestörten Bälgern anderer Leute Abstand zu kriegen *(Spiegel)*, am Montag wird Buße getan und eine Überweisung an Greenpeace getätigt. Die Fördermitgliedschaft bei dem Ökokonzern gilt bei technikfeindlichen Techniknutzern als Geheimtip zur Absolution für begangene Ökosünden, denn: »Sobald das Geld bei Greenpeace klingt, der katlose R 4 nicht mehr stinkt.« Wer dann noch mit dem vom Konzern propagierten »Greenpeace-Clean-Tech-Fahrrad« ideologisch gefestigt auch bei Eis und Schnee zur Arbeit strampelt, näht das Ozonloch wieder zu, schont die natürlichen Ressourcen, begegnet dem Treibhauseffekt engagiert und kämpferisch, denn: Statt aus FCKW-geschäumtem Kunststoff ist der Sitz aus Leder mit Kupfernieten gefertigt, und der benzinlos dahingleitende Ökodrahtesel enthält kein Gramm Aluminium, bei dessen Produktion »unsinnige Mengen Energie und Wasser verschwendet« werden.

1995 unterhielt Greenpeace weltweit 40 Büros in 30 Ländern. Ins Leben gerufen wurde der international agierende Ökoneurosen-Züchter 1971 von zwei kanadischen Quäkern in Vancouver. Die wollten eigentlich nur gegen die amerikanischen Atombombenversuche auf dem Aleuten-Eiland Amchitka protestieren. Wahrscheinlich wäre alles trotzdem wieder in der Versenkung verschwunden, wenn ihre tiefreligiösen Gründerväter nicht eine

Suchanzeige für ein Schiff aufgegeben hätten. Es meldete sich der Kanadier David McTaggart, ein Millionär, der im Südatlantik herumsegelte. Er sah eine Möglichkeit, als David gegen die Atom- und Industrie-Goliaths der Welt anzutreten, und wurde zur treibenden Kraft der Greenpeace-Bewegung.

Ohne kostenlose Werbung in den Medien in Form ständiger publikumswirksamer Ökohorror-Nachrichten wäre der weitere Erfolg von Greenpeace nicht denkbar gewesen, denn bis Ende der 70er Jahre gab es weltweit noch nicht einmal 100.000 Unterstützer. 1995, rund 15 Jahre später, ist ihre Zahl dank kräftiger Ökohysterie-Agitprop um das 30fache auf über drei Millionen angewachsen. Wie die folgende Tabelle zeigt, steht die deutsche Endzeitsucht-Gemeinde selbstredend an der Theaterkasse ganz vorne an.

Jahr	*Einnahmen in Deutschland*	*Förderer*
1981	10.000 Mark	keine Angaben
1990	60.000.000 Mark	600.000
1994	67.000.000 Mark	530.000

1995 gab es 30 nationale Greenpeace-Hauptbüros, die 24 % ihrer Einnahmen an die Amsterdamer Direktion ablieferten. Allein 50 % der Einnahmen von Greenpeace International sammelten die Öko-Jünger in der Bundesrepublik. Da verzichten schon einmal umweltzerknirschte *Spiegel*-Redakteure auf ihre Weihnachtszuwendung zugunsten von Greenpeace. Auch Schulklassen sammeln unter kundiger Anleitung der sie unterrichtenden Ökodemagogen für die Umwelt-Kampagneros. Und es kommt schon einmal vor, daß jemand aus der Kirche austritt, um die Kirchensteuer grünfriedlichen Zwecken zuzuführen. Die Zahlmeister haben im übrigen nichts zu bestellen. Lediglich 30 Mitglieder dürfen bei Greenpeace in der Kampagnenkonferenz den Finger heben, denn »nur 0,008 % der deutschen Greenpeace-Bewegung haben direkten Einfluß« *(FAZ).*

Der ansonsten hellauf begeisterte *Spiegel* berichtete 1991 über die »Geldmaschine Greenpeace«, und sogar die linksliberale *Zeit* äußerte sich kritisch. Demnach agiert Greenpeace wie ein straff geführter Orden. Zoff gab es, weil die Geschäftsleitung von den 1989 eingegangenen Geldern 25 % nicht für den Umweltschutz ausgegeben hatte. So kam es, daß plötzlich 60 Millionen auf der hohen Kante lagen. Ein ehemaliger Mitarbeiter packte aus, und der zentrale Vorwurf lautete: Greenpeace wird »dem Gegner immer ähnlicher«. Business, business ...

Auch das Verlagsgeschäft lassen die Ökoangstdealer nicht links liegen. 1990 machten sie mit ihrem »Umweltschutzverlag« glatte 10 Millionen Umsatz. Der »politische Tendenzbetrieb« (Thilo Bode) ist mit Abstand der reichste Verein unter den Umweltgruppen. Während andere Endzeit-Propheten in mühevoller Kleinarbeit Froschzäune zusammennageln oder die Gelbbauchkröten per Hand einsammeln und im Eimer zum Tümpel tragen, schöpft die Regenbogentruppe aus dem vollen. Da wird professionell vorgegangen, während die »gegnerischen« Industrieunternehmen jahrzehntelang vor sich hin dösten und gar nicht merkten, daß hier eine Organisation aufgebaut wurde, die über kurz oder lang Industriegelände in Deutschland wertlos machen wird. Nicht weil die Umweltgefahren real wären, nein, weil die Bevölkerung in den Köpfen vergiftet wird!

Die emsig spendenden Bundesbürger merken meist gar nicht, wie sie von einer Organisation auf den Arm genommen werden, die laut *FAZ* mit »einer Mischung aus Umweltengagement, kühlem Geschäftssinn, Organisationstalent und einem ausgeprägten Gefühl für Symbolik manche Sekte in den Schatten« stellt. Hauptgegner von Greenpeace sind neben den Industriebösewichtern vor allem die Wohlstandsbürger. Bequemlichkeit ist out (*Greenpeace-Magazin* IV, 1990, S. 3: »So sieht also unsere Zukunft aus: Wir radeln.«). Das sollte eigentlich die Mitarbeiter von Opel, VW usw. interessieren.

Wenn Greenpeace den Kampagnenkorken knallen läßt, dann gibt es bei den bundesdeutschen Weltverbesserern kein Halten mehr. Jeder Ökohysteriker kommt gerannt und hält kritiklos sein Glaubens-Gläschen hin, um auch ein paar Tropfen abzukriegen. So konnten die Rainbow-Cowboys im Frühsommer 1995 mit Leichtigkeit unter den Bundesbürgern eine Stampede auslösen, die auch im Ausland Beachtung fand.

Die Rollen in dem Theaterstück, das im 4. Kapitel noch einmal aufgegriffen wird, waren klar verteilt. Den Schurken gab der Ölmulti Shell ab. Greenpeace mimte wie immer den Part des Guten, und die ÖkotanzbärInnen spielten die willigen Statisten. Das Theater wurde von allen Medien, vorneweg ARD und ZDF, begleitet, denn der Unterhaltungswert von Greenpeace ist, wie gesagt, nicht zu unterschätzen. Trickreich haben die Grünfriedlichen mit *dem Ökomakro/mikroskop* den Atlantik auf die Größe des Baggersees von nebenan schrumpfen lassen, in dem der reiche Shell-Konzern um der Profitmaximierung willen einen riesigen giftgeschwollenen Kanister namens »Brent Spar« versenken wollte. Die ökopathischen Bundesbürger, ohnehin vom »kuhwarmen Glück unter der Dorflinde« *(Spiegel)* träumend, traten unter Anleitung der Ökosekte mutig engagiert aufs Gaspedal, fuhren an Shell-Zapfsäulen vorbei und tankten bei der Konkurrenz. Einer Emnid-Umfrage zufolge sprachen sich 74 % von 1027 Haushalten für einen Shell-Boykott aus!

Die Hysteriebereitschaft des ökolarmoyanten Teils der Bundesrepublik ist schon erstaunlich! Selten war es so einfach, »Mut«, »kämpferisches Engagement« und ökologisch einwandfreies Gewissen zu demonstrieren. Die scheinheiligen Boykotteure, deren Autos jährlich durch unvollständige Verbrennung 20.000 t ölige Rückstände in die Nordsee eintragen, kostete die Heuchelei im Gegensatz zu den Tankstellenbesitzern keinen Pfennig, und sie wähnten sich auf der Seite der Aufrechten und der Rächer der Robben.

Blockadebrecher wurden durch Plakate bedroht: »Wer Shell tankt, wird ermordet.« Auch flog da und dort schon einmal ein Brandsätzchen, und es kam zu kleinen Handgreiflichkeiten sowie zu einigen nächtlichen Schüßchen aus scharfen Waffen in die Shell-Zapfsäule. Solche Lappalien taten der guten Sache natürlich keinen Abbruch. Alle schunkelten weiter ökobesoffen mit. Wie hätten sich die Umweltenthusiasten eigentlich verhalten, wenn einer der Mollis 50.000 Liter Benzin und Öl entflammt hätte und Menschenleben zu beklagen gewesen wären? Hätte man dann ähnlich betreten auf den Boden geguckt wie seinerzeit bei den Startbahn-West-Krawallen, nachdem ein Polizist von einem Ökoidioten, pardon, einem aufgeklärten, kritischen, jungen, etwas übereifrigen Mann erschossen worden war?

Focus-Spötter Harald Schmidt fragte auf dem Höhepunkt der Empörungswelle: »Warum hat sich auf der Brent Spar noch keine Lichterkette gebildet?« Und schrieb dann: »Das war mal wieder ein Protest, der Spaß macht. Protest für die ganze Familie. Fast schien es so, als sei die ›Brent Spar‹ eine Stahl gewordene Robbe, die vor der Vernichtung geschützt werden mußte. Niemand wäre weiter überrascht gewesen, hätte sich Brigitte Bardot an eine Shell-Zapfsäule gekettet.«

Es war köstlich, und manches erinnerte mich an den Roman von

Hanns Heinz Ewers »Der Zauberlehrling oder die Teufelsjäger«, in dem ein »Prophet« die Bewohner eines einsamen und abgeschnittenen Gebirgsdorfs in den religiösen Wahn treibt und dazu bringt, die Kreuzigungsszene nach Ausdeuten eines Opfers realistisch nachzuspielen. Allerdings spielten nicht alle mit. Und so war es auch beim Shell-Boykott. Besonnene Kommentatoren sprachen von einem neuen »Furor teutonicus«, und ein Dr. E. Werner brachte es in einem Leserbrief[17] auf den Punkt: »... Die Deutschen lassen wieder einmal die Vernunft fahren und sich von den anderen Völkern beschämen. Es ist schon eigenartig, daß geistige Brandstifter bei uns so leichtes Spiel haben ...«

Als ich zu der Zeit in München bei einer Shell-Tankstelle hielt, nach Einkommenseinbußen fragte und ob auch schon Drohungen eingegangen seien, bekam ich zur Antwort: »Wissen S', ein paar ...« – dann folgte ein nicht wiederzugebender Kraftausdruck – »gibt's immer. Wir hier haben bisher nix gemerkt.« Ähnliches konnte ich bei einer anderen bayerischen Shell-Tankstelle erfahren. Trotzdem, so einfach ist das nicht, denn viele Muschelspritverkäufer brachten bis zu 50 % weniger Benzin unter die Leute, und durchschnittlich mußten 30 % Umsatzeinbußen hingenommen werden. Ein Prozentsatz, der auffällig mit der Zahl des durchgeknallten *magischen Wähler-Drittels* korrespondiert. Und tatsächlich, als der *Spiegel* fragte: »Würden Sie Greenpeace wählen, wenn Greenpeace eine Partei wäre?«, antworteten 28 % mit »Ja«, 33 % mit »Vielleicht« und nur 37 % mit »Nein«. Offensichtlich fühlen sich immer die gleichen Leute vom Öko-Kokolores angesprochen. *Es wäre sicher auch einmal interessant, herauszufinden, wieviel potentielle ausländische Investoren durch das Shell-Greenpeace-Spektakel verschreckt wurden. Wer will denn schon in einem Land investieren, dessen Bevölkerung derart öko-psychotisch reagiert?*

Unterhaken zum Mitschunkeln

Wenn Greenpeace ein dickes Kampagnen-Ei legt, gackert nicht nur der ganze Medienhühnerhof im Chor, auch unsere parlamentarischen Umweltpädagogen können ihr Wasser nicht mehr halten. Die Grünen vorneweg, die SPD im Gleichtakt dazu, die CDU, alle, alle machen mit. Klar, denn es geht ums ökologisch durchgeknallte Wählerstimmchen. Alle Politiker handeln nach dem Bonmot Denis Diderots: »Ist man mit Verrückten verrückt, so hat man weniger Unannehmlichkeiten, als wenn man ganz allein vernünftig ist.« Selten stand der blanke Ökopopulismus in solch schöner Blüte wie während der »Brent Spar«-Kampagne.

Den »Ruin« des Ölmulti einkalkulierend, verpflichteten sich knallhart 50 Bundestagsabgeordnete, nicht mehr bei Shell zu tanken, wobei sie offenließen, ob sie vorher regelmäßige Shell-Kunden waren. Der Münchner CSU-Vorstand bekundete seine Empörung über die Versenkungsabsichten, und der CSU-Generalsekretär Protzner schrieb in einem Brief an den Vorstandsvorsitzenden von Royal Dutch: »Stoppen Sie diesen Wahnsinn.« Der FDP-Generalsekretär Guido Westerwelle verordnete für die Bonner FDP-Dienstkarossen absolutes Tankverbot bei den Muschelstationen.

Auf dem Umweltgipfel im kanadischen Halifax intervenierten Kanzler Kohl und sein Finanzminister Theo Waigel erfolglos beim britischen Premier John Major. Die deutschen Politiker trieften dabei vor Heuchelei, denn sämtliche europäischen Regierungen, also auch die deutsche, waren vorab über die behördlich genehmigte Versenkung der »Brent Spar« informiert worden. Keiner der Scheinheiligen, auch nicht die Bundesregierung, widersprach binnen der dreimonatigen Einspruchsfrist!

Alle machten beim Ökospaßtheater mit. Am 15. Juni 1995 unterstützte der Präsident des in Hamburg tagenden Evangelischen Kirchentags, Ernst Benda, den Aufruf der nordelbischen Kirche, nicht mehr bei Shell zu tanken. Auch der Bund freiberuflicher Hebammen vergaß für einen Tag den Klapperstorch und schloß sich dem Shell-Boykott an: »Es geht nicht an, daß sich die Firma Shell auf diese umwelt- und menschenverachtende Art und Weise ihrer Bohrinsel entledigt.« Die Gefahren des Fischkonsums für schwangere Frauen seien schließlich durch die Versenkung der Gifttonne in greifbare Nähe gerückt. Was für ein Quatsch mangels besseren Wissens geglaubt wird. Es ist kaum zu beschreiben!

Die ausgeprägte dekadenzgetriebene Ökochondrie der einstigen führenden Industrienation wird im Ausland zunehmend mit hochgezogenen Augenbrauen betrachtet. Anläßlich der Einrichtung eines »waldgeschichtlichen Wandergebiets« schwärmte der tschechische Umweltminister Frantisek Benda vom Naturschutz, »warnte (aber) angesichts des Aufschwungs grüner Politik im Nachbarland: dem dürfe keine Entvölkerung des Gebietes folgen, anderenfalls werde der ehemals Eiserne Vorhang durch einen grünen ersetzt«.

Der italienische Publizist Angelo Bolaffi (»Die schrecklichen Deutschen«) äußerte in einem *Focus*-Interview: »Was mir ein bißchen Sorgen macht, sind diese Überreaktionen, die ja immer ein Problem der deutschen Geschichte waren. Zum Beispiel der Shell-Boykott. Daß manche Leute deswegen Tankstellen angreifen oder wegen der Atomtests keine französischen Weine mehr trinken wollen, das ist mir ›zu tief‹ verdächtig, da fehlt mir der Zusammenhang. Das macht mich skeptisch.« Auf die Frage, wie man das nennen könne, antwortete Bolaffi: »Fundamentalismus.« So ist es! Angesichts des grünfriedlichen Marionettentheaters brauchen wir uns über die Vorgänge in islamischen Ländern nicht aufzuregen.

Der französische Außenminister Charette ist der Ansicht, daß die wohlfeilen Demonstrationen der deutschen Öffentlichkeit nur so vor Heuchelei strotzen. Der *FAZ*-Leser Thomas Busch berichtete über Kontakte mit Franzosen und kommentierte die grünfriedliche Mururoa-Bombenstimmung und andere Öko-Agitprop mit den Worten: »In Deutschland wird weiter taggeträumt und in die Tasche gelogen. Zur politisch korrekten Demonstration aufrechter Gesinnung zum Beispiel gegen das Umweltverhalten einer Mineralölgesellschaft tankt man bei der Konkurrenz: Wenn Frankreich Atomtests durchführt, verzichtet man auf französischen Wein und Käse und geht auf italienische Ware über – Hauptsache, es tut nicht weh. Ich wünsche Deutschland schon allein deshalb baldige Genesung, damit ich bei meinen französischen Geschäftspartnern nicht andauernd in Verlegenheit komme, wenn man mich fragt, wie das jammerlappige aktuelle Erscheinungsbild Deutschlands mit ihrem (immer noch gültigen, aber zunehmend brüchiger werdenden) Bild von Deutschland als selbstbewußtem Motor der europäischen Sache in Einklang zu bringen ist.«

Es ist nun einmal so: Greenpeace, das ist der *Aufstand der Schizophrenen und Satten gegen den eigenen Überfluß, gegen den eigenen Wohlstand, gegen die Industriegesellschaft und gegen den eigenen Arbeitsplatz.* Es ist der *Protest der Überfütterten, denen es vor Sorglosigkeit schlecht geworden ist.* Es ist geradezu bezeichnend, daß insbesondere die jungen Leute mit Abitur aus gutbürgerlichen, oftmals wohlhabenden Häusern sich gerne bei Öko-Ideologen einklinken.

Schon ein paar Bilder aus Tschetschenien, Bosnien oder Ruanda zeigen, daß es genügend Leute gibt, die ganz andere Probleme haben. Ich kann mir kaum vorstellen, daß der BUND, der NaBu oder Greenpeace in einstigen sowie künftigen Krisen- oder Kriegsgebieten und auf den Ölfeldern von Baku rechten Anklang finden würden. Die Leute dort machen sich keine Gedanken, ob irgendwo ein ausgedienter Öltank im Meer versenkt werden soll, ob der Panzer, der gerade über die Straße rollt, auch mit Biosprit fährt oder ob die TNT-Abbrandrückstände von Raketen krebserregend sind. Auch sollen dort Diskussionen über ultragefährliche, mit »dioxinhaltigem« Kieselrot beschichtete Sportplätze unbekannt sein. Die Menschen in diesen Regionen wollen in erster Linie überleben, und nicht nur das, sie hoffen auf einen Wohlstand, wie er in der Bundesrepublik für den überwiegenden Teil der Bevölkerung (noch) gewährleistet ist. Die wollen dahin kommen, wo wir gerade noch sind und von wo wir uns unter politischer Einwirkung von Öko-Inquisitoren momentan verabschieden sollen, ohne zu wissen, was wir gegen den Wohlstand eintauschen. Eine Ökodiktatur? Vielleicht …

Die deutsche Ökohysterie hat nicht nur etwas mit Wohlstandsfettleibigkeit zu tun, sondern ganz bestimmt auch etwas mit der grenzenlosen Überbevölkerung der Bundesrepublik. Bei einem Urbanisierungsgrad von 90,4 % – man kann es nur wiederholen – und einer Bevölkerungsdichte von über 228 Einwohnern pro Quadratkilometer ist Deutschland mit das am dichtesten besiedelte Land. Mit einer angenommenen durchschnittlichen Spannweite von 1,5 m könnten die Deutschen eine Menschenkette bilden von 80.000.000 × 0,0015 km = 120.000 km. Damit ließe sich die Erde dreimal umspannen! Und wenn wir gegen die Bevölkerungsdichte nichts unternehmen, sondern ständig ängstlich weiter auf unsere Rente schielen, die dann nicht gesichert wäre, wenn wir uns nicht kräftig fortpflanzten oder zumindest eine ordentliche Zuwanderung hätten, dann kann in diesem Land in wenigen Generationen keiner mehr pinkeln gehen, ohne daß ein anderer naß wird.

Im Vergleich zu Deutschland besitzt Frankreich eine Bevölkerungsdichte von 105,5 Einwohnern pro Quadratkilometer. Dies und die stärkere demokratische Tradition erklären, weshalb die Franzosen im Gegensatz zu ihren deutschen Nachbarn eben nicht ökopathisch durchgeknallt sind und sich nicht so für Umweltfundis begeistern.

Weshalb die »Brent Spar«-Kampagne im Frühsommer 1995

notwendig war, konnte man bereits im Oktober 1994 aus der Presse erfahren.[18] Danach sollten rund 10 % der weltweit 1200 Mitarbeiter von Greenpeace wegen der flauen Geschäftslage entlassen werden. Dem Amsterdamer Dachverband fehlten 3,5 Millionen in der Kasse. Um die drohende Pleite abzuwenden, mußte mit einer Paukenschlag-Kampagne der Klingelbeutel wieder so richtig aktiviert werden. Man erkennt unschwer: Auch vor Öko-Multis macht der wirtschaftliche Niedergang nicht halt. Noch 1991 schrieb der *Spiegel:* »Klinkenputzen haben die deutschen Greenpeacer nicht nötig.«

Andere vom Ökoklamauk lebende Organisationen lassen sich auch etwas einfallen. Am 30. Oktober 1995 erfuhr man morgens im Südwestfunk I, daß der BUND und der NaBu Schweizer Drückerkolonnen beauftragt haben. Als Entlohnung erhalten die sonst für Zeitungen zuständigen Werberkolonnen 80 % des ersten Jahresmitgliedsbeitrags. Man stelle sich vor, die evangelische und die katholische Kirche würden mit Drückerkolonnen zusammenarbeiten, um verlorene Schäfchen zurückzugewinnen, wobei 80 % der Kirchensteuer des ersten Jahres dem Werber zufallen würden. Das gäbe ein Medienschlachtfest! Darauf angesprochen, verteidigten sich die Umweltschutzorganisationen mit dem Argument, sie seien schließlich Dienstleistungsunternehmen und müßten deshalb entsprechende Einnahmen haben. Entzückend!

Zauberlehrlinge oder Die ökologischen Umbaumeister

Das Selbstverständnis der Öko-Vereine, sich als Dienstleister zu sehen, ist hip-hop oder voll trendy.

Angaben des Frauenhofer-Instituts zufolge ist nach der Jahrtausendwende jeder zweite Arbeitsplatz im Dienstleistungsbereich angesiedelt. Davon soll im Jahr 2010 der Bereich Beraten, Forschen und Publizieren 36 % ausmachen und wäre damit genauso stark vertreten wie der Klassiker Reinigen und Transportieren, der es dann auf den gleichen Prozentsatz bringt. Mit 28 % soll der produktionsorientierte Dienstleistungsbereich, wie Warten und Reparieren, das Schlußlicht bilden. Die Dienstleistungsgesellschaft, so hört man immer wieder, das ist unsere Zukunft, das ist die Lösung der Arbeitslosigkeit.

Wie aber sieht die Dienstleitungsgesellschaft denn aus? Amerikanisch? Da steht beinahe in jedem Supermarkt jemand hinter der Kasse, packt die Ware ein und ist froh, wenn er für ein Trinkgeld die Einkaufstüte zum Auto des Kunden tragen darf. Sind »Mc-Jobs« unsere Zukunft?

Nichts beleuchtet den Geistes-, Gemüts- und Gesinnungszustand unserer gutmenschlichen Ökopharisäer mehr als ihr Arbeitsbegriff. Da gibt es die Sozialarbeit, die Arbeit in der Frauen-, Kinder- und Jugendwerkstatt, die Integrationsarbeit, die Versöhnungsarbeit, die Trauerarbeit und die Friedensarbeit. Man fragt sich nicht zu Unrecht: Sollen das unsere künftigen Dienstleistungsarbeitsplätze für vollkommen Abgedrehte sein? Die *FAZ* berichtete im Februar 1994 über den Friedensarbeiter Nick, »der nicht aufgibt«. Der 38 Jahre alte Mann wollte früher einmal Lehrer werden. Aber aus Sorge um den Zustand der Welt brach er sein Studium ab und war überall dabei: In Mutlangen stemmte er sich, von namenlosem Entsetzen gepeinigt, gegen die Stationierung von Pershing-Raketen, 1991 protestierte er in Bagdad gegen den Krieg, und in Gundremmingen mischte er mit, als Demonstranten Atommülltransporte durch Abschrauben von Eisenbahnschienen zu verhindern suchten. Deswegen angezeigt, rechtfertigte er sich vor Gericht mit dem Argument, er kämpfe für das Leben und für die Wahrheit. Noch ein Wahrheitsbesitzer – der Glückliche. Heute lebt der abgebrochene Lehrer Nick in einem ökologisch ausgerichteten Haus mit mehreren Gesinnungsfreunden und »Mitarbeitern« zusammen. Rentenversichert sei er auch nicht, aber wer ein Leben lang mitgeholfen habe, den Wald zu retten, habe schließlich genug dafür getan, daß ihm der Staat seinen Lebensabend sichere – meint Nick, der Friedensarbeiter.

Ist es nicht simpelstes Allgemeingut, daß alles – aber auch alles –, was in der Bundesrepublik verfuttert wird, in allererster Linie durch den Export hochwertiger Industriegüter entsteht? Damit bezahlen wir doch unsere Rohstoff- und Energieimporte, und nicht mit gefühlssprechbetontem Therapeuten- oder Soziologen-Singsang.

Exportieren können wir aber in erster Linie das, was man in die Hand nehmen oder anfassen kann, und nicht irgendwelche »geistigen Dämpfe« – und das auch nur, weil die Qualität deutscher Produkte international hochgeschätzt ist. Viele Unternehmen lassen sich jedoch mittlerweile beispielsweise *Computerprogramme* in *Indien* oder *Tschechien* zu einem Bruchteil der in Deutschland anfallenden Kosten entwickeln und Online in wenigen Sekunden übermitteln. Deshalb: Mit dem Draufdreschen auf die Industrie sägen wir den Ast ab, auf dem unser Futter wächst.

Allein die deutsche Chemieindustrie hat 1992 immerhin 17,1 % des Weltchemieexports erreicht und liegt damit klar vor den USA mit 14,0 %. Der Export aller möglichen Waren ist es, von dem das Land lebt! Lokomotiven von Siemens, Chemikalien, Autos von VW usw. machen fast zwei Drittel unseres Exports aus. Deshalb »ernähren« eigentlich die *35,5 % des produzierenden Gewerbes* neben der Land- und Forstwirtschaft die restlichen Wertschöpfer inklusive öffentlichen Dienst.

Vom Soziopsycho-Singsang können wir nicht leben. Die Philosophen der 68er Gesellschaft, Bloch, Horkheimer, Marcuse, die Bewegungen Greenpeace und BUND, die vereinten Friedensfreunde samt den Grünen stellen eben kein Insulin her, produzieren keine Antibiotika, entwickeln kein Aidsmittel, gewinnen keine Soda aus Steinsalz, stellen aus der Soda kein Glas her, erzeugen keine Natronlauge zur Seifensiederei und produzieren keine Narkosemittel zur schmerzfreien Operation. Außer Fahrrädern, Meinungen, Ängsten und T-Shirts mit Friedenstauben bieten sie nichts an, was man exportieren könnte.

Umweltzerknirschte Gutmenschen argumentieren unbeeindruckt, die Zukunft gehöre wegen der geringeren Belastung ohnehin den Dienstleistungsanbietern, deshalb solle man keinem Industriearbeitsplatz hinterherweinen. Dem ist entgegenzuhalten: Die Arbeitsplätze in den Dienstleistungsjobs sind ebenfalls nur bedingt sicher. Die Gewerkschaft HBV rechnete im November 1995 mit einem Verlust von 100.000 Arbeitsplätzen im Bankgewerbe und der Schließung von 30 % der Filialen, wenn die flächendeckende Einführung des »Lean Banking« abgeschlossen ist.

Wer aber jetzt meint, der Umwelt sei mit Dienstleistungsarbeitsplätzen mehr gedient, der ist auf dem Holzweg, denn damit ist oftmals jede Menge Verkehr verbunden. »Ohne den Flughafen«, so wurde im Juli 1995 in der *FAZ* vom Präsidenten der Frankfurter Industrie- und Handelskammer, Frank Niethammer, hervorgehoben, »wäre Frankfurt am Main nicht zu dem Finanzzentrum geworden, das es heute ist«. Der Flughafen, der mit 52.000 Beschäftigten die größte Arbeitsstätte Deutschlands ist, besitzt einen Beschäftigungsfaktor von 1,93, so daß man auf 100.000 flughafenabhängige Arbeitsplätze in der Region kommt. Zusammen mit den direkt am Flughafen Beschäftigten sind das etwa 150.000 Arbeitsplätze. Zum Vergleich bietet die hessische Chemieindustrie »nur« 100.000 Arbeitsplätze. Die unmittelbare Wertschöpfung des Airports betrug 1992 4,5 Milliarden Mark. Dazu kam die Wertschöpfung der Banken mit 8,3 Milliarden Mark. Was braucht man da noch Produkte? Geld ist doch einfach nur eine Zahl!

All die schöne Wertschöpfung ist nicht ohne Umweltbelastung möglich, und die hat's in sich: 1994 gingen von dem Flughafen, der selbst ein Dienstleistungsunternehmen ist, 365.000 Flugbewegungen aus, die das Rhein-Main-Gebiet stellenweise mit einem beträchtlichen Lärmteppich überzogen, ganz zu schweigen vom CO_2-, NO_x-Ausstoß der Triebwerke. *So sauber, wie behauptet wird, sind Dienstleistungsarbeitsplätze eben nicht.*

Aber auch der Umweltschutz besitzt nicht das Beschäftigungspotential, das man sich davon verspricht. Das Institut der deutschen Wirtschaft (IW) hatte im Herbst 1995 vor Modellrechnungen des Deutschen Instituts der Wirtschaftsforschung (DIW) gewarnt, wonach im Jahr 2000 über eine Million Arbeitnehmer im Umweltmarkt beschäftigt sein könnten. Solche Modelle würden die *negativen Folgen steigender Umweltauflagen unterschätzen* und im Gegenzug dazu die *Exportchancen von Umweltgütern überschätzen:* Alle optimistischen Prognosen, so das IW, gingen davon aus, daß sich die staatliche Nachfrage nach Reinigungsanlagen zum Gewässerschutz wie bisher entwickeln würde. Dies erscheint aber wegen der Ebbe in den öffentlichen Kassen sehr fraglich.

Im Juni 1995 fand in Düsseldorf die weltgrößte Umwelttechnikschau, Envitec[19], statt. Die Euphorie der letzten Jahre wich einer Ernüchterung – der Schwips war weg, und der Kater kam. »Die Erwartungen an den Umwelttechnikmarkt haben sich bei weitem nicht erfüllt«, so charakterisierte André Bauguitte von der Firma RWE-Entsorgung die Lage. Die Gründe für die Flaute waren bekannt. Ein Vertreter eines großen Anlagenbauers brachte es auf den Punkt: »Die Industrie investiert derzeit nicht, und den Kommunen fehlt das Geld.« Soweit der Inlandmarkt.

Wir müssen Weltmeister im Export von Umweltschutzanlagen werden, darin liegt unsere Zukunft, meinen die Glaubensseligen. Aber auch mit dem Export ist es auf absehbare Zeit Essig, denn gerade die Länder mit einem hohen Nachholbedarf an Umweltschutzanlagen haben kein Geld. Welch atemberaubende Chancen sich am Weltmarkt auftun, kann leicht aus Bild 6 abgelesen werden.

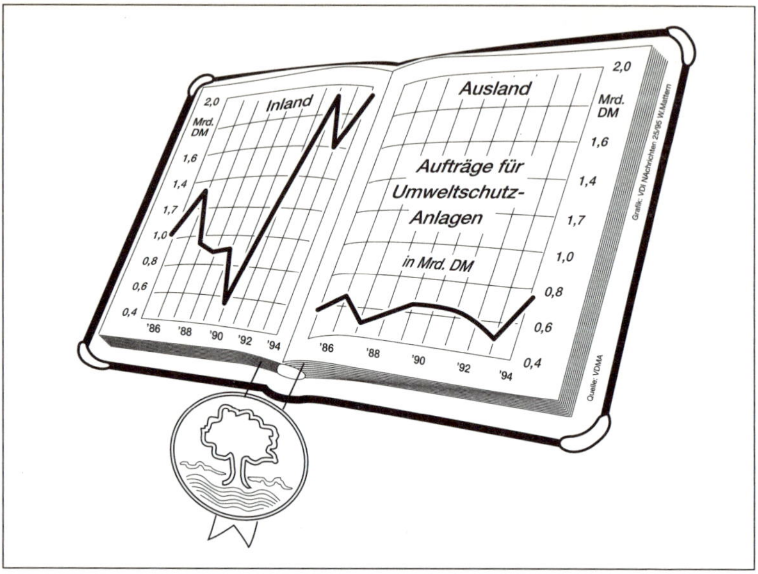

Bild 6: Auftragsentwicklung für Umweltschutzanlagen, Quelle: VDI-Nachrichten

Während im Inland 1994 für fast 2 Milliarden Mark Aufträge vergeben wurden, betragen die Aufträge aus dem Ausland, also den restlichen 179 Staaten, knappe 0,8 Milliarden. Der kräftige Anstieg der inländischen Umweltschutzinvestitionen zu Beginn der 90er Jahre ist zum einen wiedervereinigungsbedingt und zum anderen darauf zurückzuführen, daß der Gesetzgeber Mitte der 80er Jahre die »Technische Anleitung Luft« (TA-Luft) in Kraft gesetzt hat. Das war's. Sowenig wie sich jemand einen Zweit- oder Dritt-Kat für sein Auto zulegt, kaufen die produzierenden Unternehmen Zweit- oder Dritt-Wirbelschichtverbrennungsanlagen mit hochwirksamen Filtern für Produktionsrückstände.

Umweltschutzanlagenbauer hoffen ganz ungeniert auf die Hilfestellung der Politik, »denn nur Gesetze schaffen auch Märkte für die Umwelttechnik«. Allerdings könnte das allenfalls wieder nur den Inlandsmarkt ankurbeln, denn wir können zwar Umweltschutztechnik exportieren, aber nicht Umwelthysterie, auch wenn sich die Bundesregierung als Schirmherr aller möglichen Ökokonferenzen noch so große Mühe gibt.

Die Umwelt-Gralsritter haben noch eine ganz andere tolle Nummer parat. Einer der schrill-schrulligsten Renner ist die *Öko-*

steuer. Da wird ungeniert von den Grünen vorgeschlagen, den Benzinpreis schrittweise auf 5 Mark pro Liter zu erhöhen. Was das für einen Arbeitnehmer, der vielleicht gerade einmal 2300 Mark im Monat verdient, bedeutet, kann sich ein grüner »Volksvertreter« mit einer Abgeordneten-Anwesenheitsentschädigung von 11.300 Mark zusätzlich einer steuerfreien Kostenpauschale von 5978 Mark monatlich gar nicht vorstellen. Es belegt aber recht gut, wie realitätsfern diese Leute geworden sind. Selbst das Argument, der Betreffende möge sich bitte sehr ein Drei-Liter-Auto anschaffen, zieht da nicht, denn gerade die Arbeitnehmer mit niedrigem Einkommen werden sich die Ökokiste höchstens einmal auf dem Gebrauchtwagenmarkt leisten können – und das dauert! Nein, man will unbedingt das Auto, einen der zentralen Komfort- und Zivilisationsträger, abschaffen. Derjenige, der sich bei einem Benzinpreis von 5 DM/l den Pkw nicht mehr leisten kann, soll halt zu Fuß gehen – schöne, grüne neue Welt! Wenn man den Wohlstand und das produzierende Gewerbe noch nicht abgemurkst hat – mit der *Ökosteuer* schafft man's bestimmt.

In einer Informationsschrift[20] des »Frankfurter Instituts« heißt es zur Umweltsteuer: »Kapital, das bereits investiert ist, kann aufgrund aggressiver Umweltpolitik zwar verlorengehen. Noch zu investierendes Kapital kann sich durch Abwanderung viel besser wehren als Arbeit.« Weiter: »Es ist eine Schimäre, daß beim Umweltschutz allemal eine double dividend – mehr Beschäftigung und bessere Umwelt – verheißen ist. Einen positiven Beschäftigungseffekt gibt es nur unter ganz bestimmten Bedingungen, Minderung von Einkommensansprüchen allemal.« Das, so meine ich, müßten umweltpolitische Steuergaukler den Arbeitnehmern und den Ruheständlern, kurz der Bevölkerung, auch erklären! Das Institut resümiert: »… bezüglich der Erträge kann man die Kapitalisten zwar schröpfen zugunsten von Arbeit und Umwelt. Aber selbst hier nicht ungestraft. Die Altinvestoren werden irgendwann wieder als Neuinvestoren gebraucht, und sie haben ein langes Gedächtnis.«

Ökosteuern im *deutschen Alleingang,* ohne gleichzeitige Einführung in den USA und den GUS-Staaten, in Indien, Frankreich und China, würden vor allem energieintensive Industriezweige, wie die Stahlkocher und die Chemieunternehmen, ins Ausland abwandern lassen, denn der Faktor Energie, der 1995 mit 80 Milliarden Mark belastet war, würde um zusätzliche 200 Milliarden zulegen.

Noch nicht einmal der Umwelt wäre mit der Einführung der Ökosteuer gedient. Sie würde nur das Ausflaggen des produzierenden Gewerbes beschleunigen. Ein Beispiel ist die Stahlindustrie. Würde in Deutschland die Tonne emittiertes CO_2 mit 80 bis 120 Mark versteuert werden, so verteuerte sich bei einem Einsatz von 400 kg Kohle pro Tonne Stahl dieser um 100 bis 120 Mark. Die Folge wäre ein Ersatz deutscher Stahlerzeugnisse sowohl im Inland als auch im Ausland durch andere, etwa brasilianische. Die Brasilianer verheizen bei der Produktion der gleichen Menge dreimal soviel Kohle. Neben der Steigerung der weltweiten CO_2-Emission käme es mit Sicherheit zu einem Arbeitsplatzabbau in Deutschland. Die CO_2-Steuer wäre der absolute Renner, dann fehlt uns noch die CO_2-Abgabe auf Sekt und anderes mehr. Vielleicht sollte man auch die alkoholische Gärung verbieten? Ach so, das ist Bio-CO_2. Na dann!

Allein die heimische Chemieindustrie, die 1994 mit 55 Milliarden kWh 25 % des industriell umgesetzten Stroms »konsumierte«, müßte über die Ökosteuer dem Fiskus 23 Milliarden Mark mehr überweisen. Der zweitgrößte Verbraucher wären die eisen- und metallverarbeitenden Betriebe (41 Milliarden kWh), gefolgt von der eisenschaffenden Industrie (27 Milliarden kWh). Jede Unternehmensleitung, die in einem solchen Land noch investiert, muß verrückt sein! In einer Gesprächsrunde mit Sozialdemokraten hat der Manager Elmar Deutsch von Dow Deutschland im Mai 1996 Klartext gesprochen und die beabsichtigte Ökosteuer als den »goldenen Sargnagel für den Industriestandort« Bundesrepublik bezeichnet. Keiner der Ökozauberlehrlinge kann sagen, er wäre nicht gewarnt worden.

Außerdem tun unsere Ökoschwätzer so, als sei noch nichts geschehen. Das Gegenteil ist der Fall: Das Filter in den Kraftwerksschloten ist heute Standard. Autos werden nicht mehr ohne »Kat« verkauft. Sie benötigen nebenbei bemerkt mit Kat 10 % mehr Sprit. Umweltschutz durch technische Maßnahmen ohne gleichzeitige Mehrbelastung an anderer Stelle ist aus Gründen der naturgesetzlich gegebenen »Entropie« nicht möglich (s. a. S. 222). Die Abwasserreinigung ist heute dem Stand der Technik entsprechend optimiert. Gerade die am häufigsten in die Schußlinie geratende Chemieindustrie erhöhte von 1981 bis 1992 ihre Umweltschutzbetriebskosten von 595 Millionen um fast das *Elffache* auf 6488 Millionen Mark.[21]

Am Rhein liegen 70 bis 80 % der Chemieunternehmen, deren

Abwasserbelastung mit den Kenngrößen CSB (chemischer Sauerstoffbedarf) und BSB_5 (biochemischer Sauerstoffbedarf) angegeben wird. In den Jahren von 1970 bis 1985 fiel der von den Firmen ausgehende jährliche CSB-Wert von 4100 t auf 600 t und der BSB_5-Wert von 1800 t auf 125 t. Gleichzeitig ist die Produktion um 50 % gestiegen.[22] Das geschah ohne Mitwirkung des erst 1986 gegründeten Bundesumweltministeriums! Seit den 60er Jahren wurden die *Emissionen der Chemieindustrie um 90 % gesenkt.* Wer eine weitere Verringerung des Schadstoffausstoßes fordert, übersieht, daß vom heutigen Stand aus *eine Senkung um weitere 10 %* fast keinerlei ökologischen Gewinn brächte, aber *genauso viele Kosten* verursachen würde wie alle bisher getätigten Umweltschutzinvestitionen. Diese schlichten Fakten werden aus durchsichtigen Gründen der Allgemeinheit vorenthalten – wahrscheinlich um den militant-technikfeindlichen Ökoklamauk-Irrationalismus weiter am Leben zu erhalten.

Vor rund 200 Jahren haben die Leblanc-Sodafabriken ihr HCl-Gas, das mit Wasser die bekannte Salzsäure bildet, einfach in die Luft geblasen. Ergebnis: Im Umkreis von 30 km blieb kaum ein Baum am Leben. Bis in die 70er Jahre des 20. Jahrhunderts hat man sich um die umweltbelastenden Abfallprodukte erst am Ende eines Prozesses (einer Synthese) gekümmert (»End of Pipe«-Prinzip).

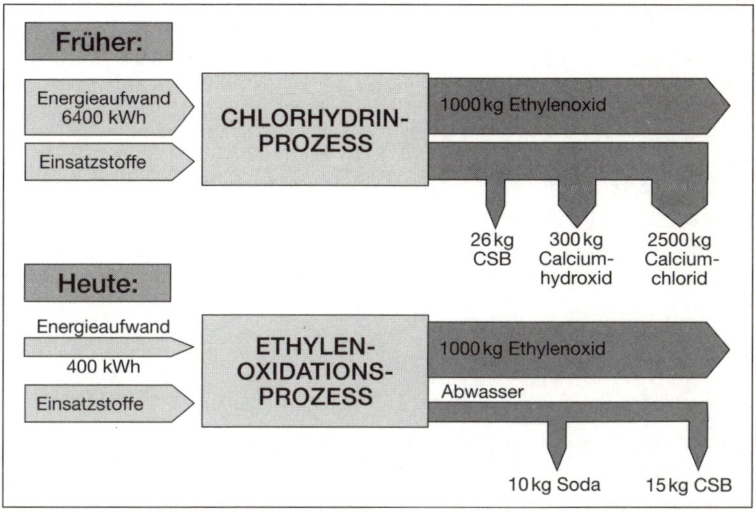

Bild 7: Produktionsintegrierter Umweltschutz[23]

Heute arbeitet man weitgehend nach dem Prinzip des »produktionsintegrierten Umweltschutzes«. Mit anderen Worten: Man wendet heute Produktionsprozesse an, die die Schadstoffe erst gar nicht entstehen lassen. Vielfach ist damit auch eine Energieeinsparung verbunden. Ein Beispiel ist die Synthese von Ehtylenoxid, das unter anderem zur Herstellung von Frostschutzmitteln und Shampoo dient (s. Bild 7).

Wenn der allgegenwärtige deutsche Ökotaumel fortgeschrieben wird, trifft bald ein abgewandelter Spruch der Cree-Indianer zu:

»Erst wenn in jeder Stadt alle Straßen als Spielstraßen oder Tempo-30-Zonen ausgewiesen wurden, die letzte Autobahn mit Tempo 80 beschildert wurde, das letzte Flugzeug abgehoben hat, der letzte Zündschlüssel abgezogen wurde, der letzte Chemiekessel abgestellt und das letzte Kraftwerk stillgelegt wurde, wird man merken, daß man kollektiven Ökogrünwahn nicht essen kann.«

Wenig Schmetterlinge »finden wir ganz blöd«

Unter diesem Motto hatten Gutmenschen zum Tag der Wildkräuter und Molche in den hessischen Landtag eingeladen.[24] Es ging um nichts mehr als um ein »Stückchen Kinder-Power«. Deshalb saßen Kinder im Alter von sechs bis zwölf auf den Regierungsbänken von Öko-Schilda. Von dort gaben die kleinen Erwachsenen viel Umweltnaives von sich, das ihnen zweifellos vorher von Ökopädagogen eingeblasen worden war. Die Kinder können nichts dafür. Es sind die proselytischen Erwachsenen, die die Probleme des Landes und der Welt mit denen von Schmetterlingen und Fröschen gleichsetzen. Mit der Aktion »Mut tut gut« wollten sie die Ökodrehorgel ein bißchen schriller rotieren lassen. Als gehöre heute »Mut« dazu, den Ökoveitstanz etwas mehr anzuheizen.

Die Probleme – auch dieser Kinderverbieger – liegen woanders. 1995 hatte die R + V Versicherung in einer Studie die Ängste der Deutschen skaliert zwischen 1 (keine Angst) und 7 (große Angst) ermitteln lassen; hier die Hitliste:

- Die größte Angst ist die vor schwerer Erkrankung (4,53), danach kommt die Angst vor Beschädigung der Wohnung und des Autos (4,35). Und so geht es weiter:
- Anstieg der Lebenshaltungskosten (4,31) – siehe Ökosteuer auf Benzin

- Pflegefall im Alter (4,29)
- Verkehrsunfall sowie Diebstahl auf Reisen/Urlaub (4,15)
- Einbruch (4,06)
- Raubüberfall auf Straßen, Wegen und Plätzen (3,99)
- Körperverletzung (3,97)
- Autodiebstahl (3,85)
- Betrug (3,82)
- Gewaltverbrechen (3,80)
- Spannungen durch Zuzug von Ausländern/Asylanten (3,71)

Erst dann folgt die Angst vor der Belastung durch Umweltzerstörung (3,69). Diese liegt im übrigen fast gleichauf mit der Angst vor einer Lebensstandard-Einbuße im Alter (3,68) und vor einer Kriegsverwicklung Deutschlands (3,67)!

Die R + V Versicherung kommentiert die Ergebnisse folgendermaßen: »Gesellschaftliche *Ängste* wie die *vor Umweltzerstörung* oder vor wachsenden Spannungen zwischen Ost und West treten hinter den individuellen, eher die eigene Person betreffenden Ängsten zurück.«

Zu einem ähnlichen Ergebnis kam eine EMNID-Umfrage vom Herbst 1993. Folgende Themen haben Priorität: Bekämpfung der Arbeitslosigkeit (46 %) weit vor dem Problem Gewalt und Kriminalität (13 %), gefolgt vom Umweltschutz mit 7 %. Das bedeutet nicht, daß den Bürger der Umweltschutz nicht interessiert, denn nach wie vor stehen 24 % der Umwelt- und Luftverschmutzung »eher mit Angst« gegenüber.

1995 lag in den neuen Bundesländern die Arbeitslosigkeit stellenweise bei weit über 15 %. Wir brauchen deshalb gerade dort mehr Arbeitsplätze, sonst wächst in diesem Teil der Republik der verständliche Unmut noch weiter. Schließlich sind die Menschen dort nicht faul, sondern wollen etwas tun. Aber das ist nicht so einfach, wenn, wie in Brandenburg geschehen, ein paar Trappvögel gegen den Aufbau Ost balzen.[25] Dort sollte 1994 ein schon länger in der Landschaft stehendes Betonwerk erweitert werden, was natürlich nicht ohne Lärmzuwachs abgeht. Da die Trappvögel äußerst scheu sind, befürchtete der Naturschutzbund Deutschland (NaBu) einen Coitus interruptus mit Folgen für die Vogelpopulation und klagte vor dem Verwaltungsgericht Potsdam gegen den Ausbau des Werks.

Jahrelang wurde ins Land hineintrompetet, daß ein Hochschulstudium die beste Versicherung gegen Arbeitslosigkeit sei. Anders 1995: Da suchten 150.000 Akademiker eine andere Beschäftigung, als tagein, tagaus Bewerbungsschreiben zu formulieren. Der Mainzer Professor Horst Kunz von der Arbeitsgemeinschaft deutscher Universitätsprofessoren für Chemie (ADUC) bringt es in einer Fachzeitschrift[26] auf den Punkt: »Die Arbeitsmarktsituation für junge Hochschulabsolventen ist in unerträglicher Weise katastrophal. Ein Grund mag, wie in anderen Branchen, sein, daß die Kunden in der Welt den Preis für die Arbeitskraft in Deutschland nicht mehr zu zahlen bereit sind. Dazu kommen noch für die Chemie in unserem Land spezifische Hemmnisse. Unter dem Decknamen ›Umwelt‹ und ›Sicherheit‹ entwerfen produktionsferne Amtsträger und Formalisten Fangnetze bürokratischer Regelwerke, die jede Innovation ersticken und Tätigkeiten in der produktiven Wertschöpfung, beabsichtigt oder unbeabsichtigt, zu kriminalisieren trachten. Die Folgen sind unübersehbar. Die Industrie verläßt mit Forschungs- und Produktionsstätten in großem Umfang Deutschland. Unseren jungen Absolventen und unseren Kindern werden die Arbeitsplätze entzogen, die sie nicht nur für sich selbst, sondern auch für die Erfüllung der Ruhegehaltserwartungen der gegenwärtig arbeitenden Generation brauchen.«

So ist es nun einmal. Über Jahre haben wir uns einreden lassen, daß wir uns selbst verstrahlen und vergiften, den Rest der Bevölkerung mit dem Auto überfahren, gleichzeitig die Kröten platt machen, den Storch vertreiben, das Spontangrün ausrotten und zu guter Letzt auch noch den Wald abmurksen. Deutschland ist offensichtlich der lebensfeindlichste und gefährlichste Ort der Welt. Jeder Ökoschizo will die Umwelt retten, aber nicht zu Fuß, und keiner will auf etwas verzichten. Das Auto stehenlassen, das sollen immer nur die anderen, im Zweifelsfall der Nachbar seine Luxuslimousine – der stinkt einem schon lange.

Statt uns gegenseitig zu beäugen und uns vor Ökoängsten in die Hosen zu machen, sollten wir aber alles tun, um unsere im Vergleich zu den 60er Jahren wesentlich sauberer gewordenen industriellen Arbeitsplätze zu halten. Das gilt vor allem für Blaumannarbeitsplätze, denn nicht jeder will Akademiker werden, und vor allem kann es nicht jeder sein. Zur Rettung der F&E- sowie der Blaumannarbeitsplätze gehört aber, daß wir schleunigst lernen, unsere Technikangst zu beherrschen. Es gibt keinen Grund, wegen »der Umwelt« unsere freiheitlich demokratische Grundordnung, unseren Wohlstand gegen eine ökodirigistische Scheindemokratie einzutauschen.

Ökoängste sind das Herrschaftsinstrument der Gutmenschen. Aber stimmt alles, was da so behauptet wird? Steht es wirklich so schlimm um unsere Umwelt? Kommen 90 % der Krebsfälle von Umweltchemikalien? Sind die Gifte so giftig? Kommt die Klimakatastrophe vom Autofahren? Stirbt die Umwelt am Joghurtbecher?

Die ökomarxistische Politkaste hat zu Beginn ihrer Blüte den sogenannten »kritischen Menschen«, der alles hinterfragt, hervorgebracht. Es wird deshalb höchste Zeit, daß man einmal die schöne neue grünfriedliche Pöstchenbiotopwelt hinterfragt, denn die 68er Mülltonnen-Talare sind seit über 25 Jahren nicht mehr gelüftet worden!

3. Gift – das unbekannte Wesen

These: *Ultragifte verursachen Megaängste. Dabei gibt es kaum etwas, worüber der Bürger weniger informiert ist als über Gifte. Seit den Zeiten des mittelalterlichen Brunnenvergiftens und des Hexenglaubens sind toxische Substanzen politisch instrumentalisiert worden. Es ist deshalb kein Wunder, wenn grüne Öko-Ajatollahs auf diesen Urängsten surfen. Fundamentale Gesetzmäßigkeiten wie die Dosis-Wirkung-Beziehung werden dabei in manipulativer Absicht unter den Tisch gekehrt.*

Die jahrelange Indoktrination konnte nicht ohne Folgen für unsere geistige Gesundheit bleiben. So wird heute jeglicher Quatsch über Giftwirkungen von Pflanzenschutzrückständen, von Konservierungsstoffen und von Luftschadstoffen vorbehaltlos geglaubt. Obwohl unsere allgemeine Lebenserwartung und unser Wohlbefinden die jeder vor uns lebenden Generation bei weitem übertreffen, fürchtet der ökochondrische Teil der Bevölkerung ständig um seine Gesundheit.

Kerzenhorror zur Weihnachtszeit, der Gips-GAU im Postamt, Säurenebel und Co.

Giftängste sind uralt. Es ist also kein Wunder, wenn die 68er den gesunden Menschenverstand der Bevölkerung mit atemberaubender Leichtfüßigkeit über die Giftbrücke entern konnten. 25 Jahre später läßt sich mit Leichtigkeit ein akuter Ökohystericanfall auslösen, wenn irgend jemand irgendwo plötzlich »Gift« ruft. Giftängste sind das bevorzugte Unterrichtsmittel bei der volkspädagogischen Gehirnwäsche.

Weil sie besonders wohlschmeckend ist, wird so eine geistige Giftnahrung dann wieder aufgewärmt, wenn die Klimakatastrophe wegen mangelnder Außentemperaturen gerade mal keine rechte Saison hat. Dann müssen das »Dioxin« oder die krebserregenden Kohlenwasserstoffe für die Horrorsucht herhalten. Die Polit-Inszenierung läuft dabei ähnlich ab wie im Kasperltheater. Wenn der Akteur hinter der Kiste das Dioxin-Krokodil auftauchen läßt, rufen alle Ökochonder: »Hui!«

In diesem Sinne hatte die niedersächsische Umweltministerin Monika Griefahn (Grünen-Spott: Umwelt-Moni) vor geraumer Zeit für die Aktion »Umweltfröhliche Weihnachten« 530.000 Peanuts lockergemacht. In einer Aufklärungsbroschüre wurde die Umweltbelastung durch das Weihnachtsfest bejammert und sonstiges volkspädagogisch Wertvolles verbreitet.

Auch die Umweltministerin Müller aus Schleswig-Holstein klingelte ganz hübsch zu Weihnachten. Sie schrieb für ihre kaputte Glaubensgemeinde: »Vergleichsweise kleine Dinge wie Bleilametta an Weihnachtsbäumen, aufwendiges Geschenkpapier oder Folien sowie das Abbrennen von Wunderkerzen sind schädlich für Umwelt und Natur, aber auch für die menschliche Gesundheit.« Mit solchem oder ähnlichem Ökoschnickschnack kriegen allweihnachtlich die Umwelttanzbären ihren Nasenring verpaßt.

Gerne setzt man dem deutschen Weihnachtsmann auch die Dioxinhorrormütze auf. Nach neuesten Erkenntnissen wird nämlich beim Abbrennen der Weihnachtskerzen das »Ultragift Dioxin« freigesetzt. Wieviel ist uninteressant, denn jeder Durchgeknallte weiß, daß schon der Gedanke an die Substanz hochtoxisch ist. Schade, daß man das »Dioxin« nicht schon vor Hunderten von Jahren so genau messen konnte. Manches jahrelange Siechtum, mancher plötzliche Tod wäre dann vielleicht erklärbar. Vor allem wüßte man genauer, weshalb die Menschen damals eine wesentlich kürzere Lebenserwartung hatten. Man bedenke nur, daß mangels elektrischen Stroms die Kerzenbeleuchtung herhalten mußte.

Laut Verbraucherzentrale Schleswig-Holstein gehen von den 100.000 t jährlich verkauften Kerzen zwei Drittel in der Vorweihnachtszeit über den Ladentisch, war im Dezember 1994 im *Wiesbadener Kurier* zu lesen. Interessant dürfte sein, daß diese 100.000 t Paraffin beim Abbrennen rund 340.000 t CO_2 freisetzen.

Beim Ausblasen der Kerzen, verrät die Verbraucherzentrale, entstünden gefährliche polycyklische aromatische Kohlenwasserstoffe (PAKs) und bildeten sich gesundheitsgefährdende Aldehyde. Außerdem enthielten Figurenkerzen in der Außenschicht Flammschutzmittel, die ebenfalls gesundheitsschädlich seien. Im übrigen solle man die Kerzenreste sammeln, denn Wachsgießen zu Silvester sei eine umweltfreundliche Alternative zum Bleigießen – und keiner lacht. Wenn das so weitergeht, wird man in wenigen Jahren die Staatsanwaltschaft wegen Luftverschmutzung ermitteln lassen, weil jemand an Silvester einen Kracher gezündet hat, statt laut »Bumm« zu rufen!

Die Horror-Spielverderber aus den analytischen Labors sind der Kerze auf den Grund gegangen. Im Dezemberheft von 1994 wurde in der Zeitschrift *CLB* das Untersuchungsergebnis Bayreuther Forscher referiert.[1] Aus Gründen, die an anderer Stelle noch erläutert werden (s. S. 207), hat man beim »Seveso-Dioxin« und vergleichbaren Substanzen die Giftigkeit in I-TEQ (international toxidity-equivalents) ausgedrückt. Nach dem Analysenergebnis bringen neun Kerzen aus Bienenwachs 0,04 pg/m^3 I-TEQ. Die »Dioxin«-Emission von Paraffin- oder Stearinkerzen erreicht mit 0,18 und 0,34 pg/m^3 I-TEQ Werte, wie sie auch in der Außenluft von Ballungszentren gemessen werden. Zum Vergleich ist hervorzuheben, daß die Dioxinemissionsgrenzwerte für deutsche Verbrennungsanlagen (nicht nur Müllverbrennungsanlagen, sondern auch Ölheizungen) um das 300fache höher liegen. Sie fragen sich, wieviel ein Pikogramm (pg) ist? Ein pg ist 10^{-12} g oder 0,000.000.000.001 g (s. hierzu Tabelle S. 123). Die für einen Menschen tödliche Dioxinmenge wird mit 0,07 mg angegeben, das sind 0,000.07 g. Um diese Menge aufzunehmen, müßten

$$7 \cdot 10^{-5}\ \text{g} : 0{,}34 \cdot 10^{-12}\ \text{g} \approx 2 \cdot 10^{8} = 200.000.000$$

Kerzen verbrannt werden. Bei einer durchschnittlichen Masse von 50 g/Kerze wären dies 10.000 t.

Auch mit den PAKs ist es nach Meinung der *CLB* nicht weit her. Es wurden Werte von 0,16 ng (10^{-9} g)/m^3 gemessen. »Eine Zigarette entläßt mindestens zehnmal mehr Benz(a)pyren in die Wohnzimmerluft als ein mit 30 Kerzen des geprüften Typs bestückter Leuchter.« Bei den entsetzlich gefährlichen Aldehyden sah es ähnlich aus. Sowohl die Formaldehydemission (17 µg/m^3 = 1,7 · 10^{-5} g/m^3) als auch die Acroleinwerte (250 µg/m^3) und die Acetaldehydwerte (90.000 µg/m^3) lagen weit außerhalb der Gefährdungsschwelle. Die Abgabe an Acetaldehyd betrug sogar nur 0,001 % des am Arbeitsplatz zulässigen Wertes (MAK-Wert). Im übrigen sei daran erinnert, daß der intensive, von jedermann geschätzte Duft der Dieselabgase aus Pkw, Autobussen des ÖPNV und Lkw auf der reichlichen Emission von Aldehyden beruht.

Ständig prasselt ein gutmenschlicher Meinungsgiftcocktail auf die unaufgeklärte Bevölkerung nieder. Die Emissionen aus den Funkhäusern und den einschlägigen Hauspostillen von BUND, Greenpeace und Co. erreichen praktisch jeden Bundesbürger, spätestens wenn er/sie/es den *Stern*, den *Spiegel*, die *TAZ*, die *Süddeutsche*, die *Zeit* oder die *Frankfurter Rundschau* aufschlägt. Die permanente Wiederholung des Gifthorrors hat zur Folge, daß auch unter Naturwissenschaftlern, die es eigentlich besser wissen müßten, die *Schweigespirale* inzwischen in flotte Rotation versetzt wurde und – weil kaum noch jemand widerspricht – die Bevölkerung in höchstem Maße verunsichert ist.

Wem soll man noch glauben? Den Fachleuten aus der Industrie? Die sind doch alle bezahlt! Eher den Fachleuten der Ökoverbände, denn die sind anständig, selbstlos, ohne Karrierestreben, kennen keine Profilierungssucht und sind unabhängig – so glaubt man. Bei einer solchen Stimmungslage bleibt den Bürgern gar nichts anderes als das Fazit: Es wird schon etwas an den Meldungen dran sein, sonst wären sie ja nicht gedruckt oder gesendet worden.

Die gleichen Bürger, die sich bedenkenlos überschüssige Nahrung zuführen, jegliche körperliche Anstrengung meiden, eine Zigarette nach der anderen konsumieren, jede Menge Alkohol in sich reinschütten und in ihrer Freizeit bis nach Mitternacht vor der Flimmerkiste hocken oder zwanghaft mittels aller zur Verfügung stehenden Verkehrsmittel in möglichst weit entfernte Gegenden einfallen, führen ihre körperliche Schlappheit auf die von der Industrie produzierten Umweltgifte zurück. Solche Überzeugungen werden beispielsweise dann angefacht, wenn ein Journal wie der *Stern* im Mai 1995 über die »Giftdeponie Mensch« berichtet: »Industriegifte sind immer häufiger der Grund, daß sich Menschen schlapp fühlen und über Unwohlsein oder Schmerzen klagen.« Hysterische Reaktionen, die an den Hexenwahn des Mittelalters erinnern, sind dann kein Wunder mehr.

Es passierte am 19. April 1995 in einer Frankfurter Paketverteilungszentrale. Ein Päckchen wurde beschädigt und wieder zugeklebt. Leider rieselte etwas von dem weißen pulvrigen Inhalt unbemerkt auf die Förderanlage. Am nächsten Morgen kamen Putzfrauen und wollten ihres Amtes walten. Da geschah es: Die Reste der weißen Substanz, so sagten die Beteiligten aus, reagierten und schäumten bei der Berührung mit Wasser. Zwei Frauen, die die Dämpfe eingeatmet hatten, klagten prompt über Übelkeit, und schlagartig stellten sich bei zwei Postlern, die den Vorfall bemerkt hatten, Herzbeschwerden ein. Das inoffizielle Rundfunkorgan der rot-grünen hessischen Landesregierung, der HR III, wälzte sich den ganzen Tag wollüstig in dem postalischen Gift-GAU. Die Oberpostdirektion teilte mit, daß alle Beteiligten ärztlich untersucht wurden, aber nicht krank geschrieben werden mußten. Gott sei Dank! Die Feuerwehr kam unter lautem Tatütata vorgefahren. Die Polizei sperrte alles ab. Männer in gespenstischen Schutzanzügen betraten die Szene, nahmen Substanzproben und entsorgten die geheimnisvollen Pulverreste als ultragefährlichen Sondermüll. Die *FAZ* berichtete, daß die Substanz nicht radioaktiv und, da der pH-Wert bei 11 liege, wohl stark alkalisch sei. Im *Wiesbadener Kurier* vom 20. April 1995 konnte man nachlesen, daß die unheilvolle Masse nach Meinung des Feuerwehreinsatzleiters sauer reagiere. Der Journalist schloß sachverständig und messerscharf: »Dies könnte auf eine Säure hindeuten.«

Einen Tag später folgte die Auflösung des Rätsels. Der Giftstoff war ganz normaler Gips, wie er zum Modellieren von Figuren verwendet wird. In der *FAZ* konnte man nachlesen, daß die Post nach Bekanntwerden der gipsharten Tatsache von »Hysterie, Übersensibilisierung und Psychose« sprach. Die Feuerwehr meinte, es sei wohl ein »Placebo-Effekt« bei den Mitarbeitern zu beobachten gewesen, während die Spielverderber von der Polizei vom »versuchten Blaumachen« sprachen.

Der Morbus germanicus schlägt, wenn es sein muß, auch auf der Straße einen Purzelbaum, denn »das Böse lauert immer und überall« (»Erste Allgemeine Verunsicherung«). Im August 1990 verlor ein Lkw 25 Liter des ehemals im Handel erhältlichen Spritzmittels »Raphatox«. Der Fahrer erlitt einen Schock, während 70 Personen meinten, durch das Gift verletzt worden zu sein. Deshalb wurden sie in Kliniken eingewiesen. Weiterhin mußte der Katastrophenschutz 750 Fahrzeuge entgiften, die durch die Raphatox-Pfütze gefahren waren.

Beim Raphatox handelt es sich um ein Dinitrokresol-Präparat, das zur Bekämpfung von Ackersenf und Hederich im Getreideanbau in Deutschland verwendet wurde und im weniger durchgeknallten Ausland auch noch verwendet wird. Als Obstbaumspritzmittel (etwa Dinitrol) angewandt, hat man mit der Verbindung ebenfalls gute Erfahrung gemacht (engagiertes Entsetzen wegen Verharmlosung äußern!).

Aus dem Vergiftungsregister[2] erfährt man nüchtern, daß Dinitrokresol ähnlich wie 2,4-Dinitrophenol wirkt, nur daß das erstgenannte fünfmal giftiger ist. Dinitrophenol entkoppelt die Zellatmung von der Phosphorylierung. Dadurch wird gewissermaßen eine intrazellulare »Bremse« gelöst, was wiederum eine extrem beschleunigte biochemische Verbrennung bewirkt. Das Ergebnis ist ein geradezu explodierender Stoffwechsel mit gesteigertem Grundumsatz und entsprechender Erhöhung der Körpertemperatur.

Eine schwere akute Dinitrophenolvergiftung äußert sich zunächst in einem Wohlgefühl, dann tritt starkes Schwitzen auf, gefolgt von Unruhe, Übelkeit und Fieber über 45 °C (!). Durst stellt sich ein, und schließlich kommt es zum Kollaps sowie zur Atemlähmung. Die tödliche Dosis von Dinitrophenol beträgt für einen Erwachsenen etwa 1 g reine Substanz. Giftmörder haben nur geringe Chancen, unentdeckt zu bleiben, weil sich die Verbindung im Körper des Opfers nachweisen läßt. Soweit die toxikologischen Fakten, die ähnlich auch auf das in Verdünnung in Raphatox enthaltene und auf die Straße geflossene Dinitrokresol zutreffen. Zweifellos ist die Substanz, wie alle im Pflanzenschutz verwendeten Verbindungen, kein Himbeerbonbon, genausowenig wie die in der Medizin zur Anwendung kommenden Wirkstoffe in Pillen- und Tablettenform.

In einem Leserbrief an die *FAZ*[3] schreibt der an der Universität des Saarlandes tätige Toxikologe Professor Karl Pfleger über das Raphatox-Angstlustspiel:

»Da es sich um ein heute noch vornehmlich im Ausland als Unkrautvertilgungsmittel eingesetztes Gift handelt, stellt sich die Frage, wieso das Gift auf der Straße solche Folgen hatte, während die Landarbeiter, die weit größere Mengen, meist ohne Schutzvorrichtungen, versprühen, sich bester Gesundheit erfreuen. In den Ländern, in denen dieser Stoff eingesetzt wird, gibt es Vorschriften, die Aufnahme in den Körper der Arbeiter durch Bestimmung der Konzentration von Dinitrokresol im Blut zu kontrollieren. Die Grenzwerte, die mit einem Sicherheitsfaktor unter der Konzentration, die beim Menschen Schäden verursacht, festgelegt werden, sind so hoch, daß Gramm-Mengen der Substanz oral oder über die Atmung aufgenommen werden müßten, um diese Blutkonzentration zu erreichen. Es ist unmöglich, daß beim Überfahren des auf der Straße ausgebreiteten Giftes solche Mengen des Giftes in den Körper der Fahrzeuginsassen gelangen können.

Die Wirkungen von Dinitrokresol auf den Menschen und die Dosen, die zu Vergiftungserscheinungen führen können, sind genau bekannt. Dinitrokresol, wie das etwas schwächer wirkende Dinitrophenol, wurde nämlich in den dreißiger Jahren wegen seiner stoffwechselsteigernden Wirkung in der Medizin bei übergewichtigen Patienten als Entfettungsmittel eingesetzt. Die Patienten, die damals diese Stoffe als Arzneimittel bekamen, fühlten sich so wohl, daß einzelne von ihnen überdosierten, was zu Todesfällen durch massive Temperatursteigerung führte. Daraufhin wurden diese Stoffe nicht mehr in der Medizin verwendet. Die ohne unerwünschte Nebenwirkung über Monate tolerierten Dosen betrugen damals bis zu einem halben Gramm pro Tag, waren also sicher mehr als tausendfach höher, als einer der in die Klinik aufgenommenen Autofahrer unter ungünstigsten Umständen aufgenommen haben konnte.

Die Reaktionsweise der betroffenen Patienten bedarf also einer Erklärung. Es ist in der Medizin bekannt, daß die Fehleinschätzung einer Gefahrensituation – hier hervorgerufen durch staatliche Organe mit Hilfe der Medien – zu Krankheitsbildern, die echten Erkrankungen gleichen, führen kann. Es sei betont, daß es sich hierbei aus medizinischer Sicht um Erkrankungen handelt, die der medizinischen Behandlung bedürfen, wenn auch mit anderen Mitteln als bei Vergiftungen.«

Besonders unheimlich sind alle Fälle, bei denen eine Säure mit im Spiel ist. Die Post wird immer wieder heimgesucht. Kein Wunder, denn gerade auf dem Postweg werden oftmals fahrlässig Substanzen undeklariert transportiert, die tatsächlich als Gefahrengüter gelten. Im März 1993 erwischte es vier Mitarbeiter der Post am Frankfurter Flughafen. Ohne Gefahrgutkennzeichnung traf ein Päckchen mit Phenylmercaptan aus Shanghai ein. In einem gängigen Handbuch der Ökotoxikologie[4] heißt es lapidar: »Thiophenole (Phenylmercaptane, d. Verf.) haben einen widerwärtigen Geruch und gelten als toxisch.« Mercaptan ist die ältere Bezeichnung für die ganze Substanzgruppe, weshalb jede Menge unter schiedlicher Verbindungen (Derivate) bekannt sind.

Vollkommen zu Recht darf die Substanz nicht auf dem Luftweg verschickt werden, weil sie in einem kleineren geschlossenen Raum ohne zureichende Belüftung, wie es nun einmal in einem Flugzeug gegeben ist, eine erhebliche Gefährdung darstellt. Dies gilt übrigens auch für Spraydosen, die ebenfalls nicht auf dem Luftweg transportiert werden dürfen. Wenn Spritzer des Phenylmercaptans in die Augen geraten oder Dämpfe der Verbindung eingeatmet werden, kann es zu Verätzungen kommen. Zu beachten ist allerdings die Dosisabhängigkeit!

Der Geruch der Mercaptane erinnert je nach Art der Verbindung entweder an faule Eier (jedoch viel durchschlagender!) oder an Knoblauchausdünstungen – aber mit Aromaverstärker. Da die Stoffe äußerst ekelhaft riechen – der Autor hatte schon einmal das Vergnügen, im Labormaßstab damit zu arbeiten –, werden sie selbst in stärkster Verdünnung wahrgenommen. Die Geruchsschwelle des Ethylmercaptans liegt beispielsweise bei 0,000.000.046 mg. Folglich konnte den wackeren Postlern nicht verborgen bleiben, daß die Sendung beschädigt war.

Soweit die Vorbemerkung. Am 27. März 1993 wurde das beschädigte Stinkepäckchen in eine Plastikhülle eingeschweißt und schließlich in eine Gefahrguttonne gesteckt, aus der es die Flughafenfeuerwehr am 31. März barg. Nach Meldung der *FAZ* mußten am 5. April drei Männer und eine Frau wegen Übelkeit, Augenreizungen und Erbrechen ärztlich behandelt werden. Bei einer »echten« Phenylmercaptanvergiftung oder -verätzung wären die Beschwerden unmittelbar nach dem Kontakt oder nur wenige Stunden später aufgetreten.

In der *FAZ* war weiterhin zu lesen: »Phenylmercaptan ist eine in der Arzneimittel-, Farb- und Insektizidproduktion verwendete starke Säure.« Eine Säure, noch dazu eine *starke,* igitt! Ein Wunder, daß da nicht noch mehr passiert ist, kennt man doch das Gefahrstoffsymbol mit der verätzten Hand. So oder so ähnlich muß es dem naturwissenschaftlichen Laien beim Lesen des Artikels durch den Kopf gegangen sein, insbesondere wenn er die Überschrift »Säurepäckchen verletzte Postmitarbeiter« gelesen hatte.

Und hier die etwas andere Seite: Die *Stärke einer Säure* wird in der Chemie mit dem sogenannten *K_s-Wert* oder auch dem pK_s-Wert angegeben. Je höher der K_s-Wert ist, desto stärker ist eine Säure. Für die Salzsäure, die mit 0,4 % im menschlichen Magen vorhanden ist, gilt $K_s = 10^7$ (=10.000.000) und für die schwächere Äpfelsäure, die in den gleichnamigen Früchten und auch in anderen enthalten ist, wird ein Wert von $K_s = 3{,}9 \cdot 10^{-4}$ = 0,000.39 angegeben. Phenylmercaptan besitzt die Säurestärke $K_s = 10^{-8}$ = 0,000.000.01. Demnach ist *Äpfelsäure*

$$3{,}9 \cdot 10^{-4} : 10^{-8} = 39.000\text{mal}$$

stärker als Phenylmercaptan. Bei genauerer Betrachtung reagiert selbst ein stilles Mineralwasser noch 4,3mal so sauer wie Phenylmercaptan. Um nicht mißverstanden zu werden: Phenylmercaptan ist keine harmlose Substanz, die jedem Gurgelwasser Ehre machen würde. Aber die Berichterstattung, wonach es sich dabei um eine starke Säure handle, ist so nicht haltbar. Auch ist es im höchsten Maße unwahrscheinlich, daß es zu »echten« Verätzungen im Sinne von Hautnekrosen oder ähnlichen Verletzungen durch bloßes Arbeiten in einem Raum kommt, in dem geringere Mengen der Substanz ausgetreten sind. Dazu müßte es zu direkterem Kontakt kommen.

Im übrigen benutzen die amerikanischen Stinktiere ein Mercaptan, das (E)-2-Buten-1-thiol, mit recht gutem Erfolg als Verteidigungswaffe, ohne daß sie sich beim »Abschuß« vergiften. Auch werden ihre Gegner nicht intoxikiert oder gar durch Säurespritzer verätzt. Denen vergeht wegen des unbeschreiblichen Gestanks nur der Appetit!

Der Volksmund bringt alles, was Hautnekrosen verursacht, mit ätzend und dem Begriff Säure in Verbindung. Das ist aber leider sehr ungenau. Der Saft des Wiesenbärenklaus *(Heracleum sphondylum)* und der der Herkulesstaude *(Heracleum mantegazzeanum)* enthalten eine Furocumarinverbindung, die die menschliche Haut nach Belichtung oft über Monate hinweg entstellt. Jeder, der eine solche Hautstelle sieht, würde sofort eine Säureverätzung vermuten, obwohl es sich bei Furocumarin nicht um eine Säure handelt.

Seife reagiert *stark alkalisch.* Mit Mühe und Not konnten die Hersteller des Hygieneartikels, der zweifellos Hunderte von Millionen Menschen vor tödlich verlaufenden Infektionen bewahrt hat, verhindern, daß nach Paragraph 13 des Chemikaliengesetzes (ChemG) und den einschlägigen Paragraphen der Gefahrstoffverordnung (GefahrstoffV) eine Kennzeichnung mit dem Symbol »ätzend« oder »reizend« aufgeklebt werden muß.

Beim Zement hat der gesetzgeberische Overkill zugeschlagen. Er wird heutzutage mit dem Symbol »reizend« gekennzeichnet. Dreht man den Zementsack um, so findet man

- Gefahrenhinweise (*R-Satz* = »Ratschlag« = Gefahrenhinweis):
  R 26/38 (reizt die Augen und die Haut),
  R 43 (Sensibilisierung durch Hautkontakt möglich), und
- Sicherheitsratschläge *(S-Satz):*
  S 2 (darf nicht in die Hände von Kindern gelangen),
  S 24 (Berührung mit der Haut vermeiden),
  S 25 (Berührung mit den Augen vermeiden),
  S 26 (bei Berührung mit den Augen gründlich mit Wasser abspülen und Arzt konsultieren),
  S 37 (geeignete Schutzhandschuhe tragen).

Sicher haben Maurer seit alters her berufstypische Hauterkrankungen bekommen, weil Kalk und Zement naturgemäß stark alkalisch (basisch) reagieren. Die Berufsgenossenschaften können hiervon ein Lied singen. Man fragt sich trotzdem, wie es die Menschheit eigentlich so weit gebracht hat, und vor allem, wie konnte es dazu kommen, daß sie ohne diese wertvollen Gefahrenhinweise und Sicherheitsratschläge nicht schon ausgestorben ist?

Vor einiger Zeit orderte ich bei einem Lackhersteller einige Kilogramm einer besonders witterungsbeständigen Zinkfarbe. Mitgeschickt erhielt ich nach Paragraph 14 Abs. 1 der GefahrstoffV ein sage und schreibe siebenseitiges EG-Sicherheitsdatenblatt. Darin standen seitenweise Angaben zu Toxikologie, Ökologie, persönlichem Schutz, zu physikalischen und chemischen Eigenschaften usw. mit den jeweiligen R- und S-Sätzen. Interessanterweise konnte ich erfahren, daß der Lack entzündlich sei (R 10), die Dämpfe nicht eingeatmet werden dürften (S 23), der Kontakt mit den Augen zu vermeiden (S 24/25) und das Produkt nur in gutbelüfteten Bereichen (S 51) zu verwenden sei – wer hätte das gedacht!

Zweifellos ist ein solches Datenblatt für den Transport notwendig, denn im Fall der Havarie benötigt die Feuerwehr schnellstens eine Information über die Art und die Eigenschaften der Substanz, um die notwendigen Maßnahmen einleiten zu können. Glaubt der Gesetzgeber ernsthaft, daß so ein Konvolut von einem Verbraucher gelesen wird? Jeder, der halbwegs klar im Kopf ist, dürfte ohnehin wissen, daß es sich bei der obigen Farblieferung nicht um ein Lebensmittelpaket handelt, daß die Dämpfe kein Parfüm sind und daß die Reste der Zinkfarbe nicht in die Landschaft gekippt gehören. Diejenigen, die bisher unsachgemäß damit umgegangen sind, werden das auch weiterhin tun. Was beim heiligen St. Bürokratius soll das Ganze dann?

Das Chemikaliengesetz in seiner heutigen Form ist Ausfluß der ökopathischen Vollkaskogesellschaft – und damit typisch neudeutsch. Selbst die EU machen wir inzwischen mit dem Gesetz verrückt. Es schreibt die Kennzeichnung aller möglichen Artikel vor, und das Produkthaftungsgesetz (»Wir sehen uns vor Gericht!«) läßt es ratsam erscheinen, dieser Verpflichtung auch nachzukommen. In manchen Fällen mag das sinnvoll sein. Dennoch verteuert der Unfug die Waren unnötig, weil die Hersteller die Kosten auf die Verbraucher abwälzen. Und irgendwann passiert dann gerade deshalb etwas, *weil diese überreglementierte Kennzeich-*

nungspflicht kein Mensch mehr ernst nimmt. Diese Vorgehensweise nennt man totschützen des zu Schützenden.

Wenn nichts geschieht, werden in Bälde neben dem Benzin auch noch das Kaminholz und die Kohle gekennzeichnet. Der Händler muß ein EG-Datenblatt mit dem Ratschlag R 10 (»entzündlich«) mitgeben und darauf hinweisen, daß das Holz nur für den bestimmungsgemäßen Gebrauch im Kamin oder im Ofen zu verwenden ist. Dabei darf der Hinweis nicht fehlen, daß der Rauch gesundheitsschädlich beim Einatmen ist (R 20) und daß das Kaminholz einen Brand verursachen kann (R 7).

Auch sollte dem Zeitgeist huldigend Coca-Cola wegen der darin enthaltenen Phosphorsäure nicht mehr ohne EG-Sicherheitsdatenblatt verkauft werden (R 53: »Kann in Gewässern längerfristige schädliche Wirkungen haben«; S 25: »Berührung mit den Augen vermeiden«). Bereits seit 1978 hat man Hinweise darauf, daß hyperaktives Verhalten von Kindern möglicherweise auf in der Nahrung enthaltene Phosphorsäure oder Phosphate zurückzuführen ist. Weil 5 bis 25 % der Grundschulkinder unter dem Zappelphilipp-Syndrom leiden, sollte der Gesetzgeber vorbeugend die amerikanische Volksbrause mit der Kennzeichnung S 2 (»Darf nicht in die Hände von Kindern gelangen«) versehen lassen. Man weiß ja nie!

Bei weiter ungebremster Gesetzes-Diarrhöe des deutschen Öko-Bundestags wird in einigen Jahren jeder, der ein Auto kauft, eine Belehrung unterschreiben müssen. Darin wird er darauf hingewiesen, daß er ein umweltschädliches »Personen-Beförderungsgerät« erstanden habe, das den Treibhauseffekt verursachendes CO_2 emittiere und Menschen töten könne.

Was ist ungiftig?

Nichts! Buchstäblich nichts ist ungiftig! Selbst Wasser ist ein Giftstoff. Dabei denke ich nicht an die ultragefährlichen Pflanzenschutzmittelrückstände im Trinkwasser, die uns kaum älter als 100 Jahre werden lassen. Ich denke auch nicht an das fromme Chemielehrermärchen, wonach der »Genuß« von einem halben Liter destilliertem Wasser tödlich sei. Das stimmt nämlich nur, wenn entweder das Wasser mit pathogenen Keimen belastet ist oder man außer destilliertem Wasser keinerlei mineralische Salze zu sich nimmt. Dann kommt es wegen Elektrolytmangels tatsächlich zu lebensbedrohenden Zuständen.

Ich meine aber ganz normales Trinkwasser. Dazu der folgende authentische Fall:[5] In England hatte vor einiger Zeit eine 40jährige Frau aus Versehen eine geringe Menge Haushaltsreiniger geschluckt. Die Vergiftungsinformationsstelle gab ihr den Rat, größere Mengen Wasser zu trinken und sonst nichts. Diesem Ratschlag folgte die Frau in exzessiver Weise und stellte ihre Flüssigkeitsaufnahme auch nicht ein, als sie mehrfach erbrechen mußte. Insgesamt nahm sie *15 Liter Wasser* aus der Leitung zu sich. Nachdem sich zwei Stunden später Verwirrtheitszustände einstellten, wurde sie in ein Krankenhaus eingeliefert. Dort kam es zu epileptiformen Anfällen, die Bewußtseinstrübung nahm zu, und schließlich erfolgte eine zentrale Atemlähmung. Trotz intensivster ärztlicher Bemühungen verstarb die Frau zwei Tage später an den irreversiblen Folgen der Wasseraufschwemmung ihres Gehirns. Ein ähnlicher Fall wird aus Frankreich[6] berichtet, wo ein 13jähriger Knabe aufgrund einer Wette ca. zwölf Liter Wasser getrunken hatte. Auch hier stellten sich zwei Stunden später Übelkeit und Erbrechen ein, und es kam zu Bewußtseinstrübung und Bewußtlosigkeit. Der Junge hatte Glück, weil in seinem Fall die Therapie erfolgreich war und er sich innerhalb von drei Tagen erholte. Wer sich umbringen will und gerade mal kein »Zyankali« (Kaliumcyanid) zur Hand hat, braucht nur den Wasserhahn aufzudrehen.

Wir alle atmen Kohlendioxid aus, wobei die Abgabe erheblich schwankt. In Ruhe produziert ein Mensch täglich etwa 350 l CO_2, bei körperlicher Tätigkeit sind auch 1000 l[7] möglich. Man sollte in Deutschland vielleicht wegen der bei sportlicher Betätigung erhöhten Emission des Treibhausgases an eine Einschränkung denken – Sport nur noch für Profis! Kohlendioxid ist überall im Körper verteilt. Arterielles Blut enthält etwa 50 ml CO_2, wovon nur 3 ml gelöst vorliegen und 47 ml als Hydrogencarbonat (HCO_3^-) gebunden sind. Ohne Probleme kann der Mensch bis zu 2,5 % CO_2 in der Luft auch bei stundenlanger Einatmung ohne Schaden überstehen. Bei 3 bis 4 % kommt es zu einer Erregung des Atemzentrums mit Hyperventilation (übermäßiger Steigerung der Atmung). Während das Kaninchen sich auch bei 65 % CO_2 in der Atemluft noch wohl fühlt, bekommt der Mensch bereits bei 8 bis 10 % Kopfschmerzen, Tachykardie (beschleunigten Herzschlag) und weitere Symptome. Dauert diese Exposition nicht zu lange, so bleibt sie vollkommen folgenlos. Bei über 10 % kommt es zu epileptiformen Krämpfen und bei 15 bis 18 % schließlich zum apoplektischen Verlauf. 50 % CO_2 in der Atemluft wirken in jedem Fall beim Menschen rasch tödlich.

Ohne Sauerstoff (O_2) können wir nicht leben. Ein Fünftel der Luft besteht aus diesem Element, das aber in reiner Form für uns sehr toxisch ist. Werden Versuchstiere in einer Kammer einem Druck von 3 bar reinem O_2 ausgesetzt, so setzen schon nach einer halben bis einer Stunde Krämpfe ein, die sich schnell steigern und tödlich enden. Die Ursache dafür ist eine starke Anreicherung von Kohlendioxid in den Geweben und ganz besonders im Gehirn. Der Organismus ist nicht mehr in der Lage, das CO_2 abzutransportieren, das durch die Stoffwechselsteigerung entstanden ist.

Allgemein bekannt ist, daß man das Gift eines Schlangenbisses gefahrlos aussaugen kann – wenn keine Verletzung der Mundschleimhaut vorliegt. Dies gilt deshalb, weil die Toxine nur in der Blutbahn wirken und im Magen rasch abgebaut werden. Alles, was wir über die *Toxizität* von Substanzen wissen, beruht letztlich auf *Erfahrung.* Kein Mensch wußte, daß der Knollenblätterpilz giftig ist, bis er von verschiedenen Personen zu unterschiedlichen Anlässen gegessen wurde. Irgendwann muß es dann den Menschen gedämmert sein, um was für ein Leckerli es sich bei diesem Pilz handelt. Heutzutage entfallen 95 % der Pilzvergiftungen in Europa auf den Grünen Knollenblätterpilz *(Amanita phalloides),* wobei 30 bis 40 % tödlich verlaufen. Pflanzenfresser, wie das Kaninchen, können diesen Giftpilz gefahrlos verspeisen, und auch Schnecken genießen ihn ohne Vorbehalt. Die Beispiele zeigen, daß der Begriff »Gift« nicht absolut zu fassen ist. Es kommt offensichtlich darauf an, *wie* der Stoff in den Körper gelangt, *welchem* Organismus er zugeführt wird, und ganz besonders, in welcher *Menge das Gift in welcher Zeit* konsumiert wird.

Die »Franzosenkrankheit«, wie man im 16. Jahrhundert die Syphilis bezeichnete, wurde mit Salben aus in Schweinefett dispergiertem Quecksilber behandelt. Theophrastus Bombastus von Hohenheim (1494–1541), als Paracelsus bekannt, hat sehr schnell die therapeutische Bedeutung des Schwermetalls Quecksilber in der damaligen Medizin erkannt, »ohne welches in keinerlei Weg die Franzosen mitnichten mögen angegriffen werden«. Wegen der vielfach verordneten Überdosierung durch Quacksalber (»kiloweises Salbengeschmiere«) konnte es nicht ausbleiben, daß »an der Kur mehr Leute starben als geheilt wurden« (Ulrich von Hutten). Bei richtiger Dosierung aber hatte man durchaus einige Erfolge. Diese und ähnliche Beobachtungen führten Paracelsus zu einem in Ökokreisen relativ unbekannten Fundamentalsatz der Toxikologie:

»Was ist das, nitt gifft ist? alle ding sind gifft / und nichts ist ohn gifft / Allein die Dosis macht das ein ding kein gifft ist. Als ein Exempel / ein jetlich speiss und ein jetlich getranck / so es über sein Dosis eingenommen wirdt / so ist es gifft / das beweist sein aufgang: Ich geb auch zu / das gifft / gifft sei.«

Kurz: Alles kann ein tödliches Gift sein – auch Trinkwasser –, *es kommt nur auf die Dosis* an. Hierzu noch ein anschauliches Beispiel: Das bei Epilepsie, Eklampsie und hartnäckiger Schlafstörung verordnete Barbiturat Luminal enthält je Tablette 0,1 g des Wirkstoffs Natrium-Phenobarbital. Die tägliche Höchstdosis wird für einen Erwachsenen mit maximal 0,8 g angegeben. Bei *längerem* Gebrauch der therapeutisch empfohlenen Dosis kann es zu einer chronischen Barbituratvergiftung kommen. Bei einer hohen Einmaldosis von 4 bis 6 g wirkt Luminal tödlich.

Zwei Dinge sind also für die Giftwirkung entscheidend: erstens die *Zeitdauer* der Einwirkung und zweitens die *Konzentration* des Giftstoffes.

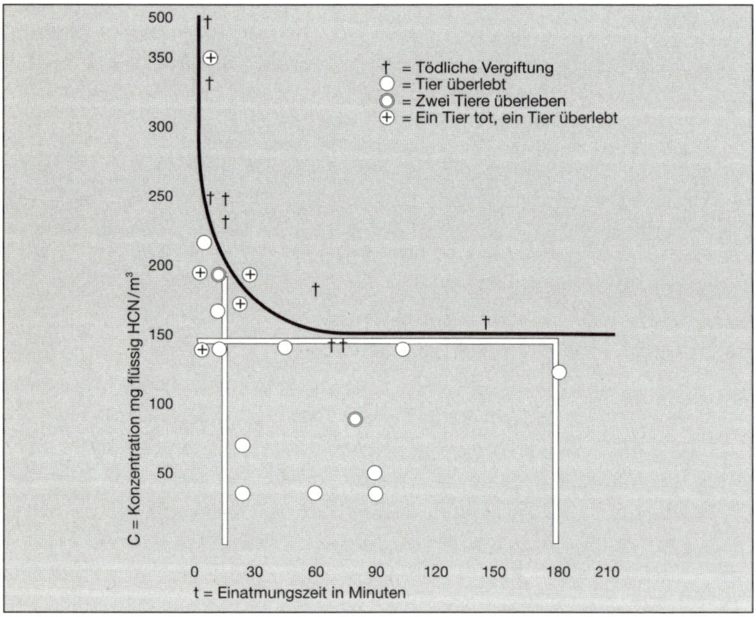

Bild 8: Dosis-Zeit-Gesetz

Ausgehend von Tierversuchen fand der Chemiker Fritz Haber (1868–1934) das in Bild 8 graphisch wiedergegebene fundamentale Dosis-Zeit-Gesetz am Beispiel der Blausäure (chemische Formel HCN): Wirkung = Konzentration × Zeit *($W = c \cdot t$).*

Wie aus dieser Graphik ersichtlich ist, gibt es offenbar eine *Schwellenkonzentration.* Wird sie unterschritten, so ist auch das größte »Ultragift« (Greenpeace-Jargon für »Dioxin«) *ungiftig.* Die Konzentration wird üblicherweise in ppm = mg Substanz/m^3 angegeben. Im Fall der Blausäure ist die Untergrenze der tödlichen Wirkung auch bei längerer Einwirkungszeit offensichtlich bei 150 ppm (s. a. S. 126) erreicht. Kurz: den Versuchstieren passiert nichts.

Der in den Medien leider selten korrekt interpretierte MAK-Wert (= *M*aximale *A*rbeitsplatz-*K*onzentration) geht von ähnlichen Überlegungen aus. Dabei gilt: Die »MAK ist die Konzentration eines Stoffes in der Luft am *Arbeitsplatz,* bei der im allgemeinen die *Gesundheit* der Arbeitnehmer *nicht beeinträchtigt* wird« (Paragraph 3 Abs. 5 GefStoffV). Beispielsweise gilt für die Blausäure (Cyanwasserstoff) MAK = 11 ppm = 11 mg/m^3. Es ist aber unbedingt zu beachten, daß sich diese Werte auf einen *definierten Expositionszeitraum* beziehen, wobei an eine *Wochenarbeitszeit von 40 Stunden* gedacht ist (im Schichtbetrieb gelten abweichende Zeitvorgaben). Hier einige Beispiele nach dem Stand von 1995:

Stoff	*MAK-Wert in mg/m^3*
Ethanol (Trinkalkohol, Weingeist)	1900
Aceton (früher: Nagellackentferner)	1200
Methanol (Methylalkohol, Holzgeist)	260
Ammoniak (Salmiakgeist)	35
Essigsäure (im Kartoffelsalat)	25
Lindan (Pflanzenschutzmittel)	0,5
Carbonylchlorid (Kampfstoff Phosgen)	0,4
Bleitetraethyl (Benzinzusatz)	0,075

Bleibt zu fragen, wie der MAK-Wert ermittelt wird. Hierzu existiert seit 1955 eine unabhängige Wertekommission der Deutschen Forschungsgemeinschaft (DFG), ein Gremium von Forschern, das den jeweiligen Wissensstand kritisch auswertet und dann anhand von Tierversuchen (LD_{50}) und epidemologischen Erfahrungen einen Wert festlegt.

Tierversuche unterliegen einem *statistischen* Fehler. Das eine Tier reagiert empfindlicher und das andere nur sehr schwach. Deshalb hat man zur besseren Beurteilbarkeit eine Größe eingeführt, die die statistische Unsicherheit berücksichtigt: Die LD_{50} (LD = letale Dosis) ist diejenige Dosis – in mg/kg Versuchstier –, durch die 50 % eines Kollektivs von 50 bis 100 Tieren getötet werden. Hierzu ein paar Beispiele.

Chemikalie	*LD_{50} in mg/kg*
Lenacil (chemische Keule, Pflanzenschutzmittel)	11.000
Ethanol (Weingeist)	10.000
Natriumchlorid (Kochsalz)	4.000
Eisensulfat	1.500
Morphiumsulfat (Pharmawirkstoff MST)	900
Natrium-Phenobarbital (Schlafmittel)	150
DDT (kaum noch produzierte »Chemokeule«)	100
Cyanwasserstoff (Blausäure)	15
Gift der Honigbiene *(Apis mellifica)*	6
Nikotin (im Tabak)	1
Tetrodotoxin (Kugelfischgift)	0,1
»Dioxin« (»Seveso-Ultragift«)	0,001
Diphtherietoxin (von Diphtheriekeimen freigesetzt)	0,000.3
Crototoxin (Fischgift)	0,000.2
Tetanustoxin (Wundstarrkrampf)	0,000.000.1
Botulinostoxin (Fleischvergiftung)	0,000.000.03

Die Details der Ermittlung der LD_{50}-Dosis sind relativ kompliziert, da der Zahlenwert von der jeweiligen Verabreichungsform (oral, intravenös usw.) und auch von der Tierart abhängt. Weil der Umgang mit Giftstoffen seit alters her und heute in noch stärkerem Maße den menschlichen Alltag bestimmt, kommt man ohne Kategorisierung nicht aus. Der von Wissenschaftlern beratene Gesetzgeber hat als die derzeit sicherste Methode die Ermittlung der LD_{50}-Dosis gewählt. Wird die Substanz der Ratte oral zugeführt, so gilt nach Anhang I der *Gefahrstoffverordnung (GefahrstoffV)* vom 1. November 1993 für

- sehr giftige Stoffe: LD_{50}-Dosis $\leq$ 25 mg/kg,
- giftige Stoffe: $25 < LD_{50} \leq 200$ mg/kg,
- gesundheitsschädliche Stoffe: $200 < LD_{50} \leq 2000$ mg/kg.

Anstelle des Begriffs gesundheitsschädlich wurde bis vor einiger Zeit der Ausdruck »mindergiftig« gesetzlich vorgegeben. Als nach einem Störfall die Anlagenbetreiber von einer »mindergiftigen Substanz« sprachen, wurde dies von einer Regionalzeitung als heißer Tip für das Unwort des Jahres vorgeschlagen, da es zynisch, menschenverachtend, verschleiernd und verharmlosend sei. Ärger gab es auch, weil von einem Produkt statt von einer Chemikalie gesprochen wurde. Deshalb sei den Nebelwerfern der veröffentlichten Meinung an dieser Stelle gesagt: Es ist in der Chemietechnik weltweit üblich, entweder von einer *Verbindung* oder vom *Produktionsstoff* oder einfach vom *Produkt* zu sprechen, aber niemals von einer Chemikalie!

Im übrigen darf nicht unerwähnt bleiben, daß die Ergebnisse von Tierversuchen von den Ökopharisäern je nachdem, wie es in den Kram paßt, unterschiedlich interpretiert werden. Als am 22. Februar 1993 aus einer Anlage der Hoechst AG o-Nitroanisol – LD_{50}-Wert (Ratte) 1000 mg/kg = mindergiftig/gesundheitsschädlich – ausgetreten war, berichtete die *Hessenschau* (Hessen 3) eifrig darüber. Im Hintergrund sah man Arbeiter in Schutzanzügen beim Aufräumen. Uwe Günzler von Hessen 3 über das Produkt: »Mindergiftig soll das allerdings sein.« Dann sinniert Herr Günzler, daß es doch stutzig mache, wenn man beim Reinigen Schutzanzüge trage und die Schuhsohlen reinigen solle, bevor man das eigene Haus betrete. Mit der Frage »Ist das wirklich so harmlos?« beendete er seine Anmoderation.

Kurz danach setzten die Berufsaufreger voll auf die Ergebnisse von Tierversuchen. Als nämlich bekannt wurde, daß hochdosierte Fütterungsversuche mit Ratten den Hinweis auf ein krebsauslösendes Potential (Klasse 3, s. a. S. 200) des o-Nitroanisols erbrachten, klapperten die Ökopharisäer in allen Redaktionsstuben, die Verbindung sei krebserregend, obwohl weder den Berufsgenossenschaften noch der Wertekommission der DFG *ein einziger* der Substanz zuzuordnender *Krebsfall beim Menschen* bekannt geworden ist.

Vielfach »machen Gifte nur krank« (Gefühlsprech der Öko-Szene). Alkohol ist so ein Beispiel. Den Leuten wird es im wahrsten Sinne des Wortes kotzelend. Danach ist die Sache schnell wieder vergessen. Nur wenn die Gifteinwirkung permanent aufrechterhalten wird, kommt es zu einer chronischen Erkrankung, zum Beispiel einem Leberleiden. Aber da muß es schon dicke kommen! Welche Dosen eines Giftstoffes sind eigentlich für den Menschen tödlich? Hier eine kleine Hitliste:

Substanz	*Tödliche Menge in mg*
Botulinustoxin (Fleischvergiftung)	0,000.000.03
Ricin (aus dem Samen des Rizinusstrauchs)	0,003 (im Blut)
Dioxin (»Seveso-Ultragift«)	0,07
Aflatoxin	0,7
Saxitoxin (bei Vergiftungen durch Muscheln)	0,2
Cadmium (als lösliches Ion)	50
Heroin	60
Cyanwasserstoff (Blausäure)	60
Nikotin	70
Schlangengifte	700
DDT	10.000 bis 30.000
Natriumchlorid (Kochsalz)	200.000
Ethanol (Weingeist, Alkohol)	250.000

Der Nano-, Piko- und ppm-Klapperstorch

Ökopein-Lyriker stellen in den Medien gerne die alte Erkenntnis auf den Kopf, daß die Natur dem menschlichen Leben keineswegs freundlich gegenübersteht (Krankheit, Kälte, Hitze, Dürre). Die Gesundmeier lamentieren lieber, vor allem die Technik und insbesondere die Chemie seien lebensfeindlich – obwohl sie den Menschen an vielen Orten das Überleben erst ermöglichen. Tatsächlich ist die Aussage »Natur ist gut – Chemie ist giftig« genauso dämlich wie ihre Umkehrung. Es kommt vielmehr wie bei allen Entdeckungen und Erfindungen immer darauf an, was wir daraus machen, und vor allem, *wie viele Menschen* sie nutzen und anwenden.

Die *qualitative Aussage,* daß dieser und jener Giftstoff in der Nahrung, im Trinkwasser und in der Luft gefunden wurde, besagt rein gar nichts. Was die Quantitätsangabe eines Pestizids im Salat wirklich bedeutet, interessiert nicht. Hauptsache der ökogemütskranke Bürger kommt auf seinen Horrorgenuß und erfährt aus den Medien das, was er immer schon wußte: Die Endzeit ist da – und dieser Glaube verlangt täglich nach frischer Nahrung. Irgendein »Experte« wird sich auch finden!

Der beste Dünger für das Gifthysterie-Spielwieschen sind Statistiken und *hohe Zahlenwerte.* Man erhält sie durch Vorsatzzeichen wie »p« für »Piko« und ähnliches. So kriegt Mann/Frau/Kind Mega-Ängste und ist gegen alles und wählt im Zweifelsfall grün.

Wenn in einem der offiziellen Siechtumblätter steht, daß in Steinpilzen 1500 pg Kadmium pro Kilogramm gefunden wurden, dann macht das mehr her, als wenn man schlicht nur von 1,5 ng/kg schreiben würde. Ein vollkommener Flop würde daraus, wenn der Leser nur noch 0,0015 µg/kg oder gar 0,000.0015 mg/kg läse. Unter der letzten Zahlenangabe kann er sich unter Umständen etwas vorstellen und blättert sein Journal um – aber wer will das schon? Besonders eindringlich kommt die Botschaft rüber, wenn von der ökohaarsträubenden Menge von 1.500.000 fg Cadmium in einem Kilogramm der Pilze berichtet wird. Und wenn die noch mit ein paar Becquerel strahlen, kommt so richtig gemütliche Ökostimmung auf. Und schon wird brav das Wählerstimmchen apportiert.

Nach offiziellen Empfehlungen sollen übrigens wöchentlich nicht mehr als 0,5 mg Cadmium mit der Nahrung aufgenommen werden. Um diese Menge zu erreichen, müßten über 330 Tonnen Steinpilze gegessen werden, die 1500 pg Cadmium/kg enthalten. Da muß man schon allein beim Sammeln ganz schön fleißig sein.

Die bundesdeutsche Sprechblasendemokratie verlangt täglich nach neuem Ökohorror. Wie gut, daß es das Ökomakro/-mikroskop gibt. Und hier einige Meßzahlen dieses Instruments:

Vorsatzzeichen	*Vorsatz*	*Faktor*	*Wert*
f	Femto	10^{-15}	0,000.000.000.000.001
p	Piko	10^{-12}	0,000.000.000.001
n	Nano	10^{-9}	0,000.000.001
µ	Mikro	10^{-6}	0,000.001
m	Milli	10^{-3}	0,001
c	Zenti	10^{-2}	0,01
d	Dezi	10^{-1}	0,1
da	Deka	10^{1}	10
h	Hekto	10^{2}	100
k	Kilo	10^{3}	1000
M	Mega	10^{6}	1.000.000 (Million)
G	Giga	10^{9}	1.000.000.000 (Milliarde)
T	Tera	10^{12}	1.000.000.000.000 (Billion)

Der Erfolg der grünen Marx Brothers wäre undenkbar, wenn sich die Chemie nicht in den 60er Jahren mit der Entwicklung der modernen *instrumentellen Analytik* selbst ein Bein gestellt hätte. Die Pflanzenschutzgifte und Schwermetalle sind nicht giftiger oder gefährlicher als vor 40 Jahren. Nein, aber man kann sie nun statt auf 0,001 mg (Mikrowaage) auf 0,000.000.001 mg genau bestimmen. So kommen Hobbymorbide täglich an frischen Dünger für ihr Ängste-Spielwieschen. Ohne Anspruch auf Vollzähligkeit seien folgende Methoden genannt, die heute routinemäßig in der instrumentellen Spurenanalyse angewandt werden:

- Da wäre zunächst die *Gaschromatographie* zu nennen. Mit ihr lassen sich flüchtige (»verdampfbare«) Verbindungen ausgezeichnet trennen und anschließend bestimmen. Man benötigt nur etwa 0,001 ml Analysenlösung, die man mit einer Mikroliterspritze in den Gaschromatographen gibt. Ein Gasstrom nimmt das Gemisch mit und trennt es beim Durchlauf in die einzelnen Komponenten. Diese tauchen am Geräteausgang nach und nach auf. Dort lauert ein Detektor, der die einzelnen Substanzen mengenmäßig in ein Meßsignal umwandelt. Das ist alles.

  Aber auf den Detektor kommt es an! Der recht empfindliche Flammenionisationsdetektor (FID) mißt bis auf $5 \cdot 10^{-9}$ (= 0,000.000.005) mg/ml. Ein echter Renner aber ist der Elektroneneinfangdetektor (*ECD* von engl.: electron capture detector). Er ist fünfmal so empfindlich, so daß sich mit ihm noch $1 \cdot 10^{-9}$ (= 0,000.000.001) mg/ml quantitativ bestimmen lassen. Der ECD hat aber die Macke, daß er nur für *halogenhaltige (chlorhaltige) Verbindungen* taugt. Man kann es auch positiv wenden und sagen, der ECD ist hochspezifisch für die quantitative Bestimmung von Chlorverbindungen, wie *DDT.* Und das macht ihn für die ökohysterische Dekadenzszene so wertvoll. Schlagwort: Chlorchemie.

  Wenn man sich etwas besonders Gutes antun möchte, dann koppelt man den Gaschromatographen (GC) mit einem Massenspektrometer (MS) und kann dann mittels dieser GC/MS-Kopplung noch einige Zehnerpotenzen empfindlicher messen. Das kommt vor allem unseren Dioxinängsten zugute!

  Da durch die Entwicklung des ECD die chlororganischen Verbindungen, wie DDT, in geringsten Spuren routinemäßig so genau bestimmt werden konnten, sind diese Verbindungen zu *po-*

litisch instrumentalisierten Leitsubstanzen geworden. Ohne die Entwicklung des ECD, mit dem noch 0,000.000.001 mg Lindan (Hexachlorcyclohexan = HCH) mehr oder minder genau bestimmt werden kann, hätte Frau Carson vor über 20 Jahren ihr Buch über das DDT (»Der stumme Frühling«) nicht schreiben können, und viele Gutmenschen säßen heute nicht in den Parlamenten. Unter diesem Gesichtspunkt bewertet, kann man das grünfriedliche Agieren gegen die Chlorchemie auch als Empörungsnostalgie zu Ehren des ECD interpretieren.
Läßt man sich den Gedanken durch den Kopf gehen, kommt man zu dem Schluß, daß *unser täglicher Ökohorror im Quadrat zur Empfindlichkeit der instrumentellen Analytik wächst.*

- Eine weitere Methode der instrumentellen Analytik ist die *Hochdruckflüssigkeitschromatographie* (HPLC, engl.: high pressure liquid chromatography). Damit lassen sich *nichtflüchtige* Verbindungen ähnlich genau bestimmen wie mit der Gaschromatographie. Das Prinzip ist seit den 60er Jahren bekannt, allerdings fehlten pulsationsfreie (pulsfreie) Minihochdruckpumpen. Heute läßt sich mit der HPLC jede Menge nichtflüchtiger Horrorstoff finden.
- Mit der *Atomabsorptionsspektrometrie* (AAS) und der *Atomemissionsspektrometrie* (AES) wird der Gehalt an Schwermetallen im Trinkwasser, im Blut und in Lebensmitteln bestimmt. In einem Gramm Salami können ohne Schwierigkeit 0,000.01 mg Cadmium und Quecksilber nachgewiesen werden. Panik et ökocircenses!
- Die *Neutronenaktivierungsanalyse* ist ein Gottesgeschenk für unsere Ökoschizos. Auf der einen Seite benötigt man einen Kernreaktor (Angst haben, Schlaflosigkeit, Schrecken, Demo!). Auf der anderen Seite kann man den Club der Öko-Siechen mühelos vergrößern, weil sich mit der Neutronenaktivierungsanalyse alle möglichen Megagiftmetalle nochmals zehnmillionenfach empfindlicher nachweisen lassen: Segensreiche Kernenergie! Aus 0,000.01 mg Quecksilber werden ultragefährliche 10.000 fg! Selbst 150 fg des Metalls lassen sich mit dieser Methode im Speichel von Amalgamplombenträgern finden. Das macht Sinn!

Natürlich kann man auch noch anderes machen, als mit der Neutronenaktivierungsanalyse im trüben Angstbiotop zu fischen. Mit dieser Methode ist es beispielsweise gelungen, einen

Bilderfälscher zu überführen, weil in den Farben aus dem hochvergifteten 20. Jahrhundert nur 1,3 ppm (s. u.) des Schwermetalls Antimon gefunden wurden, statt der 50 bis 230, wie es für das 16. und 17. Jahrhundert üblich war.[8]

Wenig bekannt ist über die Relativgrößen wie »parts per million« (ppm). Wir beschreiben damit wie bei der Prozentangabe ein *Verhältnis* oder genauer den Anteil einer Komponente in der Gesamtprobe. Was aber ist mit der oftmals in Medien veröffentlichten Größe »ppb« gemeint, und wer kann sich überhaupt etwas darunter vorstellen? Deshalb zur Erinnerung:

1 % = Prozent = 0,01 = 1 g/100 g = 10 g/kg = 10 l/m^3
1 ‰ = Promille = 0,1 % = 0,001 = 0,1 g/100 g = 1 g/kg = 1 l/m^3
1 ppm = parts per million = 1 Preuße in München
= 1 Zuckerwürfel in einem Tank mit 2700 Litern
= 0,000.001 = 0,0001 % = 0,001 g/100 g = 0,0001 g/kg
= 0,001 l/m^3 = 1 ml/m^3 (1 ml = 1 cm^3)
1 ppb = parts per billion (amerik.: billion = 1 Milliarde)
= 1 Chinese in China
= 1 Zuckerwürfel im Großtanker mit 2,7 Millionen Litern
= 0,000.000.001 = 0,000.0001 % = 0,000.001 g/100 g
= 0,000.0001 g/kg = 0,000.001 l/m^3 = 0,001 ml/m^3

Obwohl in vielen Ökoköpfen die Toxizität einer Substanz mit dem vor einer winzigen Einheit stehenden Ziffernwert anwächst, hat die Mikrogramm-Kammerjägerei *keinerlei Relevanz für unsere Gesundheit.* Jetzt muß wahrhaftig einmal hinterfragt werden (Alt-68er-Deutsch): Sind solche Messungen in der Umweltanalytik noch sinnvoll, oder dienen sie nur noch dem »Sinn machen«? Immerhin sind in 1 fg Quecksilber (= 10^{-15} g) noch $3 \cdot 10^6$ (drei Millionen!) Atome enthalten! O Gott, wie furchtbar. Angst!!!!

Ökozündblättchen im Spurenrausch

Besonders verräterisch ist die Reaktion von Politikern auf einen Vorfall, der sich 1993 zutrug und der im Februar 1995 zu einer vorübergehenden Verstopfung des umweltministeriellen Öko-Dudelsacks in Stuttgart führte: In Karlsruhe existiert eine zu 52 % dem Land Baden-Württemberg gehörende »Gesellschaft für Umweltmessungen und Umwelterhebungen«. Deren Laborleiter hatte in seiner Doktorarbeit eine Meßmethode entwickelt, die, im Gegensatz zu den bisherigen Methoden, 30 bis 50 % höhere Benzolmeßwerte innerhalb dichtbefahrener Häuserschluchten ergab. Die Folge war ein köstliches Öko-Trara. Eifrig wurden die »erschreckend hohen Benzolwerte« aus dem Stuttgarter Umweltministerium in die Welt hinausgedudelt.

Der Autoverkehr, so ging die Melodie, würde die Innenstadtluft wesentlich stärker belasten, als man bisher angenommen habe, und man müsse über Verkehrsbeschränkungen nachdenken, wenn in Bälde die Grenzwerte von Benzol von 15 $\mu g/m^3$ auf 10 $\mu g/m^3$ gesenkt würden. Das macht zweifellos Sinn! Das Ganze hatte nur einen Fehler. Die Messungen waren von A bis Z getürkt. Der Laborleiter war wohl davon ausgegangen, daß seine Meßwerte um so mehr Beachtung fänden, je höher sie ausfielen. Als der Schwindel aufflog, gab es bei den Ökowürdenträgern ein entsprechend großes Betroffenheits-Tamtam.

Das Schlimme daran ist, daß die verantwortlichen Politiker keinerlei Anlaß zur Läuterung sahen und nicht prinzipiell einmal hinterfragten, ob die ganze Öko-Spökenkiekerei in den meisten Fällen nicht die *Fortsetzung eines naiven Kindergartenglaubens mit anderen Mitteln* ist. Nein, ganz und gar nicht. Der baden-württembergische Umweltminister Schäfer (SPD) meinte, der materielle Schaden des Ökomeß-GAU sei zu verschmerzen: »Aber der Vertrauensverlust in die Wissenschaft, auf deren Erkenntnisse die Politik bei ihren Entscheidungen zuverlässig bauen können muß, ist besonders schlimm und nur schwer wieder wettzumachen.«[9]

Also die Wissenschaft ist schuld, nicht die Politik, die jeden Meßwertunfug in die Welt raustutet. Konrad Adam hat recht, wenn er feststellt, daß Techniker Politik betreiben, und zwar in allerhöchstem Maße. Dies sind nämlich heutzutage die »guten Techniker« – die Umweltmeßingenieure.

Auf die Idee, daß ein nicht unerheblicher Teil des Gift-Perpetum-mobiles bereits durch die Auswahl der anzuhörenden »Experten« gesteuert wird, kommt keiner der Blaulicht-Apostel. Auch kennt kaum ein ministerieller Betreiber des Öko-Wohlfahrtsausschusses den Begriff Selffulfilling Prophecy, wenn es darum geht, von hochangesehenen »Experten« vorgetragene Absonderungen zu werten.

Vor lauter Vorfreude auf den Jüngsten Tag glauben Politiker

und ihre kongenialen Sinnmacher in den Redaktionsstuben den »Experten« blind. Schade, sonst wüßten die Realitätsverweigerer, daß man Meßfehler grundsätzlich einteilt in *systematische* und *zufällige.*

Systematische Fehler liefern immer ein *falsches Meßergebnis,* auch wenn noch so genau gearbeitet wird. Wird beispielsweise ein quecksilberhaltiges Lösemittel bei der Probenvorbereitung verwendet, so findet man immer erhöhte Quecksilberwerte. Es geht also darum, wie sachbezogen *akkurat die Messungen* sind. Bei einem systematischen Fehler muß noch nicht einmal ein Betrug vorliegen, wie beim baden-württembergischen Benzol-GAU. Übertriebene Schlußfolgerungen gründen auch vielfach in der Persönlichkeit des Experten. Wird er bei der Bewertung von Umweltereignissen als wissenschaftlicher Berater herangezogen, so resultiert Hysterie anstelle einer Umweltschutzmaßnahme mit Maß und Ziel.

Die *zufälligen Fehler* unterliegen der Statistik und werden deshalb auch als *statistische Fehler* bezeichnet. Diese Fehler sind immer gegeben und nicht vermeidbar. Sie sind der Grund dafür, weshalb die in einem Italo-Western gezeigten Schießkünste zwar märchenhaft, aber unmöglich sind. Wie aus Bild 9 ersichtlich ist, wird selbst ein Weltklasseschütze immer einen statistischen Fehler aufweisen.

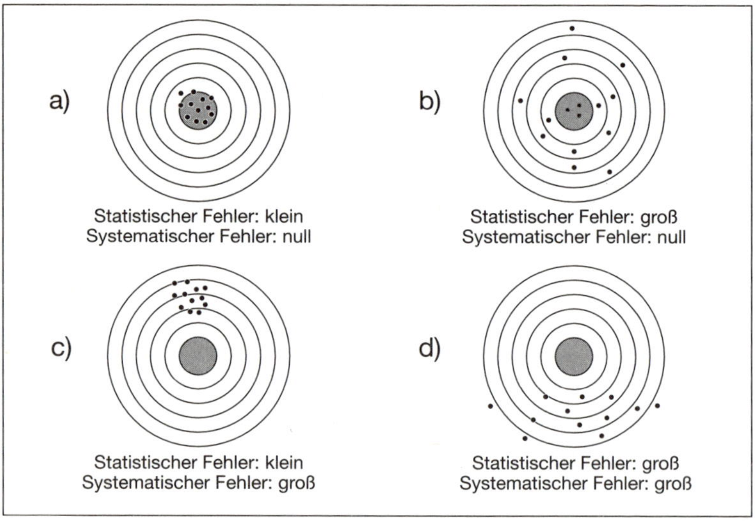

Bild 9: Veranschaulichung des statistischen und systematischen Fehlers

In Bild a) hat sich ein guter Schütze mit einer tauglichen Waffe ausgetobt. Er macht die unvermeidlichen kleinen statistischen Fehler, seine Methode ist aber richtig.

In Bild b) hat sich eventuell jemand probiert, der im wilden Italo-Western wahrscheinlich noch nicht einmal zur Saloontür reingekommen wäre, denn er schießt saumäßig, obwohl seine Waffe in Ordnung ist. Es kann aber auch sein, daß ein Meisterschütze am Werk war. Er hat immer richtig angehalten – nur die Waffe streut entsetzlich. Auf das Problem der Spurenanalytik übertragen, heißt das, daß unter Umständen ausgezeichnet und vor allem sorgfältig gearbeitet wurde, aber nach dem Stand der momentanen Meßtechnik kein zuverlässigeres Ergebnis erbracht werden kann.

Bild c) zeigt einen schlimmen Fall. Ein Meisterschütze war mit einer untauglichen Waffe am Werk. Das kann auch in der Analytik passieren. Alle Welt ist davon überzeugt, daß die gemessenen Werte richtig sind und sogar einen geringen statistischen Fehler haben. Mit solchen prinzipiell falschen Meßergebnissen läßt sich ein herrlicher Ökoklamauk lostreten und viel grüne Munition verschießen.

In Bild d) schoß eine Flasche mit einer schlechten Waffe. Genauso wie in Bild c) traf kein einziger Schuß ins Schwarze, und, was schlimmer ist, auch der statistische Fehler ist groß. Bei dem immer auftretenden systematischen Meßfehler in der Spurenanalytik geht es also um die *Reproduzierbarkeit* eines Ergebnisses, eben darum, wie oft man ins Schwarze trifft.

Selbst bei sehr guten Schützen schwanken die Ergebnisse mehr oder minder um den »wahren Wert« (die 10 im Schwarzen) der Zielscheibe. Ähnlich verhält es sich bei der Spurenanalyse. Im Gegensatz zu einem Schützen kennen wir aber nicht den »wahren Wert« eines Schadstoffes in einer Probe. Deshalb nimmt man an, daß der *Mittelwert* dem »wahren Wert« am nächsten kommt – immer unter der Voraussetzung, daß sehr viele Messungen gemacht wurden.

Wenn genügend Einzelmessungen vorliegen, können statistische Fehler ohne Probleme herausgerechnet werden. Was in der politischen Gewichtung von Schadstoffmeßwerten vollkommen unter den Tisch gekehrt wird, ist der ganz normale und nicht zu beseitigende *systematische Fehler.* Technophobe Politiker stören sich nicht daran, denn sie sind zahlen- und expertengläubig! Hauptsache man kann mit den Meßwerten eine neue Schikane für

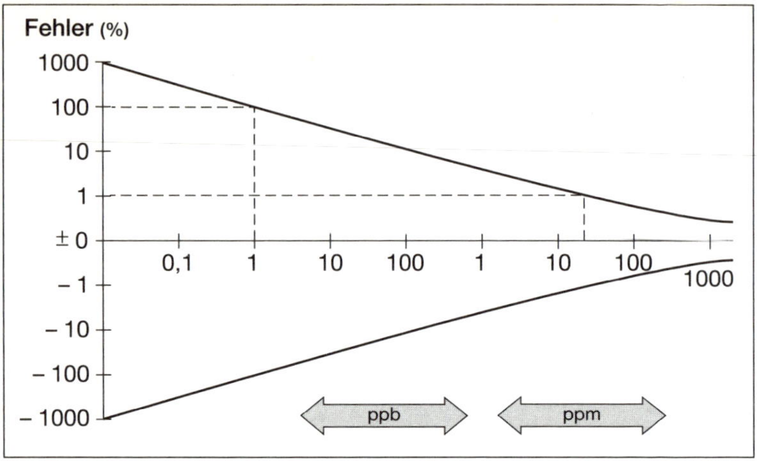

Bild 10: Prozentualer Fehler in Abhängigkeit von der Konzentration[10]

die Bevölkerung begründen, vorgeblich, um entweder deren Gesundheit oder die Umwelt zu retten. Knallen dann die Leute so richtig ökoängstlich durch – um so besser, das gibt WählerInnenstimmchen und sichert das Pöstchen! Denn nicht das Land und seine Bevölkerung interessieren, sondern ausschließlich die persönliche Politkarriere.

Bei spurenanalytischen Bemühungen treten ganz erstaunliche Dinge zutage. Wie aus Bild 10 ersichtlich ist, wächst der systematische Meßfehler ganz rasant, wenn man den ppm-Bereich verläßt; das Meßergebnis entartet schnell zum Datenfriedhof.

Bei 20 ppm beträgt der systematische Fehler nur ± 1 %. Damit kann man gut leben. Anders sieht es aus, wenn nur 1 ppb in der Probe vorhanden war und gar als Grenzwert festgelegt wird. Dann beträgt der Fehler nämlich ± 100 %. Es wäre sehr wohltuend, wenn die Büchsenspanner des politischen Ökohysteriegeschäfts den möglichen Fehler ihrer Meßergebnisse stärker betonen würden, insbesondere wenn es darum geht, immer geringere Schadstoffspuren als umweltrelevant herauszustellen. Wichtig wäre aber vor allem, daß Politiker auch einmal zuhören würden! Denn gerade mit den Ergebnissen der Spurenanalytik wird die Bevölkerung in höchstem Maße verunsichert.

Fälle gibt es genügend. So konnte man vor einiger Zeit in den *VDI nachrichten*[11] Interessantes über Dioxinmeßwerte lesen. Der systematische Fehler ist in diesem Fall vor allem durch die Festlegung des Nullwertes bedingt. Je nachdem wie dieser als Nachweisgrenze angesetzt wird, werden Dioxinwerte ermittelt, die entweder weit unterhalb des gesetzlichen Grenzwertes liegen oder diesen deutlich übersteigen. So fanden Chemiker des Instituts für Umwelttechnologie und Umweltanalytik (IUTA) bei der Analyse eines Verbrennungsrückstandes in ein und derselben Probe Dioxinwerte zwischen 1,63 und 0,004 ng. Das ist ein Fehler von über 40.000 %!

Auch der *Spiegel*[12] hatte 1991 eine interessante Story. Es ging um die Bestimmung von *Atrazin,* das mit einer LD_{50} (Ratte)[13] = 3080 mg/kg = 3.080.000 µg/kg *etwas giftiger als Kochsalz* ist. Als während eines Brandes bei Sandoz vom Gelände der Firma Ciba-Geigy größere Mengen des Herbizids in den Rhein gelangten, entdeckten Berufsaufreger die Substanz als Ökorenner: Deshalb will man die Verbindung immer genauer und zuverlässiger im Trinkwasser bestimmen. Für unsere Gesundheit ist das ohne Relevanz (hier sind engagierte Empörung und Ökoveitstanz angezeigt).

Nach der Meldung des *Spiegel* wurden in einem *Ringversuch* elf der besten chemischen Laboratorien Europas gebeten, präparierte Proben zu bestimmen. Das Ergebnis war ein spurenanalytischer GAU. Die Spezialisten aus Spanien, Frankreich, Deutschland, Dänemark und der Schweiz fanden im Durchschnitt 2000 Prozent mehr Atrazin, als vorhanden war. Ein spanisches Labor ortete in der Blindprobe, die keinerlei Atrazin enthielt, sogar 4,64 µg der unsäglich gefährlichen Substanz. Das ist im übrigen $^1/_{660.000}$ der LD_{50} und das 46fache des EG-Grenzwertes. Würde das annähernd *vergleichbar giftige Kochsalz* ähnlich gehandhabt, so dürften in der Suppe nur 0,13 µg/l = 0,000.000.13 g/l enthalten sein. Das ist weniger als $^1/_{100}$ Salzkorn. Jede Überschreitung dieses Grenzwerts durch eine Prise Salz in den Lebensmitteln müßte zwangsläufig die Siechtums-Enthusiasten auf den Plan rufen. Der gutmenschliche BUND wäre gezwungen, Mahnwachen vor jedem Restaurant aufmarschieren zu lassen, dessen Koch es wagt, soviel Giftstoff in die Suppe zu tun.

No effect ist auch ein Effekt

Auf der nach oben offenen Ökohorrorskala hat man einen unteren Skalenwert markiert. Zur Ermittlung dieses Wertes wird als Ausgangspunkt eine Dosis festgelegt, bei der bei bestem Wissen und Gewissen keinerlei toxische Wirkung auftritt, selbst wenn der Giftstoff ein Leben lang täglich aufgenommen würde. Man definiert den *»no observed effect level« (NOEL)*. Üblicherweise wird der NOEL anhand von Tierversuchen ermittelt. Damit hat man aber noch lange nicht den gesetzlich festgelegten Grenzwert definiert. Um einen *Sicherheitsbereich* zu erhalten, wird vom NOEL nur ein – weiter unten näher erläuterter – Bruchteil genommen und dieser als *Umweltgrenzwert (»allgemeiner Grenzwert«)* festgelegt.

Selbst bei Überschreitung des NOEL treten keine lebensbedrohenden Vergiftungserscheinungen auf (s. Bild 11). Am besten läßt sich dies am Beispiel des Alkoholkonsums erklären. Der Alkoholgehalt eines Verdauungsschnapses (6,4 g) liegt weit unterhalb des NOEL – zumindest für einen gesunden Menschen, selbst wenn er ein Leben lang täglich einen Schnaps trinkt. Obwohl im ungünstigen Fall schon unterhalb von 0,8 ‰ Ausfallerscheinungen auftreten können, hat man die Grenze der Fahrtauglichkeit auf diesen Wert festgelegt.

Ich setze diesen Wert zur Veranschaulichung fiktiv als NOEL an. Eine 50 kg schwere Frau hat bei 0,8 ‰ immerhin 40 g Alkohol

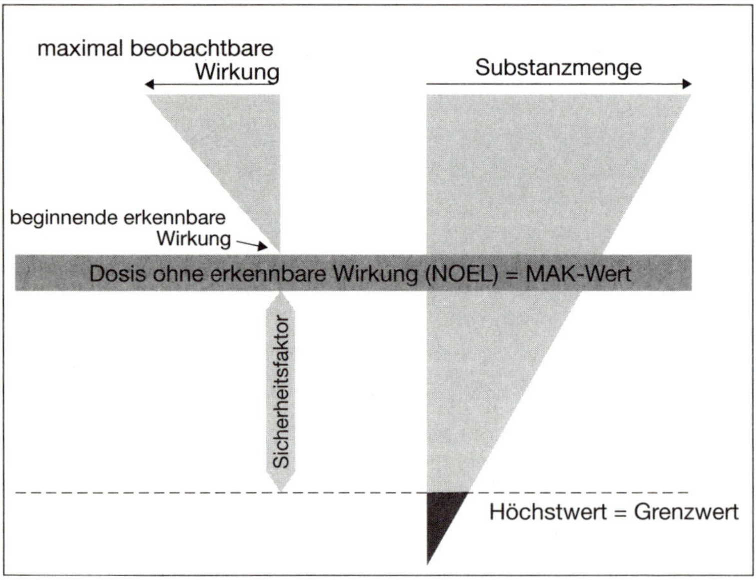

Bild 11: Grenzwerte und Wirkungen

im Körper, was drei kleinen Bieren entspricht. Stärkere Intoxikationserscheinungen sind noch nicht zu beobachten. Sie ist bestenfalls beschwipst.

Eine Überschreitung des NOEL durch Zufuhr des Genußgiftes Alkohol führt schließlich zum Zustand der Betrunkenheit. Bei 2 ‰ stirbt kein gesunder Mensch, aber unsere Frau hätte bereits 100 g Alkohol intus und wäre alles andere als nüchtern. Das letzte Stadium wäre der Tod, der bei 250 g Alkohol (5 ‰) einträte. Das wäre das 6,25fache des fiktiv angenommenen NOEL.

Der gesetzliche Grenzwert wird in der Praxis *wesentlich niedriger* gefaßt, und normalerweise ist der *Sicherheitsfaktor 1/100 des NOEL* (bei krebserregenden Substanzen 1/1000 bis 1/5000). Damit ist auch die größere Empfindlichkeit des kindlichen Organismus gegenüber Giftstoffen berücksichtigt. Wenn also der Grenzwert 1/100 des Wertes ist, bei dem keine Schädigung eintritt, dann ist es unmöglich, daß ein geringfügig Vielfaches oder gar nur eine mäßige Erhöhung des Grenzwertes zu Gesundheitsschäden führt! Eine 20fache Überschreitung des Grenzwertes ergibt ein Fünftel des NOEL. Wozu der Lärm? Wahrscheinlich zum »Sinnmachen«!

Anders sehen das unsere Pessimismus-Profis. Eine einstmals breite Volkspartei, die ihre traditionelle Arbeitnehmerklientel vernachlässigt und sich dafür mehr um schrill-schrullige Yuppie-Greenies bemüht, warb Anfang 1996 in Hessen mit dem Slogan: »Kleine Leute brauchen kleine Grenzwerte.« Als wäre die ganzen Jahre nichts geschehen! Man kann es nur noch einmal wiederholen: Seit den 60er Jahren wurden die Emissionen um 90 % gesenkt. Eine nochmalige Senkung um nur 10 % ergäbe, auf den Ausgangspunkt bezogen, einen Effekt von knapp 1 %, belastete aber die Wirtschaft nochmals um den gleichen Betrag!

Gifte und die Schwermetall-Hypnotiseure

In den 80er Jahren mußten in der Bundesrepublik jährlich etwa 200.000 Vergiftungen ärztlich versorgt werden, wobei in 5000 bis 6000 Fällen jede Hilfe zu spät kam. *Keiner der Fälle ist auf Schadstoffbelastungen in der Umwelt zurückzuführen,* alle beruhen auf der exogenen Zufuhr größerer Giftmengen durch *Unfälle, Selbstmorde, Morde.*[14] Im einzelnen gab es Vergiftungen durch Schlafmittel und Sedativa (35 %), Kohlenmonoxid (20 %), durch große Dosen alkylphosphathaltiger Pflanzenschutzmittel wie E 605 (15 %), Alkohol (8 %), Alkaloide wie Strichnin (4 %), Pilze (4 %), Thallium in Rattengift (3 %), Lösemittel (3 %), Metalle (2 %), Säuren und Laugen (1 %) und andere Ursachen, wie Rauschgifte (5 %). Mit anderen Worten: An Giften stirbt man hierzulande nur, wenn es beabsichtigt ist. Man wird auch nicht krank davon – es sei denn, man glaubt daran. Dann ist aber auch keine Hilfe möglich. Oder doch, vielleicht beim Therapeuten.

Während im 19. Jahrhundert die Säuglingssterblichkeit und Infektionskrankheiten als häufigste Todesursachen zu nennen waren, so hat sich das heute auf kardiovaskuläre Erkrankungen und Krebs verlagert. Dabei sei hier schon hervorgehoben, daß nach einer Studie von 1981, die auch heute noch weltweit wissenschaftlich akzeptiert ist (s. a. S. 203), *nur 2 % der Krebserkrankungen auf Umweltgifte* zurückzuführen sind.

Todesursachen in der Bundesrepublik Deutschland:

Herz-, Kreislauferkrankungen	48 %
Krebs	19 %
Erkrankungen der Atemwege	7,5 %
Unfälle	7 %
andere Erkrankungen u. ä.	18,5 %

Man kann sich auch unbeabsichtigt ins Jenseits befördern. Ein Erwachsener, der von einer besonders gesunden Wunderdiät gehört hatte, sammelte eine ganze Tasse Apfelkerne, nahm diese auf einmal zu sich und zog sich dadurch eine tödliche Blausäurevergiftung zu![15] (Eine ganze Reihe Pflanzensamen, wie Kirschen-, Aprikosen-, Pflaumen- und Apfelkerne, enthalten merkliche Mengen des Blausäure abspaltenden Amygdalins.) Das Verspeisen einiger Apfelkerne, die vielleicht nur 20 mg Blausäure enthalten, wäre folgenlos geblieben, die betreffende Person hätte wahrscheinlich noch nicht einmal etwas gemerkt – es gelten nämlich die in Bild 11 wiedergegebenen Gesetzmäßigkeiten.

Da Blausäure bei jedem Verbrennungsprozeß entsteht, nehmen wir ständig geringe Mengen davon auf. Beispielsweise wird sie beim Genuß einer Zigarette freigesetzt und gelangt beim Verspeisen eines Mandelplätzchens oder beim Schlürfen eines Wacholdergeistes in nachweisbaren Mengen ins Blut.

Bittermandeln, eine wichtige Zutat zur Herstellung von Marzipan, enthalten das schon genannte Glycosid Amygdalin. Durch das Enzym Emulsin wird dieses Glycosid in Glucose (»Traubenzucker«), Benzaldehyd und Blausäure gespalten. Wegen des Blausäuregehalts der Bittermandel kommt es vor allem bei Kindern immer wieder zu Vergiftungen. Ein Erwachsener kann sich durch exzessiven Genuß von Marzipan kaum vergiften. Er wird eher dick davon.

Blausäure ist ein industrielles Synthesevorprodukt, von dem 1994 weltweit die ökohaarsträubende Menge von *einer Million Tonnen* verarbeitet wurde.[16] Da etwa 60 mg Blausäure tödlich sind, könnten theoretisch rund $1{,}7 \cdot 10^{13}$ Menschen damit umgebracht werden. Das wäre etwa das 2900fache der Erdbevölkerung.

Hergestellt wird das Produkt (Laien sagen Chemikalie oder am liebsten Gift) hauptsächlich nach dem Adrussow-Verfahren aus Erdgas, Ammoniak und Luftsauerstoff. Eine erhebliche Menge davon wird durch Neutralisation mit Natronlauge zu Natriumcyanid umgesetzt – ein bedeutendes Folgeprodukt, das überwiegend zur Laugung von Silber- und Golderzen verwendet wird und beim Galvanisieren unentbehrlich ist. Auch die Kurbelwelle eines Automotors wird vielfach in einem Natriumcyanid-Schmelzbad gehärtet – damit sie ein wenig länger als ein paar hundert Kilometer hält. Weiterhin ist Blausäure zur Herstellung von Nylon unentbehrlich, und auch Plexiglas gäbe es nicht, wenn nicht große Mengen der giftigen Verbindung produziert würden. Waschmittel enthalten heutzutage zur Enthärtung keine Phosphate mehr, sondern EDTA und NTA als sogenannte Builder. Zur Synthese dieser Builder wird Blausäure tonnenweise eingesetzt. Dies ist nur eine kleine Auswahl – ohne Blausäure läuft in der Chemieindustrie eine ganze Menge nicht.

Vielleicht sollten sich unsere Angstdompteure einmal damit auseinandersetzen, in welchen Firmen für welches Produkt Blausäure benötigt wird. Da ließe sich bestimmt ein toller Demozirkus mit Anketten am Werkstor und Gasmaskenball davor veranstalten – damit das mit dem Nylon, der Kurbelwelle, dem Plexiglas usw. künftig unterbunden bleibt.

Am Beispiel des Fluors läßt sich auch zeigen, wie wenig die Bevölkerung über grundlegende chemische Gesetzmäßigkeiten informiert ist. Das zur Gruppe der Halogene gehörende Fluor ist hochtoxisch und so reaktionsfähig, daß Schokolade beim Kontakt damit sofort in Flammen aufgeht. Der MAK-Wert des Fluors liegt bei nur 0,1 ppm. Lägen in einem Raum 50 ppm in der Luft vor, so würden sämtliche anwesenden Personen binnen einer halben Stunde eine tödliche Vergiftung erleiden. Was hat dann Fluor in der Zahnpasta zu suchen? Weder der Fernsehreklame-Clown noch die Mehrzahl der Bevölkerung weiß, daß Zahnpasta *kein elementares* Fluor (F_2) enthält, sondern ein Fluorid – im einfachsten Fall Natriumfluorid (NaF). Man hat gesicherte Erkenntnisse darüber, daß die Zugabe von 1 ppm Fluorid (nicht Fluor!) im Trinkwasser die Zahnfäule (Karies) hemmt. Leider ist die Fähigkeit, zwischen einer chemischen Verbindung und einem Element zu unterscheiden, in der Bevölkerung nur rudimentär vorhanden. Enthielte die Zahnpastatube tatsächlich elementares Fluor, so würde sie beim Aufschrauben verräterisch zischen, und es gäbe im Badezimmer ab und an ein flammendes Inferno. Auch säßen die Hersteller und Vertreiber der Giftgas-Tuben längst hinter Schloß und Riegel.

Es ist jedesmal dasselbe: Wenn ein Unfall oder eine Umweltkatastrophe mit einem Giftstoff in Verbindung gebracht werden kann, haben die um unser Seelenzipperlein besorgten Berufsaufreger eine neue Leitsubstanz. Stellvertretend für viele seien die Schwermetalle Quecksilber und Cadmium genannt.

Beide Giftmetalle wurden als von der Industrie emittierte Umweltgifte in Japan entdeckt. Das erste Opfer war ein sechsjähriges Mädchen, das am 21. April 1956 in das Krankenhaus der südjapanischen Stadt Minamata eingeliefert wurde. Es litt an einer schweren »Erkrankung des Nervensystems«. Kurz danach waren es schon 30 Krankheitsfälle. Alle Patienten hatten Empfindungsstörungen, Gleichgewichtsstörungen, und ihre Stimmungen wechselten zwischen Aggression und Depression. Schließlich wurden auch Tiere krank. Katzen, die mit Fisch aus der Minamatabucht gefüttert wurden, bekamen die »Katzentanz-Krankheit«. Fünf Monate später kam zum erstenmal der Verdacht auf, daß es sich um eine Massenvergiftung durch Quecksilber handeln könnte. Es dauerte noch fünf Jahre, bis feststand, daß das Schwermetall aus einer Chemieanlage stammte, in der es als Katalysator bei der *Produktion von Acetaldehyd* eingesetzt wurde. Zwischen 1932 und 1966 hatte man 81 t verbrauchtes Katalysator-Quecksilber einfach ins Meer geleitet.

Weil elementares Quecksilber nur zu 0,01 % im Magen-Darm-Trakt resorbiert wird, können sogar einige Kubikzentimeter metallisches Quecksilber ohne jegliche Folgen getrunken werden.[17] Dahingegen sind die *Dämpfe* des Metalls und organische *Quecksilberverbindungen,* wie Dimethylquecksilber und Methylquecksilberchlorid, hochtoxisch. Die letztgenannte Verbindung fand sich in Fischen aus der Minamatabucht hochangereichert. Durch den Verzehr der Fische wurden erhebliche Mengen der toxischen Substanzen konsumiert. Die Folge waren über 100 Vergiftungsfälle, von denen 46 tödlich endeten.

Acetaldeyhd wird als *Vorprodukt* zur Synthese vieler Substanzen, wie Ethylacetat (Lösemittel, zum Beispiel im UHU®-Kleber enthalten), Chloralhydrat (Schlafmittel, Sedativum) oder Sorbinsäure (Konservierungsstoff), benötigt. Heutzutage wird Acetaldehyd nur noch in Ländern mit rückständiger Chemieindustrie durch Acetylen-Hydratisierung mit einem Quecksilberkatalysator hergestellt. Die moderne Chemieindustrie verwendet das wesentlich umweltschonendere Palladiumchlorid oder Silber/Kupferkontakte. Das ist nicht zuletzt auch deshalb ökologisch interessant, weil dabei nicht nur Synthese-, sondern auch Bioalkohol als Rohstoff eingesetzt werden kann.

Die Toxizität des Quecksilbers ist altbekannt. Weil Sklaven im Zinnoberbergwerk von Almadén (Spanien) erkrankten, fielen bereits den Römern Quecksilbervergiftungen auf. Plutarch forderte deshalb, nur noch kriminelle Sklaven dort einzusetzen. Dennoch ging man lange Zeit leichtfertig mit dem Metall um. So pflegten arabische Fürsten vor Jahrhunderten zur Krönung des Luxus Quecksilberseen in ihren Gärten anzulegen, um an den kühlen, im Mondlicht glitzernden Flächen romantische Nächte zu verbringen. Weil die Leute nicht erkrankten oder gar starben, fand man damals nichts Auffälliges daran. Dabei kann die Anreicherung von Quecksilberdampf über einem offenen Gefäß beträchtlich sein. In einem schlechtgelüfteten Raum steigt der Quecksilberdampfgehalt sogar bis auf 15 mg/m³, was immerhin das 150fache des MAK-Wertes ist.

Wir können, auch wenn wir wollten, der Quecksilberbelastung nicht ausweichen, weil immer eine Hintergrundkonzentration durch die Freisetzung aus natürlichen Quellen vorgegeben ist. Beispielsweise ist das Metall in der Atmosphäre über Vulkanen in einer über 1000fach höheren Konzentration als normal anzutreffen. Eiskernbohrungen belegen, daß bereits vor 18.000 Jahren 2,1 ng/kg im Eis vorhanden waren. Da Böden das Metall stärker als

Eis binden, müssen sie dementsprechend wesentlich höher belastet gewesen sein. Heute beträgt der mittlere Gehalt in der Erdkruste 0,1 mg/kg.

Aus *natürlichen Quellen* werden jährlich auf dem Globus *40.000 t Quecksilber* freigesetzt.[18] Unter diesem Gesichtspunkt ist es selbstverständlich immer mal eine Zeitungsmeldung wert, wenn aus einer Chemieanlage 0,000.44 t Quecksilber ausgetreten sind. Übrigens ergibt die natürliche Quecksilberemission umgerechnet auf jeden Erdbewohner einen Betrag von rund 7000 mg. Zum Vergleich: In Europa gelangten in den 80er Jahren durch Immission aus der Verbrennung fossiler Brennstoffe 405 t jährlich in die Böden. Dazu kamen 200 t aus natürlichen Quellen (Meer) und 295 t aus der Industrie (einschließlich der chemischen).[19]

Andere Länder werden regelmäßig von Erdbebenwellen heimgesucht – Deutschland von Hysteriebeben. Hohen Unterhaltungswert hatte das relativ schwache Hysteriebeben, das im Frühjahr 1995 vom Bundesinstitut für Arzneimittel und Medizinstoffe (BIAM) losgetreten wurde. Das Institut empfahl, Amalgam nur noch eingeschränkt in der Zahnmedizin zu verwenden. Insbesondere wurde dabei an Schwangere und Mütter während der Stillzeit gedacht. Da die Bundesrepublik inzwischen aus lauter Ökoexperten besteht, bildete sich sofort eine Selbsthilfegruppe. Eine Frau Ellen Karl lud mitleidende Ökochonder ein, mit vereinten Kräften so lange auf den Amalgamfüllungen herumzutrommeln, »bis kein Arzt mehr lacht«, und meinte: »Sie lachen zwar immer noch, aber nicht mehr so herzlich.«

Tatsächlich sind Amalgamfüllungen nicht ganz problemlos, aber nicht wegen der Toxizität, sondern wegen der leider von Ärzten nicht immer hinreichend beachteten elektrochemischen Spannungsreihe. Bei Fremdmetallen, die in Elementarform im Körper vorliegen (beispielsweise in einem genagelten Knochen), *kann* es nämlich im ungünstigen Fall zur Bildung eines elektrochemischen Elements kommen. Das Ganze funktioniert ähnlich wie eine Taschenlampenbatterie, nur daß der Patient nicht leuchtet, sondern Beschwerden bekommt.

In der Zahnarztpraxis wird die Amalgamfüllung durch Verreiben von Quecksilber mit Vorlegierungen zubereitet und in den Zahnhohlraum gedrückt. Das metallische Quecksilber reagiert mit der Vorlegierung und bildet die selbsthärtende Quecksilberlegierung Amalgam. Wie verträglich die Masse ist, hängt von der –

heutzutage optimierten – Zusammensetzung der Vorlegierung ab. Eine typische Vorlegierung (Heragam) besteht aus 48 % Silber, 30 % Zinn und 22 % Kupfer und neigt, wie man durch Messung cyklischer Voltagramme belegen kann, kaum zur Quecksilberfreisetzung.

In der Republik der Doomsday-Experten sind selbstverständlich Medien glaubhafter als die Beratungskommission »Toxikologie« der »Deutschen Gesellschaft für Pharmakologie und Toxikologie«. Dennoch ist ihr Untersuchungsergebnis nicht unbeachtlich. Demnach sind nach neuestem Kenntnisstand Quecksilberwerte von 20 µg/l im Blut auch bei subtilsten Tests unerheblich für die Gesundheit von Erwachsenen, Schwangeren und Kindern. Messungen haben ergeben, daß der Quecksilbergehalt bei einem Menschen mit einer Amalgamfüllung 0,7 µg/l beträgt. Ohne Giftbombe im Zahn beträgt die Hintergrundkonzentration 0,3 µg/l, wobei schon aus der Luft und mit der Nahrung zwischen 10 und 27 µg täglich aufgenommen werden.[20] Auf gut Deutsch: Aus toxikologischen Gründen *ist es ausgeschlossen,* daß jemand durch Amalgam eine wie immer geartete Quecksilbervergiftung erleidet. Übrigens ist man mit Kunststoffüllungen nicht unbedingt besser dran, denn bei jedem 1000sten Patienten kommt es zu Allergien. In den skandinavischen Ländern, in denen weniger mit Amalgam gearbeitet wird, haben bereits 3 % der Zahnärzte eine Kunststoffallergie.

Cadmium ist nicht nur in Japan zu einem Synonym für Umweltvergiftung geworden, sondern wird auch bei uns im Verlauf jeder besseren Öko-Kasperltheatervorstellung als Krokodil hochgehalten.

In der Natur kommt Cadmium wegen seiner chemischen Ähnlichkeit als treuer Begleiter des Zinks vor. Noch in den 60er Jahren wurde es hauptsächlich als rostschützender Überzug auf Eisen verwendet, und niemand ist erkrankt oder gar tot umgefallen.

In Japan stellte man eine chronische Cadmium-Massenvergiftung zum erstenmal nach dem Zweiten Weltkrieg fest, nachdem man cadmiumhaltige Gewässer aus stillgelegten Bergwerken auf Reisfelder geleitet hatte. Mit der Nahrung hatten die japanischen Bauern in den betroffenen Gebieten täglich die beachtliche Menge von 1,6 mg Cadmium aufgenommen. Das macht was her, und nicht die 0,005 mg, wegen denen man bei uns die Umweltorgel anschmeißt. Da bei den Erkrankten das hochdosierte Metall in die

Knochen eingelagert wurde, kam es zu einer Veränderung des Skeletts. Schrumpfungen bis zu 30 Zentimetern wurden festgestellt! Bei einer chronischen Kadmiumvergiftung treten heftige Schmerzen im Bauch und in der Wirbelsäule auf. Das Metall ist also alles andere als harmlos. Im Tierversuch ist es sogar eindeutig krebsauslösend. Dann muß es aber schon dicke kommen, denn Cadmium zählt bei den Warmblütern sehr wahrscheinlich zu den essentiellen Spurenelementen.[10] Also nicht vergessen: Es kommt auf die Dosis an!

Die Hintergrundkonzentration beträgt in vollkommen unbelasteten Gewässern in der Bundesrepublik zwischen 0,01 bis 0,04 µg/l, wobei in Fließgewässern meist zwischen 0,01 und 2,3 µg/l gemessen werden. Die WHO (World Health Organization) geht von einer täglich tolerierbaren Cadmiumaufnahme von 75 µg aus.[21] Um diese Menge zu erreichen, müßte man fast 33 Liter eines stärker belasteten Fließgewässers trinken. Na, denn mal Prost!

Medikamente ohne Nebenwirkung

Gibt es nicht, denn es sind allemal Giftstoffe und keine Himbeerbonbons! Wie immer kommt es auf die Dosis und leider auch auf den jeweiligen Organismus an. Jeder Mensch kann anders reagieren, und selbstverständlich verhalten sich auch Tiere vollkommen anders.

Besonders heimtückisch sind Wirkstoffe, deren Nebenwirkung sich erst in der Anwendungsphase in besonderen Situationen offenbart. Und da gibt es die heißesten Überraschungen. 1978 kam es gegen drei Arzneimittelhersteller in Japan zu einer Gerichtsverhandlung. Es ging um den Wirkstoff 5-Chlor-8-hydroxy-7-iodchinolin, der in Deutschland als Mexaform S® mit ausgezeichnetem Erfolg gegen infektiöse Darmerkrankungen (Durchfall) eingesetzt wurde. In Europa und in den USA gab es trotz jahrelanger Anwendung nicht einen einzigen Zwischenfall. Anders in Japan, wo zahlreiche Patienten als Nebenwirkung die SMON-Krankheit (subacute myelooptic neuropathy) bekamen und teilweise erblindeten. Weshalb, ließ sich nie ganz klären. Möglicherweise haben die Asiaten eine etwas anders geartete Biochemie als Amerikaner und Europäer. In jedem Fall verschwand das Medikament auch hierzulande aus den Apotheken.

Abgesehen von allergischen Reaktionen wirkt auch Penicillin unter Umständen hochtoxisch. Aber der Reihe nach. Nachdem Alexander Fleming 1927 zufällig die antibiotische Wirkung des Schimmelpilzes *Penicillum notatum* an Staphylokokkenkulturen entdeckt hatte, blieb diese Beobachtung lange Zeit unbeachtet. Erst als man in England 1935 unter dem Eindruck der deutschen Sulfonamid-Erfolge befürchtete, ins Hintertreffen zu geraten, nahm man die Forschungen wieder auf. Glücklicherweise wirkte Penicillin auf die als Versuchstiere verwendeten *Mäuse nicht giftig.* Eigentlich war dies der zweite glückliche Zufall. Hätte man nämlich statt der Mäuse *Meerschweinchen* als Versuchstiere eingesetzt, wäre das ganze Forschungsprojekt sofort gestorben, weil das Penicillin die Meerschweinchen augenblicklich getötet hätte.

Wie kommt man eigentlich zu einem neuen Wirkstoff? Hier gibt es zwei Wege. Der Königsweg ist der: Man kennt in etwa die Struktur eines mutmaßlichen Wirkstoffs und synthetisiert das Arzneimittel nach Maß. Diesen Weg ist Paul Ehrlich bei der Entwicklung des Neosalvarsans, des ersten wirksamen Medikaments zur Behandlung von Syphilis, gegangen. Er hatte sich intensiv mit Anilinfarben beschäftigt und über die Beziehung von Farbstoffen und Zellen promoviert.

Ernst Bäumler schreibt: »Professor Ehrlich hatte Hände wie ein Färbermeister. Auch seine Anzüge, vor allem die Manschetten seiner Hemden verrieten den täglichen Umgang mit Farbstoffen.« Weil er täglich bis nach Mitternacht im Labor zu arbeiten pflegte, prägten Studenten den Spruch: »Ehrlich färbt am längsten.« Der Arzt Paul Ehrlich war von dem Gedanken besessen, Keime mit Farbstoffmolekülen, die er »Zauberkugeln« nannte, abzutöten, ohne dabei dem menschlichen Organismus zu schaden.

Sein Forschungskonzept wird klar, wenn man einmal andeutungsweise die chemische Formel eines sogenannten *Azofarbstoffs* betrachtet:

Teilmolekül – N = N – Teilmolekül

Ehrlichs Trick bestand darin, den Stickstoff (Symbol: N) gegen *Arsen* (Symbol: As) auszutauschen, und damit landete er einen Volltreffer. Sein Wirkstoff *Neosalvarsan,* der die Grobstruktur

Teilmolekül – As = As – Teilmolekül

besaß, wurde nach dem Mitentdecker und der Labornummer 606 als Ehrlich-Hata-606 bezeichnet. Die genaue Struktur ist als Kugelmodell auf dem 200-Mark-Schein – nebst einem Porträt Paul

Ehrlichs – abgebildet. Salvarsan war der Durchbruch bei der Bekämpfung der Syphilis, und die Studenten dichteten flott: »Und hast du auch die Lues, du süße kleine Hex, ich laß es nicht, ich tu es, wir haben ja Ehrlich-Hata-606.«

Die gegen den Erreger *Spirochaeta pallida* wirksame Verbindung enthält immerhin 41 % Arsen und wurde sogar Kindern verabreicht! Sollten sich da nicht die Ökonackenhaare sträuben? Nein, die Menschen waren um 1910 dankbar für jedes neue Medikament und noch keine Ökotanzmäuse. Wegen der verzweifelten Prognose bei Syphilis wurde, nachdem Tierversuche die prinzipielle Wirksamkeit und Verträglichkeit des Neosalvarsans gezeigt hatten, das Präparat in Dosen von 300 mg sofort an Patienten ausprobiert.

Im Mai 1909 hatten Ehrlich und Hata den Wirkstoff bei Hoechst entdeckt. Am 10. Juli 1910 konnten die ersten Kilogramm-Mengen im Technikumsmaßstab synthetisiert werden. Vier Wochen später stand die erste kleinere Produktionsanlage unter Dampf, und im »November 1910 waren 25 Mitarbeiter mit dem Wiegen und Pulverisieren beschäftigt. 20 Mann schmolzen die Ampullen zu.« Kurze Zeit später beschäftigte der Salvarsan-Betrieb einen Aufseher, 54 Arbeiter und drei Chemiker. Wie gesagt, das war um 1910, als die Bevölkerung im Gegensatz zu heute noch nicht an fortgeschrittener Ökopathie mit beginnender industrieller Paralyse litt.

Die Entwicklung von Librium® und Valium® lief anders. Die Firma Roche in Nutley, New Jersey, suchte krampfhaft nach einem neuen angstlösenden Medikament. Fast planlos ließ man die Chemiker alle möglichen Verbindungen synthetisieren und auf ihre anxiolytische Wirkung im Tierversuch testen. Man nennt die Vorgehensweise *Screening-Verfahren*. Die Methode ähnelt sehr dem Sprung in einen Heuhaufen mit nacktem Hinterteil voran, und zwar so lange, bis man die Nadel gefunden hat. Nach jahrelangen Bemühungen war der Chemiker Leo Sternbach 1955 vollkommen desillusioniert und verzichtete deprimiert darauf, das letzte synthetisierte Präparat, eine Diazepinverbindung, zu testen. Eineinhalb Jahre später fand Sternbach beim Aufräumen in einer Laborecke die vergessene Substanz. Er beschloß, das Präparat dem routinemäßigen Screening-Test zu unterwerfen, und landete einen Volltreffer, denn bei der Verbindung handelte es sich um Chlordiazepoxid, das heute als Librium® zur Behandlung von Angstzuständen verschrieben wird. Eine chemische Variante davon ist das bekanntere Valium®.

Schaut man in der »Roten Liste«, einem vom »Bundesverband der pharmazeutischen Industrie e. V.« herausgegebenen Verzeichnis der Fertigarzneimittel, unter Librium® nach, so findet man unter anderem folgende Nebenwirkungen: Abnahme der Libido, unerwünscht starke Sedierung, Schwindel, Kopfschmerzen, paradoxe Reaktionen. Außerdem kommt es bei einer Langzeitanwendung in hohen Dosen zu Abhängigkeit nebst Entzugssymptomen, wenn das Medikament wieder abgesetzt wird.

Und genau das ist der Knackpunkt: Von der Nörgelsucht geplagte Vollkaskobürger haben längst verlernt, Nutzen und Risiken abzuwägen, und vor allem, mit Risiken zu leben! Für sie zählen nur die »schrecklichen Nebenwirkungen«. Dem ist entgegenzuhalten:

1. *Übertriebene Vorsicht kann Menschenleben kosten.* Hierzu ein Beispiel. Weil der erste Betablocker, Praktolol, zu Hornhauttrübungen geführt hatte, wurde in den USA jahrelang kein Folgemedikament zugelassen. Man scheute das Risiko – mit dem Erfolg, daß wegen der zehnjährigen Blockade ähnlich wirkender Herzmedikamente 100.000 Menschen ihr Leben vorzeitig verloren.
2. *Jeder Pharmahersteller hat ein vitales Interesse daran, nicht ins Gerede zu kommen, weshalb die Wirkstoffe nur nach intensivster Prüfung auf den Markt gebracht werden.* Unter erheblichem Aufwand müssen 6000 bis 10.000 Substanzen im Labor synthetisiert werden, von denen nur zehn in die nähere Auswahl kommen. Daran schließt sich die Erprobungsphase 1 an, bei der eine klinische Prüfung an 50 bis 300 Freiwilligen die Verträglichkeit, den Abbau und die Ausscheidung des Wirkstoffs abklärt. Bis dahin hat kein Patient das Medikament gesehen. In der darauf folgenden Phase 2 wird die therapeutische Wirkung an 50 bis 300 Patienten erprobt. Jetzt kommt die Phase 3 mit der Erprobung des Wirkstoffs an einigen tausend Erkrankten. Erst dann geht es in die Phase 4: Langzeitbeobachtung und Zulassung. Bis dahin sind zehn Jahre ins Land gegangen und zwischen *100 Millionen* und *350 Millionen Mark* verbraten worden! Weil ein Produzent, der einmal aufgefallen ist, auch Schwierigkeiten beim Absatz seiner anderen Medikamente hat, ist man äußerst wachsam.

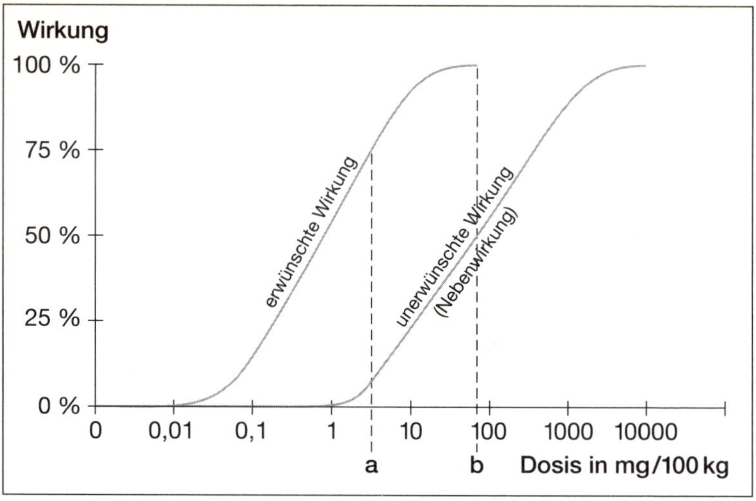

Bild 12: Dosis-Wirkungs-Kurve

3. *Nach allem, was bisher beschrieben wurde, kann es kein nebenwirkungsfreies Medikament geben, denn alle Substanzen sind giftig.* Der Mainzer Pharmakologe Gustav Kuschinsky äußerte schon vor Jahren, daß »Arzneimittel, von denen behauptet wird, sie hätten keine Nebenwirkungen, vermutlich auch keine Hauptwirkung besitzen«. Und weil es eben immer auf die Dosis ankommt, ist in jedem Fall die Graphik in Bild 12 entscheidend.

Bei Dosis a ist die erwünschte Wirkung zu 75 % erreicht, es treten kaum unerwünschte Wirkungen auf. Will man die erwünschte Wirkung zu 100 % erlangen, so müßte Dosis b gewählt werden, bei der jedoch zu 50 % unerwünschte Wirkungen gegeben sind, beispielsweise eine Alkoholunverträglichkeit, mit der man leben könnte. Problematischer wird es, wenn es sich bei den Nebenwirkungen um lebensbedrohende Komplikationen handelt. Diese prinzipielle Überlegung der Dosierung gilt für jedes Medikament! Die angestrebte sogenannte *therapeutische Breite,* deren genaue Definition hier nicht interessieren sollte, ist dann relativ groß, wenn die beiden Kurven weit auseinander liegen.

Fast jede Verbindung könnte ein Wirkstoff sein, wenn nicht die Nebenwirkungen wären. Als Extrembeispiel könnte man annehmen, daß konzentrierte Schwefelsäure ein »hervorragendes Desinfizienz« für den Hals wäre, weil es mit Sicherheit sämtliche Keime abtöten würde. Die therapeutische Breite ist jedoch nicht nur null, sondern sogar negativ, weil die Verätzung der Schleimhaut früher und stärker einsetzen würde als die erwünschte Wirkung.

Ein sehr tragisches Beispiel einer Medikamentennebenwirkung ist die Thalidomid-Tragödie, die in den 60er Jahren 3000 »Contergan-Kinder« zur Folge hatte. Contergan war ein Schlafmittel mit ungewöhnlich großer therapeutischer Breite. Die Toxizität war so gering, daß selbst die Einnahme von 14 g in suizidaler Absicht ohne Folgen blieb. Im Gegensatz zu den Barbituraten ist es somit fast unmöglich, mit Contergantabletten Selbstmord zu begehen.[22] Der Wirkstoff wurde nach dem damaligen Stand der Technik pharmakologisch genauestens getestet. Weil man aber bis zur Thalidomid-Katastrophe davon ausging, daß das ungeborene Kind durch die Plazenta von allen Umwelteinflüssen abgeschirmt sei, führte man keine Prüfungen des Wirkstoffs an trächtigen Tieren durch. Dadurch wurde übersehen, daß der Wirkstoff während einer ganz bestimmten Schwangerschaftsphase beim Embryo Mißbildungen verursacht. Eine solche fruchtschädigende Substanz wird als *teratogen* bezeichnet.

Um den Effekt beim Contergan zu verstehen, muß man wissen, daß Moleküle, wie alles auf der Welt, eine räumliche Gestalt haben. Unter ganz bestimmten Strukturvoraussetzungen existiert von an sich gleichartigen Molekülen eine *Bild-* und eine *Spiegelbildform.* Die Moleküle verhalten sich somit *ähnlich wie unsere beiden Hände,* die auch *nicht* deckungsgleich, sondern *spiegelbildlich* zueinander sind. Man spricht in der Chemie von der R- und der S-Form einer Verbindung (früher D- und L-Form). Das war das Entscheidende. Das S-Thalidomid, das zu 3 % als Verunreinigung bei der Synthese anfiel, wirkt extrem teratogen, im Gegensatz zum mit 97 % im Contergan als Hauptkomponente vorliegenden R-Thalidomid! In der weitgehenden Vermeidung solcher Gemische liegt übrigens eine der Stärken moderner biotechnischer Verfahren. Als weitere Beispiele für unterschiedliches Verhalten von R- bzw. S-Strukturen seien genannt:

R-Propanolol	empfängnisverhütend
S-Propanolol	blutdrucksenkend, anti-arrhythmisch
R,R-Chloroamphenicol	antibakteriell
S,S-Chloroamphenicol	inaktiv

R,R-Ethambutol	verursacht Blindheit
S,S-Ethambutol	Wirkstoff zur Therapie der Tuberkulose

Gerade der zuletzt angeführte Wirkstoff gegen Tuberkulose besitzt große Bedeutung, weil die Krankheit wieder auf dem Vormarsch ist. Dazu trägt nicht zuletzt die Ausbreitung der HIV-Erkrankungen bei, da die Tuberkelkeime infolge der Immunsuppression eine größere Chance haben. Weltweit gab es 1995 bereits 4,4 Millionen Patienten, die gleichzeitig an Aids und Tuberkulose erkrankt waren.

Die Zunahme an Tb betrug 1990/91 in den USA 18 % und in der Schweiz sogar 35 %. Weil jährlich drei Millionen Menschen an Tb sterben, gibt es eine ganze Menge zu tun, nur leider kaum in Deutschland. Das letzte bedeutende deutsche Medikament gegen Tb, Rifampicin, stammt aus dem Jahre 1966. Wegen der schrecklichen Nebenwirkungen, der Giftschleuderei bei der Produktion, den umständlichen Genehmigungsverfahren usw. finden die F&E-Tätigkeit und die Produktion im Ausland statt. Wer will sich denn auch mit der Administration einer von Umweltverbänden beeinflußten rot-grünen Regierung anlegen?

Niemand kann garantieren, daß sich eine Tragödie wie der Contergan-Fall nicht wiederholt, aber unsere Arzneimittel sind wesentlich sicherer geworden. 1975 stellte die »Food and Drug Administration« (FDA) in Amerika gravierende Mängel bei der toxikologischen Prüfung neuer Wirkstoffe fest. Aufgrund von Sorgfaltsverletzungen bei zwei Herstellern sah man sich gezwungen, das GLP-Gesetz (»Gute Laborpraxis«) zu erlassen.

Um den Export deutscher Produkte sicherzustellen, hat man die Regelungen hierzulande 1990 in das Chemikalienrecht aufgenommen (Paragraphen 19a bis 19d). An sich schreibt die GLP Verfahrensweisen vor, die die deutschen Hersteller schon immer auf freiwilliger Basis durchgeführt haben, unter anderem, daß nur entsprechend ausgebildetes Personal mit der Prüfung befaßt ist, daß geeignete Räumlichkeiten, Testverfahren (Prüfeinrichtungen) angewandt werden und daß die Ergebnisse in einem bestimmten Rahmen dokumentiert vorliegen.

Gerade bezüglich des Personals braucht man sich in Deutschland nichts vorzuwerfen, denn nach dem deutschen Berufsbildungsgesetz ist es, im Gegensatz zu den USA, üblich, mindestens eine Lehre als Laborant abzuschließen, bevor man in einem Chemie- oder Biolaboratorium tätig wird. Das ist zwar teuer, aber ein nicht zu unterschätzender Standortvorteil.

Die Produktion von Pharmaerzeugnissen wird heute gemäß den GMP-Richtlinien (GMP = Good Manufacturing Practice) betrieben, was die Reinheit der Wirkstoffe garantiert. Übrigens benutzen Sinnmacher in den Redaktionsstuben an dieser Stelle gerne den negativ belegten Ausdruck Chemikalie, damit das Hysteriekarussell etwas mehr Schwung kriegt. Ein weiterer Punkt ist zu nennen: Heute sind in der Pharmaproduktion fast ausschließlich Chemikanten und Pharmakanten mit einer abgeschlossenen Berufsausbildung tätig.

Auch Kosmetika und Hygieneartikel bergen manche vielversprechende Hysterie für die Echauffiergemeinde. Das kann aber auch ins Auge gehen. In Berlin hatte eine Feministinnen-Vereinigung ihren Glaubensschwestern Menstruationsschwämmchen aus natürlichem Material als Ersatz für die Chemiedunst verbreitenden Industrietampons angeboten.[23] »Sie seien nicht nur natürlicher, sondern nach mehrstündigem Weichen in Essigwasser auch wiederverwendbar.« Das Berliner Verwaltungsgericht untersagte den Unfug, weil die »streitbefangenen Schwämmchen« nach wissenschaftlichen Untersuchungen schon beim ersten Gebrauch nicht steril seien. Das Gericht berief sich bei seiner Entscheidung auf das »Allgemeine Gesetz zum Schutz der öffentlichen Sicherheit«, wonach es verboten ist, »Gegenstände oder Mittel in Verkehr zu bringen, die die Gesundheit durch ihre stoffliche Zusammensetzung gefährden können«. Wahrscheinlich irrten sich die Richter, denn Natur ist gut – chlorgebleichte Tampons hingegen tragen zur Vergrößerung des Ozonlochs bei und sind giftig!

Ökopathische Patienten lassen sich nicht zu ihrem Glück zwingen. Besonders hilfreich dürfte für die Gesundtreter ein 1842 in Rostock erschienenes Buch über die »sympathetischen Mittel und Kurmethoden« sein, das jahrzehntelang auf der Hitliste medizinischer Literatur stand.[24] Es empfahl bei Verwundungen eine Salbe aus Bärenfett mit Regenwürmern und dem »Moos vom Schädel eines Verurteilten«. Bei Fieber verordnete der sympathetisch praktizierende Doktor kein modernes Novaminsulfon-Präparat, sondern zwei Eßlöffel Salz, die im Urin des Kranken gekocht wurden. »Gelbsucht dagegen sollte geheilt werden, wenn der Kranke täglich auf warmen Pferdemist urinierte, Wein mit Ziegenblut trank oder sich mit einem Rasiermesser ein Stück von der Nasenspitze abschneiden ließ.« Ach so, nicht vergessen: »Zu Risiken und Nebenwirkungen lesen Sie die Packungsbeilage oder fragen Sie Ihren Arzt oder Apotheker.«

Haschisch bei freundlichen ApothekerInnen

Der Hang zu Drogen ist wahrscheinlich so alt wie die Menschheit. Alles, was knallt, wurde und wird reingezogen. In sehr vielen Fällen handelt es sich bei Drogen um Substanzen, die in die Signalübertragung des menschlichen Nervenkostüms eingreifen. Dazu muß man wissen, daß die Nerven (Neuronen) eine verzweigte Struktur haben und miteinander über einen engen *synaptischen* Spalt hinweg kommunizieren. Die *Signalübertragung* von einem auf den anderen Nerv erfolgt durch *Neurotransmittersubstanzen.* Beispiele hierfür sind das jedermann bekannte Adrenalin, aber auch Noradrenalin, Histamin, Acetylcholin, Serotonin, Dopamin, Adenosintriphosphat (ATP) und die Endorphine.

Hat eine solche Substanz nach ihrer Freisetzung ihre Aufgabe erfüllt, wird sie in etwa 0,001 Sekunden wieder abgebaut oder vom abgebenden Neuron zurückgenommen. Hierin liegt der archimedische Punkt vieler Drogen und Nervengifte. Meist *blockieren* sie die *Rezeptorstelle,* das ist der »Klingelknopf«, an dem sich eine bestimmte Neurotransmittersubstanz anlagert, oder sie beeinflussen die *Freisetzung, die Reabsorption* oder den *Abbau* dieser Verbindungen. So beeinträchtigt *Nikotin* das Enzym Monoamin-Oxidase (MAO), welches das Dopamin abbaut. Anders wirken *Amphetamine* und *Kokain,* die die Rücknahme des Dopamins behindern. Relativ harmlos ist der zentral anregende Kaffee. Jährlich konsumieren die Deutschen pro Kopf rund 7 kg der aromatisch duftenden Bohnen, die 0,9 bis 1,3 % Koffein enthalten. Je nach Stärke des Aufgusses werden zwischen 50 und 150 mg des Alkaloids konsumiert. Das Koffein blockiert bestimmte ATP-Rezeptoren und wirkt dadurch dem sedierenden Adenosin entgegen. Ein mäßiger Genuß von Kaffee zieht keine Schädigungen nach sich, und es ist kaum möglich, sich mit Koffein zu vergiften. Selbst nach 5 g Reinkoffein kann noch ohne Probleme eine Wiederbelebung erfolgen. Die Überdosierung liegt bei etwa 9 g, wozu mindestens 100 Tassen getrunken werden müßten, was allein wegen der Wasserintoxikation (etwa 20 Liter!) zum Tode führen würde. Hoher Kaffeekonsum muß nicht das Leben kosten, das belegen die großen Kaffeefreunde François-Marie Voltaire und sein Landsmann, der bekannte Dichter Honoré de Balzac, die beide nach zeitgenössischen Berichten täglich 60 Tassen konsumiert haben sollen.[25]

Nikotin ist zweifellos ein Suchtmittel. In kleinen Dosen wirkt es auf das Zentralnervensystem erregend. Man hat Hinweise darauf, daß der Wirkstoff Emotionen dämpft und das Konzentrationsvermögen erhöht. Wie viele andere suchterzeugende Stoffe setzt Nikotin die Neurotransmittersubstanz Dopamin im sogenannten mesolimbischen System frei. Nikotin ist zwar eine legale, aber äußerst fragwürdige Droge, da 30 % aller Krebsfälle auf Tabakkonsum zurückzuführen sind. Im übrigen könnten die Glimmstengelabhängigen sich ihren Nikotinkick auch ohne Rauchen verschaffen. Die Verbindung wird als Reinsubstanz in jeder besseren Chemikalienhandlung gedealt. Ein paar Tropfen Nikotin-Hydrochloridlösung auf Würfelzucker ersparen das Zücken des Feuerzeugs.

Ebenso problematisch ist der Alkohol. Ethanol, wie der wissenschaftliche Name des Trinkalkohols lautet, steigert das Wohlempfinden, weil die Kommunikation zwischen den Nervenzellen des Gehirns geändert wird. Dies geschieht durch Beeinflussung des Stoffwechsels von Neurotransmittersubstanzen des Belohnungssystems, wie Serotonin, Dopamin und Endorphinen. Rund 11,5 Liter reiner Alkohol werden in Deutschland pro Kehle jährlich konsumiert. Schätzt man den Anteil der Bevölkerung in »trinkfähigem« Alter auf 60 Millionen, so muß die Leber jeweils sogar 15,3 Liter Sprit verkraften. Das ist immerhin eine Tagesration von fünf Schnäpsen oder einer halben Flasche Wein. Wohl kaum ein mäßiger Konsum. Weil jede selbstbestimmte Vergiftung harmloser als eine fremdbestimmte ist, ist der Alkoholkonsum Gott sei Dank nicht so gefährlich wie etwa 2,2 ppm DDT-Einlagerung im Fettgewebe.

Untersuchungen amerikanischer Wissenschaftler deuten aber darauf hin, daß eine mäßige Alkoholzufuhr die Auflösung von Blutgerinnseln begünstigt und somit Herzinfarkten und Schlaganfällen entgegenwirkt. Verantwortlich hierfür soll ein körpereigenes Enzym, der Gewebe-Plasminogen-Aktivator (TPA), sein.

Im Organismus wird das Ethanol durch ein Enzym, die Alkoholdehydrogenase, abgebaut. Nach neueren Forschungsergebnissen verfügen manche Vögel über einen besonders hohen Anteil dieses Enzyms und vertragen deshalb eine 20fach höhere Alkoholaufnahme pro Kilogramm als der Mensch. Sie sind scheinbar von Natur aus auf alkoholhaltige Nahrung, wie angegorene Beeren, eingestellt. Die Injektion einer Ethanoldosis, die beim Menschen 3 ‰ ergeben würde, erbrachte bei diesen Vögeln nur 0,41 ‰ – und die Schnapsdrosseln blieben voll flugtauglich!

Alkohol bewirkt wie alle Rauschmittel hypnotische (»Schlummertrunk«) bis narkotische Zustände – in Abhängigkeit von der eingenommenen Menge. Insofern hat er gewisse Ähnlichkeit mit echten Narkosemitteln, für die folgende Stadien typisch sind:

1. Analgesie (Herabsetzung der Schmerzempfindung)
2. Exzitation (Erregungsstadium)
3. Toleranz (Bewußtlosigkeit)
4. Paralyse (vegetative Zentren im Hirnstamm gelähmt, Lebensgefahr durch Versagen des Kreislaufs, der Atmung)

Vom Stadium der Analgesie können Polizeibeamte berichten, die manche Wirtshausschlägerei nur durch Einsatz massivster Mittel in den Griff bekommen.

Alkohol ist in den nichtislamischen Ländern die häufigste Droge, und die meisten Erwachsenen konsumieren ihn zu allen möglichen Anlässen. Oft wird der Sprit aber auch auf der Suche nach der »Auszeit«, die den Alltag vergessen läßt, getrunken. So mancher Luis Trinker sucht den Höhenrausch im Exzitationsstadium und merkt nicht, wie er schön langsam in den Alkoholismus abgleitet.

1993 starben immerhin 40.000 Menschen in der Bundesrepublik an den Folgen des Alkoholmißbrauchs. In Deutschland leben 2,5 Millionen Alkoholiker, die ihr Leben durchschnittlich um 15 bis 18 Jahre verkürzen. Übrigens vertragen Frauen wegen ihrer anderen Biochemie und ihrem geringeren Körpergewicht wesentlich weniger.

Marc Schluckit, ein Alkoholismusforscher an der University of California, fand Hinweise darauf, daß die Veranlagung zu Alkoholismus möglicherweise erblich ist. 40 % der Söhne von Alkoholikern werden alkoholabhängig, während es in Familien ohne Profi-Trinker nur 10 % sind. Wie gut ein Mensch Alkohol und Alkoholentzug verträgt, scheint nach neueren Erkenntnissen von der Bindung der Neurotransmittersubstanz Dopamin an die entsprechenden Rezeptoren abzuhängen.

Auf ähnliche Art wie Alkohol wirkt Lachgas (Stickstoff(I)-oxid, N_2O), das bekannterweise zur Narkose benutzt wird. Schon im

19. Jahrhundert wurde es zur Belustigung von Kirmesbesuchern konsumiert, und die feine Gesellschaft schnüffelte den Stoff als Partygag zwischen den Walzertakten. Lachgas wird aber auch als Treibmittel im Sahnesprüher verwendet. Die Techno-Szene hat das N_2O, das in jedem Supermarkt erhältlich ist, als Popper wiederentdeckt. In der Szene wird der Rausch mit »auf Sahne« oder »im Sahneland sein« beschrieben. Der N_2O-Freak nimmt einen tiefen Lungenzug, und schon zischt er gasgeladen ab. In *Focus* wird der Techno-DJ Toxic als Dekadenzsetter zitiert: »Es macht einfach gut drauf – ein irres Glücksgefühl.«

Viel Unterschied ist da nicht zu den Einwohnern des östlichen Sibiriens, die mit dem Fliegenpilz (Soma) »die Fliege« machen (Wirkstoff ist das Muscarin). Spätestens eine Stunde nach Einnahme des Pilzes machen sich Vergiftungssymptome bemerkbar. Der Berauschte bekommt einen »irren Blick«, verfällt in rhythmische Zuckungen, wird lustig, fängt an zu singen und hat Halluzinationen. Die Erregung wird immer stärker, bis sie in einen Tobsuchtsanfall übergeht. Möglicherweise ist die Sage von der Berserkerwut so entstanden. Da man für einen ordentlichen Rausch mindestens drei bis vier Pilze benötigt, der Fliegenpilz aber in Sibirien sehr selten ist, gilt er als Kostbarkeit. Sibirienreisende berichten: »Die Nomaden fanden heraus, daß der Wirkstoff durch den Urin ausgeschieden wird. So wartete ein zweiter mit dem Gefäß in der Hand auf den Urin des ersten, trank ihn und fiel in den gleichen Rauschzustand.«[26] Die Nomaden-Disco!

Bei uns sind die geläufigsten Drogen Hanf (Cannabis, Haschisch, Marihuana), Mescalin, Ecstasy, LSD, Amphetamin (»Speed«), Kokain und Heroin. Von besonderem gesellschaftspolitischem Interesse ist die Hanfpflanze, deren Wirkstoff, das Tetrahydrocannabinol (THC), wie andere Drogen auch in das Belohnungssystem des Gehirns eingreift. Es sediert und verschafft eine Art »Auszeit«, wobei es gleichzeitig euphorisierend und halluzinogen wirkt.

Hanf wächst als uralte Kulturpflanze auch bei uns. In heißen Sommern kann die heimische weibliche Pflanze sogar eine nachweisbare Menge THC enthalten. Aber es reicht halt nicht für den Kick, weshalb sich der Haschischkonsum früher vor allem auf südliche Länder beschränkte.

Nichts kennzeichnet unsere Toleranzvorturner mehr als ihre Haltung zu Drogen. Die gleichen Leute, die wegen jedem Nanogramm (0,000.000.001 g) eines Pflanzenschutzmittels zum Angstbibber-Wettkampf aufrufen, winken bei der Verbreitung von Suchtgiften müde ab. Das ist bemerkenswert und bedarf der Erklärung: Man braucht sich nur daran zu erinnern, daß die wichtigsten parlamentarischen Exponenten der schrilli-schrulli Politik aus der 68er Bewegung stammen. Das gilt auch für die komplementären grünen Zeitgeist-Flakons in den Schulen, Redaktionsstuben und Gerichten.

Die 68er Bewegung wiederum ist untrennbar mit der einstigen jugendlichen »Flower-Power-Bewegung« und der psychedelischen Schlaffigift-Kultur verbunden. Die erstgenannte stellte sich in der Zeit von 1965 bis 1968 gegen das Kunstverständnis und die Ordnung der Nachkriegsgesellschaft. Kennzeichen waren: Toleranz bis zur Selbstverleugnung (vergleiche den heutigen Political-Correctness-Kult), freie Liebe (Promiskuität), »Anything goes«-Denken, Blumenschmuck und durch Drogengenuß stimulierte Feste.

Die Protagonisten des zweitgenannten Trends zerstörten sich unter dem Einfluß bewußtseinsverändernder Drogen (insbesondere LSD) mit visuellen und akustischen Wahrnehmungen selbst. Haschischkonsum wurde schick (»Haste keinen Freund – dreh dir einen Joint«). Cannabis war nicht nur die Droge der abgeschlafften, in der Ecke zusammengesackten Leistungsverweigerer, sondern auch der Wilden, der Unangepaßten und der Eigensinnigen. Sie »fördere das Antiautoritäre in den Subjekten«, motiviere »zur Verweigerung« und sei ein »Virus im Beton der Zeit«. Man muß nicht selbst den Joint gedreht haben, um in den 90er Jahren als Spät-68er Flower-Power-Reminiszenzen nachzuhängen. Verständnis für das Bürgerrecht auf den Cannabis-Rausch bringt man allemal mit ins Amt.

So verwundert es keineswegs, wenn Lübecker Richter den *Besitz von bis zu 4 kg Haschisch als gering* einstufen und sich auf einen Beschluß des Bundesverfassungsgerichts vom 9. März 1994 berufen können, wonach der Besitz einer kleinen Menge straffrei bleiben soll. Alternativ-dekadenter geht's kaum noch!

Vollkommen abgedreht war 1995 der Vorschlag der schleswigholsteinischen Gesundheitsministerin Heide Moser (SPD). Danach sollte Haschisch als »kontrollbedürftige Genußdroge« in Apotheken verkauft werden. Prompt schlossen sich die kongenialen Ungesundheitsminister des Saarlandes (SPD), Niedersachsens

(SPD) und Hessens (Grüne) dem Vorschlag an. Besonders interessant war die Idee des Ministers Rupert von Plottnitz, Hessens grünem Mann fürs linke Recht, der den Verkauf der Droge sogar im Supermarkt zulassen wollte. Wahrscheinlich sollte man dann die kleinen Päckchen in Greifnähe an der Kasse deponieren, damit die lieben Kleinen der Mutter etwas Haschisch für zu Hause ins Körbchen legen. Nicht vergessen: »Haste Haschisch in den Taschen, haste immer was zu naschen.«

Hessen ist ohnehin das Bundesland, in dem der gesellschaftliche Umbau zu spätrömischen Verhältnissen dank der schon länger mitregierenden grünen Gutmenschen die weitesten Fortschritte gemacht hat. In diesem schönen Land äußerte im April 1995 der Justizminister von Plottnitz große Bedenken gegen die Praxis, Drogendealern ein Brechmittel zu verabreichen. Er war sich nicht sicher, ob die Beweissicherungsmethode mit dem Grundgesetz vereinbar sei. Vor allem die Gesundheit hoffnungsfroher Jungunternehmer aus dem Migrationsmilieu, die sich lediglich eine bescheidene Existenz aufbauen wollen, lag ihm am Herzen. Deshalb ließ er die schreckliche Toxizität des verabreichten Brechmittels Ipecacuanha überprüfen. Was sagt das Lehrbuch?[27] Ipecacuanha wird wegen seiner Harmlosigkeit Kindern unter sechs Jahren verabreicht, weil bei ihnen Erbrechen durch Kochsalz- oder Apomorphin zu gefährlich wäre.

Worüber sich die Drogenanwender meist nicht im klaren sind, ist, daß alle Drogen zumindest *psychisch* und viele sogar auch *physisch* abhängig machen. Besonders problematisch ist der *Toleranzeffekt*, die Notwendigkeit einer ständigen Dosissteigerung, um den gewünschten Effekt zu erreichen. Interessant ist der Vergleich gängiger Drogen. In einem modernen Lehrbuch der Pharmakologie findet man folgende Charakterisierung:[28]

Droge	*Psychische Abhängigkeit*	*Physische Abhängigkeit*	*Toleranz*
Opioid (z. B. Heroin)	+ + +	+ + +	+ + +
Alkohol	+ +	+ + +	+ +
Kokain	+ + +	+	+
Amphetamine (z. B. Ecstasy)	+ +	+	+ + +
Cannabis (Haschisch)	+	0	+
Halluzinogene (z. B. LSD)	+	0	+ + +

Tatsächlich erscheint Cannabis harmloser als Alkohol. Dies reicht den Ökopharisäern zur Begründung ihrer Forderung, es in Apotheken neben Kamille und Aspirin ins Regal zu stellen. Zunächst müßten sich die regierenden Dekadenzbeschleuniger fragen, wieso eigentlich mehr Cannabiskonsumenten als Alkoholkonsumenten auf Heroin umsteigen. An der szenespezifischen Schummerigkeit allein kann es nicht liegen. Politiker, die die Freigabe bestimmter Drogen fordern, erwecken den Eindruck, diese seien ungefährlich. Auf diese Weise wird die Überschreitung von Hemmschwellen erleichtert und vor allem Neugierde geweckt! Der Suchtreport[29] schreibt: »Als häufigstes Motiv für den ersten Konsum von Haschisch wurde genannt ›Neugierde‹ (84,9 %) und ›weil es mir angeboten wurde‹ (56,6 %).« Man sieht, es fehlt nur noch das Angebot in der Apotheke! Längst ist belegt, daß die Konsumenten harter Drogen fast immer über den weichen »Kick« eingestiegen sind. Nicht zuletzt deshalb meint der Hamburger Hanf-Experte Behr, die Apotheken seien zum Haschischverkauf so sehr geeignet »wie ein Igel zum Arschabwischen«.

Zu Risiken und Nebenwirkungen rot-grüner Drogenpolitik lesen Sie neben dem Polizeibericht den Suchtreport, unterhalten sich mit einem Polizeibeamten und fragen Sie den Toxikologen. Der letztere schreibt:[30] »Viele Haschischraucher klagen über dauernde Kopfschmerzen, Gedächtnisschwund und bleibende Schwierigkeiten, klar zu denken. Das sind eindeutige Symptome für die Verschlechterung der Hirnfunktion, die auf organische Hirnschäden zurückzuführen sind. Weitere chronische Begleiterscheinungen sind Bindehautentzündung, Asthma und Bronchitis.« Oder: »Sehr häufig kommt es … zu einem Zustand von Persönlichkeitsspaltung. Der Berauschte verliert jede Selbstkontrolle und Selbstbeherrschung und begeht ohne jeden Anlaß gewalttätige Handlungen. Als sich z. B. das Haschischrauchen in Amerika ausbreitete, stiegen sprunghaft die Verbrechen vor allem in den Großstädten an. Nach einer Statistik aus dem Jahr 1936 wurden 60 % aller Verbrechen in New Orleans von Marihuana-Rauchern begangen.«[31]

Wie könnte es so schön im ZDF-*Frontal*-Magazin heißen:

»Noch Fragen, Kienzle?« »Ja, Hauser. Was würde die schleswig-holsteinische Gesundheitsministerin (!) Frau Moser sagen, wenn ein Pharmahersteller ein Antidepressivum mit den Nebenwirkungen des Marihuanas auf den Markt brächte?« … »Ab in den Reißwolf!«

Die Grenzwertkomödianten

Trinkwasser unterliegt einer besonderen Kontrolle. Nicht nur keimfrei, sondern vor allem »chemiefrei« muß es sein. Deshalb hat die Weltgesundheitsorganisation (WHO) strenge Richtwerte vorgegeben, die *inklusive Sicherheitsfaktor allerdings bis zu 1000mal höher* liegen als die unter deutscher Einflußnahme gedrückten EU-Werte. Und es ist zu erwarten, daß die EU-Grenzwerte proportional zur Zahl der ARD- und ZDF-Sendungen über Umweltgifte und mit der steigenden Empfindlichkeit der Nachweismethoden noch weiter nach unten gesetzt werden. Vergleicht man die Toxizität des Kochsalzes einmal mit der Toxizität gängiger Pflanzenschutzmittel, so kommt man zu einem interessanten Ergebnis:[32, 33]

Substanz	*LD_{50} in mg/kg*	*Relative Toxizität zu Kochsalz*	*WHO-Richtwert in mg/l*	*In Deutschland gültiger EG-Wert in mg/l*
Kochsalz	4000	*1,0*	–	–
Alachlor	1350	*3,0*	0,02	0,0001
Atrazin	3080	*1,3*	0,002	0,0001
Bentazon	1780	*2,2*	0,03	0,0001
2,4-D	699	*5,7*	0,03	0,0001
Methoxychlor	6000	*0,7*	0,02	0,0001
Pendimethalin	>5000	*<0,8*	0,02	0,0001
Pyridat	3544	*1,1*	0,1	0,0001
Simazin	>5000	*<0,8*	0,02	0,0001

Heute verwendete Pflanzenschutzmittel besitzen eine sehr geringe Toxizität, die in den meisten Fällen in der Größenordnung des Kochsalzes liegt. Vom Kochsalz konsumieren wir täglich 15 g. Um eine vergleichbare Belastung durch den in obiger Tabelle angeführten giftigsten Wirkstoff 2,4-D zu erlangen, müßte ein 70 kg schwerer Mensch Tag für Tag rund 62 Liter eines Wassers trinken, dessen WHO-Grenzwert um das 20fache überschritten wird. Natürlich sind Pflanzenschutzmittel kein Puderzucker, und manche der in der Landwirtschaft und im Privatgarten verwendeten Substanzen sind fischtoxisch. Dazu müssen aber erhebliche Mengen in das Gewässer gelangen. Bei bestimmungsgemäßem Gebrauch sind Fischmassensterben ausgeschlossen.

Dennoch kommt es auch bei Menschen zu Vergiftungen. 1991 gab es in der Bundesrepublik 527 tödliche Vergiftungen mit Pestiziden. Diese waren aber in 98 % Suizidfälle. Der Rest stellte sich als Unfälle heraus. Niemand ist erkrankt, weil er unbeabsichtigt gespritzten Salat vor dem Ende der Wartezeit gegessen hat.

Vor allem Greenpeace setzt immer mal gerne auf Diuron, dessen Giftigkeit (LD_{50} >5000 mg/kg[33]) so gering ist, daß sie etwa vier Fünftel derjenigen von Kochsalz entspricht. Das Totalherbizid wird nach Aufnahme in den Organismus innerhalb von drei Tagen vollständig ausgeschieden (drei Viertel im Urin, ein Viertel in Faeces). Wegen der *ausgesprochen geringen Toxizität* hielt die Deutsche Bahn AG ihre Gleise mit Diuron unkrautfrei. Doch wenn Greenpeace eine spendengeldbringende Ökopossenkampagne beschließt, dann läuft die Klamotte unter lebhaften Medienböllerschüssen bis zum lächerlichen Ende. Nach einer *FAZ*-Meldung haben die Umweltjünger im Trinkwasser einiger Gemeinden des Rhein-Main-Gebietes 0,0002 mg/l statt der nach der EU-Norm erlaubten 0,0001 mg/l gefunden. Als Folge gab es im Februar 1996 eine Ökokomödie mit Abseilen vom Frankfurter Hauptbahnhof. Die Bahn hat schön »Bitte, bitte« gemacht, den Schwanz eingekniffen und versprochen, künftig das ultraschreckenverbreitende Diuron nicht mehr zu verwenden – auch wenn damit eine massive Erhöhung der Kosten verbunden ist. Die zahlt der Bahnkunde gerne. Bleibt nachzurechnen, wieviel Trinkwasser, das mit 0,0002 mg Diuron/l »verseucht« ist, ein Mensch an einem Tag trinken müßte, um eine Vergiftungserscheinung zu erleiden. Bei der oben angenommenen Toxizität wären dies 25 Millionen Liter.

Bleibt noch zu fragen: Wenn die Spontangrünkeule wesentlich weniger giftig als Kochsalz ist, was soll dann das Ganze? Ach so – die schrecklichen Krebsgefahren. Wie die zu bewerten sind, dazu mehr im 4. Kapitel. Da gibt es wenig bekannte, aber hochinteressante Fakten.

Bei einer solchen Stimmungsgemengelage ist es kein Wunder, wenn ein Detmolder Ingenieur esoterisches Trinkwasser für eine Mark pro Liter anbietet, das durch eine Levitationsmaschine gelaufen ist. Dabei wird »im Prinzip Bewegungsenergie in Saugenergie umgewandelt ... Schließlich werde dieses besondere H_2O mit der Gravitation entgegengesetzter Energie, der aufsteigenden oder saugenden Levitationsenergie, in (einem) mechanischen Prozeß aufgeladen«.[34] Wer so etwas für Wissenschaft hält, der glaubt auch, daß wegen der Big Macs der Amazonas abgeholzt wird.

Einen hohen Unterhaltungswert für Unhysterische hat zuweilen auch das Arsengrammophon. Da Medienmacher davon überzeugt sind, daß Gifte nur »von der Chemie« kommen, schrieb eine hessische Regionalzeitung: »Arsen wirkt in hoher Konzentration als Gift, kommt aber auch in der *Natur* vor.« Folglich scheint es auch weniger gefährliches »Bioarsen« zu geben – eine für den Chemiker interessante Bereicherung seines Wissens.

Großes Gegacker gab es auf dem Ökohühnerhof, als 1995 in der hessischen Landeshauptstadt im Sand von Kinderspielplätzen erhöhte Arsenwerte gefunden wurden. Immerhin lagen sie zwischen beachtlichen 254 und 653 mg/kg. Weil die Kinderspielplatzrichtwerte 20 mg/kg gelten, kam das Hysterikerkarussell auf Hochtouren. Hatte da ein Umweltsünder zugeschlagen und unerlaubt Giftstoffe abgelagert? Bei näherer Betrachtung stellte sich heraus, daß es sich Gott sei Dank um Bioarsen handelte, das vor rund einer Million Jahren durch mittlerweile versiegte Thermalquellen hochgespült worden war.

Der Leiter des Gesundheitsamtes informierte, daß selbst die wöchentliche Aufnahme eines gehäuften Eßlöffels der belasteten Erde »noch duldbar« sei. Das wären bei 150 g pro Löffel wöchentlich etwas mehr als 0,6 mg Arsen oder rund 0,09 mg/Tag.

Die für den Menschen tödliche Arsendosis liegt zwischen 150 und 200 mg, wobei die Literaturwerte beträchtlich schwanken. Das ist kein Wunder. In Teilen Österreichs gab es noch in diesem Jahrhundert unter den Bergsteigern, Waldhütern und Holzfällern Arsenikesser, die das Gift in steigenden Dosen zu sich nahmen, um dem schweren Leben in den Bergen besser gewachsen zu sein. Das Element gilt nämlich als Stärkungsmittel und wird noch heute in der Homöopathie in Mengen zwischen 0,5 und 1 mg gegen Rachitis, Bleichsucht, körperliche Schwäche und Erschöpfungszustände verordnet. Die Arsenikesser brachten es bei längerer Gewöhnung schadlos auf über 400 mg täglich!

Die Konzentration im Muskelfleisch von Säugetieren und Menschen liegt zwischen 7 und 90 µg/kg, was offensichtlich sinnvoll und notwendig ist, denn es gibt Hinweise, wonach Arsen ein essentielles Spurenelement ist. Selbstverständlich kann es bei gesteigerter Arsenzufuhr zu chronischen Vergiftungserscheinungen kommen, die sich als Entzündungen der Augen, der Schleimhäute, des Mundes und des Magen-Darm-Kanals bemerkbar machen. Da reichen aber keine Mikrogramm-Mengen. Das gilt auch für den wesentlich empfindlicheren Organismus von Kindern. Eine Gefährdung darf aber nicht verschwiegen werden. Das Spurenelement Arsen ist beim Menschen eindeutig krebserregend. Wie das einzuordnen ist, dazu mehr im 4. Kapitel.

Im März 1995 meldete die Zeitschrift *Ökotest,* daß in 15 von 16 Proben eines Babysäftchens 8 bis 24 µg/l Arsen entdeckt wurden. Da es sich nicht um Bioarsen handelte, sondern aus Filtermaterialien stammte, gab es ein Riesentrara. Immerhin waren bis Januar 1996 40 µg/l (0,04 mg/l) im Trinkwasser erlaubt, und seither dürfen – bis zum nächsten Ökofieberschub – 10 µg/l enthalten sein. Da zur Zeit der Meldung der alte Grenzwert galt, hätte der Säugling immerhin 1,7 l des belasteten Säftchens trinken müssen, um diesen Wert zu erreichen. Geht man davon aus, daß ein Kind – konservativ geschätzt – ein Milligramm zu sich nehmen müßte, um eine chronische Intoxikation zu erleiden, so müßte es immerhin *täglich* fast 42 l trinken. Die *Letaldosis für ein Kleinkind* dürfte etwa bei 8 mg liegen, womit über *330 l* auf einmal fällig wären. Mit Bioarsen könnte das natürlich nicht passieren!

Wem hier noch Zweifel kommen, dem sei gesagt, daß der menschliche Körper das aufgenommene Arsen innerhalb von drei bis fünf Tagen zu 50 bis 80 % wieder abgibt. Da Arsen in Spuren zwischen 0,1 und 20 mg/kg überall im Boden vorhanden ist, nehmen wir normalerweise täglich 50 bis 100 µg Arsen auf und scheiden 67 bis 102 µg/kg mit dem Urin wieder aus.[35] Das sind die ganz normalen Werte, die mit Sicherheit schon im Mittelalter gemessen worden wären. Der Arsengehalt im Urin ist demnach sechs- bis zehnfach höher als der ökohysterisch festgelegte neue Grenzwert (10 µg/l) für Trinkwasser. Gilt Urin demnächst als Sonderabfall? Antreten zum Pinkeln bei der Sondermüllannahme der Stadtreinigung?

Zur Erinnerung: Bei der Behandlung der Syphilis mit Salvarsan wurden immerhin 120 mg Arsen (entspricht 0,3 g Neosalvarsan) in den Muskel injiziert, eine Menge, die in Form des Arseniks (Arsen(III)-oxid) tödlich wäre. Die geschickte »Verpackung« des Arsens in ein geeignetes Molekül verhinderte die akute Vergiftung. Auch ist in der Literatur kein Krebsfall durch Arsen aus Salvarsan bekannt.

Dennoch ist das Medikament nicht frei von Nebenwirkungen.

Es gab tödliche Zwischenfälle, die meist darauf beruhten, daß der Wirkstoff nicht in den Muskel, sondern in Gefäße injiziert worden war. Salvarsan kann die Blut-Hirn-Schranke nicht überwinden und ist deshalb gegen die fortgeschrittene Verlaufsform, die Gehirnsyphilis, wirkungslos. Wir verwenden nicht zuletzt aus diesen Gründen heute lieber Antibiotika zur Behandlung dieser Geschlechtskrankheit.

Viele schwören auf naturbelassene Lebensmittel aus biodynamischem Anbau. Weltanschauliche, gesundheitliche und tierschützerische Motive stehen im Vordergrund. Die Szene ist bunt und von recht hohem Unterhaltungswert für mental Unbelastete. Das reicht von den »Veganern«, die sich rein pflanzlich ernähren, bis zu den nicht ganz so esoterischen Anhängern der lactovegetabilen Ernährung, die auch mal ein Gläschen Milch trinken.

Wie der Kinderarzt Berthold Koletzko von der Universität München auf einem Symposium[36] vortrug, kann eine solche Ernährungsweise eventuell Kühe, Schweine und Hühner glücklich machen, aber für Kinder sehr verhängnisvoll sein: Eine strenge Veganerin stillte ihr Baby 14 Monate lang. Das ist nicht besonders aufregend. Weil aber die »giftarme« Muttermilch wegen der streng vegetarischen Ernährung zuwenig Vitamin B_{12} enthielt, wurde das Kind regelrecht blödsinnig gesäugt. Die Erkrankung war so schwerwiegend, daß auch nach der Behandlung mit Vitamin B_{12} die neurologischen Krankheitssymptome noch nach einem Jahr bestanden.

Langzeitstudien aus den Niederlanden belegen, daß »makrobiotisch« gefütterte Kinder nicht glücklicher sind, aber gegenüber herkömmlich ernährten an Körpergröße und Gewicht zurückbleiben. Den mit Seealgen, Sojaprodukten, Pflanzensamen und Nüssen vollgestopften Zöglingen fehlt es nicht nur an Vitamin B_{12}, sondern auch an Vitamin D (Rachitis!), an Kalzium und an Eisen.

Schwermetalle in Nahrungsmitteln wie Fisch sind immer für eine Ökostampede gut. In Minamata lagen seinerzeit die Quecksilberkonzentrationen der verzehrten Fische zwischen 10 und 30 mg/kg. In Laboratoriumsversuchen hat man die Umweltkatastrophe rekonstruiert und die Toleranzgrenze für den Menschen bei 0,5 mg/kg Körpergewicht ermittelt. Eine 60 kg schwere Person kann somit ohne jegliche Schädigung 30 mg Quecksilber aufnehmen, also ein Kilogramm des besonders belasteten Fisches verzehren. Da die Japaner der Küstenregion sehr viel Fisch essen, mußte es zwangsläufig zu Vergiftungen kommen.

Ein Kilogramm Seelachs enthält zwischen 0,02 mg und 1,39 mg Quecksilber. Um die besagten 30 mg aufzunehmen, müßte eine 60 kg schwere Person *21,6 kg* des relativ hoch belasteten Seelachses essen. Da braucht es schon einen starken Appetit! Im übrigen wird geschätzt, daß die Hälfte des Quecksilbers innerhalb von 70 Tagen ausgeschieden wird. Nach weiteren 70 Tagen ist vom Rest wieder die Hälfte verschwunden usw. – vorausgesetzt, daß das Schwermetall nicht ständig neu aufgenommen wird. Der Toxikologe O. Strubelt rechnet vor, daß bei einem hohen Quecksilbergehalt von 2,86 mg/kg Frischfisch ein Mensch *ein viertel Jahr lang täglich ein Pfund* Fisch essen müßte, um sich eine Quecksilbervergiftung zuzuziehen!

Der *Stern* verpaßte im Mai 1995 den bundesdeutschen Öko-Junkies einen ordentlichen Schuß, als er die »Giftdeponie Mensch« untersuchen ließ. Bei einem Sylter Fischhändler wurden im Blut 5,4 µg Quecksilber/l gefunden, während es bei einem Pfarrer aus Bitterfeld lediglich 1,3 µg/l waren. Lebte man unter dem Sozialismus doch gesünder? Der *Stern* interpretierte das anders und folgerte messerscharf, daß der höhere Fischkonsum des Norddeutschen dafür verantwortlich sei. Da die Quecksilberkonzentration im Blut eines unbelasteten Menschen mit 5 µg/l angegeben wird, ist der Wert des Fischhändlers bestenfalls mäßig erhöht.[56] Außerdem wurde um des Ökoklamauks willen nicht berücksichtigt, daß der Fischhändler wesentlich älter (53 Jahre) als der Pfarrer (36 Jahre) war und deshalb der erhöhte Wert wegen der Akkumulation des Metalls noch im Normbereich lag. Bleibt anzumerken, daß bei tatsächlich belasteten Menschen der Quecksilbergehalt im Blut bei 50 bis 100 µg/l liegt.[56]

Nur gesundes Breichen kommt auf den Teller

Um Pflanzenschutzrückstände zu meiden, verspeist die ökochondrische Müsligemeinde nur noch Gesundes. Es kann ihr aber wie Millionen Müttern gehen, die ihre Kinder mit Spinat vollstopfen. Angeblich ist das Gemüse wegen des Eisengehalts besonders wertvoll. Tatsächlich ist der Traum von der gesunden Ernährung nichts anderes als ein Druckfehler. Vor vielen Jahren hatte ein Autor ein fehlendes Komma in der Korrekturfahne übersehen, so daß 100 g Spinat statt 3,0 mg plötzlich 30 mg Eisen enthielten. Und alle anderen haben von ihm abgeschrieben. Letztlich verdankt auch die Zeichentrickfigur Popeye diesem Druckfehler ihr Leben.

Ähnlich geht es mit den Chemierückständen in unserer Nahrung. Keiner fragt mehr nach, stimmt denn das alles, und wie gefährlich ist eigentlich die Substanz? Nein, wird irgendein Giftstoff gefunden, so interessiert die tatsächlich gegebene Toxizität nicht mehr. Vielmehr wird der Verursacher aus durchsichtigen, politisch motivierten Gründen als geschmückte Umweltsau mit Blasmusik durchs Dorf getrieben.

Einen köstlichen Milchfläschchenhorror hatte im Dezember 1993 das Landesuntersuchungsamt Freiburg losgetreten. Bei einer Reihenuntersuchung fand es im Babybrei aus Spanien statt der zulässigen 0,01 mg/kg den vierfachen Gehalt des seit 1980 in Deutschland nicht mehr zugelassenen Pflanzenschutzmittels Lindan.

Der NOEL (vgl. S. 132) von Lindan liegt bei etwa 1 mg/kg. Bis zu diesem Wert ist selbst bei täglicher Aufnahme *keinerlei gesundheitlicher Schaden* zu erwarten; dazu müßte ein Kind *jeden Tag 25 kg* des belasteten »Vielkorn-Apfelbreis« reingestopft bekommen. Eine Erkrankung ist dabei nicht auszuschließen – aber nicht wegen der Pflanzenschutzmittelrückstände. Tödlich für ein Kind wären etwa 200 mg Lindan. Um diese Dosis zu erreichen, müßten immerhin 5000 kg des schrecklich belasteten Breichens auf einmal verfüttert werden.

Kindernahrung aus frischem Obst hat übrigens eine 500mal so hohe Pestizidbelastung wie die monierte Gläschenkost. Im Nachspiel konnte man erfahren, daß der deutsche Markt zu 95 % in den Händen deutscher Hersteller liegt, die gar nicht so traurig waren, als die Waren des spanischen Konkurrenten mit einem Marktanteil von etwa 4 % erst einmal aus den Regalen verschwanden.

Die Gefahren liegen woanders. 75.000 Kinder vergiften sich jährlich, 37 % durch Medikamente, 20 % durch Zigaretten und 15 % mit Haushaltsreinigern. Das hat etwas mit der Sorglosigkeit und Naivität zu tun, mit der manche Eltern ihre Kinder beaufsichtigen. 50.000 der Fahrlässigkeitsfälle erfordern eine Krankenhausbehandlung, und 48 enden traurigerweise tödlich. Außerdem vergiften sich jährlich etwa 10.000 Kinder durch Pflanzen. Besonders toxisch wirken die lecker leuchtende Tollkirsche, der Seidelbast, die hübschen Früchte der Vorgarteneiben und der blaue Eisenhut. Der letztere ist deshalb so problematisch, weil die Giftaufnahme auch über die Haut erfolgen kann. Aber: Natur ist gut – Chemiekeulen-Breichen ist lebensgefährlich giftig.

Einer der ältesten Nahrungszusatzstoffe ist Natriumchlorid (NaCl, Kochsalz). Täglich muß der Mensch zur Aufrechterhaltung der Lebensfunktionen mindestens 2 bis 3 g aufnehmen. Bei vollständigem Stopp der NaCl-Zufuhr werden pro Tag zuerst noch 15 bis 20 g ausgeschieden. Schließlich hört nach einiger Zeit die Ausscheidung ganz auf, wobei ein Rest von 150 g im Körper zurückbleibt – ja zurückbleiben muß! Weil aber bei einer täglichen Zufuhr von mehr als 7,5 g die Gefahr der Hypertonie besteht und beim Säugling bereits eine Dosis von 1 g zu Apathie und Atembeschleunigung führt, würde Kochsalz als Lebensmittelzusatzstoff nach der heutigen strengen Gesetzgebung nicht mehr zugelassen werden.

Die Salmonellis

In den 30er Jahren bereiste die Schriftstellerin *Margret Boveri* die Länder um das Mittelmeer. Über den Sudan berichtete sie, daß jeder Sudanese eine Strafe bezahlen müsse, wenn er irgendwo einen Moskito gesehen und das der Behörde nicht angezeigt habe. Sie schreibt: »Keine Fliege, keinen Moskito trafen wir in dem Land. Wo ihr Auftreten gemeldet wird, rückt gleich eine Kolonne vor, um ihre Brutstätten auszuräuchern und mit Giftgasen zu Tode zu spritzen. Nur wer einmal in Marokko oder Tunis, in Tripoli oder im Niltal in den Dörfern die Schwärme von Fliegen sah: auf Fleisch und Brot, auf den Geschwüren und Entzündungen von Kindern und Erwachsenen, nur der wird ermessen, was das bedeutet. Als Leistung. Und als Garantie für den Gesundheitsstand des Landes.«

Welch eine glückliche Zeit – chemiefreie Geschwüre für jedermann! So etwas muß doch das Herz jedes Siechtums-Enthusiasten stocken lassen. Wie kann denn Chemie den Gesundheitszustand eines Landes garantieren? Da lobt die Dame giftverspritzende Kolonnen, die den Moskito ausräuchern und die armen Insekten vom biodynamisch vermarkteten Fleisch vertreiben. Unvorstellbar! Chemie in Lebensmitteln wirkt auf den neudeutschen Ökojammertaler wie eine Reibfläche auf Zündhölzer – sofort gibt es flammenden Protest.

Dabei lauern die Gefahren ganz woanders. Der *Deutschland-*

funk informierte am 19. Februar 1996 über einen Umweltskandal in Nordrhein-Westfalen, der besser als Hygieneskandal beschrieben werden sollte. Bei Schwerpunktuntersuchungen wurden im ersten Halbjahr 1995 in Bäckereien und Konditoreien in über 50 % der Backwaren *Streptococcus faecalis* und *E. coli* Keime gefunden. Damit kann der Mensch leben, denn die Keime besiedeln normalerweise den Darm. Vom Arzt werden sogar Tropfen verschrieben (Symbioflor I bzw. II), die lebende Zellen dieser Bakterien enthalten. Bei Backwaren braucht man jedoch einige Phantasie, um sich vorzustellen, wie die Keime in die Kalorienbomben gelangen.

Daß so wenig passiert, spricht für die äußerst sorgfältige und regelmäßige Lebensmittelüberwachung hierzulande. Diese verhindert nach menschlichem Ermessen, daß mit Keimen durchseuchte Lebensmittel in den Handel kommen. Auch wird eine Gefährdung durch Schwermetallbelastungen sowie durch andere Giftstoffe weitestgehend minimiert. Im Februar 1987 konnte man nachlesen, daß in Gläsern, die »Pikante spanische Pfahlmuscheln« enthielten, zwischen 0,9 bis 1,34 mg Saxitoxin/kg entdeckt wurden. Bei der Substanz handelt es sich um ein starkes Nervengift, von dem 0,2 mg für einen erwachsenen Menschen tödlich sind. Die Muscheln waren eigentlich »sekundär giftig«, weil sie den Giftstoff mit ihrer Nahrung in Form von Dinoflagellaten (geißeltragende Algen) aufgenommen hatten. »Etwa 30 Minuten nach Verzehr der Muscheln machen sich Taubheit der Lippen und Fingerspitzen bemerkbar, der sich allgemeine Lähmungserscheinungen anschließen; der Tod kann innerhalb von 12 Stunden eintreten.«[37]

Allein im Oktober 1976 kam es zu rund 200 zum Teil schweren Vergiftungsfällen in westeuropäischen Ländern. Keime in Lebensmitteln erinnern uns gelegentlich daran, daß Infektionskrankheiten durch ganz normale Salmonellen nicht aus der Welt sind. *Generell sind pathogene Mikrorganismen florierende »Chemiefabriken«, die hochwirksame Gifte produzieren – eine in der Bundesrepublik längst verdrängte Tatsache.* Ein solcher »Hersteller« ist der Botulismuserreger, das Bakterium *Clostridum botulinum,* dessen altbewährtes »Hausmittel« gegen die Gesundheit das Botulinustoxin ist, von dem 0,000.000.03 mg einen Erwachsenen töten! Wie wir heute wissen, blockiert das Toxin die Freisetzung des Acetylcholins, das mit die wichtigste Neurotransmittersubstanz ist. Mit einer LD_{50} (Maus) = 10^{-7} mg/kg ist es einemillionmal wirksamer als das Nervengift Sarin LD_{50} (Maus) = 0,1 mg/kg.

Weil der Botulismuserreger allgegenwärtig (zum Beispiel auch im Straßenstaub) ist, kommt es auch in der Tierwelt immer wieder zu Todesfällen. 1995 sind in der Elbmündung etwa 15.000 Vögel, vorwiegend Brandgänse, an Botulismus verendet, und in einem See an der französischen Atlantikküste waren es im gleichen Jahr 50.000. »In Massachusetts (USA) soll eine Frau gestorben sein, weil sie nach dem Öffnen eines mit Botulinustoxin befallenen Einweckglases die Finger abgeleckt hatte.«[38] Da das Gift hitzelabil ist, wird es bei sachgerechter Konservierung zerstört. Gefahr droht eher von Selbsteingemachtem. In jedem Fall sollten von selbst aufgegangene Gläser und aufgetriebene Konserven weggeworfen werden.

Auch das kleine Kugelbakterium *Staphylococcus aureus* tummelt sich ganz gerne einmal im Kartoffel- oder Fleischsalat und sorgt für kräftige Brechdurchfälle. Neben diesen Staphylokokken sind vor allem Salmonellen immer wieder die Ursache von Lebensmittelvergiftungen, insbesondere dann, wenn infizierte Tiere geschlachtet oder aber Lebensmittel durch Salmonellen-Ausscheider sekundär infiziert werden.

Die wichtigste Vorkehrung gegen Lebensmittelinfektionen sind übrigens die heutzutage in jedem Haushalt anzutreffenden Kühlschränke. Eine zusätzliche Methode besteht darin, daß wir verschiedene *Konservierungsmittel* (Angst haben!) zusetzen, die mit EG-Nummern gekennzeichnet sind. Das E steht einerseits für »Europa« und andererseits für »Eßbar/Edible«. Unter anderem kommen Substanzen in Frage wie Sorbinsäure (E 200), Benzoesäure (E 210) und Ameisensäure (E 236). Es handelt sich in diesen Fällen um Stoffe, die auch *natürlich* vorkommen. So findet man die Sorbinsäure in Preiselbeeren und Vogelbeeren und die Benzoesäure im Benzoeharz.

Weil Benzoesäure im Molekül die Grundstruktur des Benzols enthält, fand ich vor Jahren einmal in einer Zeitschrift den Hinweis, daß das giftige und krebserregende Benzol in dem Konservierungsmittel-Molekül enthalten sei. Dann allerdings müßte auch die in fast jedem Protein enthaltene Aminosäure L-Phenylalanin sehr gefährlich sein. Die Verbindung enthält nämlich ebenfalls die Grundstruktur des Benzols im Molekül. Vielleicht gibt es aber auch einen Unterschied zwischen ungiftigem Biobenzol in natürlicher Benzoesäure und Chemiebenzol im Lebensmittelzusatzstoff E 210?

Die Sorbinsäure ist so giftig wie Milchsäure. Vergiftungen durch Dickmilch, in der die Milchsäure vorkommt, sind aber relativ unbekannt. Sorbinsäure und deren Salze sorgen dafür, daß in verpacktem Schnittbrot, Käse, in Joghurt und ähnlichem dem Schimmel der Appetit vergeht. Benzoesäure ist so ungiftig, daß sogar 50 g ohne wesentliche Symptome vertragen werden! Es tut mir leid, aber mir persönlich ist Benzoesäure im Fleischsalat lieber als ein Salmonellenplanschbecken. Das gilt auch für alle synthetischen Konservierungsstoffe wie PHB-Ester (p-Hydroxybenzoesäureester).

Bei der Fleischwarenherstellung wird durch Natriumnitrit-Zugabe (E 250) von 80 bis 150 mg/kg die Entwicklung des oben beschriebenen Keims *Clostridum botulinum* massiv unterdrückt. Immer wieder werden in den Medien Verbraucher verunsichert mit der Meldung, durch das Konservierungsverfahren würden krebserregende Nitrosamine entstehen. Dabei wird geflissentlich übersehen, daß dem Verbraucher nicht die Wahl zwischen Pest und Cholera zugemutet wird, weil die Krebsgefährdung nach allem, was man heute weiß, in diesem Fall von untergeordneter Bedeutung ist. Trotzdem ist manchem sein Verbraucherrecht auf ein Botulinusbiotop wichtiger als seine Gesundheit.

1976 informierte die Zeitschrift *Bild der Wissenschaft* ihre Leser, daß die Westdeutschen mit der Nahrung jährlich 2 kg Chemikalien zu sich nähmen. Da rentiert es sich schon, einmal nachzurechnen, denn das wären bei 60 Millionen Menschen immerhin 120.000 t, das ist die zwölffache Menge der 1976 ausgebrachten Herbizide. Da kann doch was nicht stimmen! Ist der Mensch inzwischen Freiwild der amoklaufenden Lebensmittel- und Chemieindustrie? Will man uns alle abmurksen? Es ist zum Fürchten! Sind diese 2 kg etwa hochgefährliche Rückstände von Chemiekeulen? Das kommt auch nicht hin, denn täglich nehmen wir mit der Nahrung 150 µg Pflanzenschutzrückstände zu uns. Demnach werden im Jahr

$$0{,}000.15 \text{ g/Tag} \cdot 365 \text{ Tage} = 0{,}055 \text{ g } (= 55 \text{ mg})$$

der Substanzen aufgenommen.

Worum handelt es sich dann bei der restlichen Chemikalienmenge von 1999,945 g? Sind das alles Konservierungsmittel? Wie man aus sicherer Fernsehquelle weiß, muß das doch hochgefährlich sein!

Schaut man sich die 1999,945 g näher an, so findet man, daß der größte Teil der Nahrungsmittelzusatzstoffe Verdickungs- und Geliermittel sind, wie die aus Algen gewonnene Alginsäure (E 400). Von den ebenfalls verwendeten Pektinen (E 440) findet man jede Menge in Äpfeln und Mirabellen. Weiter sind zu nennen Antioxidantien wie die als Vitamin C bekannte L-Ascorbinsäure (E 300) und Backtreibmittel wie Hirschhornsalz oder Backpulver (Natriumhydrogencarbonat). Nicht vergessen werden dürfen Bleichmittel, Geschmacksverstärker, Farbstoffe, Süßstoffe, Dickungsmittel, Emulgatoren und anderes. Ohne Zusatzstoffe würde unser Speisezettel ganz erheblich zusammenschrumpfen. So müßten wir beispielsweise ohne Schmelzsalze wie Kaliumpyrophosphat auf den geliebten Schmelzkäse verzichten!

Vielleicht hilft es dem Lebensmittelökochonder auch, wenn er weiß, daß der vollsynthetische Süßstoff Saccharin so wieder ausgeschieden wird, wie er aufgenommen wurde.[39] Erst nach Einzeldosen von 100 g (!) sind Erbrechen und Diarrhöe aufgetreten.[40] Ist die Horrorchemikalie nicht krebserregend? Fehlanzeige, der Verdacht konnte zur Enttäuschung der Ökozündblättchen nicht erhärtet werden! Zum Nachweis der karzinogenen Wirkung hatte man in den 70er Jahren Mäusen Saccharintabletten in die Blase implantiert, und tatsächlich bekamen einige der Tiere Krebs. Später stellte sich heraus, daß dies die Folge einer Pilzinfektion war, die durch den Fremdkörper eingeschleppt worden war. Denselben Effekt kennt man übrigens auch bei der Implantation von Wachstabletten und Glasperlen.[41]

Als Farbstoffe kommen in Betracht Betenrot (E 162 = Saft der roten Bete) und das in der Natur als Kreide vorkommende Kalziumkarbonat (E 170). Auch Carotinoide (E 160) sind recht beliebt. Diese kommen natürlich vor in Paprika, Zitrusfrüchten, Eigelb, Blättern, Lachs und vielem anderem mehr. Nach Schätzungen werden in der Natur jährlich eine Milliarde Tonnen Carotinoide produziert.

Man würde lügen, wenn man die »rein chemischen Farbstoffe« verschweigen würde. Da wäre beispielsweise das Brillantsäuregrün (E 142) zu nennen, das etwa zum Färben von Ostereiern verwendet wird. Säure, furchtbar, und dazu noch grün! Verätzt die nicht die Eierschalen? Nein, es handelt sich um eine sehr schwache Säure, die keinerlei Ätzwirkung besitzt. Manche Farbstoffe sind nur für bestimmte Verwendungszwecke zugelassen. Hierzu zählt das Rubinpigment (E 180), das zum Einfärben der Käserinde dient.

Dennoch ist man bei Farbstoffen besonders vorsichtig. Dies hat seinen guten Grund. In den 40er Jahren verwendete man Anilingelb (p-Aminoazobenzol) zum Einfärben der Butter. Als sich herausstellte, daß Arbeiter, die in der Produktion Kontakt mit der Substanz hatten, Krebs bekamen, wurde das Anilingelb sofort vom Markt genommen. Dies ist einer der Fälle, bei denen mit der Chemie etwas schiefgelaufen ist! Nicht zuletzt aus dieser Erfahrung heraus hat man nur fünf Farbstoffe allgemein zugelassen: Lactoflavin (Vitamin B_2), Betacarotin (Provitamin A), Zuckercouleur (karamelisierten Zucker), Silber- und Goldflitter. Lebensmittelzusatzfarbstoffe sind heute die *am besten untersuchten Stoffe,* mit denen ein Mensch Kontakt haben kann.

Auch das ist interessant. Moderne Unkraut- und Pilzbekämpfungsmittel tauchen wegen ihrer raschen Abbaubarkeit kaum noch als Rückstände im Getreide auf. Von den Insektiziden der neuen Generation ließ sich 1992 in über 90 % der gezogenen Getreideproben nichts nachweisen. Die Höchstmenge an Lindan wurde durchschnittlich mit weniger als 1 % ausgeschöpft.[42]

Nur Ökogemütskranke lassen sich duselig schwätzen und schwärmen für ethisch höherwertige runzlige Äpfel aus dem Bioladen. Den makrobiotischen Braunobstkunden passiert es dann, daß sie mit der gesunden Schrumpelfrucht nebenbei merkliche Mengen Patulin untergejubelt bekommen. Patulin ist ein hochwirksames Pilzgift, das von verschiedenen Mikropilzarten, wie dem *Penicillium expanum,* gebildet wird. Durch das Spritzen von Fungiziden (Pilzbekämpfungsmitteln) kann der Patulinbildung vorgebeugt werden. Zwar ist nicht jede braune Stelle patulingetränkt, aber in 40 % der Fälle enthalten die Fäulnisflecken bis zu 1000 ppm Patulin, und die mogeln sich beim Keltern in einer Konzentration von bis zu 380 µg/l in den Apfelsaft. Einige Untersuchungen deuten auf eine krebserregende und immunsuppressive Wirkung hin, weshalb die WHO einen Grenzwert von 50 µg/l empfiehlt.[43, 44] Das ist nicht weiter tragisch, denn Biokrebs ist allemal gesünder als Chemiekrebs!

Der Nobelpreisträger Konrad Lorenz stellte einmal fest: »Den baren Unsinn zu glauben, ist ein Privileg des Menschen.« Wer sich also durch die schrecklichen Konservierungsstoffe und Rückstände von Pflanzenschutzmitteln gefährdet sieht, soll ruhig weiter daran glauben und sich Lebensqualität mit chemiefreien Äpfeln und Eiern von seelisch ausgeglichenen Hühnern verschaffen. Derjenige darf dann auch schon einmal für ein Fläschchen Olivenöl

21,20 DM, für das Kilo Tomaten 9,80 DM und für ein Kilo Bananen 7,30 DM auf den Ladentisch legen. So jedenfalls berichten Schüler 1995 in der *FAZ* über ihre Erfahrungen in einem Ökoladen der Stralsunder »Beschäftigungs-Initiative Krummenhagen«. Daß wir heute gerade einmal 20 % unseres Einkommens für Lebensmittel ausgeben müssen, hat auch etwas mit der schrecklichen Chemisierung der Landwirtschaft und der Lebensmittelindustrie zu tun.

Trotz Chemie wurden 1982 weltweit bis zu 40 % der Ernte durch Krankheiten, Schädlinge und Unkräuter vernichtet, und selbst in Industrienationen betrugen die Ertragsausfälle immer noch 25 %. Eine Schätzung aus den 80er Jahren geht davon aus, daß ohne mineralische Düngung und ohne chemischen Pflanzenschutz mit einem durchschnittlichen Ernterückgang um 30 % zu rechnen sei. Dies wäre zu den ohnehin gegebenen 25 % zu addieren. Das Bild hat sich auch heute kaum geändert.

Kaum jemand erinnert sich noch an die purpurblühende Kornrade *(Agrostemma Githago)*. Es handelt sich um ein selten gewordenes Ackerunkraut (»Wildkraut«). Die Samen des Spontangrüns schmecken bitter und enthalten giftige Saponine. Noch nach dem Krieg gab es hier und da »Brotvergiftungen«, die zwar kaum tödlich verliefen, aber immerhin Schwindel, Brennen im Mund, Kreislaufinsuffizienz und Krämpfe zur Folge hatten. Seit der Saatgutbehandlung – doch nicht mit Chemie, igitt! – und durch benachbarte Pflanzung von Zuckerrüben, die die Samenkeimung der Kornrade verhindern, sind solche »Brotvergiftungen« heute kein Thema mehr.

Wesentlich problematischer sind Intoxikationen durch das Mutterkorn *(Claviceps pupurea)*. Es handelt sich um einen schmarotzenden Pilz, der auf Gerste, Weizen, Roggen und Futtergräsern prächtig gedeiht. Der Pilz sondert eine Reihe verschiedener Alkaloide ab, die alle als chemisches Grundgerüst die Lysergsäure besitzen. Das bekannteste Derivat der Lysergsäure ist das LSD (Lysergsäure-N-diethylamid), das sich die Kaputten der Zivilisation als Psychodroge reinwerfen – Wahnsinn auf Bestellung und mit Echoeffekt auf Raten (Flash-back). Ein anderes Derivat, das Ergotamin, wird zur Behandlung der Migräne medizinisch eingesetzt (Gynergen®).

Der durch das Mutterkorn verursachte Ergotismus ist eine unter Umständen tödlich verlaufende Vergiftung, die im Mittelalter, als Brot das Hauptnahrungsmittel war, epidemieartig ganze Landstriche befiel. Die Krankheit (»Heiliges Feuer«, »St.-Antonius-Krankheit«) äußert sich in Form von starker Hitze, Kribbeln (»Kriebelkrankheit«) und Taubheitsgefühl. Am Körper treten Blasen auf, und schließlich sterben die Glieder ab (»Schwarzer Brand«). Die Finger, Nasen, Zehen, ganze Gliedmaßen fallen ab, und nach qualvollem Siechtum tritt der Tod durch Entkräftung und Infektion ein.

Im Jahre 943 starben in Limoges (Frankreich) 40.000 Menschen qualvollst an der »St.-Antonius-Krankheit«. Ein Zeitgenosse berichtete: »... schreiend, jammernd und sich krümmend brachen Menschen auf der Straße zusammen. Manche standen von ihren Tischen auf und rollten wie Räder durchs Zimmer, andere fielen hin und schäumten in epileptischen Krämpfen; noch andere erbrachen sich und zeigten plötzlich Zeichen des Wahnsinns. Von diesen schrien viele: ›Feuer, ich verbrenne!‹« Zuletzt gab es 1951 in der französischen Gemeinde St. Esprit über 200 ernste Vergiftungsfälle, weil ein Bäcker mutterkornhaltiges Mehl vom Schwarzmarkt verbacken hatte.

Durch Saatgutbehandlung und durch tieferes Pflügen mit CO_2-produzierenden Traktoren hat man heute das Problem im Griff. Gesundbutternde Müslimixer sind jedoch gefährdet. So berichtete 1985 das *Deutsche Ärzteblatt* von einer besonders biodynamisch ausgerichteten Kieler Familie, die das Morgenmüsli mit naturbelassenem Roggen anrührte. Leider hatte der einen Mutterkornbefall von 12 %! Besonders betroffen war die 13jährige Tochter, die an Sehstörungen, Kopf- und Augenschmerzen sowie Schmierblutungen litt. Das Ganze endete glücklich, da die Ernährung umgestellt wurde – doch hoffentlich chemiefrei!

1960 starben in England kurz vor Weihnachten Tausende Puten, die eigentlich als Festtagsbraten gedacht waren, an verschimmeltem Erdnußschrot. Die Suche nach der Ursache führte zur Entdeckung der Aflatoxine, die als Stoffwechselprodukte von einigen Schimmelpilzarten *(Aspergillus flavus)* abgesondert werden. Bei den Aflatoxinen handelt es sich um eine Gruppe verschiedener Substanzen, von der 0,7 mg für einen Menschen tödlich sind. Das Hauptproblem ist ihre Karzinogenität bei Dauerkonsum. In Afrika kommt es durch den Verzehr aflatoxinbelasteter Lebensmittel in einigen Gegenden zu deutlich mehr primären Leberkrebserkrankungen. Eine Untersuchung aus den 70er Jahren belegt dies: Von 100.000 männlichen Angehörigen des Shangaan-Stammes

(Moçambique) litten 98 an primärem Leberkrebs[44], obwohl kein Dioxin zugegen war, von dem man annimmt, daß es auch Leberkrebs verursachen kann.

Auf jeden Fall sollten angeschimmelte Lebensmittel weggeworfen werden, weil auch die nicht sichtbar befallenen Teile das Pilzgift enthalten können. Einen wirksamen Schutz gegen Schimmelpilzbefall erhält man durch Konservierung mit PHB-Ester (E 214 bis E 219). Auch hier sind mir persönlich die PHB-Ester lieber als Aflatoxine.

Macht uns die Umwelt krank?

Aber selbstverständlich macht uns die Umwelt krank – und zwar die Medienumwelt. Sie zeichnet für den Ausbruch der neudeutschen Gemütskrankheit »Angst« und den Ökohexenglauben verantwortlich! In Kanada beschäftigt sich ein Epidemiologe mit der Neigung der Menschen, Leiden auf Substanzen zurückzuführen, die gerade in den Medien als Schadstoff der Woche kursieren. Er ist in überreichem Maße fündig geworden.

In dem bereits weiter oben zitierten *Stern*-Artikel (s. S. 160) werden die Untersuchungsergebnisse des 36jährigen Pfarrers aus Bitterfeld folgendermaßen kommentiert: »Allein 15 verschiedene Sorten Dioxine und Furane entdeckten Experten der Hamburger Forschungsgesellschaft ›ergo‹ und der Universität Erlangen bei Matthias Spenn, darunter auch die weltweit giftigste Substanz aus Menschenhand: TCDD, die Sorte Dioxin, die 1976 beim Unfall von Seveso eine ganze Region verätzte.

Kaum weniger bedrohlich sind die anderen Fundstoffe: Blei, Phenol, polycyclische aromatische Kohlenwasserstoffe (PAK). Quecksilber, den aggressiven Insektenkiller Lindan und den wegen seiner Gefährlichkeit inzwischen verbotenen Pilzvernichter Pentachlorphenol (PCP) sowie Cadmium und Arsen enthielt der Körper des Ostdeutschen. Das berüchtigte Insektizid DDT und eine Vielzahl verschiedener polychlorierter Biphenyle, die bis zu ihrem Verbot jahrzehntelang vor allem als Isolierflüssigkeit in Kondensatoren verwendet wurden, komplettieren die Liste.« Weiter wird von krank machenden Industriegiften geschrieben und angemerkt, daß Alzheimer und Parkinson auf Umweltgifte zurückzuführen seien. »Selbst in Alpenmilch von Biobauern finden sich Spuren von DDT.« Der Profi-Ökochonder weiß, daß das Ende auch mit und während der »Lila Pause« kommt!

Mit den Worten: »In jedem Deutschen können wir diese Stoffe inzwischen nachweisen«, wird der untersuchende Chemiker zitiert. So ist es. Das spricht aber eher für die Empfindlichkeit der angewandten analytischen Untersuchungsmethoden als für die Gefährlichkeit der Substanzen. Im entgegengesetzten Fall wäre die Bundesrepublik ein Siechenhaus mit aus dem letzten Loch pfeifenden Gebresthaften, die eine Lebenserwartung von höchstens 25 Jahren hätten.

Abgesehen davon sollten Analyseergebnisse, denen man eine solche Bedeutung beimißt, durch einen Ringversuch abgesichert sein, um Meßfehler (s. Seite 128 ff.) zu reduzieren.

Der *Spiegel* berichtet 1995 über die Umwelterkrankung einer Frau, die bereits nach dem Befeuchten einer Briefmarke monatelang darniederliegt. In der S-Bahn und im Bus erleidet die Frau Giftduschen, die sie für Tage erledigen; Wein und Bier kann sie nicht trinken, weil sie Pilze enthalten. »Im Mineralwasser wuseln ›Sulfate‹, die ihr Kopfweh bereiten, daher schlürft sie nur noch Leitungswasser. Kaffee ist tabu wegen des Koffeins, Säfte erträgt sie nur, wenn sie aus biologischem Anbau stammen.« Ihren Körper hält die gelernte Diplom-Psychologin für eine Art Bioindikator: »Wenn sie Eier esse, könne sie an ihrer Reaktion deren Herkunft feststellen. Gesund bleibe sie nur bei Eiern von Öko-Hühnern.« Ihre Erkrankung führt die Frau auf eine einzige Amalgamplombe zurück, die sie vor Jahren erhalten hat.

Interessant ist auch eine Untersuchung des Bundesgesundheitsamtes von 1984. 200 Familien (etwa 1000 Personen) wurden intensivst untersucht, die in Räumen lebten, die mit pentachlorphenol(PCP)-haltigem Holzschutzmittel gestrichen waren, und *über Gesundheitsbeschwerden klagten.* Ärzte und Toxikologen fanden keinerlei Hinweise, die auf einen Zusammenhang zwischen PCP-haltiger Raumluft und den Beschwerden schließen ließen.[45] Dennoch standen rund neun Jahre später zwei leitende Mitarbeiter der Firma Desowag vor Gericht. Sie waren angeklagt, durch die Herstellung und den Verkauf von Lindan- und PCP-haltigen Anstrichmitteln mindestens 29 Personen verletzt zu haben.

Die Anklage ließ zahlreiche Zeugen aufmarschieren. Einer der Zeugen, ein Elektriker, glaubte, er sei herzkrank geworden, weil er ausgiebig Xyladecor® verstrichen habe. Obwohl er glaubhaft versicherte, seit zehn Jahren nicht mehr arbeiten zu können, hatten übelwollende Gutachter stets seinen Rentenantrag abgelehnt. Einer der Rentengutachter hatte geschrieben: »Eine hypochondrische Neurose ist nicht auszuschließen.«[46]

Im Gegenzug argumentierte die Verteidigung mit Reihenuntersuchungen von Arbeitern, die teils jahrzehntelang ohne Schutzmaßnahmen die Lacke in großen Mengen verarbeitet hätten. Trotz der erheblich höheren Disposition sei bei ihnen kein einziger Fall des Holzschutzmittel-Syndroms aufgetreten. Dennoch kam es am 23. Mai 1993 zu einer Verurteilung der Angeklagten. Damit war die PCP-Geschichte aber nicht abgeschlossen, denn am 2. August 1995 hob der Bundesgerichtshof das Urteil wieder auf mit der Begründung, der medizinische Gutachter, auf den sich das Gericht bei der Urteilsfindung gestützt hatte, sei befangen gewesen. Außerdem sei »ein konkreter Wirkungszusammenhang zwischen den beiden bioziden Inhaltsstoffen der Holzschutzmittel und der Gesundheitsstörung nicht geklärt, geschweige denn nachgewiesen«.[47] Bleibt festzustellen, daß es in der Bundesrepublik seit Dezember 1989 eine PCP-Verbotsordnung gibt.

Man spricht heute von einem regelrechten *Ökosyndrom.* Immer mehr Patienten, so sagen Ärzte, klagen über Juckreiz, brennende Augen, verstopfte Nase, Heiserkeit, Durchfall, Atemnot, Rücken-, Gelenk- und Kopfschmerzen und sehen dies als allergische Reaktion auf Umweltstoffe an. Sie glauben fest daran, daß die böse Technikgesellschaft ihre Gesundheit ruiniere, und lassen sich auch durch intensive Beratung nicht davon abbringen. Wieso auch? Schließlich sind sie ja aufgeklärt – im Zweifelsfall durch »Fachveröffentlichungen« in ARD, ZDF, dem *Stern* und Co. Gerne gehen solche Leute Doktor-Shopping, bis sie einem ihnen genehmen Arzt in die Hände fallen. Die Kasse zahlt's ja! Zu den chemiefreien Placebos des Wundermedikus haben sie ein grenzenloses Vertrauen und lassen ihn täglich hochleben.

1991 berichtete ein Münchner Mediziner auf einem internationalen Symposium über »neue Trends bei Allergien«. Er hatte 30 Patienten allergologisch, internistisch und psychosomatisch untersucht. Alle Personen waren fest davon überzeugt, gegen Pflanzenschutzmittel allergisch zu sein. Nur bei einem Drittel lagen tatsächlich Allergien oder Pseudoallergien vor. Über die Hälfte der Patienten litt dagegen an psychosomatischen Störungen bis hin zu echten Psychosen. Bei 7 % lag eine Herdinfektion an Zähnen oder

Mandeln vor, und in einem Fall wurden die Beschwerden durch »Rentenbegehren« ausgelöst.

Jegliche vielversprechende Hysterie wird eifrig abgegrast. Ein Beispiel ist die sogenannte »Tübinger Krankheit«, von der Professor Remmer 1994 im *Deutschen Ärzteblatt* berichtete. Eine Ärztin, die ihre eigene entzündliche Erkrankung der Atemwege auf die Einwirkung von Insektiziden bezog, stellte die gleiche Diagnose bei einer Vielzahl ihrer Patienten. Immer mehr Giftkranke fanden sich ein, und so blieb es nicht aus, daß unsere Angstfeuermelder Wind davon bekamen. Die Zeitschrift *Öko-Test* schnappte den Fall auf. Selbst die Staatsanwaltschaft sah sich veranlaßt zu ermitteln. Die *Bild*-Zeitung stolperte hinterher. Bei soviel Ökoleidenstaumel konnte sich auch *Report* nicht mehr zurückhalten. Auf so eine profunde, wissenschaftlich belegte Diagnosestellung hatte man schon immer sehnsüchtig gewartet. Das Ganze hatte nur einen Schönheitsfehler. Weder die toxikologischen noch die klinischen Untersuchungen erbrachten einen Hinweis auf die Verursachung der rätselhaften Endemie, geschweige denn einen Beweis dafür, daß Insektizide das von der Ärztin diagnostizierte Krankheitsbild verursacht haben.

Im nachhinein stellte sich heraus, daß die Morbidität sehr stark an das segensreiche Wirken der Wundermedizinerin gebunden war. Als diese nämlich ihre Praxis in Tübingen aufgab und ihr Wirkungsfeld verlegte, war der Spuk nach Auskunft des Gesundheitsamtes schlagartig vorbei. Alle waren plötzlich wieder gesund!

Ende 1993 hatte das Bundesgesundheitsamt (BGA) eine Studie in Auftrag gegeben, in der Erkrankungen nach Anwendung von pyrethroidhaltigen Schädlingsbekämpfungsmitteln abgeklärt werden sollten. Als man sich im Dezember 1994 zusammensetzte, hatte man 23 Personen intensivst untersucht. Von diesen hatten neun eine klinisch vollkommen anders geartete Diagnose, und in acht Fällen hatte man ein Beschwerdebild diagnostiziert, das in der Umweltmedizin als »vielfache Chemikalienempfindlichkeit« (MCS = Multiple Chemical Sensitivity) diskutiert wird.

In den USA wurde im Juli 1994 eine ausführliche Studie zu MCS veröffentlicht. Demnach werden die MCS-Symptome von einer Vielzahl chemisch nicht verwandter Verbindungen verursacht, und zwar »in Dosen, die weit unterhalb von Konzentrationen liegen, die in der Allgemeinbevölkerung Gesundheitsstörungen hervorrufen können«. *Es fehlt also vollkommen an einer Do-*

sis-Wirkungs-Beziehung, wie sie für einen toxischen Effekt üblich ist. In der US-Studie heißt es weiter: »Nicht ein einziger der allgemein akzeptierten klinischen oder laborchemischen Tests korreliert mit den geklagten Symptomen.«

Folgende Ursachen werden der MCS, die auch oft fälschlicherweise diagnostiziert wird, zugeordnet:

- biologische bzw. psychobiologische Mechanismen, u. a. immunologisch und neuro-endokrin,
- Streß,
- psychosomatische Symptome (Illness-Belief System – die Patienten glauben, daß sie krank sind).

Zwischen 1983 und 1993 wurden von acht Medizinern aus dem angloamerikanischen Sprachraum etliche Studien über insgesamt 235 MCS-Patienten publiziert. Dabei ist auffallend, daß zwischen 68 und 88 % der Patienten weiblich sind. Die Gründe hierfür sind unklar. Beachtenswert ist auch, daß im Mittel 90 % der Erkrankten an psychiatrischen Symptomen litten.[48]

Irgend etwas muß aber an der MCS dran sein, sonst würde ja nicht in den Medien darüber berichtet. Deshalb lud das Bundesumweltamt in Berlin im Frühjahr 1996 zu einem internationalen wissenschaftlichen Symposium ein. Nach Meinung der Ärzte stehen die Patienten tatsächlich unter starkem Leidensdruck und benötigen Mitgefühl und professionelle ärztliche Hilfe. Da *alle möglichen* Noxen, wie Raumklima, Chemikalien, Wohnumfeld, aufbauschende Zeitungsmeldungen, Infektionen, elektromagnetische Felder usw., in Frage kommen, sollte man nach Meinung der Sachverständigen künftig besser von »Idiopatic Environmental Intolerances« *(IEI-Erkrankung)* sprechen. Der Ausdruck läßt sich am besten mit »ohne erkennbare Ursache entstandene (idiopathisch) umweltbezogene Unverträglichkeit« übersetzen.

Die Mediziner waren sich darüber einig, daß man den Patienten weder mit Schamanentum wie Handauflegen noch mit aggressiver Metallentgiftung mittels der Chelattherapie helfen kann. Letztere schwemmt bei Daueranwendung sämtliche Metalle aus dem Körper – auch die lebensnotwendigen. Bei dem in der Chelattherapie eingesetzten Medikament handelt es sich im übrigen ebenfalls um eine Chemikalie, nämlich das Calcium-Dinatrium-Salz der Ethylendiamintetra-Essigsäure (EDTA). Dieses wird bei Schwermetallvergiftungen in einer Maximaldosierung von 500 mg in etwa 200 ml physiologischer Salzlösung intravenös infundiert. Im Gegensatz zu Schwermetallvergifteten ist, der Erfahrung nach, den meisten IEI-Patienten statt mit EDTA am besten mit psychologischen und psychiatrischen Therapieansätzen geholfen.

Die weitere Forschung sollte sich nach Ansicht der Fachleute vor allem auf die Ermittlung der Art und der Ursachen der Umwelterkrankungen konzentrieren. In der Presseinformation des Bundesgesundheitsamtes heißt es hierzu:[49] »Die Schlüsselfrage ist, ob Personen mit IEI in der Lage sind, im Rahmen von placebokontrollierten Doppelblindversuchen zwischen den von ihnen als ursächlich angesehenen Umwelteinflüssen (zum Beispiel Chemikalien oder elektromagnetische Felder) und Placebos zu unterscheiden. Die Fähigkeit zur Unterscheidung würde auf eine toxikologische Ursache hindeuten, anderenfalls wären eher seelische Ursachen anzunehmen.«

Ökostimmungen werden von den Medien – vielfach ohne böse Absicht – kräftigst geschürt. So stand im März 1996 im *Wiesbadener Kurier:* »Umweltgifte in Büros und Wohnungen machen nach Expertenschätzungen mehr als die Hälfte der Bundesbürger krank. Zwischen 60 und 70 Prozent der Bevölkerung litten an den Folgen der sogenannten Gebäudekrankheit, bei der beispielsweise Teppich-Klebstoffe oder Reinigungsmittel zu Müdigkeit, Juckreiz oder Kopfschmerzen führten ...« Das jedenfalls behauptete ein »Frankfurter Institut für Ökotoxikologie« auf einer Tagung, die sich mit der sogenannten Gebäudekrankheit *(»Sick Building Syndrome«)* beschäftigte.

Kein Mensch merkt, daß solche und ähnliche Institute vom Tamtam im bundesdeutschen Ökokral leben. Das läuft nach dem Motto: Was laut quietscht, wird am meisten beachtet und bekommt am meisten öffentliches Fördergeld-Fett. Kein Wunder, daß bei einer solchen Ökostimmungslage inzwischen auch die Krankenkassen mitmischen. So hilft die DAK fortgeschrittenen Giftjägern, indem sie sich an der Giftmessung in der ökochondereigenen Wohnung mit 500 Mark beteiligt.

Es ist zum Fürchten, überall lauern Gifte. Anläßlich einer Informationsveranstaltung der »Bremer Umweltberatung« hieß es, daß die problematischen Dispersionsfarben zwischen 0 und 10 % krank machende Lösemittel enthielten. Grauenhaft, sogar 0 % sind gefährlich! Wie ist es dann erst bei Nitrolacken, die bis zu 70 % Lösemittel enthalten? Kann da nicht schon der Blick auf die geschlossene Büchse die Gesundheit bedrohen?

Was aber ist dran an dem »Sick Building Syndrome« (SBS)? Folgende Faktoren werden mit dem Auftreten von SBS in Verbindung gebracht:

Physikalische Faktoren	Temperatur relative Luftfeuchte Lüftungsrate Beleuchtung niederfrequenter Schall Ionen
Chemische Faktoren	Schwebstaub/Tabakrauch anorganische Gase flüchtige organische Verbindungen Biocide Gerüche
Biologische Faktoren	Bakterien Pilze
Psychologische Faktoren	psychosomatische Belastungen (Bildschirmarbeit, Ärger, »Betriebsklima«) Massenhysterie

Man erkennt leicht: Das SBS ist ein auf unzählige Merkmale zurückzuführendes Phänomen und eröffnet dem versierten Ökochonder unschätzbare Argumentationsmöglichkeiten. Jegliche Behauptung kann aufgestellt werden, und kaum etwas ist widerlegbar. So kann es durchaus vorkommen, daß jemand in seiner Freizeit keinerlei Reaktionen auf das im Klebstoff Uhu® enthaltene Lösemittel Ethylacetat zeigt, aber mit einer Pseudoallergie auf das im Teppichbodenkleber enthaltene Lösemittel reagiert, sobald er seinen Arbeitsplatz samt täglichem Ärger betritt.

Das Allergie-Spielwieschen

Wie aber ist es mit den *Allergien?* Die nehmen doch ständig zu und kommen sicher von der »Chemisierung der Umwelt«, dem automobilen Wahnsinn, dem Elektrosmog und ähnlichem! Auch hier rentiert sich ein genauerer Blick auf das Geschehen. Bei einer allergischen Reaktion des Körpers ist das *Immunsystem* betroffen. In unserem Organismus werden ständig Antikörper gebildet. Dies sind Eiweißstoffe, die als *Immunglobuline (IG)* bezeichnet werden und etwa 20 % aller Plasmaproteine ausmachen. Die *Antikörper verteidigen den Organismus* gegen Viren, bakterielle Toxine und hetzen weiße Blutkörperchen auf eindringende Parasiten (Bakterien). Ein Wirbeltier, das keine Antikörper bilden kann, stirbt nach kurzer Zeit. So weit, so gut.

Eine besondere Rolle bei der allergischen Reaktion spielen die *IgE-Moleküle.* Bei einer allergischen Reaktion werden sie vermehrt gebildet und docken an *Mastzellen* und *basophilen Leukozyten* an, die im Blut zirkulieren. Die so gebundenen IgE-Moleküle reagieren unter ungünstigen Umständen mit allergieerzeugenden Substanzen (Allergenen). Diese *Allergene sind meist körperfremde Proteine:* Pollen, Fischeiweiß, Bienengifte, aber auch Medikamente wie Penicillin und Chemikalien wie Isocyanate oder Platinionen. Geschieht dies, so kommt es zu einer massiven Ausschüttung von biogenen Aminen, insbesondere von *Histamin* und *Serotonin.* Diese wiederum bewirken eine Erweiterung und erhöhte Durchlässigkeit der Blutgefäße und sind für die klinischen Auswirkungen allergischer Reaktionen, wie Hautrötung, Ausschlag, Heufieber und Asthma, verantwortlich. Dies ist der Vorgang bei der uns recht häufig plagenden allergischen Sofortreaktion vom *Typ I.*

Weiterhin gibt es die *Typ-II*-Reaktionen, die zum Beispiel bei der Transfusion gruppenungleichen Blutes beobachtet werden. Beim sogenannten *Typ III* schlagen sich Antigen-Antikörper-Komplexe an Gefäßwänden nieder. Ein solcherart sensibilisierter Mensch gerät in eine lebensbedrohliche Situation, wenn ihm ein fremdes Serum (etwa Pferdeserum) intravenös injiziert wird. Besonders pfiffig ist die Überempfindlichkeitsreaktion vom *Typ IV.* Sie wird durch sensibilisierte T-Lymphozyten im Organismus hervorgerufen und ist für Spätreaktionen verantwortlich. Sensibilisierte T-Lymphozyten zeichnen für Kontaktallergien der Haut (Ekzeme durch Haarfärbemittel, Nickel- und Chromallergie) verantwortlich sowie für die Abstoßungsreaktionen bei transplantierten Organen. Vielfach lassen sich trotz allergischer Beschwerden *keine* entsprechenden *Antikörper* nachweisen. In diesen Fällen kann es sich um eine *pseudoallergische Reaktion* handeln.

Zur Ausbildung einer Allergie sind verschiedene Grundvoraussetzungen unabdingbar. Vor allem muß eine *erbliche Veranlagung* bestehen, damit statt schützender »krank machende« Antikörper vom IgE-Typ gebildet werden. Wie der »Umbau« zustande kommt, weiß man noch nicht im Detail, aber er bedarf eines Auslösers: Bekannt sind etwa ganz gewöhnliche *Virusinfektionen* und *psychogene Faktoren.*

Obwohl diese Ursachen in der Wissenschaft allgemein akzeptiert werden, sind Allergien ein herrliches Apokalyptiker-Spielwieschen. So schrieb der *Spiegel* 1995: »... in nahezu allen westlichen Ländern sind, wie Untersuchungen in Dänemark und in der Schweiz, in Japan und in den USA gezeigt haben, während der letzten 20 Jahre die Allergien bei Kindern sprunghaft angestiegen ... Autoabgase und Fabrikschlote, Chemiegifte und Zigarettenqualm bereiten den Weg für neue Massenepidemien. Sie heißen Heuschnupfen, Asthma, Bronchitis und Neurodermitis ...«

Lange Zeit propagierte das Medizinische Institut für Umwelthygiene in Düsseldorf: »Dieselruß, auf Pollen angelagert, macht die Allergene aggressiver.«

Horror vom Feinsten, wie man ihn im Stammland der ÖkotanzbärInnen besonders schätzt. Schrecklich, selbst der Fuhrpark des ÖPNV löst mit seinem Dieselruß Allergien aus! Megagrauenhaft.

Was ist die Realität? Zunächst einmal gab es laut Angaben des Bundesumweltamtes in der Bundesrepublik und in den meisten übrigen Ländern Europas in den *50er* bis *70er Jahren* wesentlich *mehr* klassische *Schadstoffe,* wie Schwefeldioxid (SO_2) und Schwebstäube, als heute:[50]

	1973	*1985*	*1988*
SO_2 (Index)	100	110	50
NO_x (Index)	100	110	90
Schwebstaub (Index)	100	75	57
Blei im Schwebstaub (Index)	100	25	15

Als nach 1989 die neuen Bundesländer in die Statistik hineingenommen wurden, stiegen die Werte wieder an. Gerade die neuen Bundesländer hatten es in sich. Allein schon die Braunkohleöfen des Kraftwerks Cottbus bliesen mit 460.000 Jahrestonnen mehr SO_2 in den Himmel als alle Kraftwerke Norwegens und Dänemarks zusammen. Auf die Wohnhausdächer innerhalb mancher Industriegebiete rieselte jeden Monat 500 g/m^2 belasteter Staub herab. Das Trinkwasser war im höchsten Maße verseucht. Das

Flüßchen Spittelwasser bei Bitterfeld enthielt mit 8,3 mg/l 100mal soviel giftige Verbindungen wie die Elbe bei Hamburg. 95 % der industriellen Abwässer der DDR wurden so gut wie unbehandelt in die Bäche und Flüsse eingeleitet, und nur 36 % der DDR-Einwohner waren an eine biologische Kläranlage angeschlossen.

Wenn die Ökochonderthese, wonach Allergien und die allgemeine Morbidität durch Umweltverschmutzungen ausgelöst werden, stimmen würde, dann hätten die Westdeutschen bei der Wiedervereinigung in der DDR ein großflächiges Krankenhaus vorfinden müssen, besiedelt von lauter Gebresthaften, die aus dem letzten Loch pfiffen. Kinder über fünf Jahre hätte es gar nicht geben dürfen!

Der Vergleich von Labortests Westdeutscher und Ostdeutscher brachte aber für die Allergie-Apokalyptiker eine herbe Überraschung. Trotz der abenteuerlich hohen Luftverschmutzung und hohen Trinkwasserbelastung hatten die DDR-Bewohner wesentlich *seltener* Antikörper in ihrem Blut, die auf Allergieerkrankungen schließen lassen. Dieser überraschende Befund des Robert-Koch-Instituts in Berlin korrelierte auch damit, daß *allergische Atemwegserkrankungen* in den neuen Bundesländern *nur halb so oft* auftraten wie in den alten. Zu einem ähnlichen Ergebnis kam das Forschungszentrum für Umwelt und Gesundheit in Oberschleißheim, das die Allergiehäufung bei je 7000 Erfurter und Hamburger Bürgern verglich. Trotz erheblich geringerer Umweltbelastung kam in der Hansestadt allergisches Asthma doppelt so häufig vor.

Seit einiger Zeit beobachtet man jedoch eine Änderung. Obwohl der Ausstoß an SO_2 um 65 % und die Staubbelastung um 90 % reduziert wurde, leiden die Ostdeutschen zunehmend an Allergien, wobei die Fallzahlen um 20 bis 50 % anstiegen. Ein verblüffendes Ergebnis. Woran liegt es? Für Ökozirkusbetreiber ist der Fall klar: Es wird mehr Auto gefahren, weshalb mehr Stickoxide auf die neuen Bundesbürger herabregnen. Pech gehabt, denn gerade das kann es nicht sein. Ein Blick in die Literatur[51] lehrt, daß *die Emissionen an Stickoxiden* in den neuen Bundesländern *nach* der Wiedervereinigung *von 572 kt* im Jahr 1986 *auf 478 kt* im Jahr 1992 sanken und sich seit der Zeit relativ wenig änderten, und dies, obwohl sich der Pkw-Bestand von 3,3 Millionen (1985) auf 6,7 Millionen (1994) im Gebiet der ehemaligen DDR mehr als verdoppelt hat.*

* Laut informeller Auskunft des Umweltbundesamts betrug 1994 die NO_x-Emission in den neuen Bundesländern 440 kt.

Zurück zu den tatsächlichen Allergieauslösern. Ärzte stellen eine Zunahme der Hausstauballergien fest, die durch Milben verursacht werden. Dies ist nicht anders zu erwarten, denn seit den Ölkrisen isolieren wir unsere Häuser besser und sorgen aus Gründen der Energieersparnis gewollt für höhere Luftfeuchtigkeit und einen geringeren Luftaustausch. Damit schaffen wir ideale Lebensbedingungen für Milben, die seither Betten und Polstermöbel dichter besiedeln. Der Kot der Tierchen führt zu verstärktem Auftreten von Allergien.

Eine weitere plausible Antwort für das erhöhte Auftreten von Allergien findet man in der *Streßforschung.* Der Entdecker des Streß, Hans Selye, wies schon in den 30er Jahren darauf hin, daß Streß sehr stark mit *allen* möglichen Substanzen korreliere, die im Organismus gebildet werden und organische Veränderungen verursachen.

Hysterien, enges Zusammenwohnen (228 Einwohner/qkm), *Arbeiten unter Zeitdruck, Bedrohung durch Arbeitslosigkeit* und *Umweltängste* sind nun einmal starke *Streßfaktoren.* Und noch eines ist wichtig: In Deutschland leiden fast 9 % der Menschen an schwerwiegenden Angststörungen. Interessant ist, daß die Bürger in den neuen Bundesländern mit 16 % doppelt so häufig an behandlungsbedürftigen Ängsten leiden als die westdeutschen (7 %). Dieses vom Dresdner Hochschullehrer Jürgen Markgraf gefundene Ergebnis verwundert nicht allzusehr. Der Jobverlust ist eine Bedrohung, die vor der Wiedervereinigung so gut wie ausgeschlossen war. Dazu kommt der durch die Umkrempelung aller Lebensverhältnisse hervorgerufene Streß.

Ideologiebehaftet fixierte man sich in den zurückliegenden Jahren ausschließlich auf die Umweltschadstoffe. Die Ärztin Barbara Scholl betrachtet in einem Artikel »Allergie und Hysterie« die verschiedenen Noxen und schreibt: »Ferner spielen Umweltbelastungen in der Atemluft wohl nicht die Rolle, die ihnen bisher zugemessen wurde.« Sie weist darauf hin, daß besonders Einzelkinder anfällig für Allergien seien, und empfiehlt unter dem Aspekt der Allergievorbeugung, Kinder mehr mit anderen zusammenzubringen. Möglich, daß das hilft.

In jedem Fall hat man jahrelang die *psychosomatische* Allergieauslösung aus *ökoideologischen Gründen* unter den Tisch gekehrt. Daß dies zu Unrecht geschehen ist, belegen die an der Göttinger Universitätsklinik arbeitenden Dermatologen Helmut Ippen und Klaus Bosse, die mit ihrer *psychosomatischen Behand-*

lung der Neurodermitis *gute Erfolge* haben. Im übrigen hat man Hinweise darauf, daß die Neurodermitis genetisch bedingt ist.

Wenn man einmal bedenkt, welcher Reizüberflutung heute Kinder ausgesetzt sind, dann dürfte man ebenfalls fündig werden. Jeder Bub ein kleiner Boris Becker, jedes Mädchen wird einmal die Claudia Schiffer. Zumindest muß sie es zur Steffi Graf bringen. Bereits Fünfjährige erhalten Ballettunterricht. Reiten ist wichtig und Abitur ein Muß. Da helfen auch keine warnenden Schlagzeilen wie: »Der Trend geht zum Gymnasium – unter falschem Ehrgeiz leiden Kinder« oder: »Eltern-Ehrgeiz beflügelt den Nachhilfe-Markt«. Gerade weil es oft an Begabung fehlt, ist Nachhilfe ein blühendes Geschäft. In einer 1996 veröffentlichten Umfrage äußern Lehrer quer durch alle Schularten, daß 80 % der allgemeinbildende weiterführende Schulen besuchenden Schüler ungeeignet sind. Aber seit man in den 70er Jahren das »Bürgerrecht aufs Abitur« als soziale Wohltat entdeckt hatte, zählt Begabung nichts mehr. Welcher Streß mit diesem Unfug bei jungen Menschen erzeugt wird, können die meisten Ehrgeiz-Eltern kaum ermessen.

Wenn dann der kindliche Organismus sich gegen die ständige Überforderung wehrt und revoltiert, gibt es nur eine Erklärung: Es sind die Schadstoffe! So jedenfalls sieht es 1995 der Allergiker- und Asthmatikerbund, nach dessen Angaben 12 bis 15 % der Kinder unter Asthma bronchiale leiden, weil die Luftschadstoffe in den letzten Jahren angestiegen seien.

Genau das stimmt eben nicht! Die Schadstoffbelastung (Emissionsbelastung) der Luft ist nicht nur in den neuen Bundesländern seit der Wiedervereinigung gesunken, auch in den alten Bundesländern (AL) hat sie sich seit 1970 massiv vermindert:[52]

	Stickoxide	*Flüchtige organische Stoffe*	*Schwefeldioxid*	*Stäube*
1970 (AL)	2,35 Mt/a	2,90 Mt/a	3,75 Mt/a	1,30 Mt/a
1985 (AL)	2,95 Mt/a	2,60 Mt/a	2,40 Mt/a	0,58 Mt/a
1989 (AL)	2,70 Mt/a	2,55 Mt/a	0,96 Mt/a	0,46 Mt/a
1994 (AL)*	1,77 Mt/a	1,78 Mt/a	0,87 Mt/a	0,38 Mt/a

* Umweltbundesamt 1996 (unveröffentlicht)

Sämtliche Schadstoffe verhalten sich umgekehrt proportional zu dem von den Medien in den letzten Jahren behaupteten Anstieg. Im übrigen konnte belegt werden, daß die »Allergisierungsraten in den vergangenen 24 Jahren bei weitem nicht so rasch angestiegen sind, wie das Thema im Bewußtsein der Menschen zugenommen hat«.

Das Bundesgesundheitsamt in Berlin veröffentlichte 1994 eine großangelegte Studie[53] zur Häufung und zu den Ursachen von Allergien bei Jugendlichen und Kindern, laut der, wie bereits gesagt, die *erbliche Veranlagung* eine wesentliche Voraussetzung für den Ausbruch einer Allergie ist. 30 % aller Neugeborenen haben einen Elternteil, der schon einmal an Allergien litt, und müssen später mit einer Erkrankung rechnen. Vier Hauptfaktoren nennt das BGA:

- Ausscheidungen von Hausstaubmilben (»Schadstoff«: fremde Proteine),
- enger Kontakt zu Haustieren (»Schadstoff«: fremde Proteine),
- frühes Abstillen der Säuglinge und Umstellung der Ernährung auf Kuhmilchprodukte und Eier (»Schadstoff«: fremde Proteine).
- In fast 50 % der Haushalte mit Kleinkindern mit Atemwegsallergien wird geraucht (»Schadstoff«: Elterndunst).

Am Schluß kommt das BGA auf die von Ökodudlern erhoffte Aussage: »Von den Schadstoffen der äußeren Umwelt spielen *möglicherweise* z. B. Stickoxide und Ozon eine Rolle.«

Damit die Schadstoffthese für die endzeitgläubige Ökogemeinde gerettet wird, hat sich ein Münsteraner Wissenschaftler eine Variante ausgedacht. Er meint, daß die »Bestandteile der modernen ›westlichen Lebensweise eher Allergien und asthmatische Krankheiten (verursachen) als beispielsweise die Schwefeloxide ostdeutscher Braunkohlekraftwerke‹«.

Die stärkere Autoabgasbelastung erklärt seiner Meinung nach auch, weshalb Kinder aus Bochum eine dreimal höhere Allergieanfälligkeit aufweisen als Kinder aus Münster. Auf die Idee, daß dies etwas mit der dichteren Besiedlung und der damit verbundenen Reizüberflutung und dem Streß zu tun haben könnte, wird gar nicht zurückgegriffen. Da alles vermutbar und weniges belegbar ist, ist es einfacher, zehn Vanillepuddinge an die Decke zu nageln, als Ökodudelsäcke zu verstopfen. Kaum ist ein Loch verschlossen, schon quäkt es aus dem anderen.

Wie ist das mit den Lebensmittelallergien? Die gibt es ohne Frage. *Meist handelt es sich hierbei um allergische Reaktionen auf Naturstoffe, und zwar überwiegend auf Proteine.* Seit immer mehr fremdländische Gewürze in den Speisen verwendet werden, kommt es verstärkt zu allergischen Reaktionen. Auch haben ein Sechskornbrot und ein makrobiotisch-esoterisches Zwölfkornmüsli eine höhere Allergisierungswahrscheinlichkeit als normales Mischbrot.

Unbeeindruckt zitieren Ökoritter von der traurigen Gestalt gerne das Bäckerasthma als Beleg. Sicher wird es auch durch die den Backmischungen zugesetzte α-Amylase verursacht, die im übrigen ein natürliches Enzym ist. 1989 konnte aber noch eine weitere Ursache gefunden werden: Korn bildet als *natürliches Schutzgift* gegen den Insektenfraß verschiedene Proteine, nämlich α-Amylase/Trypsin-Inhibitoren, die als Allergene ebenfalls die Mehlallergie auslösen.[54, 55] Im übrigen sind nach aller klinischen Erfahrung Überempfindlichkeitsreaktionen gegen Fisch, Milch, Ei, Schaltiere, Nüsse, rohes Gemüse, Gewürze, Obst und Sojaerzeugnisse wesentlich häufiger und bedrohlicher als gegen Nahrungsmittelzusatzstoffe.

4. In der Öko-Geisterbahn

These: *Studien über Umweltbelastungen werden ideologiekonform dem Ökologismus angepaßt, und das Gefährdungspotential wird gigantisch aufgeblasen. Dies ist möglich, weil die meisten Bürger Risiken nicht einordnen können und statistische Geisterfahrer sind. Auch können die wenigsten die wissenschaftlichen Hintergründe unseres Ökohorrors nachvollziehen und sind deshalb unter dem Medientrommelfeuer autoritätsgläubig geworden. Kaum jemandem fällt auf, daß neuere Umweltforschungsergebnisse meist selektiv und hororientiert verbreitet werden. Auf diese Weise ist der bevorstehende Weltuntergang geistiges Gemeingut geworden. Sehr viele der veröffentlichten Meldungen über Umweltgefährdungen sind aber übertrieben oder zumindest fragwürdig.*

Die Fahrkarte wird gelöst

Sich ängstlich umklammernd sitzen die bundesdeutschen ÖkotanzbärInnen im ersten Wagen der Umweltgeisterbahn. Die aus Parlamenten, Ministerien und Redaktionsstuben heraus regierenden Gutmenschen stellen die Weichen und lassen je nach Bedarf die einzelnen Gespenster aus dem Boden klappen: Im Herbst und im Frühjahr das Ozonloch, im Sommer das bodennahe Ozon, bei ideologiekonformer Hitze den Treibhauseffekt, dann die Krebsgefahr oder das ultragiftige Dioxin, und für den kleinen Horrorhunger zwischendurch taugen allemal die Müllberge oder das Waldsterben. An vielversprechender Hysterie ist kein Mangel. In diesem Buch kann aber nur ein kleiner Teil »hinterfragt und thematisiert« werden (schönes 68er-Schwalldeutsch!). Ihren geistigen Sprit haben die Betreiber des Hysterierummels durch eifriges Experten- und Institutssurfen getankt. Und gerade da gibt es Beachtenswertes.

Nach A. Bechmann[1] hat sich die Szene folgendermaßen etabliert: »Außerhalb der Universitäten und staatlichen Forschungsinstitute (die abhängig sind!) hat sich eine neue Kaste von Umweltwissenschaftlern gebildet. Mit viel Bürgernähe und Engagement machen sie durch Belastungsanalysen aufmerksam, entwickeln Lösungsmodelle und Zukunftsszenarien, in denen sie ökologisch sinnvolle Alternativen zum Bestehenden anbieten, und treten für Bürgerinitiativen als wissenschaftliche Gutachter auf.

Das Freiburger Öko-Institut war eines der ersten wissenschaftlichen Institute dieser Art. Heute (gemeint ist 1987, d. Verf.) gibt es ca. 40 ähnliche Institute, die sich zur Arbeitsgemeinschaft ökologischer Forschungsinstitute (AGöF) zusammengeschlossen haben.«

Mittlerweile sind solche Einrichtungen blühende Dienstleistungsunternehmen – an denen viele Jobs sowie politischer Einfluß hängen. Erich Wiedemann schreibt über das Geschäft mit dem sanften Wahn:[2] »Der Ökozirkus hat noch viele tolle Nummern in petto. Die Bio- oder Ökoindustrie, das Kassandra-Geschäft, wie es der Rhetoriker Walter Jens in anderem Zusammenhang nennt, braucht immer frische Ängste, um den Schub nicht zu verlieren.«

Es ist kein Wunder, wenn das am Rande des politischen Pöstchenbiotops gedeihende Instituts- und Expertenunwesen schon lange nicht mehr selbstlos agiert, sondern von einer unstillbaren Macht- und Geldgier angetrieben wird. Wie das funktioniert, schilderte 1994 an einem Beispiel der Chemiker Karl-Geert Malle.[3] Demnach erhält jedes größere Chemieunternehmen wöchentlich alle möglichen Fragebogen zu Umweltthemen von Hochschulen, Forschungsstellen und Unternehmensberatern zugeschickt. Um nicht einen ganzen Stab von Mitarbeitern mit dem Papierkram zu beschäftigen, sind viele Firmen dazu übergegangen, den Fragestellern vorhandene Veröffentlichungen zuzuschicken. Gewissenhafte Institute schicken die Auswertung später zu und werden auch vorstellig, um eventuell offene Fragen abzuklären. Eine Variante hat sich das Hamburger Umweltinstitut (HUI) ausgedacht, das von Dr. Braungart geleitet wird, dem Ehemann der 1994 amtierenden niedersächsischen Umweltministerin Griefahn. Auch das HUI pflegt Fragebogen zu verschicken, deren Auswertung später veröffentlicht werden soll. Malle informiert: »Gegen Zahlung von 1000 Dollar sollen Firmen an einer Präsentation der ersten Ergebnisse teilnehmen, später gegen Zahlung von 2000 Dollar auf eine Überarbeitung Einfluß nehmen.« Wie man eine solche Vorgehensweise beurteilen sollte, überlasse ich dem Leser.

Der von einschlägigen Politikern unterhaltene Gutachtenzirkus zeitigt ganz erstaunliche pädagogische Erfolge bei der Disziplinierung von ÖkotanzbärInnen. Nach einer Allensbach-Untersuchung von 1992 ist die Mehrheit der Deutschen fest davon überzeugt, daß das Leben immer gefährlicher werde. 62 % waren der Meinung, daß die Bevölkerung vor zwei oder drei Jahrzehnten weniger gefährdet gewesen sei. In Ostdeutschland teilten sogar 81 % diese Ansicht. An der Spitze der subjektiven Bedrohungsskala standen der krebserregende Asbest und der erschreckende Giftmüll. Die Westdeutschen nannten an dritter Stelle die Nebenwirkungen starker Medikamente, während die Ostdeutschen sich durch verschmutztes Trinkwasser besonders bedroht fühlten. Sehr riskant finden die Deutschen »Sex ohne Kondom«, »Atomkraftwerke und Kernenergie« sowie »gespritztes Obst und Gemüse«. 49 % der Ökochonder sahen ihre Gesundheit beim Tanken durch Benzindämpfe bedroht, aber nur 41 % meinten, Auto fahren sei eine schwerwiegende Gefährdung: Tanken gefährlicher als Auto fahren!

1994 starben 884.661 Menschen in Deutschland, davon 26.163 durch einen Unfall oder Vergleichbares:

Heim- und Freizeitunfälle	13.968
Unfälle im Straßenverkehr	9.896
Mord und Totschlag	954
Arbeitsunfälle	862
Sport- und Spielunfälle	389
Flugzeugabsturz	80
Blitzschlag	6
Fallschirmspringen	5
Lebensmittelvergiftung	3

Der gefährlichste Platz ist zu Hause! Fast müßte man das im Interesse der potentiellen Opfer bei künftigen Diskussionen um eine Arbeitszeitverkürzung berücksichtigen.

Andererseits wäre zu fragen, ob Fallschirmspringen harmlos ist, weil nur fünf Personen 1994 dadurch ums Leben kamen. Nein! Denn wenn nur 1 ‰ der Bevölkerung zwischen 20 und 49 Jahren, das sind 35.000 Leute, Fallschirmspringen ausübt, dann kommt ein Toter auf 7000 Aktive. Rechnet man das auf die Gesamtbevölkerung hoch, so wären rund 11.400 Tote durch Fallschirmspringen zu beklagen. Vergleicht man dies mit den im Verkehr umgekommenen 9.896, so erhält man ein anderes Bild. Mancher mag einwenden, die Hochrechnung auf die Gesamtbevölkerung sei unseriös, weil Säuglinge wohl kaum Fallschirm springen. Richtig, aber als Mitfahrer sind sie schon mit dem Auto unterwegs. Und auch das ist interessant: 1993 kamen durch Unfälle insgesamt 710 Kinder im Alter bis zu zehn Jahren ums Leben, wobei 253 Opfer des Straßenverkehrs wurden. Somit machen dank mangelnder Aufsicht Unfälle zu Hause und beim Spielen den Löwenanteil in Höhe von rund 64 % aus, während der Verkehr mit 36 % zu Buche schlägt. Etwa die Hälfte der im Straßenverkehr getöteten Kinder verlor ihr Leben, weil sie nicht oder nicht richtig angeschnallt waren. Der Unfall, bei dem ein Kind beim Spiel von einem Auto erfaßt wird, ist die Ausnahme, dient aber den Volkspädagogen dazu, Eltern regelrecht verrückt zu machen, sowie als Ausrede, um den Individualverkehr so gut es eben geht zu schikanieren.

Das Risiko, im Straßenverkehr umzukommen, ist rund 3300mal so hoch wie das einer Lebensmittelvergiftung – weil wir Konservierungsmethoden anwenden. Zu Zeiten, als Mutterkorn-Alkaloide im Brot und vor allem infektiöse Keime in Nahrungsmitteln üblich waren, sah das ganz anders aus. Natürlich ist das Risiko nicht gleich null, aber Tod durch die Entkeimung von Trinkwasser, behandelte Lebensmittel und gespritztes Obst dürfte seltener sein als zweimal hintereinander im Lotto sechs Richtige zu haben und beim Abholen des Gewinns vom Blitz erschlagen zu werden. Dafür nutzen wir die Chance, Tausende vor noch im 19. Jahrhundert oft tödlich verlaufenen Infektionserkrankungen zu schützen (s. S. 34).

Der Nutzen von Kühlschränken für die Gesundheit der Bevölkerung ist nicht zu unterschätzen. Da müssen einem Ökoritter die Haare zu Berge stehen, denn unsere Kühlschränke verbrauchen immerhin 23 % des von den Haushalten abgenommenen Stroms. Anders ausgedrückt: Beim Austausch der Elektrogeräte-Küche gegen eine biodynamische Folklore-Küche hätten wir der Natur 1994 die Erzeugung von 18.118 Millionen Kilowattstunden erspart. Die »lächerliche Zahl« von »nur« 6999 Todesfällen durch Infektionen (ohne Aids-Fälle!) könnten wir dadurch spielend wieder auf das vorindustrielle Niveau bringen. Gesunde Bürger durch gesunde Keime! Wir könnten auch bei unserer Vorratshaltung auf Urургroßmutters Methoden zurückgreifen: nur noch Saisonware sowie Essigfleisch, täglich einkaufen, damit nichts länger als 24 Stunden herumsteht.

Nichts ist ohne Risiko – nur will es keiner wahrhaben. Mathematiker übrigens bewerten Risiken und Ereignisse mit der Wahrscheinlichkeit *P:*

$$P = \frac{\text{Anzahl der beobachtbaren Ereignisse}}{\text{Anzahl der insgesamt möglichen Fälle}}$$

Von 100.000	*Zahl*	*P*
– Personen sterben irgendwann	100.000	1,0
– Rauchern sterben an Lungenkrebs	30.000	0,3
– Russisch-Roulette-Spielern erschießen sich	16.700	0,167
– Einwohnern der Bundesrepublik starben 1994	1.106	0,01
– Personen kommen durch Heim- und Freizeitunfälle (Putzen, Gartenarbeit …) ums Leben	17,46	$1{,}75 \cdot 10^{-4}$
– Personen verunglücken im Straßenverkehr	12,37	$1{,}24 \cdot 10^{-4}$
– schwangeren Frauen bekommen eine Thrombose	60	$6 \cdot 10^{-4}$
– Frauen, die die Pille nehmen, bekommen eine Thrombose	8	$8 \cdot 10^{-5}$
– Frauen, die weder die Pille nehmen noch rauchen, bekommen eine Thrombose	3	$3 \cdot 10^{-5}$

Betrachten wir das Arzneimittelrisiko am Beispiel der »Antibabypille«. Durch die Pille wird das Thromboserisiko einer Frau gegenüber einer unbelastet lebenden um den Faktor 2,7 ($8 \cdot 10^{-5}$ / $3 \cdot 10^{-5}$) erhöht. Aufgrund profunder mathematischer Unkenntnis wird hier vielfach geschlossen, daß fast jede dritte (2,7) Frau, die die Pille nimmt, von einer Thrombose bedroht sei. So jedenfalls bringen es die Sensationsverkäufer des Angstbibbergeschäfts gerne unters Volk. Übrigens bekommen 15 von 100.000 Raucherinnen eine Thrombose ($P = 1{,}5 \cdot 10^{-4}$). Ihr Risiko ist also gegenüber der Nichtraucherin und Pillenverächterin um den Faktor 5 ($1{,}5 \cdot 10^{-4}$ / $3 \cdot 10^{-5}$) erhöht.

Ein noch höheres Thromboserisiko besteht für eine Frau, wenn sie schwanger wird. (s. obige Tabelle). Es ist 20mal so hoch, was aber nicht bedeutet, daß jede 20. Schwangere eine Thrombose bekommt. Tatsächlich ist es nämlich nur jede 1666. von 100.000. Wegen des erschreckenden Risikos verzichtet wohl kaum jemand auf ein Kind.

Die Diskrepanz zwischen der Einschätzung und der tatsächlichen Gefährdung wird als *kognitive Dissonanz* bezeichnet. Auch das Ökomakro/mikroskop wird nach diesem Prinzip justiert. Letztlich beruhen die psychosozialen Probleme bundesdeutscher Risikoakzeptanz vor allem auf der mangelnden mathematischen

Fähigkeit der Bevölkerung. Auf die *Focus*-Frage, ob speziell die Deutschen statistische Geisterfahrer seien, antwortet der Dortmunder Hochschullehrer Walter Krämer: »Ich glaube, wir sind eines der wenigen Völker, in dem sich die Leute rühmen dürfen, mathematisch unbegabt zu sein.« Kombiniert man diese Aussage mit der im 1. Kapitel beschriebenen verbreiteten Unkenntnis technisch-naturwissenschaftlicher Sachverhalte, so kommt man hinter das Erfolgskonzept der »Grünen« und der Umweltverbände.

Steigen wir aber mit auf die Ökogeisterbahn und beobachten die Familie Angstmeier im ersten Wagen ganz vorn. Mit der zweckorientierten Interpretation von Statistiken, dem Kauf des *Stern,* der *Zeit,* der *TAZ,* der *Frankfurter Rundschau,* mit der Fördermitgliedschaft bei Greenpeace, der Spende für den BUND und der Verfolgung diverser »Monitor«-Sendungen in der *ARD* sowie einschlägiger Dioxinberichte im *ZDF* hat man den Eintrittspreis entrichtet und ist gesattelt. Dunkel wird's, die Käuzchenmaschine gibt unheimliche Laute von sich, und jede Wahrnehmung der Wirklichkeit wird unterdrückt. Rumpelnd setzt sich das Kirmeswägelchen in Bewegung. Schön langsam stehen die Haare zu Berge. Klapp, da geht die erste Türe auf.

Ökologen im Wendekreis des Krebses

Familie Angstmeier rollt in einen Raum, vollgestopft mit Fernsehgeräten und Rotationsmaschinen. Schwungvoll und mit »Ahui« wird der Riemen auf die publizistische Katastrophendrehorgel geworfen.

An der Wand erscheint eine Laufschrift: »Kranke Umwelt – kranke Kinder«. Dazu ertönt eine dumpfbackige Stimme aus dem Zerrspiegel: »Etwa drei Viertel der rund 49 Millionen jährlichen Todesfälle hängen nach einem Bericht der Weltgesundheitsorganisation (WHO) mit schlechten Umweltbedingungen und gesundheitsschädlichem Lebensstil zusammen«, und gerade in der Bundesrepublik seien wir zunehmend gefährdet. Aus der anderen Ecke schallt es, dies sei so, weil vor allem die Zahl der Krebserkrankungen durch Chemikalien ständig steige.

Hierbei handelt es sich um einen klassischen Fall der Manipulation mit einer an sich brauchbaren Statistik, da unsere Umweltbedingungen mit denen weniger entwickelter Länder gleichgesetzt werden – auch und besonders mit denen in Ländern, die einstmals real der Sozialismus beglückte.

Der Vergleich eines beliebigen weniger entwickelten Staates mit der Bundesrepublik belegt den Unfug:

	Bundesrepublik	*Ecuador*
Lebenserwartung	76 Jahre	67 Jahre
Säuglingssterblichkeit	0,7 %	4,5 %
Kindersterblichkeit	0,8 %	5,8 %

Die staatliche Gesundheitsfürsorge Ecuadors ist auch nicht entfernt mit der Deutschlands vergleichbar. Außerdem werden Umweltverschmutzungen in dem lateinamerikanischen Land einfach hingenommen. Nur ein Beispiel: Aus der kaputten Andenpipeline sickerten seit 1970 mehr als 70 Millionen Liter Rohöl ins Erdreich – das sind täglich 7400 Liter.[4] Dies ist sicher nicht die Ursache schlechthin für die geringere Lebenserwartung in Ecuador, wirft aber ein bezeichnendes Licht auf die Zustände in diesem Land.

Dabei herrschen in Ecuador noch goldene Verhältnisse im Vergleich zu Indien. In Neu-Delhi ist die Luft so verschmutzt, daß auch Nichtraucher ein tägliches Toxizitätsäquivalent von 20 Zigaretten abbekommen. In dieser Stadt leiden 5 % der Kinder an Asthma und 30 % an chronischer Bronchitis, weil die Luft eben nicht nur mit Nanogramm-Mengen belastet ist. In dem Zehn-Millionen-Moloch leben sechs Millionen in für uns unvorstellbaren Slums. Nirgendwo ist die Lärmbelastung niedriger als 60 bis 90 Dezibel. Der durch die Stadt fließende Yamuna transportiert täglich 430 Millionen Liter Jauche und 20 Millionen Liter ungeklärte Industrieabwässer.[5] In Neu-Delhi gäbe es ein großes Betätigungsfeld für unsere hypertrophierten Ökozündhütchen. Wenn in Deutschland größere Mengen einer gesundheitsschädlichen Substanz austreten, wird die kontaminierte Umgebung mit einem Riesenaufwand gereinigt und eine Werkschließung in Betracht gezogen; in Neu-Delhi nimmt man noch nicht einmal Notiz davon!

Es bleibt dabei: Wohlstand ist der beste Garant für einen allgemein guten Gesundheitsstatus, für eine hohe Lebenserwartung und für weniger Krankheiten durch Umweltbelastung, weil man eben genügend Geld für Umweltschutzmaßnahmen ausgeben kann.

Aber in Deutschland ist alles ganz besonders gefährlich – wenn man dem angstgesteuerten Teil der Bevölkerung glaubt. Fernsehmoderatoren scheinen sogar extrem gefährdet zu sein. Am 20. Mai 1996 stand in der *Bild*-Zeitung: »Krebsalarm bei der Tagesschau!« Das Wissenschaftsjournal fürs Volk zog Bilanz: Werner Veigel starb mit 66 an Gehirntumor, einen Monat vorher hatte der Krebstod den Ex-»Tagesthemen«-Moderator Hajo Friedrichs mit 67 erwischt, und die beliebten Fernsehsprecher Karlheinz Köpcke (ARD) und Gerhard Klarner (ZDF) waren ebenfalls dem Krebs erlegen. Prompt fand sich ein Universitätsprofessor, der in seiner alarmierenden Studie – »morgen exklusiv in *Bild am Sonntag«* – darlegte, daß das Krebsrisiko bei Fernsehmoderatoren doppelt so hoch wie bei anderen Menschen sei. Das war ein klassischer Verstoß gegen ein Grundgesetz der Statistik. Weshalb? Weil Statistiken nur dann aussagekräftig sind, wenn ein hinreichend großes Kollektiv untersucht wurde. Man spricht vom *Gesetz der großen Zahl.* Gäbe es beispielsweise 100.000 Fernsehmoderatoren, dann könnte man ihre Anfälligkeit für Krebserkrankungen mit der der restlichen Bevölkerung vergleichen und eine signifikante Abweichung belegen. Alles andere ist Kaffeesatzleserei.

Die meisten von uns neigen zur *selektiven Wahrnehmung,* sie nehmen nur das wahr, was sie bestätigt. Ein Beispiel: Mancher Zeitnotgenosse steht morgens an einer Ampel, die scheinbar jedesmal auf Rot springt, wenn er sich ihr nähert. Anhand einer Statistik wird man schnell finden, daß sie in etwa gleich häufig Grün und Rot zeigt. So ähnlich verhält es sich mit der *persönlichen Interpretation von Krebsstatistiken* und der jeweiligen Einschätzung des Risikos – die Erwartung verbiegt die Statistik. In seinem Buch »Anleitung zum Unglücklichsein« beschreibt Paul Watzlawick unzählige Fälle und gibt eine Menge Tips, die für den endzeitgläubigen Ökochonder im fortgeschrittenen Paralysestadium von unschätzbarem Wert sein können.

1980 gab Professor Schmähl vom Deutschen Krebsforschungszentrum in Heidelberg in einem Interview[6] folgende Definition:

$$\text{Krebs} = f\,(\text{Disposition} + \text{Exposition} + \text{Alter})$$

In Worten: Zur Entstehung von Krebs braucht es die drei aufgezählten Größen; Disposition ist die *persönliche Veranlagung,* Exposition der Grad, mit dem wir der Einwirkung *chemischer, viraler und physikalischer krebsauslösender Faktoren* ausgesetzt sind.

Die Ökodiskussion dreht sich hauptsächlich um die Frage, ob Krebserkrankungen eingedämmt (oder gar verhindert) werden könnten, wenn der Faktor Exposition auf null reduziert würde. Dies wäre zweifellos der Fall, aber bei weitem nicht in dem Maße, in dem es sich unsere Siechtums- und Kargheitsapostel erhoffen. Sie benutzen vielmehr diese und gleichgeartete Diskussionen, um ihr ungenanntes Fernziel – den Eintausch unseres Wohlstands gegen eine entmündigende Ökodiktatur – zu erreichen.

Als Belege dafür, daß die »Chemisierung der Umwelt« für den Ausbruch einer Krankheit nicht verantwortlich sein kann, führt Professor Schmähl unter anderem an:

- Das Gallenblasenkarzinom; es bildet sich niemals in einer gesunden, sondern nur in einer »chronisch entzündeten« Steingallenblase.
- Das Bronchialkarzinom; hierfür ist die entscheidende Ursache die Inhalation von Tabakrauch.
- Das Hautkarzinom; es wird fast ausschließlich durch exzessive Sonnenstrahlung verursacht, die, so muß man heute ergänzen, auch ohne Ozonloch konsumiert wird. Es ist unser unvernünftiges Freizeitverhalten, das hier zum Tragen kommt.

Auch dürfte in diesem Zusammenhang interessant sein, daß um 1980, als Professor Schmähl das Interview gab, die Lungenkrebshäufigkeit in sauberen amerikanischen Städten höher war als in verschmutzten. Das gleiche Ergebnis erbrachte der Vergleich von Genf mit dem wesentlich verschmutzteren Birmingham, in dem weniger bösartige Neubildungen zu vermelden waren.

Das juckt nicht, denn anläßlich der jährlich stattfindenden Envitec (Messe für Technik im Umweltschutz) gab das Bundesinnenministerium 1980 eine Broschüre heraus, in der folgender Satz stand: »Für bis zu 80 % aller Krebserkrankungen werden heute Langzeitwirkungen von Chemikalien verantwortlich gemacht.« Das trifft voll die Stimmung in unserer offenen Ökopsychiatrie. Daß dem aber nicht so sein kann, zeigt die nächste Abbildung auf der Seite 194.

Bild 13 gibt die offiziellen US-Produktionszahlen von organischen Chemikalien wie Lösemitteln, Farben, Kunststoffen usw. wieder, die von der »United States Trade Commission« jährlich veröffentlicht werden, und die Krebserkrankungen gemäß dem U. S. National Center of Health Statistics and U. S. Bureau of the Census. Quintessenz: *Die Behauptung, daß die Krebsrate und die*

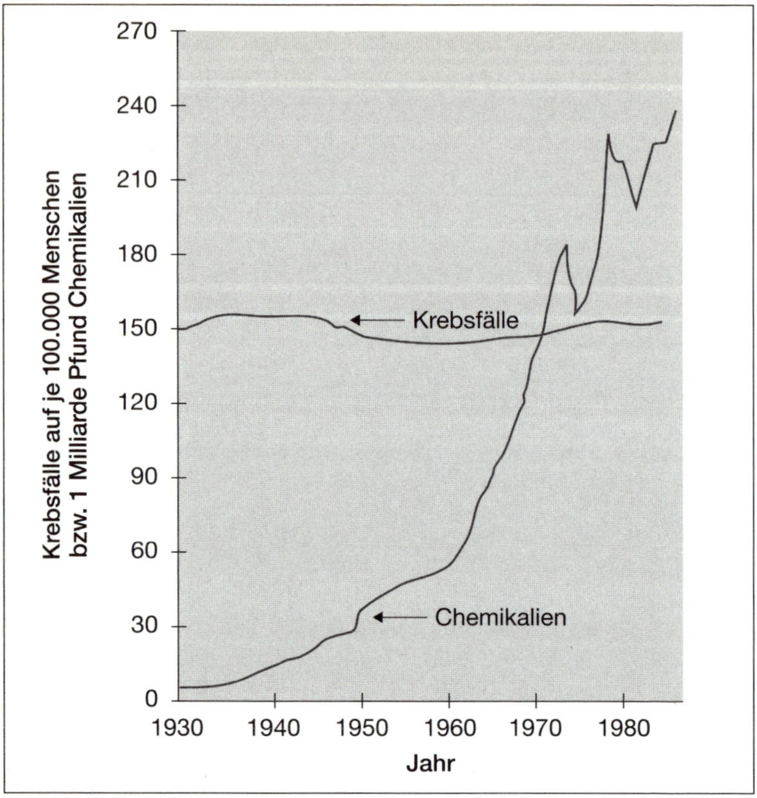

Bild 13: Chemikalienproduktion und Krebserkrankungen[7]

Chemikalienproduktion nebst dem Chemikalienverbrauch zusammenhängen, entbehrt jeglicher wissenschaftlichen Grundlage!
Es sei noch darauf hingewiesen, daß die Emissionen der Otto- und Dieselmotorfahrzeuge während des in Bild 13 dargestellten Zeitraums immens anstiegen. Auch gab es 1940 keine Kernkraftwerke, keine oberirdischen Kernwaffenversuche, keinen Elektrosmog im heutigen Sinne und anderes mehr, und trotzdem lag die Krebsrate geringfügig höher als heute. Natürlich birgt der Umgang mit Chemikalien ein Krebsgefährdungspotential. Dies betrifft aber vor allem den *beruflich exponierten Personenkreis* und *nicht die allgemeine Bevölkerung.*

Krebs ist die *häufigste Todesursache im Alter.* Da es 1960 in der Bundesrepublik nur 220.000 Menschen über 85 Jahren gab, 1990 dagegen 940.000, tritt Krebs als Todesursache stärker ins öffentliche Bewußtsein. Denn entgegen landläufiger Meinung hat Krebs als Todesursache von 1960 bis 1990 in *allen* Altersgruppen *abgenommen.*

Aus Obduktionen von Männern, die an anderen Krankheiten starben, wissen wir, daß etwa ein Drittel der Männer über 50 Jahren einige Krebszellen in der Vorsteherdrüse hat und daß der Anteil mit zunehmendem Alter wächst – auf immerhin 90 % in der Gruppe der über 90jährigen.[8] Dies heißt noch lange nicht, daß die Krankheit ausbricht. Immerhin werden bei einem Viertel aller obduzierten Männer, die in den USA nach Vollendung des 70. Lebensjahres ohne charakteristische Beschwerden starben, in der Prostata kleine Karzinome gefunden. Auch wird der beobachtbare Anstieg von Gehirntumoren von Fachleuten auf die breitere Verfügbarkeit der Kernspintomographie zurückgeführt. Früher wurde in solchen Fällen fälschlicherweise häufig ein Schlaganfall als Todesursache angenommen.

Selbst wenn es herzlos klingt, sei noch einmal an Paracelsus erinnert, der schon vor fast 500 Jahren nüchtern und realistisch schrieb: »Alles ist mit dem Tod umgeben gleich einem Kind, das den Tod mit ins Leben bringt. Wenn wir geboren werden und empfangen, so werden wir dem Tod prädestiniert, mit Tod umgeben und verfasset.« *Wenn es uns gelänge, den Krebs endgültig zu besiegen, so verlängerte sich unsere durchschnittliche Lebenserwartung um gerade einmal 2,5 Jahre.*[9] Eventuell käme dann eine andere Krankheit stärker zum Tragen, die den Effekt wieder aufhöbe.

Wir wissen heute, daß die *Veranlagung,* an Krebs zu erkranken, vererbbar ist, und zwar über *Onkogene,* die in bestimmten *Chromosomen* sitzen. 1984 beschrieb Robert A. Weinberg in *Spektrum der Wissenschaft* die Entdeckung und Identifizierung der Onkogene (gr.: *onkos* = Geschwulst; *genes* = erzeugend) mit Hilfe der von Ökogutmenschen wenig geschätzten *Gentechnik.*

Für die Entdeckung, daß *Onkogene ureigenster Bestandteil* der Zellen sind, bekamen Michael Bishop und Harold Varmus 1989 den Nobelpreis für Medizin. Wer also meint, er habe in seinem Organismus keine Onkogene, täuscht sich. Die zelleigenen Krebsgene, von denen man 1989 bereits 50 kannte, sind sogar lebenswichtig, weil sie an der Kontrolle des Zellwachstums, der Zelldifferenzierung und der Embryonalentwicklung essentiell mitwirken.

Onkogene haben Gegenspieler, die man als *Tumorsuppressor-*

Gene bezeichnet. Diese bremsen die Onkogene gewissermaßen aus. Zusammengefaßt gilt: Krebs entsteht, wenn

1. in einem Chromosomenpaar zwei identische *Onkogene vorhanden* sind und
2. in diesen beiden Chromosomen die Bremsen gelöst worden sind, sprich die *Tumorsuppressor-Gene verlorengegangen sind oder inaktiviert* wurden.[10]

In der Forschung gibt es noch eine Menge zu tun. Der Anfang ist aber gemacht, und wir kennen auch das Handwerkszeug, mit dem wir die Nuß knacken können. Würde es uns beispielsweise gelingen, mit der Gentechnik die Tumorsuppressor-Gene wieder zu aktivieren, ließe sich mancher Krebs mit wenigen Spritzen heilen. Die Beeinflussung regulatorischer Proteine ist ebenfalls denkbar. Aber auch hier hilft nur die Gentechnik.

Das Genomprojekt »*Hu*man *G*enom *O*rganization« (= Hugo) erforscht die genetischen Grundlagen des Krebsgeschehens und gentechnische Bekämpfungsstrategien. Als Öko-Ajatollahs von den öffentlich-rechtlichen Minaretten zum Dschihad gegen das Forschungsprojekt aufriefen, gab es den üblichen Tumult. Inzwischen ist man ruhiger geworden und beginnt heute, wenn auch sehr verspätet, auch in Deutschland mit »Hugo«.

Zur Erinnerung: Wir werden das ökofundamentalistische Ausbremsen moderner naturwissenschaftlicher Forschung in unseren Lohntüten merken!

Zwischenzeitlich ist es – meist außerhalb Deutschlands – gelungen, etliche Krebsgene und ihre Lokalisation näher zu bestimmen. Die genetische Veranlagung für Dickdarmkrebs sitzt auf Chromosom 2, für das maligne Melanom (Hautkrebs) ist das Chromosom 9 zuständig; das Gen (Rb) für das Retinoblastom – eine Krebsform der Augennetzhaut – ist in Chromosom 13 zu finden, und die für den Brustkrebs zuständigen Gene (BRCA1 und BRCA2) werden auf dem Chromosom 17 bereitgehalten.[11] Fazit: *Der Ausbruch etlicher Krebserkrankungen ist vielfach genetisch vorprogrammiert.*

Krebs wird selbstverständlich nicht nur vererbt, sondern *auch erworben.* Wenn eine Zelle zur Krebszelle entartet, dann geschieht dies durch eine *Veränderung der DNA.* Man spricht dann von einer *Gen-Mutation.* So findet man bei mehr als der Hälfte der Tumoren in Lunge, Brust, Darm, Niere, Speiseröhre und Leber *Mutationen* im sogenannten p53-Gen. Dieses Gen veranlaßt die Produktion des *p53-Proteins,* das die menschliche Zelle *vor un-*

planmäßigen Teilungen schützt. Übrigens ist in dem mutierten p53-Gen ein Guanisin-Baustein gegen einen Thymidin-Baustein ausgetauscht – diesen Austausch bewirkt auch das von einigen Schimmelpilzen erzeugte Aflatoxin (vgl. S. 169).

Man weiß, daß alle *mutagen wirkenden Substanzen auch karzinogen* sind. Diese Erkenntnis brachte den Krebsforscher Bruce N. Ames 1973 auf die Idee, Bakterienstämme mit einem Gendefekt zum Testen zu benutzen. *Verlieren die Bakterien durch die Testsubstanz den Gendefekt* – man spricht von einer *Rückmutation* –, so vermehren sie sich eifrig. Die Substanz ist folglich mutagen. Verkümmern die Bakterienstämme, ist die Substanz nicht mutagen. Der *Ames-Test* wird heute routinemäßig durchgeführt, um die potentielle Karzinogenität aller möglichen Substanzen abzuschätzen – *ohne* Tierversuche! Es ist deshalb fast unmöglich, daß heutzutage ein eindeutig krebserregender Lebensmittelzusatzstoff in den Handel kommt.

Krebsverursachende Mutationen – und das ist der springende Ökodiskussionspunkt – können folgende Ursachen haben:

- *chemische* (karzinogene Substanzen),
- *biologische* (Viren, fehlerhafte Reparatur),
- *physikalische* (Strahlung).

Um das Krebsgeschehen richtig einzuordnen, muß man wissen, daß in jeder Sekunde 25 Millionen Zellen absterben und wieder ersetzt werden. Dies sind über den Tag gerechnet zwei Billionen ($2 \cdot 10^{12}$) oder 2000 Milliarden. Dem ganz *natürlichen Ablauf entsprechend* schleichen sich beim Kopieren der Zellen immer *Fehler* ein. Man rechnet mit einem falschen DNA-Baustein je eine Milliarde kopierter DNA-Paare.

Heute weiß man, daß der Mensch *täglich* mindestens *10.000* durch Oxidation (chemisch) oder Strahlung (physikalisch) *beschädigte* Zellen in seinem Körper hat.[12] Dies ist ganz natürlich und war bereits im Altertum so – ganz ohne Kernkraft, Auto und Chemie. Wenn die Natur sich nicht selbst helfen würde, so kämen wir nicht einmal aus den Windeln heraus, sondern würden wahrscheinlich nach wenigen Monaten einem Krebsleiden erliegen. Es muß also ein wirkungsvoller *Reparaturmechanismus* existieren. Und so ist es auch. Während der Entwicklung einer neuen Zelle beheben *Reparaturenzyme* (Helicasen und Endonukleasen) die DNA-Fehler. Das dürfte einer der Gründe sein, weshalb ein einmaliger Kontakt mit einer krebserregenden Substanz *kaum* zu einer Erkrankung führen kann. Fallen die Reparaturenzyme weg, so kommt es zu schweren Erkrankungen, vom Zwergwuchs bis zu extremer Anfälligkeit für Hautkrebs.[13]

Es gibt noch einen sehr wirkungsvollen körpereigenen Schutz gegen Krebs. Läßt man eine typische Krebszelle in einer geeigneten Zellkultur heranwachsen, so teilt sie sich etwa alle 24 Stunden. Rechnet man einmal nach, so kommt Erstaunliches heraus: Die Masse einer Zelle beträgt etwa $5 \cdot 10^{-7}$ mg. In 30 Tagen entstehen $2^{30} = 1{,}07 \cdot 10^9$ Zellen mit einer Gesamtmasse von

$$1{,}07 \cdot 10^9 \cdot (5 \cdot 10^{-7})\ \text{mg} = 535\ \text{mg},$$

nach weiteren zwei Wochen hätten wir bereits 8,5 kg. Weil sich *nicht nur eine* Krebszelle so verhält, müßte ein bösartiger Tumor nach kurzer Zeit einige Tonnen wiegen. Dem ist aber nicht so, also muß im Körper eine Polizeitruppe existieren: Dies sind die sogenannten *Killerzellen* von der Art der T-Lymphozyten und der NK-Zellen.

Zurück zu den *karzinogenen Substanzen.* Man unterscheidet drei Arten:[14]

1. Die *Initiatoren.* Sie führen zu einer irreversiblen Schädigung (Mutation) der DNA. Aber selbst die wiederholte Applikation eines Initiators löst allein noch keinen Krebs aus. Ein natürlich vorkommender Initiator ist das bereits erwähnte Aflatoxin. Ein anderes Beispiel ist die Verbindung 7,12-Dimethylbenzanthrazen (DMBA).
2. Die *Promotoren.* Sie können allein *keinen* Krebs auslösen, auch wenn sie noch so oft einwirken. Das bestuntersuchte Beispiel ist das 12-Tetradecanoylphorbol-13-acetat (TPA). Die Verbindung ist ein Naturstoff und kommt im Crotonöl des südasiatischen Tiglibaums vor. Das TPA dient in Tierversuchen dazu, durch Initiatoren mutierte Zellen in Krebszellen umzuwandeln.
3. Die *kompletten Karzinogene* (Solitärkarzinogene). Sie besitzen sowohl die Eigenschaft eines Initiators als auch die eines Promotors. Dazu zählen viele aromatische Kohlenwasserstoffe, wie das Benz(a)pyren, das als Modellsubstanz zum Auslösen von Krebs im Tierversuch dient. Benz(a)pyren kann man auch durch intensives Einatmen von Tabakrauch genießen. Mit dem Kauf von einigen Gramm Nikotin-Hydrochlorid und Benz(a)pyren läßt sich dem Finanzminister ein Schnippchen schlagen. Durch Schnupfen eines solchen Gemischs erlangt man den gleichen Krebseffekt wie beim Rauchen – nur wesentlich preiswerter!

Zu einer Krebserkrankung kann es kommen, wenn ein Initiator und *anschließend* ein Promotor oder wenn gleich ein Solitärkarzinogen auf den Organismus einwirkt. Hervorzuheben ist, daß auch die wiederholte Applikation einer geringen (subkarzinogenen) Dosis eines Solitärkarzinogens *keinen* Krebs auslöst!

Da *am Arbeitsplatz (nicht im Privatleben!) häufig mit merklichen Mengen karzinogener Substanzen umgegangen* wird, hat der Gesetzgeber hierfür strenge Richtlinien in Form der *»Technischen Regeln für Gefahrstoffe«* (TRGS 905) erlassen. Laut EU-Regelung gibt es drei Klassifizierungen krebserregender Arbeitsstoffe:

- *Klasse 1: Stoffe, die beim Menschen eindeutig bösartige Geschwülste auslösen.* Dazu gehören *Arsenverbindungen* wie Arsenik u. ä., *Asbest* als Feinstaub, *Benzidin* (früher ein sehr häufiges Farbenvorprodukt), *Benzol, 2-Naphthylamin, Nickel* (in Form atembarer Stäube, nicht als Nickelmünze) *Braun-* und *Steinkohleteer* und noch mehr als 20 andere Stoffe.
  Interessant ist der Fall des Benzols, von dem in der Bundesrepublik jährlich 55.000 bis 70.000 t emittiert werden – allerdings nicht durch den Kfz-Verkehr. 1985, als der Anteil der Katalysatorfahrzeuge noch sehr gering war, brachte es der Verkehr gerade einmal auf 20.000 t. Inzwischen sinkt die Emission ständig trotz zunehmender Kfz-Dichte. Besonders verblüffend ist, daß die Chlorierung von Benzol zu Monochlorbenzol eine Verbindung entstehen läßt, die eben nicht so karzinogen wirkt wie der Ausgangsstoff Benzol.
  Was nicht in den Zeitungen steht, aber in höchstem Maße beachtenswert ist, sind die Naturstoffe *Buchen-* und *Eichenholzstaub.* Sie wirken auf den menschlichen Organismus eindeutig krebserregend. Ursache ist der im Holz *natürlich* vorhandene Trimethoxyzimtaldehyd[15], der für den bei Holzarbeitern häufig beobachteten Nasenkrebs verantwortlich ist. Das paßt wohl nicht so ganz in das Weltbild der Berufsaufreger, denn nur die profitorientierte industrielle Chemie stellt krebserregende Stoffe her. Daß alles Chemie ist und somit auch alle möglichen Naturstoffe prinzipiell Karzinogene zur Verfügung stellen können, fügt sich nicht ins Weltbild der Krebsklamauk-Artisten.
- *Klasse 2: Stoffe, die als krebserzeugend für den Menschen* angesehen werden sollten (*die Annahme beruht auf* Langzeit-Tierversuchen). Hierzu gehören beispielsweise *Cadmiumoxid, 1,3-Butadien* (Ausgangsstoff des Synthesekautschuks, der Mitbe-

standteil jedes Autoreifens ist), verschiedene *N-Nitrosamine* (können durch Pökeln und beim Grillen und Braten von Fleisch entstehen).

- *Klasse 3: Stoffe, die wegen möglicher krebserzeugender Wirkung beim Menschen Anlaß zu* Besorgnis *geben, über die jedoch nicht genügend Informationen für eine befriedigende Beurteilung vorliegen.* Anders interpretiert heißt das: Für diese Stoffe ist kein eindeutiger Nachweis einer krebserregenden Wirkung im Tierversuch möglich und erst recht beim Menschen nicht bekannt.

Die in der Klasse 3 aufgezählten Substanzen reichen immer mal aus für den kleinen Horrorhunger zwischendurch und besitzen einen hohen Unterhaltungswert. *Formaldehyd*, von dem jeder Mensch als *natürlichen* Inhaltsstoff 2 bis 3 mg in einem Liter Blut hat[16], gehört hierhin. Damit der fortgeschrittene Ökochonder nicht im sauren Regen stehenbleibt, hat die Firma Dräger einen Biochek F® zur Bestimmung von Formaldehyd in der Wohnungsluft in ihrem Programm. Zur Klasse 3 gehören auch die »ultragefährlichen« polychlorierten Biphenyle *(PCBs)* sowie einige *halogenierte Alkane* (z. B. Chloroform). Vielleicht sind sogar alle Patienten später an Krebs erkrankt, die man noch in den 50er Jahren mit Chloroform narkotisierte? Da fehlt uns noch eine Expertenkommission zur posthumen Aufklärung der Fälle!

Vor einigen Jahren war das in diese Klasse gehörende *1,4-Dioxan* der Ökoschlager der Woche, weil es in Spuren in Shampoo gefunden wurde. Auch finden sich alle sonstigen *Holzstäube* in der Klasse 3 wieder.

Ebenfalls in diese Klasse gehört das o-Nitroanisol, von dem am 22. Februar 1993 durch Fehlbedienung 2780 kg aus einer Anlage im Werk Griesheim der Hoechst AG auf die Umgebung niederregneten. Zur Ermittlung der Karzinogenität hatte man wenige Tage zuvor in Amerika einen Langzeitversuch abgeschlossen. Dabei wurden ein halbes Jahr lang täglich Dosierungen von bis zu 900 mg/kg verfüttert. Die solcherart hochdosierten Tiere bekamen Tumore in der Blase und im Dickdarm.[17] Um im Bild zu bleiben: Dies würde bedeuten, daß ein 70 kg schwerer Mensch ein halbes Jahr lang *täglich* 63 g o-Nitroanisol essen müßte. Am Nachmittag des Unfalltages ermittelte das Frankfurter Stadtgesundheitsamt 15 µg/m³ o-Nitroanisol (= 0,000.015

g/m^3) in der Luft. Ein Mensch atmet jeden Tag durchschnittlich 11,5 m^3 Luft ein, was während der Spitzenbelastung nach dem Unfall einer maximalen Tagesaufnahme von 0,000.17 g o-Nitroanisol entspricht. Aus dem zuständigen Ministerium war deshalb auch am 1. März 1993 zu hören: »Die Risikoabschätzung durch Experten ergab, daß durch eine kurzfristig hohe Exposition direkt nach dem Unfall kein erkennbares erhöhtes Krebsrisiko zu erwarten ist.« Dies hätte man auch einfacher haben können. Denn der Industrie ist keine signifikante Krebserkrankungsrate der Arbeiter durch o-Nitroanisol bekannt, obwohl die Substanz seit gut 100 Jahren industriell gehandhabt wird.

Alles, was wir über krebserregende Wirkungen von Stoffen beim Menschen wissen, stammt aus der Erfahrung im Umgang damit, (also letztlich aus epidemiologischen Untersuchungen). Beachtenswert ist, daß bisher nur etwa *30 Stoffe* mit der Entstehung von Tumoren beim Menschen in einen gesicherten Zusammenhang gebracht werden können. *Tierversuche sind in sehr vielen Fällen einfach nicht aussagefähig.* Ein ganz bekanntes Beispiel ist *2-Naphthylamin,* das *beim Menschen eindeutig Krebs* auslöst. Von den Arbeitern, die in der Farbenvorproduktion mehr als fünf Jahre der Substanz ausgesetzt waren, bekamen über 90 % Blasenkrebs. Ratten und andere kleine Nager konnte man damit füttern, sooft man wollte – *kein Tier bekam Krebs!*[18] Umgekehrt darf man getrost davon ausgehen, daß eine ganze Reihe Substanzen, wie Formaldehyd, *nur im Tierversuch karzinogen* wirken, aber nicht beim Menschen.

1990 fragten Bruce N. Ames und Louis L. Gold in einer Veröffentlichung[19, 20] nach dem Nutzen von Tierversuchen und bohrten einmal etwas tiefer. Demnach sind *80 %* der an Ratten und Mäusen *getesteten* Verbindungen *synthetischer* Natur. *Aus nicht nachvollziehbaren Gründen hatte man bis dato die Naturstoffe vollkommen vernachlässigt.* Weshalb? Wegen der ökofundamentalistischen Doktrin »Natur ist gut – Chemie ist böse«? Daß dem nicht so ist, zeigt sich nicht nur beim Eichen- und Buchenholzstaub, sondern auch beim Seidelbast[21], der die starke Promotorsubstanz Mecerein enthält. Wie man weiterhin inzwischen weiß, wehren sich Pflanzen gegen Freßfeinde, indem sie natürliche »Schädlingsbekämpfungsmittel« bilden. Ames und Gold testeten diese Substanzen an Nagetieren und fanden heraus, daß 27 von 52 pflanzlichen Abwehrstoffen karzinogen wirken – also die Hälfte! In folgenden *Nahrungsmitteln* sind hinreichende Mengen *natürlich vorkommender Verbindungen* enthalten, mit denen Ames und Gold *im Tierversuch Krebs auslösen konnten:*

Ananas, Anis, Apfel, Aubergine, Banane, Basilikum, Birne, Blumenkohl, Brokkoli, Endiviensalat, Erdbeere, Estragon Fenchel, Gewürznelke, Grapefruit, Grünkohl, Himbeere, Honig, Honigmelone, Kaffee, Kakao, Karotte, Kartoffel, Kirsche, Kopfsalat, Kümmel, Mango, Meerrettich, Muskatnuß, Orange, Pastinak, Petersilie, Pfeffer, Pfirsich, Pflaume, Pilze, Rettich, Rosenkohl, Rosmarin, Salbei, Sellerie, Senf, Sesamsamen, Thymian, Weintraube, weiße Rübe, Weißkohl, Zimt, Zuckermelone, Zwetschge.[19]

In der Literatur findet man noch eine ganze Reihe anderer karzinogener Naturstoffe. So enthalten Zimt-, Kampfer- und Sternanisöl die Verbindung Safrol und Derivate davon, die im Tierversuch Krebs auslösen. Der bei uns in Wald und Garten stehende und in der exotischen Küche verwendete Adlerfarn enthält Tannine, die beim Menschen Kehlkopfkrebs verursachen.[22]

Die naturbelassene Erdbeere, die kein Auto und auch sonst nichts Gefährliches »gesehen« hat, enthält unter anderem meßbare Mengen Benzol (Klasse 1) und Acetaldehyd (Klasse 3). Sollten wir vielleicht Erdbeeren gemäß der Klasse 3 krebserregender Stoffe beim Obsthändler mit dem Symbol R 40 (= irreversibler Schaden möglich) kennzeichnen?

In einer Tasse Kaffee sind wahrscheinlich sogar 40 mg verschiedenster Substanzen enthalten, die beim Nagetier Krebs erzeugen! Wohlgemerkt *keine* Pflanzenschutzmittelrückstände, sondern Verbindungen, die ganz natürlich beim Röstprozeß entstehen (Maillard-Reaktion).

Nach einer sorgfältig abgesicherten und heute noch unter Fachleuten weltweit akzeptierten Untersuchung von Doll und Peto aus dem Jahr 1981 gehen *65 % der Krebserkrankungen auf Tabakkonsum und falsche Ernährung* zurück. Der Würzburger Mediziner Professor Heinrich Kasper ist der Ansicht, daß 90 % aller Tumoren im Darm durch ballaststoffreichere Nahrungsmittel vermeidbar wären. In einem umfassenden Lehrbuch der Pharmakologie und Toxikologie[23] werden aufgrund fundierter und unumstrittener Untersuchungen die Hauptrisiken einer Krebserkrankung folgendermaßen gewichtet:

Nahrung, Ernährung	35 %
Tabak	30 %
Fortpflanzung, Sexualverhalten	7 %
Beruf	4 %
Alkohol	3 %
Luft- und Wasserverunreinigung	*2 %*
Sonnenlicht (UV)	1,5 %
Medikamente	1 %
Natürliche Strahlenexposition (inkl. Radon)	1,5 %
Nahrungszusatzstoffe, Haushaltschemikalien	*< 1 %*
Medizinische Strahlenexposition	0,5 %
Kernwaffenversuche (weltweit)	~ 0,01 %
Tschernobyl, Südbayern	~ 0,01 %
Tschernobyl, Bundesrep.	~ 0,002 %
Kernkraftwerke, Normalbetrieb	~ 0,0001 %

»Nahrung, Ernährung« bezieht sich auf unsere *Eßgewohnheiten: zu süß, zu fett, zu ballaststoffarm,* zu viele Pommes frites und Matschburger, zuwenig Obst, Salat und Gemüse.

Betrachtet man sich die Auflistung genauer, so erkennt man, daß Luft- und Wasserverunreinigung, Nahrungsmittelzusatzstoffe, Pflanzenschutzmittelrückstände und Haushaltschemikalien, Strahlung aus Kernkraftwerken usw. (das, was wir unter *Umweltverschmutzung* im engeren Sinne verstehen) *zu weniger als 3 %* an der Entstehung von Krebserkrankungen beteiligt sind. Die restlichen, hier nicht aufgezählten Krebsfälle beruhen auf natürlichen Karzinogenen, auf Viruserkrankungen und auf erblicher Veranlagung. Die meisten Schäden fügen wir uns selbst zu, wozu in erster Linie das Rauchen gehört. Rauchen kann aber auch fremdbestimmt karzinogen wirken, denn immerhin wird mit jährlich 400 Lungenkrebstoten in Deutschland durch Passivrauchen gerechnet.

Gelegentlich kann man unsere Öko-Dompteure auch einmal in verfänglichen Situationen beobachten. So demonstrierten nach erfolgreich verlaufenen Verhandlungen zur Rettung der nordrhein-westfälischen Koalition grüne Abgeordnete in der ARD-*Tagesschau* am 5. März 1996 mit tiefen Lungenzügen, daß selbstbestimmter Krebs nicht so gefährlich sein kann wie fremdbestimmter durch Tschernobyl!

Auch das ist beachtenswert: Wird das Krebsrisiko für ganz normales Trinkwasser mit dem Faktor 1 versehen, so hat geräucherter

Schinken wegen der Nitrosamine den Faktor 3, Erdnußbutter durch die Aflatoxine den Faktor 30 und ein halber Liter Bier infolge des Alkohols sogar 2800.[24, 25, 26]

Oft wird in manipulativer Absicht verbreitet, daß die Anzahl der Krebserkrankungen bei Kindern im Ansteigen sei. Das ist nicht haltbar. Auskunft hierüber gibt das Krebsregister der ehemaligen DDR, eine Einrichtung, die so in der Bundesrepublik aus Datenschutzgründen (!) nicht geführt werden darf. Nach dem »Nationalen Krebsregister« hat sich die Zahl der bösartigen Neubildungen im Kindesalter in den letzten 20 Jahren kaum geändert. 1963 erkrankten von 100.000 Kinder elf an Krebs, 1989 waren es zwölf.

Asbest ist immer für eine Horrorgeschichte gut. Mesotheliome (»Asbestkrebs«) wurden vor allem bei Arbeitnehmern gefunden, die *erheblichen Kontakt* mit dem Stoff hatten. Ebenso wurde bei Familienmitgliedern und in der Nachbarschaft von asbestverarbeitenden Betrieben eine erhöhte Inzidenz registriert. Die Gefährdung durch natürliche Asbestvorkommen ist auch nicht ohne. So kommen in den drei türkischen »Zeolithdörfern« Tuzköy auf 100.000 Einwohner 216 Pleuramesotheliomfälle.[27]

Das *Deutsche Ärzteblatt*[28] schreibt: »Immer wieder wird in Kommentaren zur Asbestproblematik hervorgehoben, daß schon eine einzige Faser zum Krebs führen könne. Dies ist zwar nach theoretischen Gesichtspunkten und unseren heutigen Kenntnissen über Krebsentstehung eine erlaubte Hypothese, steht jedoch im krassen Widerspruch zu den in großer Zahl vorliegenden epidemiologischen Daten und pathologisch-anatomischen Befunden.«

Wird da vielleicht eine ernste Gefahr abgewiegelt? Nein, was für ein Quatsch mit der Asbestsanierung gemacht wurde und wird, zeigt sich schon am Beispiel eines Falls, in dem nachher 60mal mehr Fasern gemessen wurden als vorher! Auch können allerhöchstens zwei von 100.000 Lungenkrebsfällen mit Asbest in Verbindung gebracht werden.[29] Die Wahrscheinlichkeit, daß ein Schüler einer »asbestverseuchten« Schule eine tödliche Gesundheitsschädigung erlangt, beträgt etwa 0,000.0001 % – wenn überhaupt.[30]

Anfang Februar 1990 gab es eine köstliche Ökoklamotte, als die Firma Perrier Tausende von Flaschen ihres Mineralwassers aus dem Handel zurückziehen mußte, weil die Brause mit 15 ppb Benzol belastet war. In einem amüsant zu lesenden Buch berechnet A. K. Dewdney die »Lebensbedrohung«. Demnach erhöht sich für eine Person, die täglich 2 l »ultragefährliches«, benzolbelastetes Perrier trinkt, das Risiko, als 70jähriger an Krebs zu erkranken, von 0,120.000.0 auf 0,120.000.2.[31]

In der Tabelle auf S. 203 sind besonders zu beachten die Werte von Kernkraftwerken und die Folgen des Tschernobyl-GAUs im Vergleich zur natürlichen Radioaktivität. Wenn wir generell das »erschreckend hohe« (Ökodeutsch) *umweltbedingte Krebsrisiko von knapp 3 % ausschalten* wollten, dann müßten wir schleunigst folgendes stillegen, abstellen oder aus der Welt schaffen:

- Wohnungsheizungen sowie den Betrieb von Kohle- und Ölkraftwerken. Die ersteren verursachen 50 % und die zweitgenannten 25 % des krebserregenden Benz(a)pyrens in der Luft. Durch Kohlefeuerung wird jährlich mit 1000 Krebstoten gerechnet.
- Kernkraftwerke; ihr Anteil an Krebserkrankungen liegt bei weniger als 0,000.1 %.
- Konservierungsmittel und Haushaltschemikalien.
- Braten und Räuchern von Fleisch. Die dabei immer stattfindende Maillard-Reaktion läßt verschiedene mehr oder minder stark krebserregende Stoffe entstehen, auch wenn keinerlei »chemische« Nahrungsmittelzusatzstoffe enthalten sind. Mit der täglichen Nahrungsaufnahme dürfte der Mensch etwa 2000 mg krebserregende Stoffe aufnehmen, die beim Erhitzen (Brötchen und Brot backen, Fleisch braten usw.) entstanden sind.[19] Im Räucherrauch hat man unter anderem merkliche Mengen von 47 verschiedenen polyaromatischen Kohlenwasserstoffen (PAKs) gefunden, die stark karzinogen sind.
- Verwendung von Nitrat und Nitrit bei der Fleischwarenherstellung (bilden im Magen karzinogene Nitrosamine).
- Industrieprozesse wie Stahlerzeugung, Schweißen, Raffinerien, Kokereien, Bergwerke. 1989 wurden immerhin 130.000 t Stäube mit Spuren karzinogener Verbindungen wie Arsenoxiden, Chromaten und PAKs emittiert.
- Holzbearbeitung (Trimethoxyzimtaldehyd).
- Anstrichmittel (1.050.000 t 1989, wobei einige Lösemittel ein schwach karzinogenes Potential besitzen).
- Straßenbau (Teer enthält karzinogene Bestandteile).
- Busse, Lkws, Pkws (emittieren möglicherweise krebserregend wirkende Aldehyde, Benzol und benzolähnliche Verbindungen; insgesamt 1.200.000 t im Jahr 1989). Übrigens scheint die Frage,

ob Dieselruß nun krebserregend ist oder nicht, eine Hängepartie zu sein. Dieselmotoremissionen wurden als krebserregend eingestuft, weil bei Versuchen mit Ratten Tumoren gefunden wurden, während Mäuse und Hamster gesund blieben.

- Bücher, Zeitungen (Druckfarben enthalten mögliche karzinogene Bestandteile, zum Beispiel Ruß, Lösemittel).
- Kleiderfarben (nach der Auffassung des Bundesinstituts für gesundheitlichen Verbraucherschutz können von den 800 gebräuchlichen Färbemitteln acht Azofarbstoffe »zu krebserzeugenden Aminen gespalten werden«).
- Kerzen und offenes Feuer (Rauch enthält karzinogene polyaromatische Kohlenwasserstoffe).
- Luftverkehr (wenn Flugpersonal ein 15fach erhöhtes Krebsrisiko hat, dürften Vielflieger auch betroffen sein).
- Die schnurrende Miezekatze. (Laurence K. Handt von der Universität Philadelphia hat bei 21 von 29 zufällig ausgewählten Kätzchen gefunden, daß sie reichliche Mengen der *Helicobacter pylori* übertragen. Das Bakterium kann ein Magenkarzinom verursachen. Serologische Untersuchungen zeigen, daß weltweit mehrere Milliarden Menschen infiziert sind.)
- Sonnenbad (verursacht Hautkrebs vor allem als Folge von Sonnenbrand während der Kindheit und im jugendlichen Alter; bis zum 20. Lebensjahr werden immerhin 80 % der UV-Strahlung aufgenommen).

Die Liste ließe sich beinahe beliebig verlängern. Selbst unsere gefiederten Hausfreunde müßten wir aus dem Käfig entlassen, denn an 15 % aller Lungenkrebsfälle, die nicht auf das Rauchen zurückgehen, hat »die Hausvogelhaltung möglicherweise einen gewissen Anteil«.

Die Zahl der in der Bundesrepublik jährlich neu auftretenden Krebserkrankungen wird auf 350.000 geschätzt, wobei drei Viertel aller Neuerkrankungen Personen über 60 Jahren betreffen. Jedes Jahr sterben in Deutschland etwa 200.000 Menschen an bösartigen Neubildungen. Man kann nun einmal das Risiko, gleich welcher Art, nicht vollkommen ausschließen. Man kann und *soll* es aber minimieren. In einer Demokratie muß man fragen, ob die Bevölkerung den dann notwendigen Verzicht leisten will.

Unbeeindruckt sitzt Vater Angstmeier schweißgebadet im Wagen der Ökogeisterbahn und läßt sich frische Horrorluft zufächeln. Da tippt ihm von hinten der Sohn auf die Schulter und ruft: »Hast du die komische Figur dort in der Ecke gesehen? Der

Krebskaiser ist ja zu 97 % nackt!« Als Antwort kriegt er zu hören: »Sei ruhig, dummer Bub, davon verstehst du nichts. Die Experten in den Redaktionsstuben und Parlamenten sehen das anders.«

Während das Kirmeswägelchen der Familie Angstmeier rumpelnd die Krebskammer verläßt, dudelt es verloren hinter ihr her: »Das krebserregende PCB ist in den 60er und 70er Jahren auch in privat genutzten Betonbauten als Fugenfüller benutzt worden ... Bei der Sanierung öffentlicher Gebäude gibt es Riesenerfolge zu melden. So wurden in einer hessischen Großstadt vor kurzem für 4,6 Millionen Peanuts zwei Schulen aus der Umklammerung der ultragefährlichen polychlorierten Biphenyle befreit. Dafür wird demnächst wegen der Heizkosten das Hallenbad geschlossen. Der zuständige Schuldezernent meinte dazu: ›Andere Städte machen jetzt große Augen.‹ ... Weiterhin berichtet der *Stern* gerade, daß in 15 deutschen Freibädern erschreckend hohe Werte zwischen 7,9 und 144,2 µg/l des krebserregenden Chloroforms (Klasse 3) gemessen wurden. Nach Meldungen des Bundesforschungsministeriums haben Gelegenheitsschwimmer Chloroformwerte zwischen 0,5 und 1 µg/l im Blut ...« Da geht die nächste Türe auf.

Die Dioxintrompete

Von schrillen Fanfarenstößen wird das Horrorwägelchen in der Dioxinkammer empfangen. »Giftig, hochgiftig, ultragiftig, megagiftig – Dioxin«, schallt es aus dem Ökoagitprop-Lautsprecher. Mutter Angstmeier ist dem Herzinfarkt nahe, Vater Angstmeier wagt kaum noch zu atmen.

Zum besseren Verständnis: Beim »Dioxin« handelt es sich nicht nur um eine Verbindung, sondern um eine ganze Reihe ähnlicher Stoffe (»Derivate«). Zur Vergleichbarkeit der ähnlich wirkenden Derivate hat man den Begriff I-TEQ (international toxidity-equivalents) eingeführt. Zur »Familie« der »Dioxine« werden 75 verschiedene polychlorierte Dibenzo-p-dioxine gerechnet. Die bei weitem giftigste dieser Verbindungen ist das 2,3,7,8-Tetrachlordibenzo-p-dioxin, das allgemein als 2,3,7,8-TCDD oder einfach als TCDD abgekürzt wird. In der Öffentlichkeit wird zum Horror-Joint-Drehen einfach der Ausdruck »Dioxin« benutzt.

1991 veröffentlichte der *Spiegel* eine hübsche Lyrik in Fortsetzung über das Dioxin. Dioxin erzeugt vor allem Krebs – nach Meinung der Apokalyptiker. Die Firma Boehringer, die in Hamburg Moorfleet das Totalherbizid 2,4,5-T (2,4,5-Trichlorphenoxyessigsäure) herstellte, kriegte ordentlich ihr Fett ab: »115 sind an Krebs gestorben. Alle waren wie Harry Gabrecht bei C. H. Boehringer Sohn in Hamburg beschäftigt.« Mega- und ultragiftig sei das Zeugs, weshalb es für Totgeburten, für Kinder ohne Augen, ohne Nase, mit Wasserkopf und für Unfruchtbarkeit verantwortlich gemacht wird.

Angst kommt auch auf, wenn der *Stern* meint, Dioxin tauche im Rauch von Krematorien auf, weil der Mensch im Laufe seines Lebens zur Sondermülldeponie geworden sei. Ein kräftiger Schluck aus der Horrorpulle! Tatsächlich ist es so, daß nach einer anfangs umstrittenen Hypothese von R. R. Bump, einer heute allgemein anerkannten Theorie, Dioxine bei allen Verbrennungsvorgängen entstehen, wenn Chlor zugegen ist, zum Beispiel in Form von Kochsalz (NaCl), das ja wohl in jeder Leiche vorhanden ist.

Auch beim Zigarettenrauchen wird Dioxin freigesetzt, und zwar 1 pg je Zigarette. Durchschnittlich werden von jedem Raucher 16 Zigaretten pro Tag geraucht. Das sind bei 18 Millionen Rauchern (23 % der Bevölkerung) im Jahr: 10^{-12}g × 16 × 18.000.000 × 365 = 0,1 g. Erschreckend! Würden die 0,1 g gesammelt, könnten tatsächlich 1400 Personen vergiftet werden. Qualm mir das Lied vom Dioxin-Tod oder »High Noon« bei der Mittagszigarette! Wenn man dann noch bedenkt, daß sogar der ganz normale Hausbrand (Kohle, Öl, Holz) zur Dioxinbelastung beiträgt, sollte man vielleicht gar nicht mehr atmen.

1991 widmete der *Spiegel* zwei Seiten dem Ökoschlager »Kieselrot mit Dioxin«. Beamte der Bremer Umweltsenatorin Lempke-Schulte (SPD) hatten seinerzeit »extrem hohe Werte« des Supergifts Dioxin auf Spiel- und Sportplätzen entdeckt. Da immerhin 800.000 t der Dioxinschlacke auf Spiel- und Sportplätzen verteilt waren, sah man höchste Gefahr, denn immerhin hatte man pro Kilogramm bis zu 100.000 Nanogramm der Verbindung entdeckt, die »67.000mal giftiger als Zyankali ist. Warum nicht gleich von 100.000.000.000 Femtogramm gesprochen wurde, ist mir ein Rätsel. Wäre dann das Dioxin nicht noch giftiger gewesen?

Michael Braungart, der Experte für Öko und drumherum und Lebenspartner Monika Griefahns, rechnete aus, daß, so zitiert ihn der *Spiegel,* in der heißen Sommerperiode die Kieselrotschlacke aus den Sport- und Kinderspielplätzen (!) »bundesweit pro Tag zwischen 800 und 1700 Gramm reines Dioxin-Gas in die Luft abgeben würde, ›eine unvorstellbare Menge‹«. Das hat »möglicherweise ›unabsehbare Folgen‹ für Millionen von Menschen«. Solch ein handverlesener Ökoquark läßt die Zähne wie Kastagnetten klappern.

1700 g wären tatsächlich eine beachtliche Menge. Nach informeller Auskunft des Bundesumweltamtes wurden von 1992 bis 1994 im jährlichen Mittel etwa 1200 g Dioxin über die Fläche der Bundesrepublik eingetragen. Es kann also gar nicht zu der postulierten Ausgasung gekommen sein.

Dioxin ist eine *äußerst schwer flüchtige Verbindung,* die selbst bei 40 °C im Sommer nur unwesentlich stärker verdunstet als bei 20 °C. Zum Vergleich: Dampfdruck (»Verdunstungsneigung«) Wasser bei 20 °C p_D = 23,3 mbar; Dampfdruck »Dioxin« bei 20 °C p_D = 0,000.000.000.93 mbar.[32] TCDD ähnelt in seiner Flüchtigkeit mehr dem Kochsalz als dem Wasser! Dies wird auch dadurch belegt, daß nur 5 % der Dioxinaufnahme des Menschen über die Luft in Aerosol-Form (»Feinstaub«) erfolgt, aber 90 % mit der Nahrung aufgenommen werden.

Noch etwas ist zu beachten. An heißen Sommertagen pflegt üblicherweise die Sonne zu scheinen. Nun wird aber TCDD *durch Sonnenlicht schnell zerstört,* weil die Chloratome in der üblichen Luftfeuchtigkeit abgespalten werden. Experimente zeigen, daß nach sechsstündiger Bestrahlung auf TCDD-beschichteten Glasplatten nur noch 40 % der Substanz unzerstört waren. Nach der gleichen Einwirkungsprozedur bei mit TCDD betropften Gummibaumblättern fand Donald G. Crosby von der Universität von Kalifornien sogar nur noch 25 Prozent.[33] Kurz nach dem Seveso-Unglück setzte man stark kontaminierte Erdproben dem Sonnenlicht aus und untersuchte sie anschließend gaschromatographisch. Bereits nach zehn Stunden war das TCDD anzeigende Meßsignal – wir sprechen in der Chemie von einem »Peak« – komplett verschwunden.[34] *Die von Braungart errechnete Emission von 800 bis 1700 Gramm pro Tag hätte bei Sonnenschein kaum eine Überlebenschance.* Das ist nichts Neues und war auch schon 1991 bekannt.

Im übrigen wird die Substanz auch bakteriell abgebaut. Einigen Mikroben schmeckt das Zeug offensichtlich. Schon allein unter diesen Gesichtspunkten betrachtet, ist eine Gesundheitsgefährdung durch »ultragiftige Kieselrotschlacke« so gut wie ausgeschlossen. Untersuchungen von Sportlern, Platzwarten und Anwohnern, die jahrelang Kontakt mit den kieselrotbelasteten Flächen hatten, ergaben keinerlei auffällige Dioxin-Belastung im Blutfett.

Wie ist es mit der Wasserlöslichkeit? Wird das Ultragift nicht ins Grundwasser eingewaschen? Fehlanzeige. Reines TCDD löst sich in Wasser gerade einmal zu 0,002 mg/l. Selbst in Seveso ist es nicht tiefer als 20 cm in den Boden eingedrungen. Die mittleren Werte der Bodenbelastung liegen in der Bundesrepublik zwischen 2 (Acker) und 35 (Waldstreu) ng/kg. Interessant ist auch, daß die Böden in diffus belasteten Verdichtungsräumen weniger stark belastet sind als im ländlichen Raum.

Löst sich Dioxin im Fettgewebe des Menschen? Richtig. Sogar recht gut. Nur geht nach aller bisherigen Erkenntnis vom Dioxin im Fettgewebe keine Gesundheitsgefährdung aus, »da TCDD dort biologisch inaktiv ist«. Die in einigen Bundesländern gemessenen TE-Werte (Toxizitätsäquivalent) von rund 30 ng/kg Fettgewebe dürften also ohne jeglichen Belang sein.

Es ist wie so oft: *Die Nanogrammjägerei hat keinen Einfluß auf unsere Gesundheit* – es sei denn auf unsere psychische, denn die öffentliche Diskussion wird wie üblich sehr emotionalisiert mit moraltriefenden Argumenten geführt. Was täten unsere Zittergräser, wenn sie ihr geliebtes Dioxinspielzeug nicht hätten? Wo blieben die Einschaltquoten im Fernsehen, die WählerInnenstimmen und die Auflagenziffern einschlägiger Stofflieferanten für Ökohorrorabhängige?

Wie man aus der Untersuchung von Sedimentablagerungen weiß, ist Dioxin von alters her vorhanden. Freilich wird dieses »Bio-Dioxin« seit den 40er Jahren durch menschliche Aktivität aufgestockt. Genau das dürfte aber, nach allem, was man bisher weiß, ohne irgendwelche Auswirkungen auf unsere Gesundheit sein. (Entsetzt sein!)

In Seveso war der Fall etwas anders gelagert. Aufgrund menschlichen Versagens gingen am 10. Juli 1976 2 bis 3 kg TCDD auf die Umgebung nieder. Auf einer Fläche von 2,8 qkm waren 37.000 Menschen betroffen.

Zunächst beachtete man den Vorfall nicht weiter. Die Leute ernteten weiter Gemüse aus dem Garten und verzehrten es. Als aber nach wenigen Tagen akute Vergiftungserscheinungen auftraten, zunächst 38 Kinder und einige Erwachsene Chlorakne bekamen, wurde man aufmerksam. Nach einigen Wochen wurden bei den mehr als 500 mit Vergiftungsverdacht im Krankenhaus behandelten Personen insgesamt 134 gesicherte Fälle von Chlorakne festgestellt. Obwohl bei an Chlorakne erkrankten Kindern bis zu 56.000 ng/kg TCDD (fast das 2000fache des normalen Wertes der Bundesbürger) im Blutfett gemessen wurden, ist heute *keines* der damaligen Kinder mehr erkrankt.[35] Trotz allem ist die Chlorakne recht hartnäckig, denn nach sieben Jahren gab es immer noch einen Erkrankungsfall.

Wenn ab und an im Ökokasperltheater eine Seveso-Aufführung ansteht, dann zeigt man in den Medien gerne Bilder mit riesigen Mengen toter Schafe, Rinder und anderer Haustiere. Hierzu ist zu sagen: In den besonders stark kontaminierten Bereichen sind zwölf größere Tiere (Rinder, Ziegen u. ä.) nach Tagen durch direkte Dioxineinwirkung verendet. Fast alle anderen Haustiere, insgesamt 350 Rinder, 330 Schweine, 70 Ziegen, 50 Pferde und 77.000 Kleintiere (Kaninchen, Federvieh), starben, weil sie auf Anordnung der Bezirksregierung geschlachtet wurden.[34] Und genau die werden in den Medien gezeigt! Auch gab es in Seveso einen Toten – und zwar den Direktor der Fabrik. Er wurde von den Roten Brigaden, dem italienischen Ableger unserer etwas fehlgeleiteten »Sozialarbeiter« der RAF, ermordet.

TCDD ist wahrscheinlich der am besten untersuchte Giftstoff. Das Vergiftungsbild der Chlorakne ist seit 1899 als »Pernakrankheit« bekannt. Sie trat bei Personen auf, die mit sogenannten *per*chlorierten *Na*phthalinen zu tun hatten. Auch hatte man vor Seveso schon reiche Erfahrung mit TCDD gemacht, und zwar in mindestens acht Fällen.

1949 wurden beispielsweise in einer Anlage der Firma Montsanto in West-Virginia (USA) 250 Personen stark mit »Seveso-Dioxin« kontaminiert. In der Folge kam es bei 122 zum Ausbruch einer Chlorakne. Im Beobachtungszeitraum starben 32 Personen. Statistisch sind nach dem Sterberegister 46,5 Todesfälle erwartet worden. Außerdem hatte man keinen Anstieg der Krebserkrankungen beobachtet. Ähnliche Erfahrungen hatte man 1963 in der NV Philips-Anlage in Amsterdam gemacht (42 schwere und zwei leichtere Fälle von Chlorakne).[33]

Außerdem liegen Erfahrungen über die Wirkung von TCDD aus dem Vietnamkrieg vor. Obwohl in Vietnam von Januar 1962 bis Februar 1972 insgesamt 166 kg TCDD als Produktverunreinigung im Agent Orange (eine 1:1-Mischung der n-Butylester von 2,4,5-T und 2,4-D) mitversprüht wurden und etwa 5000 GIs erheblich kontaminiert wurden, ließ sich im Gegensatz zu den Medienmeldungen bei den Soldaten *kein* Zusammenhang zwischen irgendwelchen Beschwerden oder gar Krebs und dem Kontakt mit Dioxin herstellen. Weil die an der Produktion von Agent Orange beteiligten Firmen 180 Millionen Dollar Entschädigung zahlten, wird dies gerne als Schuldeingeständnis gewertet. Das kann aber so nicht stehen bleiben, denn der mit dem Fall befaßte New Yorker Distriktrichter Jack B. Weinstein hielt den Anwälten der Kläger vor: »In *keinem* Fall konnten Sie einen kausalen Zusammenhang mit den vorgebrachten Gesundheitsschäden aufzeigen.«[33]

Allgemein kann eine den Organismus schädigende Substanz folgendermaßen wirken:

- akut toxisch (giftig),
- teratogen (Mißbildungen des Fötus erzeugend),
- mutagen (erbgutschädigend),
- karzinogen bzw. kanzerogen (krebserregend),

Von TCDD wird behauptet, es könne alles.

Die Verbindung ist tatsächlich *akut hochtoxisch.* Neben der bereits geschilderten *Chlorakne* kommt es zu einer vorübergehenden *Leberschädigung.* Auffallend ist, daß Dioxin beim Menschen zu *psychischen Störungen* und zu einer *geringfügigen Erhöhung der Selbstmordrate* führt.

Nach aller bisherigen Erfahrung geht man davon aus, daß der Mensch mindestens um den Faktor 1000 weniger empfindlich als das Meerschweinchen reagiert, wobei die LD_{50} für ein männliches Meerschweinchen 1 µg/kg beträgt.[36, 44]

Wie sterben die Versuchstiere durch das Gift? Springen sie nach wenigen Sekunden in die Luft, quieken noch einmal herzzerreißend und fallen dann tot um? Nein, es ist wesentlich undramatischer. Bei einer akut toxischen Dosis kommt es bei den Tieren nach einigen Tagen zu einem starken Gewichtsverlust und einer ausgeprägten Appetitlosigkeit. Nach einiger Zeit sterben die Tiere an Auszehrung. Die Amerikaner haben hierfür den Ausdruck »Wasting Syndrome« geprägt.

Wie der *Spiegel* 1991 berichtete, wurde TCDD an 60 Gefängnisinsassen, die sich freiwillig zur Verfügung stellten, erprobt. Was im *Spiegel* nicht steht, ist das genaue Ergebnis des Versuchs. Die Probanden bekamen eine sehr hohe Dosis zwischen 3 und 114 ng/kg

– das ist das *3000- bis 114.000fache* des momentan geltenden Grenzwertes – mehrfach auf die Haut gepinselt. Bei keinem trat Chlorakne oder irgendein anderes Symptom auf, während »Kaninchen unter derselben Dosis Chlorakne am Ohr entwickelten«. Erst als man bei weiteren zehn Freiwilligen *107.000 ng/kg* aufgetragen hatte, bekamen acht Chlorakne.[33]

Die am besten ausgewertete Studie ist die eines Unfalls in der BASF. Am 17. November 1953 kam es bei der erst einige Monate laufenden 2,4,5-Trichlorphenolproduktion zu einer unkontrollierten Zersetzungsreaktion in einem Druckreaktor. Dabei traten größere Mengen TCDDhaltiges Produkt aus, und kurze Zeit später erkrankten 42 Arbeiter schwer an Chlorakne. Leider gab es damals noch keine analytische Methode, um die TCDD-Belastung zu messen. Auch wußte man bis nach 1956 nicht, um welchen Giftstoff es sich handelte. Die einzige Möglichkeit zur Messung war der Tierversuch, und der zeigte eine extreme Toxizität des am Unfallort gefundenen Rückstands. Kaninchen starben nach Gaben von 0,3 mg/kg! Die mit modernen Methoden mögliche Rückrechnung ergab für mittelschwer an Chlorakne erkrankte Mitarbeiter einen Durchschnittsblutfettwert von etwa 1274 ng/kg. Die schwerer Erkrankten müssen einen Wert um die 17.200 ng/kg gehabt haben.[37] Wie bereits erwähnt, wirkt das Dioxin psychotrop. Dies erklärt möglicherweise, weshalb zwei von den 69 stark mit Dioxin kontaminierten BASF-Mitarbeitern sechs und acht Jahre später Selbstmord begingen.

In der BASF kam es auch zum *weltweit einzigen Todesfall* durch eine akute Dioxinvergiftung. 1958, also fünf Jahre nach dem Unglück, wurde ein Betriebsschlosser beauftragt, Arbeiten an einem Druckreaktor vorzunehmen. Dabei mußten festgefressene Schrauben mit dem Schweißbrenner abgetrennt werden, was zur Bildung von Dioxindämpfen führte. Der Betreffende trug den vorgeschriebenen Vollschutzanzug mit Frischluftzufuhr. Während der Arbeit nahm er aber mehrfach den Gesichtsschutz ab, um sich den Schweiß wegzuwischen. Nach vier Tagen bekam der Monteur Gesichtsbrennen, Kopfschmerzen und andere Beschwerden. Einen Monat später mußte er im Krankenhaus wegen Herzbeschwerden behandelt werden. Sechs Monate später kam eine schwere Bauchspeicheldrüsenentzündung hinzu, an der der Mann neun Monate nach den Montagearbeiten verstarb.[38] Heute steht die besagte BASF-Anlage nicht mehr. Sie wurde acht Jahre vor Seveso unter strengen Sicherheitsbedingungen abgerissen.

Wie ist es mit der chronischen Toxizität? Hierüber gibt es ausführliche Studien. Bei besonders exponierten BASF-Arbeitern fanden sich 1994 eine gewisse Häufung an Schilddrüsenerkrankungen und leicht erhöhte Leberwerte. *In Seveso wurden 16 Jahre später keine Langzeitschäden festgestellt.* Auch kam es entgegen Presseberichten weder zu einer erhöhten Kindersterblichkeit noch zu niedrigeren Geburtsgewichten oder zu Mißbildungen. Neben der Chlorakne wurden anfänglich lediglich erhöhte Leberbefunde beim stärker exponierten Personenkreis gefunden, die sich alle zurückbildeten.

Junge und schlanke Menschen erkranken leichter an einer Chlorakne, weshalb Kinder am stärksten gefährdet sind. Daraus darf man allerdings keinen Ökopopanz bauen. Denn zum Ausbruch der Erkrankung kommt es, wie man aus dem Unfall von Seveso weiß, auch bei Kindern nur unter extremer Einwirkung und nicht, wenn sie in der Nähe einer Müllverbrennungsanlage Blumen pflücken.

Eine *teratogene* Wirkung des Dioxins ließ sich bisher *nur im Tierversuch* belegen – und *nur bei Mäusen.*[39] Deren Nachkommen wiesen Mißbildungen des Gaumens, der Niere und des Thymus auf, wenn während der Trächtigkeit TCDD ins Futter gemischt wurde. Männliche Mäuse entwickelten keine Fruchtbarkeitsstörung. Weder in Seveso noch in Vietnam oder anderen Fällen können Mißbildungen bei Kindern belegbar auf Dioxin zurückgeführt werden. Weshalb Ökokult-Medienmacher dies trotzdem behaupten, ist nicht geklärt.

Ist das Dioxin *mutagen?* Dann wäre es eine krebserregende Initiatorsubstanz, und hätte es dazu noch die Promotoreigenschaft, wäre das TCDD ein hochwirksames Solitärkarzinogen. Im *Tierversuch,* und zwar bei Ratten, Mäusen und Hamstern, ist das Dioxin *»die stärkste bisher bekannt gewordene krebserzeugende Verbindung«.*[40] *Auch beim Menschen? Nein!* Hier sind die Erkenntnisse der »International Agency for Research on Cancer« interessant, die bereits 1987 feststellte, daß die Substanz zwar ein gewisses karzinogenes Potential gegenüber dem menschlichen Organismus besitze, das aber nicht entfernt mit den Tierversuchsergebnissen vergleichbar sei. Selbst neuere Ergebnisse können das nicht mehr vom Tisch fegen.

Je mehr Zeit seit dem BASF-Unfall[41] von 1953 und dem Sevesostörfall von 1976 vergeht, ohne daß es zu einem explosiven Anstieg der Krebsrate bei den Betroffenen führt, um so weniger potent kann Dioxin wirken. Über die mutagene Wirkung des Dioxins auf den menschlichen Organismus informiert eine 1993 erschienene Studie. Demnach wurden zu Beginn der 90er Jahre bei den noch lebenden ehemaligen BASF-Mitarbeitern keine signifikanten Veränderungen der Chromosomen gefunden, die mit der Dioxinwirkung in Verbindung gebracht werden können.[42] Allerdings ist die Zahl der an Krebserkrankungen Verstorbenen bei der 1953 am *extremsten belasteten Gruppe geringfügig erhöht.*

Man geht heute davon aus, daß das Dioxin eine Promotorsubstanz ist (s. S. 198). Dies wird auch durch den Ames-Test belegt. Als Tumorpromotor könnte Dioxin bereits mutierte Zellen zum Weiterwuchern und damit zur vollen Ausbildung der Krebserkrankung bringen. *Promotorsubstanzen* brauchen allerdings eine *untere Schwellendosis,* um Wirkung zu entfalten.

Alle Untersuchungen sämtlicher bisher bekannten Unfälle deuten darauf hin, daß – *auf den Menschen bezogen – das Dioxin höchstens ein schwach karzinogenes Potential hat.*[41] In einem Interview stellte 1992 Professor Konietzko, der Leiter der größten Dioxinstudie in Deutschland, fest:[43] »Nach den Ergebnissen von drei epidemiologischen Studien, die in den letzten zwei Jahren in Deutschland und USA erschienen sind, scheint das Krebsrisiko lediglich an Arbeitsplätzen mit hohen Dioxinbelastungen erhöht zu sein. Daß aus der Umweltkontamination ein erhöhtes Risiko resultiert, ist aufgrund dieser epidemiologischen Daten sehr unwahrscheinlich.«

TCDD ist das am stärksten *politisierte Gift* – und auch erst nach Seveso dazu geworden. Der Grenzwert für die tägliche Nahrungsaufnahme von 1 pg/kg Körpergewicht ist ein reiner Slapstick-Hysteriewert. Hieraus läßt sich eine verblüffende Analogie ableiten. Die Verbindung Indol-Carbinol wird am gleichen Rezeptor wie das Dioxin gebunden und wirkt ebenso wie Dioxin im Tierversuch eindeutig karzinogen. Nun sind im Brokkoli 500 mg/kg Indol-Carbinol enthalten. Würde das Bundesgesundheitsamt wegen dieses Befundes einen Grenzwert für Brokkoli festlegen, so dürfte ein Erwachsener nicht mehr als 1 mg des Gemüses pro Tag zu sich nehmen![44] Würde man die Krebsgefahr durch Alkohol ebenso ernst nehmen wie die durch Dioxin, so wären einem Erwachsenen höchstens 70 ng/kg Körpergewicht am Tag zuzumuten. Mit anderen Worten: In 50 Jahren dürfte er nur ein Glas Bier konsumieren. Prost!

Ökopharisäer belegen die »erschreckende Megagefährlichkeit« des Dioxins mit Aussagen des Kieler Toxikologen Professor Ottmar Wassermann. Er wird in der Ökoglaubensgemeinde als »kritischer« und »renommierter« Toxikologe gehandelt. Zur Qualifizierung dieses Wissenschaftlers hat die »Beratungskommission Toxikologie der Deutschen Gesellschaft für experimentelle und klinische Pharmakologie« 1994 die folgende Stellungnahme in einer Fachzeitschrift veröffentlicht:[45]

»... Die Beratungskommission Toxikologie der DGPT mußte wiederholt feststellen, daß Prof. Wassermann Behauptungen verbreitet, die mit der wissenschaftlichen Erkenntnis und mit der Bewertung durch sachkundige nationale und internationale Gremien nicht übereinstimmen. Das betrifft u. a. Äußerungen über die Gesundheitsgefährlichkeit von Müllverbrennungsanlagen, von halogenierten Dibenzodioxinen und Dibenzofuranen und anderen chlorierten Kohlenwasserstoffen am Arbeitsplatz und in der Umwelt. Die Beratungskommission DGPT fühlt sich daher verpflichtet, nachdrücklich darauf hinzuweisen, daß Prof. Wassermann dabei ausschließlich seine persönliche Meinung vertritt. Prof. Wassermann entzieht sich weitgehend der sachlichen Auseinandersetzung und diffamiert statt dessen Fachleute in der Öffentlichkeit u. a. als kriminell, Lügner, verantwortungs- und gewissenlos, gemeingefährlich.

Reproduzierbarkeit und Überprüfbarkeit von Ergebnissen und Schlußfolgerungen sind unverzichtbare Kriterien wissenschaftlicher Erkenntnis. Gerade in die öffentliche Diskussion getragene Meinungen müssen sich der kritischen Beurteilung durch Fachkollegen unterwerfen.

Die Beratungskommission Toxikologie distanziert sich nachdrücklich von den für Laien nicht nachprüfbaren und hochgradig beunruhigenden, wissenschaftlich nicht haltbaren Behauptungen von Prof. Wassermann.«

In der Ökogeisterbahn hatte Vater Angstmeier gerade so schön andächtig den Argumenten Wassermanns gelauscht. Das war Wasser auf sein Horrormühlchen! Sagte der Experte doch nichts anderes als das, was er, Angstmeier, schon seit Jahren wußte – und jetzt so eine kalte Dusche. Irritiert schaut Vater Angstmeier sich um. Da hört er zu seinem Entsetzen die Worte des ehemaligen SPD-Kanzlers Helmut Schmidt aus dem Lautsprecher: »Wir dürfen den Bedürfnissen der Agitation nicht den Vorrang vor der Wahrheit geben.« Mutter Angstmeier verharrt noch stumm im Dioxinschock und ist froh, daß ihre Kinder während der Schwangerschaft nicht durch das Ultragift geschädigt worden sind.

Aber das Horrorwägelchen rumpelt weiter. Hinter sich hört die Familie noch die Intonierung des Dioxin-Narrhallamarsches, der die Ankunft der nächsten Fuhre mit Ökohorror-Junkies ankündigt. Klapp, da geht die nächste Tür auf.

Kunststoffliche Aufregung oder Das Müllproblem

In dieser Kammer stinkt es entsetzlich. Eine Menge Abfall gammelt herum, und man sieht einige Personen emsig im Dreck wühlen. In der Ecke schwingt einer die Marktschreierschelle und ruft: »Achtung, Achtung: Arbeitsplätze in jeder Menge.« Und tatsächlich, der von der Bundesregierung versprochene ökologische Umbau der Industriegesellschaft zu einer Dienstleistungsgesellschaft scheint hier voll zu funktionieren. Die einen rupfen die Kaffeetüte auf und schmeißen sie nach Entnahme des braunen Pulvers zusammen mit einer leeren Spülmittelflasche als wertlosen Rückstand weg. Die anderen klauben an mäßig bezahlten Arbeitsplätzen den Dreck wieder auseinander und nennen das Produkt dann einen Wertstoff. Man sieht: Unsere neuen Dienstleistungsarbeitsplätze kommen in Schwung. Aber schon allein die Bezeichnung Wertstoff für Unrat ist Wortmüll – produziert von zungenfertigen, ministeriell beschäftigten Berufs-Semantikern.

Wer heutzutage in der Bundesrepublik nicht im Ökotakt mitschunkelt, ist mega-out. Kein Wunder, daß deshalb jede Firma versucht, auf der grünen Zeitgeistwelle mitzusurfen. Nebenbei wird mit dem guten Kundengewissen ein prima Geschäft gemacht. Auf der Kölner Möbelmesse, so berichtet der Deutschlandfunk am 18. Januar 1995, wurde ein mit Roggenstroh gefülltes Ökosofa vorgestellt – voll recycelbar und ohne Chemie. Was aber will man da eigentlich recyceln? Das Holz? Den zerschlissenen Stoff? Die nach jahrelangem Gebrauch geknickten und kaputten Strohhalme samt angesammelter Dämpfe? Und wofür will man das wertstoffliche Innenleben verwenden? Als Streu für Pferdeställe, wenn wir nach einigen Jahren weiterer Öko-Doktrination endlich wieder auf zukunftsorientierte Verkehrsmittel, wie auf das von-Drais-sche-Öko-Holzfahrrad oder die Öko-Pferdebahn, umgestiegen sind? Das kann doch wohl kaum damit gemeint sein! Abgesehen davon: Wieviel Keime werden sich im Laufe der Zeit in der Schnarchunterlage aufgrund der garantierten Chemiefreiheit angesammelt haben? Es ist nun einmal so: Irgendwo hat »öko« seine Grenzen und taugt nur noch zum Geschäftemachen.

Dennoch kann im Sinne einer »nachhaltigen Entwicklung« ein Teil unseres Mülls als recyclingwürdiger, von der Natur ausgeliehener Wertstoff angesehen werden. Sinnvollerweise sollte aber nicht jeder Müll und Schrott wiederaufbereitet werden, weil nämlich der hierzu nötige Umweltverbrauch in keinem Verhältnis zum Umweltnutzen steht. Aber der Reihe nach.

Des Deutschen liebstes Lecker- und Meckerprodukt ist sein Joghurtbecher. Er steht als Synonym für sämtlichen Müll und Dreck dieser Republik. Wer seinen Joghurtbecher spült und dem dualen System anvertraut, der pflegt sein gutes Gewissen, liebt den Frosch, die Fische, den Käfer, die Vögel und hat ein Herz für Kinder. 726 Millionen Becher, so gibt der *Spiegel* an, wurden 1991 allein vom Milchfabrikanten Müller im bayrischen Aretsried ausgeliefert. Der Unternehmer selbst ist von dem grünen Landtagsabgeordneten Raimund Kamm als »der Prototyp des brutalen Unternehmers, dem Umwelt und Umgebung völlig egal sind«, charakterisiert worden. Nicht zuletzt wohl deshalb, weil er als einer der Verursacher des deutschen Müllhochgebirges gilt. Daher das Motto: Joghurtbecher ade – Welt okay.

Zweifellos produziert unser Lebensstil jede Menge Abfall, der in der unmittelbaren Nachkriegszeit, so kann sich die ältere Generation entsinnen, so nicht aufgetreten ist. Der Abfall hat aber vor allem etwas mit unserem Wohlstandsverteilungssystem – pardon Vertriebssystem – zu tun, das heute notwendig ist, um eine so hohe Bevölkerungszahl zu versorgen. Zur Erinnerung: 1950 lebten in Westdeutschland und der ehemaligen DDR 69,3 Millionen Menschen – ohne besonderen Komfort. Heute sind es 81,3 Millionen – im bequemen Wohlstand. Will man den abschaffen? Und wenn, wem will man ihn wegnehmen? Sollen sich Wohlstand nur noch die »Reichen« leisten können? Oder will man zurück in die Nachkriegszeit? Das muß man dann aber auch sagen!

Lebensmittel und andere Dinge des täglichen Bedarfs gab es um 1950 im kleinen Laden um die Ecke. Der Hering wurde aus der

Tonne gefischt, Kaffee 125-g-weise abgewogen; Fertigmenüs waren nicht im Angebot; Milch wurde im Laden in die mitgebrachte Kanne gepumpt; Sirup gab es aus dem Faß; Plätzchen buk man selbst, statt sie abgepackt zu kaufen; Hundefutter in Dosen war vollkommen unbekannt; die Katze ernährte sich nicht aus der Büchse, sondern streckte ihre Krallen nach Mäusen aus; und am Waschtag wurde in den wenigsten Haushalten die Maschine angestellt, sondern die Wäsche mittels Rubbelbrett von Hand gewaschen. Fast nichts stand fertig verpackt in den Regalen der Lebensmittelgeschäfte. Die paar Verpackungstüten wanderten gegebenenfalls holzsparend in den Küchenherd. Zweifellos hatte das Tante-Emma-Einkaufssystem Vorteile – war aber auch extrem aufwendig und wäre flächendeckend heute sehr teuer.

Um 1955 tauchte in den Großstädten hier und da eine Mischform zwischen kleinem Lebensmittelgeschäft und Supermarkt auf. Mehrere Verkäufer standen hinter einer langen Theke, reichten das Gewünschte aus dem Regal oder füllten es ab. Der Kunde bezahlte an der Kasse und bekam nach Vorzeigen des Kassenbons seine Ware ausgehändigt, die er in das Einkaufsnetz legte. Ähnliche Läden habe ich 1988 noch in Prag gesehen. Diese lohnintensiven Geschäfte und die Tante-Emma-Läden wurden in Deutschland mit dem Aufkommen der Supermärkte fast vollkommen vom Markt gefegt. Großeinkäufer sind billiger, weil sie günstiger kalkulieren können, und auf der grünen Wiese findet sich immer ein Parkplatz. Die Folge war: Veraltete Arbeitsplätze verschwanden, fertig Portioniertes tauchte auf und damit jede Menge Verpackungsmüll. Kaum jemand macht sich Gedanken darüber, daß die Großmärkte nur existieren können, weil ihnen gestattet ist, ihre Ware fertig abgepackt in Regalen herumliegen zu lassen.

Abgesehen vom Schutz vor Transportschäden dient der von den Grünwächtern verunglimpfte »Packwahn« vor allem auch unserer Gesundheit. Mir persönlich aber ist ein auf einer Kunststoffschale liegendes, mit Folie eingeschlagenes Stück Fleisch im Supermarkt lieber als ein großer Fleischlappen, von dem sich jeder seine Portion abschneidet, nachdem er die darauf Cancan tanzenden Fliegen verscheucht hat. Aber man kennt ja den Öko-Bänkelsong: Natur ist gut – Chemie ist schlecht. Wenn man heute 81,3 Millionen Menschen rationell und günstig versorgen will, dann geht das leider nicht mehr mit dem Tante-Emma-System, sondern nur nach der Mülltonnen-Methode.

Allein 1994 schleppten die Bundesbürger mit ihrem Einkauf als Mitbringsel 6.956.700 t Papier, Glas, Kunststoffe und ähnliches nach Hause. Wohin damit?

Wie schon im 1. Kapitel beschrieben, begannen die 68er, als sie politisch laufen lernten, flott, den aus grünem Holz geschnitzten Umweltknüppel zu schwingen. Die Wegwerfgesellschaft wurde erfolgreich als Feindbild kreiert, und die allgegenwärtige Öko-Agitprop hat den Bundesbürgern inzwischen das Gehirn gründlich gewaschen. Das schlechte Gewissen läßt sich besonders gut implantieren, wenn große Mengenzahlen genannt werden. Ein Trick dabei ist, Abfall und Abfall gleichzusetzen, denn dann kann man locker belegen, daß die Deponien bald voll sind. In den Jahren von 1977 bis 1987 stiegen die angelieferten Abfallmengen um nahezu 56 %. Eine zweifellos imponierende Zahl. In manipulativer Absicht wird bei ihrer Nennung verschwiegen, daß die *Hauptursache* hierfür der *starke Anstieg von Bodenaushub* und *Bauschutt* ist.[46]

Wieso verstopft man eigentlich wertvollen Deponieraum mit unbelasteter Erde, die nur einige Zentimeter oder Meter tiefer gelegen hat als der Mutterboden, den man nach Bau des Hauses wieder im Garten verteilt? Ohne größeren Umweltschaden könnte man den Bodenaushub an geeigneten Stellen niedrig anhäufen und später begrünen. Das eigentliche Problem, der Hausmüll, wuchs in dieser Zeit nur unwesentlich von 28,9 Mio. t auf 31,0 Millionen Tonnen!

Der beginnende Müllnotstand veranlaßte den Gesetzgeber, am 16. Juni 1972 ein Abfallbeseitigungsgesetz zu verkünden, das festlegte, wer was wie und wo beseitigen durfte oder mußte. Dadurch war aber das Müllproblem nicht aus der Umwelt, denn pfiffige Müllkutscher kamen darauf, dem Verursacher die Drecksorgen einfach gegen einen kleinen Obolus abzunehmen und über die Grenze zu fahren. 1985 mußte deshalb die grenzüberschreitende Abfallentsorgung neu geregelt werden.

Die Müllskandale mußten die auf Machterhalt bedachte CDU aufschrecken, und 1986 wurde Walter Wallmann – eigentlich im Gefolge von »Tschernobyl« – als erster Bundesumweltminister ins Amt gejubelt. Im gleichen Jahr trat ein neues Bundesabfallgesetz in Kraft. Darin wurden erstmals die Grundsätze einer modernen Abfallwirtschaft verankert, wonach

- Abfälle grundsätzlich zu vermeiden,
- nichtvermeidbare Abfälle zu verwerten,

• nichtverwertbare Abfälle umweltschonend zu entsorgen sind.

Mit dem schlichten Wegwerfen war es ein für allemal vorbei. Aber 125 Juristen im Bundestag (13. Wahlperiode) sagen sich von morgens bis abends: Nichts ist so perfekt, als daß man es nicht noch verbessern könnte. Zahlreiche Verordnungen, wie Abfallbeförderungsverordnung, Abfallnachweisverordnung, Elektronik-Schrott-Verordnung, Klärschlammverordnung u. ä., ergänzten die gesetzgeberische Lust. Das Ziel der Bundesregierung war und ist die »ökologische und soziale Marktwirtschaft«. Mit dieser Worthülse läßt sich viel grüner Wind aus den Politsegeln nehmen und sicher auch die Lufthoheit über dem einen oder anderen giftfreien Müslitisch gewinnen. Also wurde am 31. März 1993 ein neuer Gesetzesvorschlag vom Bundeskabinett verabschiedet, der die bisherigen Regelungen verschärfte und eine Kreislaufwirtschaft mit der folgenden Rangfolge vorsieht: Vermeidung – stoffliche Verwertung – energetische Verwertung – Abfallbehandlung – Abfallentsorgung.

Die Abfallverordnung vom 21. Juni 1991 brachte die Industrie und den Handel auf Trab. Sah sie doch vor, daß spätestens ab Mitte 1995 abhängig vom Verpackungsstoff 80 bis 90 % der Materia-

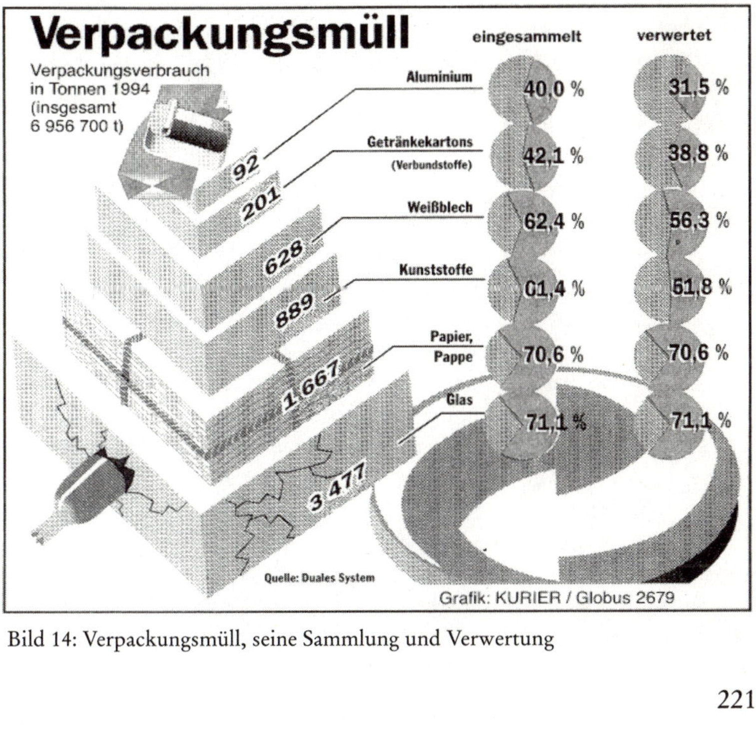

Bild 14: Verpackungsmüll, seine Sammlung und Verwertung

lien eingesammelt und verwertet werden müssen. Es drohte die Rücknahmepflicht mit dem Nachweis, was wo verblieben ist. Dem wollte die Wirtschaft auf jeden Fall zuvorkommen. Das war die Geburtsstunde des Dualen Systems Deutschland (DSD). Ziel dieser privatwirtschaftlich veranstalteten Müllbeseitigung ist es, eine höhere Verwertungsquote bei Verpackungen zu erreichen, damit 20 % der jährlichen Hausmüllmenge eingespart werden können. Wem das zuwenig erscheint, dem sei gesagt, daß 1985 der Hausmüll zu 26,1 % aus Fein- und Mittelmüll (zum Beispiel Asche, Schlacke) und zu 29,9 % aus Lebensmittelresten (!) bestand.

Mit dem Umweltthema macht man in Deutschland immer ein Faß auf. Wie aus Bild 14 ersichtlich ist, sammeln die naturemphatischen Bundesbürger wie verrückt; zumal viele meinen, das Duale System sei eine öffentliche Einrichtung, weil ja auch die gelben Säcke von der Müllabfuhr abgeholt werden.

Der moderne, momentan verfolgte Müllweg ist der der Kreislaufwirtschaft. Aus Bild 14 kann abgelesen werden, daß bei Papier, Pappe und Glas eine hohe Wiederverwertungsquote erreicht worden ist. Das ist ohne Zweifel ein sehr positiv zu wertendes Ergebnis. Aber kehren wir nochmals zu der Frage zurück, ob das Recyceln immer möglich und vor allem auch immer sinnvoll ist. Da hapert es gewaltig an vernünftigen Konzeptionen!

Um das richtig zu interpretieren, muß man sich zunächst einmal mit dem langweiligen physikalischen Prinzip der Entropie auseinandersetzen. Die Entropie ist ein Begriff aus der Thermodynamik und beschreibt ganz allgemein die *Richtung* eines natürlich ablaufenden Prozesses. Alles, was von selbst in der vorgegebenen zeitlichen Richtung geschieht, wird in der Physik und der Chemie als *natürliche, spontane* oder auch *irreversible* Zustandsänderung bezeichnet. Beispielsweise kühlt sich eine Teekanne spontan und irreversibel von selbst ab. Das ist der natürliche Ablauf.

Damit die Wärme das System Teekanne verlassen kann, benötigt sie, so hat man im 19. Jahrhundert entdeckt, ein *Transportmittel* – und dieses ist die *Entropie.* Sinnvollerweise hat man die Entropie S als den Quotienten aus Wärme und Temperatur definiert

$$S = \frac{\text{Wärme}}{\text{Temperatur}} = \frac{\mathrm{Q}}{\mathrm{T}}$$

und ihr die Einheit Joule/Kelvin gegeben. Dabei ist Kelvin die Einheit der sogenannten thermodynamischen Temperatur.

Verbaut man der Entropie durch eine entsprechende Isolierung den Weg in die Umwelt, so bleibt die Kanne warm. Hat die Entropie ihre Transportaufgabe erfüllt, wird sie »nutzlos« und bleibt als »energetischer Müll« übrig. Da alle natürlichen Vorgänge energiegesteuert sind und somit die Gesamtentropie erhöhen, *nimmt* also *die Entropie* des Universums *ständig zu.* Vom Gewitter über das Zusammenschrauben eines Autos und schließlich dessen Verrosten bis hin zum Denken – das Gehirn verbraucht schon im »Ruhezustand« etwa ein Fünftel der täglichen Energiezufuhr –, alles erzeugt Entropie. Das ist an sich nicht weiter störend. Unser Problem fängt an, wenn wir einen zeitlich gerichteten – also natürlichen Vorgang – wieder rückgängig machen wollen. Das geht nur mit einem *noch stärker irreversiblen* Prozeß, indem wir, um beim Beispiel der Teekanne zu bleiben, diese etwa mit einem Teelicht warm halten.

Der Abbrand der Kerze erzeugt *mehr Entropie* als die Abkühlung der Teekanne, und das bewirkt letztlich, daß der Abkühlungsprozeß aufgehalten oder sogar umgekehrt wird. Anschaulicher ausgedrückt: Wenn man die Natur veranlassen will, etwas Bestimmtes zu tun, so muß man ihr nur die »Entropie-Mohrrübe« vor die Schnauze halten, und schon trottet sie brav wie ein geköderter Esel hinterher. Das ist der eigentliche Trick aller vom Menschen genutzten Technik. Die Natur belohnt sich aber auch ständig selbst mit einem Entropiehäppchen, weil eben alle natürlich ablaufenden Vorgänge unter Maximierung der Entropie ablaufen. Jetzt taucht aber unser eigentliches Problem auf. Die *Entropie* ist nämlich nicht nur eine *energetische,* sondern auch eine *stoffliche Größe,* weshalb sie zum Entzücken der Chemiestudenten in der physikalischen Chemie eifrig gepflegt wird.

Beim Abbrand der Kerze wird CO_2 gebildet, das sich nicht in der Nähe des Dochtes sammelt, sondern perfiderweise über die gesamte Erde verteilt.

Damit hat aber auch die *Unordnung* zugenommen. Und das ist das zweite Gesicht der Entropie. Die Entropie beschreibt den Ordnungszustand der Materie. Eine hohe Ordnung ist kennzeichnend für eine geringe Entropie. Da aber die Entropie ständig zunimmt, ist eine zunehmende Unordnung der natürliche Ablauf, wie mir jeder bestätigen kann, der sein aufgeräumtes Arbeitszimmer nach einiger Zeit wieder betrachtet. *Da das Verrotten, die Zerstörung und der Zerfall der natürliche, spontan von selbst ablaufende irreversible Vorgang auf dieser Welt ist, ist unser Leben ein ständiger Kampf gegen die Entropie.* Neben der Demokratisierung des Wohlstands, die die politische Ursache darstellt, ist die Entropie die physikalische Ursache der zunehmenden Müllberge.

Und somit sind wir wieder beim Thema. Kein natürlich ablaufender Vorgang, keine Produktion irgendeines Gegenstands kann ohne Zunahme der Gesamtentropie erfolgen. Sei es energetisch in Form von Abwärme oder stofflich in Form von Abfall – nicht nur CO_2 ist Abfall! Die Entropie tritt bei allem, was geschieht, als notwendiger und oftmals als unerwünschter Mitspieler auf. Daran ändert auch die Gesetzgebung des Bundestags nichts, denn Naturgesetze kümmern sich Gott sei Dank einen feuchten Kehrricht darum, was irgendwelche Parlamentarier gerne hätten. Die Entropie bestimmt unter anderem, daß eine Energieform (etwa Verbrennungswärme im Ottomotor) niemals 100prozentig in eine andere (zum Beispiel Bewegungsenergie eines Autos) umgewandelt werden kann. Man spricht in diesem Fall vom Wirkungsgrad, der in keinem Fall den Wert 1 erreichen kann.

Um die Ausgangsstoffe eines PCs zum fertigen Produkt zusammenzufügen, wird entropiebedingt

- so viel Energie verschlungen, daß davon ein Durchschnittshaushalt ein Jahr lang mit Strom versorgt werden könnte,
- so viel Wasser verbraucht, daß jemand ein halbes Jahr lang täglich ein Vollbad nehmen könnte,
- doppelt soviel Abfall erzeugt, wie der PC selbst wiegt,
- so viel CO_2 in die Atmosphäre abgegeben wie bei einer 6000 Kilometer langen Autofahrt.[47]

Was aber bei der Herstellung gilt, muß auch bei der Zerlegung eines Gegenstands und bei seiner stofflichen Wiederverwendung beachtet werden. Die Entropie fordert ihren »Abfalltribut« – auch wenn es uns nicht paßt. Trotzdem wird wider jegliche Vernunft aus politischen Gründen gefordert, möglichst alles zu recyceln, ohne daran zu denken, daß aus physikalisch-chemischen Gründen der *Abfall unter Erzeugung von weiterem Abfall wiederaufbereitet* wird.

Mit anderen Worten: Die Wiederaufbereitung eines Abfalls bringt oftmals weniger ökonomischen und auch ökologischen Gewinn, als gemeinhin angenommen wird. Der Volksmund hat das von alters her mit dem Sprichwort »Manch einer sucht einen Pfennig und verbrennt dabei zehn Lichter« ausgedrückt.

Es gibt eben nichts umsonst – auch nicht beim Recyceln. In dieselbe Kerbe haut das Magazin *Focus* mit dem Artikel »Irrsinn

Recycling«. An Beispielen belegt das Magazin, welcher Unfug mit dem gesetzlich geregelten stofflichen Verwertungsgebot verbunden ist.

Der Plastikmüll ist eines der beliebtesten Druckmittel unserer Technophobie Clowns. 1993 sammelten die Kunststoff-Müller vom DSD 400.000 t ein. Aber im Prinzip kann man mit dem Kunststoffabfall nicht allzuviel anfangen. Deshalb wird ein großer Teil zwischengelagert oder auf die Reise geschickt. Da es sich nach politischer Neusprechart bei dem Plastikmaterial um einen »Wertstoff« handelt, darf er genauso wie ein Fernseher oder ein Mercedes exportiert werden. Das ist Anlaß für den ein oder anderen Schwank.

- In Hamburg hatte der Umweltsenator Fritz Vahrenholt den Export von mehreren tausend Tonnen Plastikmüll gerade noch verhindern können, indem er die Schiffe einige Zeit beschlagnahmte. Als der Wertstoff zu stinken begann, wandelte er sich wieder in Müll und durfte bedauerlicherweise nicht mehr ausgeführt werden.
- Greenpeace deckte in Indonesien einen anderen Exportskandal auf. In dem Land fristeten 1993 200.000 sogenannte Scavenger ihren Lebensunterhalt, indem sie auf Müllhalden Glas, Papier und Kunststoff sortierten für einen üppigen Lohn von umgerechnet 1,50 DM/Tag. Plötzlich aber verloren sie ihren Job, weil schiffsladungsweise Müll aus den USA (14.500 t) und Deutschland (22.000 t) angelandet wurde. Bei einem Preis von 600 DM/t war der für die indonesischen Recyclingbetriebe wesentlich billiger, als wenn sie das Material von armen Teufeln auf inländischen Müllkippen sammeln ließen. Das Sahnehäubchen obendrauf war, daß der lupenrein getrennte Müll aus Deutschland vorher in der Bundesrepublik für 1000 DM/t gesammelt und sortiert worden war.
- In Frankreich wurde der grüngepunktete, anregend duftende Plastik-Wertstoff dezent mit ebenfalls nicht koscheren Klinikabfällen vermischt und von geschäftstüchtigen Müllschiebern auf wilde Deponien gekippt.

Dabei verdienen nicht nur die Müll-Reiseveranstalter ganz flott, auch das DSD ist ein florierendes Unternehmen. Im Juli 1995 druckten bereits 16.200 Unternehmen den Grünen Punkt auf ihre Verpackungen, und jeder Bundesbürger vom Säugling bis zum Greis löhnte hierfür im Jahresschnitt 107 Mark – neben der ohnehin zu zahlenden kommunalen Müllabfuhr, die seit der Einführung des Dualen Systems mitnichten billiger wurde!

Für eine Kunststoff-Flasche mit einem Liter Inhalt zahlt der Verbraucher 10,6 im Preis versteckte Pfennige als Lizenzgebühr. Das erscheint wenig. Aber rechnen wir mal zusammen: 3000 Mark pro Tonne zocken die Entsorger beim Verbraucher ab. Davon gehen für Sammeln und Sortieren 1000 Mark drauf, und für die Verwertung sind noch einmal 1000 Mark aufzuwenden. Der Rest ist für die Aufbereitung und bescheidener Gewinn. Die bundesdeutschen Verbraucher zahlten allein 1993 für die mickrige Reduzierung des Hausmülls um schlappe 5 % drei Milliarden Mark an den grüngepunkteten Monopolmarienkäfer.[48] Man könnte eigentlich bald eine Aktiengesellschaft aus dem DSD machen, denn das DSD ist kein selbstloser Turnverein, sondern ein knallhartes Umweltunternehmen, das konkurrenzlos an unseren postpubertären Endzeitphantasien verdient und den Markt an sich gerissen hat. Der Präsident des Bundeskartellamtes Dieter Wolf äußerte in *Focus:* »Ein zweites Mal werden wir so ein System nicht zulassen.«

Durch Müllverbrennung könnten wir alles einige Nummern billiger haben. Aber nein, das Abfallgesetz von 1993 schreibt vor, daß der Plastikmüll bevorzugt werkstofflich zu verwerten ist. Also kam man zunächst auf die Idee, Parkbänke, Blumenkübel und Zaunlatten aus gebrauchtem Kunststoff herzustellen. Um das Idyll zu komplettieren, benötigen wir nur noch buntbemalte Gar-

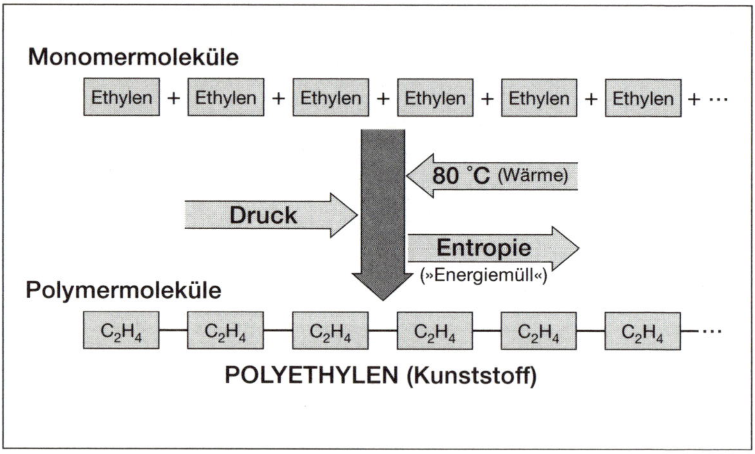

Bild 15: Prinzip der Polymerisation

tenzwerge, Klobrillen und Gartenstühle aus dem Material – und begeisterte Abnehmer, die sich gegebenenfalls auf die mehr oder minder bruchlabilen Gegenstände hocken.

Weshalb kann man nicht wieder Spülmittelflaschen und Verpackungen daraus machen? Das liegt in der Natur der Sache. Der Chemiker bezeichnet das Plastikmaterial als synthetische Polymere. Wie aus Bild 15 hervorgeht, entstehen Kunststoffe durch Verknüpfung kleiner Moleküle, sogenannter Monomere, zu langkettigen Molekülfäden.

Da hierfür die unterschiedlichsten Monomermoleküle in Frage kommen, läßt sich für jeden Anwendungszweck ein Kunststoff maßschneidern. Dabei sind folgende zwei Hauptgruppen zu unterscheiden:

1. Wenn die Polymerfäden untereinander nicht verknüpft sind, ist das Material in der Regel schmelzbar, und man hat es mit einem *Thermoplast* zu tun.
2. Sind die Polymermoleküle miteinander verknüpft, so erhält man einen harten, in der Wärme nicht erweichenden Kunststoff, der als *Duroplast* bezeichnet wird.

Jeder Kunststoff ist also ein Typprodukt, das beispielsweise gegen die darin transportierte Flüssigkeit resistent ist, ohne seine Elastizität zu verlieren. Für das Gehäuse eines Fernsehers wird man dagegen eher einen Duroplast verwenden.

Leider lassen sich selbst die thermoplastischen Kunststoffe nicht ohne weiteres zur Wiederverwendung zusammenschmelzen, denn sie sind zumeist nicht miteinander verträglich. Weil die unterschiedlichen Materialien schon in der Schmelze oder spätestens beim Erstarren zur Entmischung neigen, resultiert beim Recyceln ein minderwertiger, bruchlabiler Werkstoff. Es bleibt nichts anderes übrig, als das Zeug vor der stofflichen Wiederverwendung zu sortieren. Dann kann man nach Transport und Reinigung unter Energieaufwand von 87 MJ (Megajoule) wieder 1 kg Polyethylen erhalten. Bei Verbrennung des Materials würde man 62 MJ gewinnen!

Als Ausweg kam man auf die Idee, den Kunststoffabfall unsortiert in Gas und Öl zu wandeln und diese in der Chemieindustrie als Rohstoff einzusetzen. Dabei ist aber zu beachten, daß uns die Entropie einen Strich durch die Umweltrechnung macht. Da die Polymerisation von Monomeren ein irreversibler, spontaner oder natürlicher Prozeß ist, muß bei der Herstellung des Kunststoffs an

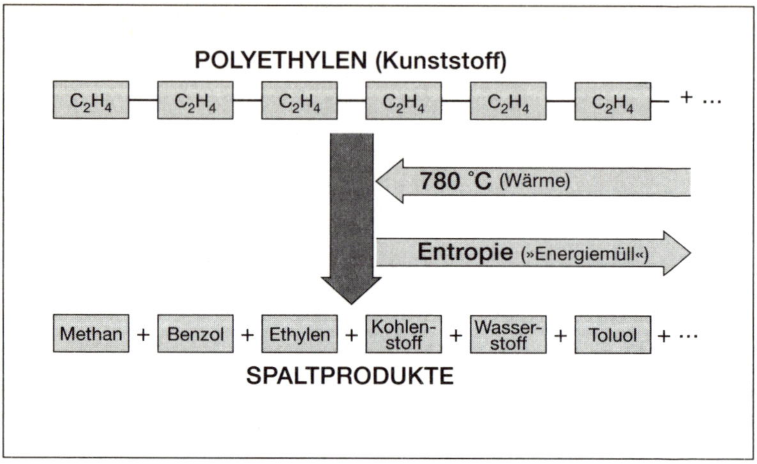

Bild 16: Pyrolytische Zerlegung von Polyethylen

irgendeiner Stelle Energie (Wärme, Druckenergie) aufgewandt werden (s. Bild 15).

So weit, so gut. Will man aber den Polypapp wieder in kleine Moleküle – im Idealfall in seine Ausgangsmonomere – zerlegen, so muß man entsprechend dem Entropieprinzip einen *stärker irreversiblen* Weg wählen als seinerzeit bei der Herstellung (Bild 16). Geschieht diese Zerlegung thermisch, so bezeichnet man den Vorgang als *Pyrolyse.*

Die Ausbeuten von Polyethylen bei der Pyrolyse betragen: 20,3 % Methan (preiswerter Hauptbestandteil des Erdgases), 16,9 % Ethylen (ursprüngliches Monomer), 24,8 % Benzol, 5,9 % Toluol, 1,8 % Kohlenstoff und 30,3 % Sonstiges. Es ist also nicht möglich, einen einheitlichen Stoff, etwa das Ausgangsprodukt Ethylen, zu erhalten. Das geschieht wieder ganz entsprechend dem Entropieprinzip, wonach möglichst viel Durcheinander – in diesem Fall unterschiedliche Moleküle – entsteht. Natürlich kann das Material in der Chemieindustrie als Rohstoff eingesetzt werden. Der Bau einer solchen Pyrolyseanlage beansprucht einen riesigen ökonomischen Aufwand, der zum Schutz der Umwelt gerechtfertigt erscheinen mag. Um das aber richtig einzuschätzen, muß man das Ganze auch aus ökologischer Sicht betrachten. Eine solche Anlage erfordert eine Unmenge Material und Energie für die Herstellung von Verdichtern, Ventilen, Rohrleitungen, Reaktionsapparaten,

Gaswäschern, Destillationskolonnen, Heizvorrichtungen, Elektrofiltern u. ä., sie muß außerdem gewartet werden, und von Zeit zu Zeit sind unter weiterer Umweltbelastung Teile der Anlage auszutauschen. Auch das muß bei der *Ökobilanz,* die eigentlich eine *versteckte Entropiebilanz* ist, berücksichtigt werden.

Dem Recycling-Unfug würde die Christbaumspitze aufgesetzt, wenn man als Prozeßenergieträger für die Anlage Strom, Erdgas oder Heizöl verwenden müßte. Das nach dem Standort der Anlage benannte Hamburger Verfahren umgeht dies durch eine geschickte Prozeßführung, indem ein Teil der anfallenden Pyrolysegase als Energiequelle genutzt wird. Ein dementsprechender Anteil des Kunststoffmülls wird also doch verbrannt. 1990 liefen weltweit elf Versuchsanlagen zur Pyrolyse von Altkunststoffen, Hausmüll und Autoreifen, die in der Stunde zwischen 20 kg und 7,5 t verarbeiten können. Allerdings waren nur drei der Anlagen energieautark. Die anderen Verfahren mußten mittels Fremdenergie angeschubst und in Gang gehalten werden und dürften somit wenig Zukunft haben.

Eine andere Möglichkeit, den Kunststoff wiederzuverwenden, besteht in der Hydrierung, worunter man die Umsetzung mit Wasserstoff versteht. Zur Hydrierung von 1 kg Polyethylen zu Molekülbruchstücken mit jeweils etwa zehn Kohlenstoffatomen werden rund 160 l Wasserstoff benötigt. Wasserstoff wird entweder durch eine sehr teure Elektrolyse oder etwas billiger aus Erdgas gewonnen.

Zur Stromerzeugung (Elektrolyse) werden außerdem fossile Energieträger verbrannt, oder es wird die in Ökokreisen besonders beliebte Kernenergie in Anspruch genommen. Die Konvertierung von Methan aus Erdgas zu Wasserstoff geht auch nicht ohne reichlich »Kohlendioxid-Abfall«. Das Gelbe vom Ei ist die Hydrierung eben auch nicht!

Eine elegante Methode der Abfallkunststoffverwertung haben sich vor einiger Zeit Mitarbeiter der Bremer Klöcknerwerke ausgedacht. Üblicherweise werden zur Gewinnung von Roheisen nicht nur Eisenerz und Kohle als Reduktionsmittel verwendet, sondern auch Rohöl, um den Prozeß zu beschleunigen. Die Bremer Stahlkocher ersetzen das Öl durch Altkunststoffe, der – zu kleinen Kügelchen geformt – in den Brennraum des Hochofens geschleudert wird. Und schon ist das leidige Zeugs aus der DSD-Abfallager-Welt. »Der gesamte in den gelben Säcken gesammelte Verpackungsmüll Norddeutschlands«, so der Chef der Bremer Klöckner-Hütte Hilker, »könnte in den Hochöfen eingesetzt werden.«[49]

Das aber paßte unseren aufgeregt schäumenden Öko-Gouvernanten nicht. Sofort haben sie ihre zeitgeistliche Meinungshoheit in den Medien genutzt und verkünden lassen, daß dadurch der Zwang zur Vermeidung von Verpackungskunststoff aufgehoben wäre. Auf so eine Argumentation muß man erst einmal kommen. Es geht also gar nicht um die ökologische Lösung eines Umweltproblems. Nein, man möchte die Hersteller und Nutzer von Verpackungen *schikanieren,* indem man die Entsorgungswege blockiert oder zumindest erschwert. Rechnet man die Hochofenverwertung einmal durch, so würden die Stahlwerker tatsächlich ein gutes Schnäppchen machen. Für eine Tonne Rohöl sind 150 Mark auf das Konto des Öllieferanten zu überweisen, während andererseits das Duale System Deutschland bei Abnahme von einer Tonne Altkunststoff 200 Mark zuzahlt!

Der durch die Verpackungsordnung vorgegebene Recycling-Zirkus mag zwar Sinn machen – im Sinne von Meinungserzeugung durch Öko-Agitprop –, aber ergibt dennoch keinen Sinn. Der Zwang zur stofflichen Verwertung des Haushalts-Plastikmülls ist schlicht ökologischer Klamauk! *Nur 4 % der Erdöleinfuhren werden zu Kunststoff verarbeitet.* Dazu kommen noch etwa 3 % für die weiteren Chemieprodukte und andere Anwendungen. Die restlichen 93 % »verheizen« wir ohnehin, wozu selbstverständlich auch die Wandlung in elektrische Energie gehört.[50, 51] Und noch eine Zahl ist interessant. Am 7. März 1995 konnte man nachmittags im Deutschlandfunk hören, daß jährlich rund *200 Millionen Tonnen Gewerbeplastikmüll* anfallen. Dem stehen *7 Millionen Tonnen Haushaltsplastikmüll* in Form von Spülmittelflaschen, Joghurtbechern usw. gegenüber. Das sind 3,5 % der Masse des Gewerbemülls. Und um diese 3,5 % macht man ein solches Öko-Gedöns! Sind wir noch ganz klar im Kopf?

Weshalb also zum Teufel verbrennen wir den Kunststoff nicht unsortiert? Ein Vergleich der entwickelten thermischen Verfahren ergibt bei einem angenommenen Brennwert von 2777 kWh je Mülleinheit folgendes Bild:[52]

	Fremdenergieeintrag, z. B. Öl		*Energieumwandlung in Form von gewonnener elektrischer Energie*		
	kWh	Energieanteil	Stromerzeugung in kWh	Stromeigenbedarf in kWh	Stromabgabe
Müllverbrennung mit externer Ascheeinschmelzung	333	12,0 %	786	198	588
Schwel-Brenn-Verfahren	230	8,3 %	810	215	595
Thermoselect	323	11,6 %	658	280	378
Noell-Konversionsverfahren	72	2,6 %	728	390	338
Lurgi-Wikonex	–	–	678	141	537
Lurgi-Ökogas	–	–	628	235	393

Wir könnten uns über Fernheizwärme den Hintern daran wärmen und sogar noch Strom gewinnen und würden somit die Energievorräte schonen. Das Umweltbundesamt (UBA) forderte in einer 1995 erschienenen Studie, daß in Deutschland bis zum Jahr 2005 rund 50 neue Müllöfen in Betrieb gehen müssen. Diese Müllverbrennungsanlagen gehören selbstverständlich allein wegen der Optik nicht direkt neben die Haustüre gesetzt. Das kann auch nicht das Problem sein, denn überall gibt es doch geeignete, siedlungsabseitige Plätze. Schwierigkeiten bei der technischen Umsetzung gibt es ebenfalls nicht, denn die Anlagen sind ausgereift, und man kann sie von der Stange kaufen.

Der Chemiker und Umweltsenator von Hamburg, Fritz Vahrenholt, schrieb 1996 im *Spiegel* über das Recycling jedes Plastikfetzens, wie es das Duale System vorsieht: »Solche Schnapsideen, die uns pro Jahr eine Milliarde Mark kosten, kann nur eine sehr robuste Volkswirtschaft aushalten. Dabei wäre es so einfach, das Plastikmaterial im Müll zu belassen, denn eine hochentwickelte Müllverbrennungsanlage kann 20.000 Wohnungen mit Fernwärme versorgen oder bis zu 30 Megawatt Strom produzieren. Das kostet nur ein Fünftel ...«

Interessant ist auch die anfallende Schlacke. Mit neueren metallurgischen Verfahren könnte man alle möglichen Metalle daraus gewinnen. Am Recycling mit Sinn und Verstand geht eben kein Weg vorbei.

Was hält uns also davon ab? Die Emission des gefürchteten Treibhausgases CO_2 kann es auch nicht sein, denn die ist zu gering im Verhältnis zu den fossilen Brennstoffen. Nein, es sind unsere kultivierten Giftängste, die hier zum Tragen kommen. Insbesondere fürchtet man das politisierte »Ultragift« *Dioxin.* Bei jeder passenden und unpassenden Gelegenheit werfen unsere Berufshysteriker den Riemen auf die Umweltorgel und leiern das Lied vom Dioxintod. So auch bei der Müllverbrennung! Durch ständige Berieselung mit tendenziösen Medienberichten ist die Bevölkerung inzwischen hochgradig verunsichert und fürchtet um ihr Leben, wenn sie auch nur in der Ferne an einer Müllverbrennungsanlage vorbeifährt. Deshalb sind neue Öfen politisch kaum durchsetzbar!

Es nutzte auch nichts, daß die Bundesärztekammer im Januar 1993 ein Gutachten veröffentlichte, in dem sie sich für die Müllverbrennung aussprach und die Dioxinängste als unbegründet zurückwies. Da drohte Gefahr, denn Ärzte sind Fachleute für Gesundheit! Deshalb mußte unverzüglich darauf reagiert werden. Diese Kerle machen sonst das üppig grünblühende Angstgeschäft kaputt. Der neben dem Kabinett und dem Bundestag regierende Ökokonzern Greenpeace läutete sofort das Dioxin-Totenglöckchen und schickte den Betroffenheitslyriker Manfred Pietschmann vor. Dieser veröffentlichte im *Greenpeace-Magazin* einen der berühmten »Blauen Briefe«, in dem er den Präsidenten der Bundesärztekammer, Dr. Vilmar, folgendermaßen zur Ordnung rief:[53]

»Herr Vilmar, Sie stehen beim alten Hypokrates im Wort: Erklären Sie mir mal, wieso ausgerechnet Ärzte eine Technik bejubeln, die Dioxine in die Luft bläst – jene tückischen Gifte, deren grausame Wirkung vor allem auf Kinder die Katastrophe von Seveso so furchtbar demonstriert hat. Kommen Sie mir jetzt nicht mit der ollen Töpfer-Kamelle, 99 Prozent der Dioxine würden bei der Verbrennung zerstört und der belanglose Rest vom Winde verweht bis zur Nachweisgrenze: Nehmen die Müllmengen zu wie bisher, steigt auch der Dioxinausstoß. Denken Sie daran, die Gifte sind länger aktiv als Sie und ich. Sie werden sich in der Umgebung der Verbrennungsanlagen anreichern. In der Nahrung und in der Muttermilch. Sie werden die Krebsrate ansteigen lassen und bei Neugeborenen Mißbildungen hervorrufen.«

Oftmals schon kamen mir Zweifel, ob die Öko-Ghostbusters von Greenpeace selbst an die von ihnen verbreiteten Spukgeschichten glauben. Nachdem ich das gelesen hatte, wurde mir klar, solch einen »Blauen Brief« kann man nur aus tiefster psychischer Not und/oder Umweltreligiosität ablassen.

Deshalb einmal hier die andere – nur sporadisch in Rundfunk und Fernsehen verbreitete – Sichtweise: Erstens gilt alles, was insbesondere auf den Seiten 214 bis 216 über das Dioxin geschrieben wurde. Zweitens wird man, selbst wenn das Sevesogift die ihm nachgesagte Eigenschaft eines megatoxischen Ultragifts hätte, ja einmal fragen dürfen, wieviel der Substanz bei einer Steigerung der Müllverbrennung in die Umwelt geblasen würde.

Zur Zeit sind in Deutschland 50 Großverfeuerungsanlagen für Siedlungsabfälle in Betrieb, in denen etwa 25 % des Hausmülls (alte Bundesländer) in Strom, Fernwärme, Dampf – und Abgas – umgewandelt werden. Die Bundesimmissionsschutzverordnung (BImSchV) von 1990 fordert, daß aus den Schloten höchstens 0,1 ng/m^3 ökohaarsträubendes polychloriertes Dioxin beziehungsweise Furan (PCDD/PCDF) austreten darf. Das sind 0,000.000.000.1 g/m^3! Diese Grenze gilt nicht etwa, weil darüber hinaus eine stärkere Gefährdung für Mensch und Umwelt nachgewiesen wurde, sondern weil das annähernd der momentanen Nachweisgrenze der modernen instrumentellen Routinespurenanalyse entspricht. Zudem werden die Abgase aller Müllöfen während des laufenden Betriebs kontinuierlich gemessen. Jede der Anlagen emittiert weniger als 0,1 ng/m^3 PCDD/PCDF. Einige unterschreiten die rechtliche Vorgabe sogar erheblich. Kurz: Eine Verdopplung des Müllanfalls in den Anlagen würde einen fast nicht meßbaren Effekt ergeben!

Die mittlere tägliche Aufnahme von PCDDs und PCDFs beträgt je Kilogramm Körpergewicht (TE = Toxizitätsäquivalente):

- mit der Nahrung 1–3 pg TE,
- durch die Luft 0,06 pg TE,

- über den Boden < 0,01–0,07 pg TE,
- durch Rauchen von Zigaretten 0,02–0,04 pg TE,

zusammen also zwischen 1,09 und 3,17 pg TE.

Die Immissionskonzentration der Luft im nahen Umkreis einer modernen Müllverbrennungsanlage beträgt 1 fg/m^3. Wenn man einen unrealistisch hohen menschlichen Luftverbrauch von 20 m^3 annimmt, so werden 20 fg TE durch die Atmung aufgenommen.

Da die oben genannte tägliche Mindestaufnahmemenge von 1,09 pg Dioxin pro Kilogramm Körpergewicht auch 1090 fg entsprechen, nimmt ein 70 kg schwerer Mensch jeden Tag 76.300 fg (0,000.000.000.076.3 g) Seveso-Hysteriegift auf. Durch die Atmung wird der Organismus in der Nähe einer Müllverbrennungsanlage somit um

$$\frac{20 \text{ fg} \times 100 \text{ \%}}{76.300 \text{ fg}} = 0{,}03 \text{ \%}$$

zusätzlich belastet. Was soll der Klamauk?

Auch das Argument, der Horrorschadstoff würde sich in der Nähe der Öfen im Boden und in den Pflanzen anreichern, ist löchrig wie das berühmte Sieb. Von der Sondermüllverbrennungsanlage in Biebesheim weiß man seit einem 1992 im Auftrag des hessischen Umweltministeriums erstellten Gutachten, daß weder der Grünkohl, die Fichte, die Brennessel, der Frosch noch der im Umkreis lebende Mensch nennenswert erhöhten Dioxinwerten ausgesetzt ist.[54]

Keinen Zweifel läßt Professor Vogg aus Karlsruhe aufkommen. Er ist der Meinung, daß, wer seine Umwelt liebt, den Müll verbrennt und daß die ausgereiften modernen Öfen sogar eine »Schadstoffsenke« sind.[55] Genaue Zahlen über die Gesamtdioxinbelastung in der Bundesrepublik gibt es noch nicht, aber nach einer informellen Auskunft des Bundesumweltamtes betrug der jährliche Gesamteintrag in den Jahren 1992 bis 1994 im Jahresmittel jeweils 1200 g. Durch Müllverbrennung sind im gleichen Zeitraum jährlich lediglich 30 bis 40 g emittiert worden. Diese dürfte ab 1996 auf eine Jahresmenge von 5 g sinken, da alle bestehenden Anlagen bis dahin entsprechend nachgerüstet sein müssen.[56]

Wenn man schon etwas tun möchte, dann müßte man bei den Privathaushalten anfangen, denn etwa die Hälfte der Dioxinbelastung stammt aus dem sogenannten Hausbrand. Bloß wie? Vielleicht durch gesetzlich vorgeschriebene Maximaltemperaturen in den Räumen? Damit hatte der rumänische Diktator Ceauşescu kurz vor seinem Sturz Begeisterung erweckt.

Die Dioxin-Schaumtüten unserer Umweltverbände und ihre kongenialen Mitläufer agitieren nach dem Motto: Alle reden vom gesunden Menschenverstand, wir ruinieren ihn. Infolgedessen lehnen die Bundesbürger die Müllverbrennung ab. Die stoffliche Verwertung von Abfallkunststoffen kann man mit solcher Verve, wie das unsere kunststofflich Echauffierten tun, nur vertreten, wenn man jede Menge Soziologie, Politikwissenschaft, Sozialpädagogik und ähnliches studiert hat, sich aber möglichst von allen naturwissenschaftlichen Grundlagen unserer modernen Zivilisation unbeleckt gehalten hat.

Da nutzt es auch nichts, wenn man sich mit voll ausgebildeten Naturwissenschaftlern umgibt. Denn jeder Naturwissenschaftler, wenn er denn fürs Öko-Marxistische schwärmt oder sonstwie »kritisch« angehaucht ist, kann selbstverständlich genügend Materialien gegen unsere Technik- und Wohlstandsgesellschaft zusammentragen. Ein besonders tragisches Beispiel ist der sogenannte Una-Bomber in den USA, der in seinem im September 1995 in der *New York Times* und der *Washington Post* abgedruckten Manifest den wissenschaftlichen und technologischen Fortschritt als pervers verurteilte. In seiner Verstiegenheit schreckte der Mann auch nicht vor Attentaten auf Techniker und Wissenschaftler zurück. Es handelt sich zweifellos um einen hochgebildeten Menschen, der sich in naturwissenschaftlich-technischen Zusammenhängen bestens auskennt; dennoch befindet er sich auf einem einsamen, spinatmarxistischen Holzweg.

Und noch etwas übersehen die Anhänger unserer »kritischen« Umweltsanitäter: Sie wähnen sich im Alleinbesitz der »universellen Wahrheit« und merken nicht, daß sie lediglich Mitglieder einer weitverbreiteten Nörgelsekte sind. Auch halten sie ihre Kritikfähigkeit für den Ausfluß hoher Intelligenz. Noch nicht einmal das stimmt, denn ein Wohlstands- und Technikquerulant benötigt keineswegs viel Intelligenz. Seine Argumente liegen überall wohlfeil und von den Medien mundgerecht zubereitet herum. Er braucht sie nur aufzugreifen. Deshalb ist der technikkritische Nörgelkult etwas für Denkfaule oder gar für Dumme!

Faßt man zusammen, so findet man im speziellen Fall der »kunststofflichen Aufregung«, daß es darum geht, die Verwendung dieser Werkstoffe aus ideologischen Gründen durch Schikanen zu erschweren und sie am liebsten ganz aus der Welt zu schaffen.

Sicher gibt es eine Menge Dinge, bei denen die stoffliche Verwertung sinnvoll ist. Die Biotonne (aus Kunststoff!) zur Sammlung kompostierbarer Abfälle ist es ganz bestimmt nicht. Unsere Öko-Savonarolas meinen, daß man aus zehn Millionen Tonnen Biomüll fünf Millionen Tonnen Kompost herstellen könne. Wozu? Um aus Biogas Energie zu gewinnen und jedem Bundesbürger zu Weihnachten 63 kg Kompost zu schenken?

Der Biotonnen-Wahn führt zu den tollsten Verrenkungen. Da der Biomüll streng getrennt werden muß, rüstete man in Darmstadt-Dieburg die jeweiligen Müllfahrzeuge für 150.000 Mark mit Fremdstoffdetektoren aus. Die Investition dürfte schnell wieder durch allfällige Bußgelder reinkommen. Dazu gibt es eine Broschüre mit dem sinnvollen Titel »No-Maden«, die wertvolle Tips zur sommerlichen Pflege der Biotonne gibt. Hat man noch nichts davon gehört, daß Ungeziefer aller Art Krankheitskeime mit sich herumschleppt? Soll der Stellplatz für die Biotonne ein Ratten-Biotop werden? Das Landratsamt Tübingen hat sogar einen Mülldetektiv angestellt, der bei falscher Einsortierung des »Biowertstoffs« als *»müllpädagogische Maßnahme«* einen Zettel auf die Tonne klebt und gerne wertvolle Tips von ÖkoblockwärterInnen entgegennimmt. Sind wir noch ganz klar im Kopf?

Ein ähnlicher Unfug ist der »Irrsinn an der Pommesbude« *(FAZ)*. Es geht um die Verpackungssteuer, mit der etliche Kommunen ihre leeren Kassen auffüllen wollen. Zwischen zehn und 50 Pfennig wollen die Gemeinden vom Würstchenbudenkunden für Pappbecher, Verpackungen, Plastikbestecke abzocken. Immerhin kommen dadurch so um die fünf Milliarden Mark rein. Das ist kein Beitrag zum Umweltschutz, denn es geht gerade einmal um 0,035 % der Abfallmenge.[57] Soviel macht der bei McKnatschels und Co. anfallende Verpackungsmüll aus. Sobald auf irdenes Geschirr umgestellt wird, steigt aber der Wasserverbrauch um 37 Millionen Liter an. Ganz zu schweigen von den Mengen Spülmittel, die die Abwässer zusätzlich belasten.

Wenn Mülltrennung und Recycling sinnvoll sein sollen, dann muß auch die Ökobilanz stimmen. Beispiele hierfür dürften u. a. Stahl, Aluminium, Glas und Papier sein.

1995 wurden weltweit 748 Millionen Tonnen Rohstahl erzeugt, für die man 300 Millionen Tonnen Schrott einsetzte. *Durch das*

Recycling wurden je Tonne rund 5600 MJ Energie eingespart. Das macht was her. Der meiste Schrott stammt übrigens aus Schredderanlagen für Altautos, wobei 75 % des Gesamtgewichts wiederverwendet werden. Nicht nur Eisen, sondern auch die NE-Metalle, wie Kupfer, werden dabei zu fast 100 % recycelt.

Apropos Auto. In den 90er Jahren fielen in der Bundesrepublik 600.000 t Altreifen an. Wohin damit? 39 % wandern in die Öfen der Zementhersteller. Warum nicht? Diese sparen dadurch 15 % der Energie, und nach einer entsprechenden Verfahrensoptimierung werden es sogar 40 % sein! Die zu 22 % praktizierte Runderneuerung ist nur bedingt möglich, und an der sonstigen stofflichen Verwertung des weichen Reifengummis hat sich manch einer »die Zähne ausgebissen«.[58]

Die *Wiederverwendung von Aluminium* ist ebenfalls sinnvoll. Weltweit werden jährlich 18 Millionen Tonnen des Leichtmetalls produziert, wobei zur Herstellung einer Tonne des silberhellen Leichtmetalls 1,9 t Aluminiumoxid (Al_2O_3) eingesetzt werden, das wiederum aus knapper werdender Bauxiterde unter hohem Energieaufwand gewonnen wird. Zusätzlich werden für den eigentlichen Herstellungsprozeß, die Schmelzelektrolyse bei 940 bis 980 °C, je Tonne Aluminium 15.000 kWh elektrische Energie benötigt.

Jeder Europäer verbraucht jährlich 20 kg des Leichtmetalls. Ein Amerikaner bringt es dagegen auf 28 kg. Joe Sixpack, wie Otto Normalverbraucher im Land der unbegrenzten Möglichkeiten genannt wird, verbrät leider einen erheblichen Teil der Produktion (16,6 %) als Verpackungsmaterial (Folien, Bierdosen, Tuben usw.). Aluminium ist zwar ein Verpackungskünstler, aber hierfür ist es eigentlich zu schade. Der amerikanische Maschinenbau und der Haushaltsgerätesektor bringen es dagegen gerade auf 16,1 %.

Eines der zukunftsträchtigsten Einsatzgebiete des Aluminiums dürfte der Automobilbau sein, weil durch die Gewichtsreduktion der größte Energieeinsparungseffekt herauszuholen ist. Leider besitzen heute nur wenige Fahrzeuge Aluminiumkarosserien. Auch sind nur 25 % mit Vollaluminiummotorblöcken ausgestattet. Würden alle deutschen Automobile soweit wie möglich aus Aluminium gebaut, so ließe sich jährlich eine Milliarde Liter Benzin sparen.

Ähnlich sieht es beim Glas aus, das bereits im Mittelalter wiederverwendet wurde. Weil damals zur Herstellung von 1 kg Glas 2400 kg Holz verheizt werden mußten, war Glas zu der Zeit ein reiner Luxusartikel. Aus dem Verbrennungsrückstand, der Holzasche, gewann man durch Auslaugen die begehrte Pottasche (K_2CO_3). Mit Kalk und Sand verschmolzen, wurde daraus ein einfaches Glas. Im Bayrischen Wald und auch im Schwarzwald wurden ganze Höhenzüge abgeholzt, nur um die Glashütten mit Energie und Pottasche zu beliefern.

Heute verwendet man statt K_2CO_3 vor allem Soda (Na_2CO_3), die nach dem Solvay-Verfahren unter Energieeinsatz aus Kochsalz und Kalk gewonnen wird. 70 % der Sodaproduktion wird von der Glasindustrie verbraucht. Obwohl wir zur Glasherstellung keine ganzen Landstriche mehr entwalden, ist der Energieverbrauch immer noch unverhältnismäßig hoch, weshalb Glasrecycling nicht nur Sinn macht, sondern auch sinnvoll ist. Wir sind hier auf einem guten Weg. 1975 betrug die Wiederverwendung von Gebrauchtglas gerade einmal 9 %, 1993 waren es immerhin 65 %. Dabei bringt jedes Kilogramm mehr eine Energieeinsparung von 37,6 kJ.

Während der Kirmeswagen der Ökogeisterbahn weiterrumpelt, raschelt Vater Angstmeier verlegen mit dem gelben Plastiksack, stopft die leere Gummibärchentüte seines Sohnes hinein und überlegt, ob er heute schon die Biotonne zu Hause gelüftet hat. Schließlich muß die Welt nach dem Prinzip »Bio« gerettet werden – und das fängt mit den Krümeln und der umweltkosmetischen Pflege des schlechten Gewissens an. Klapp, da geht die nächste Tür auf.

Wasserverunreinigung verboten, die Hausmeister!

In ihrem Kirmesrumpelwägelchen gelangt Familie Angstmeier in einen Raum mit Plakaten: »Die Industrie, die Landwirtschaft und die Autofahrer sind nicht nur die größten Luftverschmutzer, sondern auch die übelsten Brunnenvergifter.« An der Wand pappt die gelbe Muschel der Firma Shell, und ein Ölstreifen läuft quer darüber. Ökoakrobaten turnen auf einer Plattform herum, und empörungssüchtige Ökochonder applaudieren lebhaft.

Dabei gibt es weniges, bei dem so stark manipuliert wird wie bei der Gewässerverschmutzung. 1988 berichtete die Monatszeitschrift *Trans Media,* wie beim WDR ein Fernsehbericht über die Gewässerverschmutzung zustande kam:

»Am 9. April verfolgten in der rheinischen Kreisstadt Sieburg mehrere Passanten mit ungläubigem Staunen, wie ein Kamerateam dem idyllischen Mühlengraben Schaumkronen aufsetzte. Augenzeuge Jürgen Hanke erinnert sich: Gegen 11.00 Uhr parkte er seinen Wagen auf dem Mühlentorplatz. Auf der Brücke über das angrenzende Bächlein wurde er stutzig: Ein Kameramann krauchte durch das Ufergebüsch, ein Kollege hielt ein Mikrofon bereit, und ein Dritter im Bunde rührte in einem schwarzen Plastikeimer Seifenlauge an. ›Guck mal, hier täuschen sie die Umweltverschmutzung vor, die nachher im Fernsehen kritisiert wird‹, sagte Hanke scherzhaft zu seinem Sohn – und ahnte nicht, wie richtig er damit lag. Denn was der Mitarbeiter der Kreisverwaltung zunächst für die Aufnahme von privaten Filmern gehalten hatte, flimmerte einige Tage später im Kölner ›Fenster‹ der West-3-Regionalsendung ›Aktuelle Stunde‹ über die Mattscheibe. Die effektvoll gedrehten Bilder sollten die Gefährdung der Wasserläufe durch unbedachte Autobesitzer dokumentieren, die ihren Wagen auf öffentlichen Plätzen waschen und damit das mit chemischen Stoffen angereicherte Putzwasser in den Boden sickern oder gar ›den Bach runterlaufen‹ lassen ...« Nach Bekanntwerden des Vorfalls wurde der verantwortliche Mitarbeiter des WDR vom Dienst suspendiert.

Gegen das Autowaschen am Bach ist an sich nichts einzuwenden, wenn es am Tag von zwei Bundesbürgern ausgeübt würde. Wenn es Tausende machen, sieht es anders aus. Die Verschmutzung der Gewässer und der Meere ist ein, wenn nicht *das* Indiz dafür, daß wir schon längst zu viele sind, und zwar nicht nur auf dem Globus, sondern auch in Europa, und hier ganz besonders in Deutschland. Bei der Umweltbelastung spielen die paar Prozent Ausländer im Land übrigens keine besondere Rolle. *Gegen die eigentliche Ursache der Umweltverschmutzung, nämlich die schiere Anwesenheit zu vieler Menschen, dagegen wird weder von den Grünen, dem BUND usw. noch von Greenpeace angegangen*, weshalb es sich bestenfalls um Symbolvereine mit hohem Tamtam-Wert handelt. Auch setzt sich ernsthaft kein Politiker gegen ein weiteres Anwachsen der Bevölkerung ein. Im Gegenteil, sie meinen, wir müssen dafür sorgen, daß künftig genügend Beitragszahler für unsere Rente da sind.

1994 verbrauchte jeder Bundesbürger 7,9 kg Wasch- und Reinigungsmittel. Das sind täglich zwar nur 22 g, aber insgesamt doch 630.000 t pro Jahr. Wer will schon stinken wie ein nasser Fuchs? Abgesehen davon ist der Gebrauch von Seife und ähnlichem ein wesentlicher Beitrag zur allgemeinen Gesundheit. Die besagten

Stoffe machen aber 40 % der anorganischen Belastung der kommunalen Abwässer aus.

Das folgende ist auch keine Quisquilie, sondern eine Sache, die bei jeder Ökodiskussion unter den Tisch fällt, weil ideologiegemäß nur die Waschmaschinen, die Autos, die Flugzeuge usw. die Umwelt beeinträchtigen. Der Mensch ist nach Meinung der Ökopharisäer ein so kleines »Maschinchen«, daß seine Ausscheidungen – übrigens auch entropiebedingt – unter den Tisch fallen können. Ganz so einfach ist es aber nicht, denn Kleinvieh macht auch Mist! Für unsere Fleischversorgung nehmen wir jährlich die Produktion von 200 Millionen Tonnen Gülle in Kauf und lassen uns deshalb ein schlechtes Gewissen einreden. So weit, so gut. Wie aber sieht es mit der menschlichen Gülle aus? Ein Tabuthema, das viele verdrängen. Hier die Fakten:

- Jeder Mensch produziert täglich durchschnittlich 150 g Kot und 1,2 l Urin.
- Damit werden – niedrig angesetzt – 16,8 g Stickstoff und 1,2 g Phosphor ausgeschieden.[59]

Das ergibt im Jahr etwa 500 l Ausscheidungen, in denen 6,13 kg Stickstoff und 0,44 kg Phosphor enthalten sind. Es handelt sich hierbei um Mindestwerte, die bei entsprechender Ernährung wesentlich höher liegen können. Bei 80 Millionen Einwohnern in der Bundesrepublik Deutschland sind das *40 Millionen Kubikmeter* Unaussprechliches. Dieses Konzentrat enthält neben 330.000 t Bakterien mindestens 400.000 t Kochsalz, 490.000 t Stickstoff und 35.000 t Phosphor. Zur Erinnerung: Der Wasch- und Reinigungsmittelverbrauch liegt bei rund 630.000 t!

Um 1820, zu Goethes Zeiten, lebten auf der Fläche der heutigen Bundesrepublik rund 14 Millionen Menschen, womit nur 17,5 % der Jauchemenge von heute anfielen. Der moderne Mensch, der so fein ist, daß er seine Ausscheidungsprodukte bei der Ökodiskussion gerne verdrängt, spült diese täglich mit 20 bis 40 l Wasser weg. Damit fallen in Deutschland jährlich mindestens *624 Millionen Tonnen Gülle durch menschliche Ausscheidung* an, dreimal mehr als in der Landwirtschaft.

Das ist noch nicht einmal das Hauptproblem. Da, wo der Geheimrat klammheimlich zu Fuß hinging, wurde alles gesammelt und im Frühjahr wieder auf die Felder geschafft. Im Gegensatz hierzu geht unsere Gülle durch die Kläranlagen und wird dort aufbereitet. Das Umweltbundesamt (UBA) nennt diesen Eintrag anthropogenen Ursprungs »punktförmige Quellen«. Damit sind unter anderem ja wohl die einzelnen Toilettenschüsseln gemeint. Ist deren Beitrag zur Umweltbelastung unerheblich?

Nach Angaben des UBA landeten 1989 durch die kommunalen Abwässer statt der oben berechneten 190.000 t Stickstoff »nur« 235.000 t in den Fließgewässern. Das ist übrigens die 2,35fache Menge dessen, was die Industrie einträgt, und das 7,3fache der landwirtschaftlichen Direkteinleitung.[60]

Beim Phosphor sieht es ähnlich aus. Die Phosphoreinträge in die Fließgewässer, die die Kläranlagen durchspülen, werden nur zu 17 % durch Waschmittel verursacht. Mit anderen Worten: *83 % der Phosphorbelastung häuslicher Abwässer stammen aus menschlichen Fäkalien.* Die unserer Ernährung dienende Landwirtschaft leitet mit 30.000 t horrible 40 % des Gesamtphosphoreintrags der Bundesrepublik ein, weshalb sie sich von Ökopharisäern ständig schikanieren und vorwerfen lassen muß, sie verschmutze die Gewässer. Kein Landwirt überdüngt bewußt seinen Boden, denn damit schmälert er sein Einkommen. Es steht auch kein Industrie-Mephisto neben ihm und flüstert ihm ins Ohr, mehr Kunstdünger auf den Acker zu schmeißen, damit der Profit der Schlotbarone steigt. Solch einen Quatsch glauben und verbreiten nur die Ökoritter von der Zeitgeistnuß. Die 30.000 t Phosphor aus der Landwirtschaft[60], die 1989 in die Fließgewässer eingetragen wurden, sind in Wirklichkeit hauptsächlich die Folge der natürlichen Erosion – ohne Überdüngung. Und diesen Anteil müßten wir auch dann ersetzen, wenn wir uns auf eine Folklore-Landwirtschaft mit kuhwarmem, grünfriedlichem Glück unter der Dorflinde umgestellt haben – denn es sind über 80 Millionen zu ernähren! Alles öko, oder was?

Die größten Umweltverschmutzer sind wir, weil wir bereits zu viele sind. Auch und vor allem in den hochentwickelten Industrieländern reicht unsere schiere Anwesenheit schon aus, die Meere hinreichend zu verdrecken.

Die vielfach geäußerte Meinung, die EU-Staaten würden kaum zum Bevölkerungswachstum beitragen, ist nur zum Teil richtig, wie die folgende Statistik für die Landfläche der einstigen Zwölfergemeinschaft belegt:[61]

	1900	*1960*	*1994*
Einwohner in Millionen	137	172	347

Das Wachstum ist nur in den letzten Jahren langsamer geworden, und so schrecklich weit liegt 1960 auch nicht zurück. Damals hatten die EU-Bewohner rund 69 Millionen Kubikmeter Fäkalkonzentrat produziert, 1994 waren es bereits 174 Millionen, und unsere Politiker sind ganz traurig, daß wir uns nicht mehr so kräftig fortpflanzen – wegen der Altersversorgung. Durch den Bau von Kläranlagen ist übrigens keine Umweltneutralität gewährleistet. Damit wird über den ökologischen Schaden bestenfalls ein Heftpflaster geklebt.

Weil Greenpeace sich nicht aktiv für die Eindämmung der Überbevölkerung – auch in den Industriestaaten – einsetzt, rappelt der Ökoklamauk-Konzern an der falschen Stelle. Noch dazu spielen sich die gutmenschlichen Weltverbesserer am liebsten als Nebenregierung und moralisierende Hausmeister auf. In dieser Funktion haben sie die »Pranger-Methode« des Mittelalters wiederentdeckt. Und das kam so:

Vor einiger Zeit klebten die umtriebigen Biological-Correctness-Rechthaber Plakate, auf denen der Vorstandsvorsitzende der RWE, Dietmar Kuhnt, als Klimakiller ausgedeutet wurde. Auch fand der VW-Chef Piëch sein Konterfei auf der Litfaßsäule, weil der neue Polo zuviel Sprit verbrauche – Greenpeace weiß schon, wo's langgeht! Jeden Monat wollte das Pflegepersonal der offenen bundesdeutschen Ökopsychiatrie einen anderen Sünder anprangern. Gunnar Sohn urteilt: »Mit solchen Aktionen wird Greenpeace zum Hausmeister des ganzen Volkes.«

Noch toller ging es zu, als sich die grünfriedlichen Gummiboothüpfer im Frühjahr 1995 den Hausmeisterkittel anzogen und den Ölmulti Shell vorknöpften. Hierbei muß man im Hinterkopf behalten, daß *Greenpeace nicht selbstlos agiert, sondern von der Vermarktung der Umweltängste lebt,* und da ist es nun einmal so, daß sich der geldwerte Angstprofit des Konzerns proportional zu seiner Popularität verhält. Und genau deshalb ist von Zeit zu Zeit eine kräftige Klamaukkampagne unabdingbar.

Im Februar 1995 erhielt Greenpeace auf Anfrage von der Shell AG die Unterlagen für das Entsorgungskonzept der Ölverlade- und Lagereinrichtung »Brent Spar«. Damit hatte man das, wonach man schon länger suchte, denn der *Umweltangstkonzern war finanziell gerade mal etwas klamm.* Der Greenpeace-Mann Ulrich Jürgens erkannte: »Das wird die große Geschichte für diesen Sommer. Da ist alles dran. Die visuelle Durchschlagskraft, der Symbolgehalt, ein mächtiger Gegner.«

Als im Frühjahr 1995 der Ökoklamauk-Motor angeworfen wurde, gab es anfänglich nur Resonanz im norddeutschen und Hamburger Raum. Steter Tropfen höhlt nicht nur den Stein, sondern macht auch ganz schön meschugge. Deshalb wurde durch ständige Meldungen die Heizplatte warm gehalten. Aber noch kam so keine rechte Freude auf. Dann aber besetzten am 30. April 1995 vier Ökoklabautermänner die »Brent Spar« – großer Bericht in der ARD-*Tagesschau* samt kostenloser Greenpeace-Werbung.

Selbst die Niederländer, deren Bauern 26 % der Stickstoff- und 23 % der Phosphatbelastung der Nordsee verursachen, ließen sich von den bundesdeutschen Ökochondern anstecken. Im 2. Kapitel hatte ich die politischen Aspekte bereits gewürdigt. Von Anfang an war das Fernsehen in Gestalt des Norddeutschen Rundfunks in manipulativer Absicht mit von der Hysteriepartie. Der Radau der Ökopharisäer war beachtlich, und die Straße feierte Triumphe.

Als Shell am 20. Juni 1995 die Versenkungsabsicht aufgab, hatte die größte Umweltheuchelei der letzten Jahre ihr Ende gefunden. Alles lief besser, als es sich die Initiatoren in ihren kühnsten Träumen erhofft hatten. Ergebnis: Die »Brent Spar« wurde in das norwegische Erfjord in der Nähe von Stavanger geschleppt. Thilo Bode, der Geschäftsführer der deutschen Greenpeace-Sektion, erhielt ab dem 1. September den besser ausgestatteten Chefposten von »Greenpeace International«, neue Fördermitglieder meldeten sich. Da gerade die schönsten Wochen des Jahres gekommen waren, hinderte die Ökoschizos nichts mehr, sich gleich wieder am Amüsierflugverkehr zu beteiligen, den Wohnwagen flottzumachen und wieder bei Shell zu tanken.

Mit dem »Brent Spar«-Versenkungsklamauk übertraf sich der bundesdeutsche Ökoneurosenzirkus selbst. Kaum eine Übertreibung und Manipulation wurde ausgelassen. Die sanft rabiate Eindrittelgesellschaft jaulte in den höchsten Tönen und riß sonst Besonnene in der Stimmung mit.

Bleibt die Frage: Welche Umweltbeeinträchtigung hätte die Versenkung der »Brent Spar« gebracht? Der alte Satz von Paracelsus, wonach es bei der Giftigkeit auf die Konzentration ankomme, ging selbstverständlich im Kampagnenrummel vollkommen unter. Alles ultragiftig und megagefährlich! So wurde die »Brent Spar« zur »Giftinsel« (ZDF-*Mittagsmagazin* vom 11. Mai 1995), und es wurde von »Giftcocktail« und von einer »Versenkung aus Kostengründen« gesprochen. Dabei ging vollkommen unter, daß Shell U.

K. seit September 1992 über 30 Entsorgungskonzepte ausarbeiten hatte lassen, in denen »Umwelt-, Sicherheits- und Gesundheitsaspekte, technische und wirtschaftliche Gesichtspunkte, aber auch das Gebot weitestgehender Akzeptanz der Öffentlichkeit« berücksichtigt wurden.

Die erste Studie vom September 1992 über die Zerlegung der »Brent Spar« stammt von der »Smit Engineering«. Im Juni 1993 hatte »Metocean« eine Studie mit dem Titel »Best Practicable Environmental Option Evaluation Report« verfaßt, in der es um die beste und umweltfreundlichste Entsorgungsmöglichkeit ging. Die Universität von Aberdeen hatte im Januar 1994 zwei Untersuchungen ähnlichen Inhalts abgegeben, usw. Wie gesagt, es waren über 30 Studien.

Die vielfach geäußerte Ansicht, die »Brent Spar« dürfe nicht versenkt werden, »weil Meere keine Abfallhalden sind«, ist nicht schlüssig, da sie es allein durch die seit etwa 100 Jahren explodierende Bevölkerung schon lange sind und, wie weiter unten noch einmal belegt wird, Schwermetalle natürlich im Meerwasser vorkommen. Es geht vielmehr darum, ob die durch die Versenkung der »Brent Spar« und aller anderen in den nächsten Jahren anstehenden Ölplattformen *zusätzlich* eingebrachten Rückstände eine merkbare Verschlechterung bringen. Und es geht darum, ob die *Ökobilanz* für die Verschrottung an Land ungefährlicher und günstiger ist als die Tiefwasserversenkung. Unsere »Vernunft« können wir betrügen – die Entropie und die damit verknüpfte Ökobilanz nicht! Die Insel zerlegt sich nicht von selbst. Dazu wird Energie auf Nimmerwiedersehen verpulvert – und nicht zuwenig.

Nach allem, was man heute weiß, wäre die Tiefwasserentsorgung der umweltschonendste Weg gewesen. In Louisiana (USA) werden ausgediente Plattformen als künstliche Riffe im Meer versenkt. Die Wracks sind geradezu ein Biotop, in dem Jungfische vor Räubern geschützt sind. Deshalb finden sich auch die größten Fischschwärme dort. Der Fischer Anderson äußert dem *Spiegel* gegenüber: »Ohne die künstliche Insel könnten wir die Hälfte unserer Fischfangflotte abwracken.«[62]

Dem im Dezember 1994 bei Shell U. K. vorliegenden Konzept zur Entsorgung der »Brent Spar«, das auch Greenpeace zugänglich war, lassen sich folgende Daten entnehmen:[63]

- Gesamtgewicht der Anlage: 14.500 t, bestehend aus 6700 t Baustahl, 6800 t Hämatit (Ballast), 1000 t Installation.

- Opferanoden: 28,1 t Aluminium. (Zum Schutz des Stahlkörpers »opfern« sich diese und verrotten. Jedes größere Schiff ist damit ausgestattet, wahrscheinlich auch die »Rainbow Warrior«.)
- 13,8 t metallisches Zink. Findet man in Tausenden von Tonnen als Regenrinne am Haus, und keiner fällt tot um.
- 13,8 kg (0,0138 t) Cadmium. 18,3 t/Jahr wurden Ende der 80er Jahre vom Rhein über die holländische Grenze transportiert.
- 12 kg Blei (0,012 t), entspricht der Masse einer größeren Autobatterie.
- 13,5 t Kupfer in Elektroleitungen. Aus dem »Giftstoff« fertigen wir unsere Trinkwasserleitungen.
- 7,4 kg (0,0074 t) Nickel; ein übliches Münzmetall (Fünfmarkstück). Nicht anfassen: Gift!
- 0,3 kg (0,0003 t) Quecksilber (der Rhein transportiert täglich die zehnfache Menge nach Holland).
- 2,1 kg (0,0021 t) Chrom. Verchromte Teile waren an Autos, mit denen man im Protest an Shell-Tankstellen vorbeifuhr, nicht so selten zu finden.
- 0,3 kg (0,0003 t) Arsen. Ist in einem Würfel von etwa 46 m Kantenlänge unbelasteten Meerwassers vorhanden.[64] Dem Vernehmen nach sollen sich Fische in einem solchen Wasser recht wohl fühlen!
- 50,5 t Kohlenwasserstoffverbindungen in Form einer dünnen Ablagerungsschicht an den Tankwänden (»thin layer of oil and wax« = 41,3 t) und von Öl (9,2 t), als Ölschlamm mit Sand und Ablagerungen vermischt.
- Weniger als 20 ml (0,02 l) PCB. Das ist höchstens ein Schnapsglas voll. Diese Angabe wurde später von Det Norske Veritas, dem »norwegischen TÜV«, bestätigt. Hier sprach Greenpeace zeitweilig von 300 t PCB-verseuchtem Ölschlamm.

Diese Dinge waren Greenpeace bekannt, bevor die Klamaukkampagne gestartet wurde! Aus nicht geklärten Gründen *wurde wahrheitswidrig verbreitet, die »Brent Spar« sollte statt im Atlantik in der Nordsee versenkt werden.* Rein zufällig fand zur selben Zeit auch die Nordseekonferenz der Umweltminister statt.

Da behauptet wurde, die »Brent Spar« würde in der Nordsee entsorgt, gehe ich bei der folgenden Rechnung vom Volumen der Nordsee aus. Die Frage ist, wie sich der Gehalt des Meeres geändert hätte, wenn die Verladeinsel versenkt worden wäre. Zum Nachrechnen: Die Nordsee hat ein Volumen von 47.000 km^3.

Element	*Anreicherung der Nordsee bei vollständiger Auflösung in mg/l*	*Natürlicher[64] Gehalt in mg/l*	*Zusatz-belastung*
Aluminium	$6{,}0 \cdot 10^{-7}$	$1 \cdot 10^{-2}$	0,006 %
Zink	$3{,}0 \cdot 10^{-7}$	$1 \cdot 10^{-2}$	0,003 %
Cadmium	$3{,}0 \cdot 10^{-10}$	$1{,}1 \cdot 10^{-4}$	0,0003 %
Blei	$2{,}6 \cdot 10^{-10}$	$3 \cdot 10^{-5}$	0,0009 %
Kupfer	$3{,}0 \cdot 10^{-7}$	$3 \cdot 10^{-3}$	0,01 %
Nickel	$1{,}6 \cdot 10^{-10}$	$5{,}4 \cdot 10^{-3}$	0,000.003 %
Chrom	$4{,}5 \cdot 10^{-11}$	$5 \cdot 10^{-5}$	0,0009 %
Arsen	$6{,}4 \cdot 10^{-12}$	$3 \cdot 10^{-3}$	0,000.000.21 %
Öl	$1{,}1 \cdot 10^{-6}$	ohne Angabe	s. u.

Diese Rechnung gilt unter der Voraussetzung, daß sich alle Schadstoffe ähnlich wie Kochsalz auflösten, was in keinem Fall gegeben ist. Die meisten Metalle dürften sich erst im Verlauf von Jahrhunderten lösen. Weil aber der Querschnitt der Bevölkerung aus Chemie-Legasthenikern besteht, ist ihnen der Unterschied zwischen einem Metallion und dem blanken Metall nicht bekannt. Die angegebene Zusatzbelastung ist deshalb mit Sicherheit noch um viele Zehnerpotenzen kleiner. Im übrigen werden jährlich 335 t Cadmium, 75 t Quecksilber und 11.000 t Blei in die Nordsee eingetragen, also mehr als das 24.000fache an Cadmium und das 25.000fache an Quecksilber gegenüber der auf der »Brent Spar« jeweils vorhandenen Menge.[65]

Überlegt man an dieser Stelle, daß allein durch deutsche U-Boote zwischen 1939 und 1945 insgesamt 2779 Schiffe versenkt worden sind, und berücksichtigt man die sonstigen Schiffsverluste, dann kann man sich nur an den Kopf greifen. Jedes im Ärmelkanal abgluckernde Küstenmotorschiff bringt es spielend auf eine größere Umweltbelastung als die weitgehend leergeräumte »Brent Spar«. Bei konsequenter Verfolgung des Gedankens müßte Greenpeace eigentlich jeden Hafen blockieren, damit keine potentielle »Giftinsel« ausläuft. Der Dampfer könnte ja untergehen!

Auch die Versenkung aller 460 in den nächsten Jahren zur Entsorgung anstehenden Inseln würde *keinen merklichen Effekt* erbringen, zumal sich Metalle in elementarer Form, wie Eisen und Kupfer, sehr langsam lösen und sich dann als Sedimente wieder schnell ablagern. Selbst solche Schwermetallsedimente können nicht des Meeres Tod sein, weil sie beispielsweise vollkommen normal als sogenannte »Manganknollen« am Boden des Pazifiks herumliegen. Man schätzt die dort lagernden, ständig vom Wasser umspülten Erzvorräte mit hohem Nickel-, Kupfer-, Kobalt- und Mangangehalt auf 1500 Milliarden Tonnen.[66] Das im Nordatlantik liegende hydrothermale Schlotfeld »Broken Spur« produziert jährlich zwischen 500.000 und 1 Million Tonnen Schwermetall. Daß der natürliche Schwermetallgehalt des Meerwassers durch die Versenkung der »Brent Spar« auch nur andeutungsweise geändert worden wäre, kann man höchstens dem kleinen Max erzählen, dem man nach der Toilette noch die Hose zuknöpft!

Für das Öl gibt es übrigens keinen »natürlichen Gehalt«. Jährlich wird mit einem Öleintrag in die Nordsee von 116.000 t gerechnet. Die »Brent Spar« hätte das Meer mit ihren 50,5 t also um 0,044 % zusätzlich belastet. Im übrigen ist das Meer mit 10^{12} Tonnen eines der größten Kohlenstoffreservate der Erde. 90 % dieser Menge entfallen auf gelöste organische Substanz (DOC), weniger als 10 % auf feinstverteilte organische Schwebstoffe, während die lebenden Organismen noch nicht einmal 1 % ausmachen. Das Öl der »Brent Spar« hätte den Kohlenstoffgehalt um 0,000.000.005 % erhöht.

Da die »Brent Spar« *nicht in der Nordsee, sondern im Atlantik* versenkt werden sollte und dieser ein rund 7400mal so großes Volumen besitzt, sind sämtliche Belastungsfaktoren durch diesen Wert zu teilen. Der natürliche Kupfergehalt des Atlantiks würde dann um 0,000.0014 % und der Cadmiumgehalt um den Faktor 0,000.000.04 % angereichert. Was soll der Klamauk? Sind wir noch ganz klar im Kopf?

Jährlich lassen Schiffe 100.000 t Altöl in die Nordsee ab. Da gehört selbstverständlich auf die Finger gehauen. Wenn man etwas gegen die Ölverseuchung der Meere tun will, dann müßten endlich alle nicht doppelwandigen Tanker nachgerüstet oder aus dem Verkehr gezogen werden. Allein die im Februar 1996 vor der Küste von Wales gestrandete »Sea Empress« verlor 65.000 t. Das entspricht etwa der 1300fachen Ölmenge der »Brent Spar«!

Es kann sich bei der »Brent Spar«-Klamotte nur um eine Ökotheaterveranstaltung gehandelt haben, bei der szenespezifisch maßlos übertrieben, manipuliert und gelogen wurde. Das Sahnehäubchen kam obendrauf, als *Greenpeace* während der Kampagne nachkartete und *behauptete*, in der »Brent Spar« seien statt 50 rund *5500 t Öl* enthalten. Diese über 5000 t hätten einen Wert von einer halben Million Dollar gehabt. Für wie bescheuert hält man eigentlich die Ölfirmen, daß sie Speichertanks bauen, die man nicht entleeren kann? *Für die weit übertrieben angegebene Menge mußte sich Greenpeace wenige Wochen später bei Shell entschuldigen, nachdem Det Norske Veritas (DNV) herausgefunden hatte, daß in der Insel höchstens zwischen 75 und 100 t Öl enthalten waren.* Auch wurde während der Kampagne behauptet, ein Zeuge wisse, daß vor 15 Jahren drei Fässer mit giftigem Abfall auf der Insel versteckt worden seien. Dieser Mann wurde zweimal von DNV befragt, wobei er sich in Widersprüche verwickelte und auch nicht bereit war, an Bord der »Brent Spar« die Fässer zu lokalisieren. Ebenfalls ein interessantes Detail![67]

Vielfach wird auch argumentiert, wenn ein reicher Konzern wie Shell einfach seinen Abfall ins Meer kippen dürfe, wie könne dann »der kleine Mann« dafür haftbar gemacht werden, wenn er im Wald beim unerlaubten Ölwechsel 5 l in den Boden laufen läßt? Das ist der Kern des Problems. Zunächst einmal ist es notwendig, daß wilder Ölwechsel in der beschriebenen Form mit einer empfindlichen Strafe belegt wird. Aber genauso, wie es aus Gründen der Entropie, sprich Ökobilanz, Unfug ist, den Joghurtbecher zu recyceln, so ist es Unfug gewesen, die »Brent Spar« nicht zu versenken.

Zur Erinnerung: Bei jedem auf der Welt und im Universum ablaufenden Vorgang wird entweder stofflich oder energetisch Abfall produziert. Die Kenngröße hierfür ist die Entropie. Wenn ich also etwas recyceln will, zum Beispiel die »Brent Spar«, so geht das nicht ohne Energie- und Materialaufwand, denn das Ding schleppt sich weder an den Abwrackort, noch zerlegt es sich ohne Umweltbelastung freiwillig. Die Frage ist also, ob der Umweltverbrauch bei einer Zerlegung der »Brent Spar« größer oder kleiner ist als bei einer Versenkung. Berechnungen zeigen, daß die Risiken der Tiefsee-Entsorgung, verglichen mit der Landesentsorgung, nur ein Sechstel betragen. Beispielsweise müssen die Arbeiter beim Abwracken an Land vor Salizylsalzen geschützt werden, die in nassem Zustand ungefährlich sind, aber als Stäube ein ähnliches Gefährdungspotential wie Asbest besitzen. Interessant dürfte die internationale Reaktion auch sein, wenn die »Brent Spar« beim Demontageversuch in Landnähe auseinanderbricht und das Küstengewässer belastet. Wetten, daß Greenpeace argumentieren würde, der Unfall sei absichtlich herbeigeführt worden?

Pointiert und übertrieben formuliert, könnte man auch darauf bestehen, daß ausgediente Satelliten und Raketenstufen aus dem

All zurückgeholt werden müssen. Es handelt sich schließlich um Wertstoffe, und der erdnahe Orbit wird zu stark verschmutzt – was ja tatsächlich schon der Fall ist. Das Ganze hat nur zwei Haken. Erstens ist der Umweltverbrauch (Energie, Material) beim Zurückholen in den meisten Fällen größer als der Nutzen, und zweitens hinterläßt jedes Rückhol-Transportfahrzeug selbst wieder Abfall in Form ausgebrannter Raketenstufen.

Die »Brent Spar«-Klamotte ist nicht der einzige Greenpeace-Flop. Im Herbst 1994 kippten die Öko-Jünger der Umwelt zuliebe mehrere hundert Kanister sechs verschiedener Pflanzenschutzmittel vor das Bayer-Vertriebsbüro in Köln. Dabei wurden vier dieser Substanzen *gar nicht* von der Bayer AG hergestellt oder vertrieben. Auf Plakaten in Dormagen wurden von Greenpeace Abwasserwerte der Bayer-Kläranlage genannt, die um den Faktor 1000 zu hoch waren. Verschiedene Substanzen konnten gar nicht aus der Kläranlage der Firma stammen. Auch irrte Greenpeace mutig, als die Organisation behauptete, die Bayer AG transportiere illegal Abfälle nach Polen. Hauptsache: Öko-Festspiele!

Die Musik spielt ganz woanders. Seit 1989 liegt das Wrack des russischen Atom-U-Boots »Komsomolez« ein paar hundert Kilometer von Norwegen in 1700 m Tiefe, und in der Kara-See versenkten die Sowjets 16 Atomreaktoren sowie 6500 Container radioaktiven Mülls. Zünftig geht es auch auf der Eismeerinsel Nowaja Semlja zu. Dort kippten die Sowjets Tausende und Abertausende Tonnen radioaktiven Abfalls einfach ins Meer.

Auch lud man jede Menge Atomreaktoren und ausgediente Schiffe, voll beladen mit strahlenden Rückständen, im Meer ab. Zur »Reparatur« dieser Schäden wird Geld gebraucht – ohne Ende. Geld, das Rußland nicht hat! Für dieses milliardenschwere Bergungs- und Entsorgungsgeschäft ließe sich beispielsweise durch eine »Versenkungs- und Verklappungssteuer« von Shell und anderen internationalen Firmen Geld einsammeln. Denn finanzielle Resourcen lassen sich genauso wie ein Energiebetrag für ein und denselben Zweck nur einmal einsetzen. Während dieser Überlegungen rumpelt das Ökohorrorwägelchen der Familie Angstmeier weiter. Klapp, da geht die nächste Tür auf.

Becquerel, Sievert und Co.

Die Angstmeiers rollen in einen Raum voller schrecklicher Gefahrensymbole. Geigerzähler knattern, Sirenen heulen, vermummte Gestalten huschen geschäftig hin und her, und düsteres Glimmen taucht den Raum in ein unheimliches Licht. Eine Stimme quäkt: »Das nächste Tschernobyl kommt bestimmt!« Mutter Angstmeier schreit entsetzt auf: »Das ist ja alles voller ultragefährlicher Radioaktivität.« Zitternd schmiegt sie sich an Papa Angstmeier und spannt, um ihre Familie vor dem Fallout zu schützen, den Megafurcht-Schirm auf.

Weniges hat so viel Ökosymbolcharakter wie der Kampf gegen die Kernenergie. Worum aber geht es?

Als erstes ist festzuhalten, daß ionisierende Strahlen, wie α-, β-, γ- und Röntgenstrahlen nicht zwangsläufig gefährlich sind. Sie *können* Krebs verursachen. Es kommt aber wie immer auf die *Dosis* an! Zur Messung und Beurteilung der radioaktiven Strahlung benutzt man die folgenden Größen:

1. Die *Aktivität* (Einheit: *Becquerel = Bq*) einer Strahlenquelle, wobei man früher statt Becquerel die Einheit Curie (Ci) verwendete ($1\ \text{Ci} = 3{,}7 \cdot 10^{10}\ \text{Bq}$). Vorteil für die Ökotheaterdirektoren: Das gibt höhere Zahlenwerte. So werden 0,000.001 Ci zu 37.000 Bq. Das macht doch was her!
2. Die *Äquivalenzdosis* der auf den Organismus einwirkenden Strahlung mit der Einheit *Sievert (Sv).* Früher war die Einheit Rem (rem) üblich (1 rem = 0,01 Sv).
3. Die *Ionendosis.* Sie wird in *Röntgen (R)* angegeben.
4. Die *Energie.* Allgemein gilt für diese Größe die Einheit Joule. Eine 100 g schwere Bonbontüte hat in 1 m Höhe in etwa die Lageenergie von 1 Joule. Aus praktischen Gründen hat man in der Kernphysik statt des Joules die Einheit Elektronenvolt (eV) bzw. *Megaelektronenvolt* (MeV) eingeführt. 1 MeV entspricht $1{,}6 \cdot 10^{-13}$ J. Auf den ersten Blick erscheint das nicht viel zu sein. Wenn aber jedes Atom von 4 g Heliumgas die Energie von 1 MeV besitzt, so sind das $9{,}6 \cdot 10^{7}$ kJ. Damit könnten die oben genannten 100 g Bonbons theoretisch 96.000.000 km hoch gehoben werden! Man kann sich also leicht vorstellen, daß ein radioaktives Teilchen mit der Energie von 1 MeV mit einem beachtlichen Zerstörungspotential auf biologisches Gewebe wirkt.

Die einzelnen Strahlenarten unterscheiden sich in ihrer Reichweite und Wirkung folgendermaßen:

- *α-Strahlen* bestehen aus zweifach positiv geladenen Heliumatomen und sind somit nichts anderes als *Heliumkerne.* Ihre Reichweite im organischen Gewebe beträgt bei 4 MeV nur 0,04 mm. Trotz der kurzen Reichweite *besitzen α-Strahlungsteilchen die größte Zerstörungskraft im Gewebe.* Dies liegt an ihrer hohen Ladung und ihrer sehr hohen Masse, die sie zu gefährlichen Geschossen machen. Wegen der großen Wechselwirkung werden α-Strahlen aber bereits von ganz dünnen Metallfolien, Papier- oder Hautschichten absorbiert, und in der Luft beträgt ihre Reichweite nur wenige Zentimeter.
- Die *β-Strahlen* sind schnelle *Elektronen* und werden wie alle radioaktiven Strahlungsarten vom Atomkern emittiert. In organischem Gewebe beträgt ihre Reichweite bei 1 MeV 7 mm und an der Luft wenige dm. Von einer 1 mm dicken Metallschicht werden sie vollständig absorbiert.
- Die *γ-Strahlen* sind sehr energiereiche, kurzwellige, *elektromagnetische Strahlen.* Übrigens gehören das Licht, die Wärmestrahlung, die Mikrowelle, die Rundfunkstrahlung, die Radar- und Röntgenstrahlung ebenfalls zur Familie der elektromagnetischen Strahlung. Über die Energie entscheidet nur die Wellenlänge. *Je kürzer die Wellenlänge ist, desto energiereicher und wirkungsvoller ist die Strahlung.*

Bei einer schädigenden Strahleneinwirkung wird vor allem die langkettige DNA im Zellkern verändert. Dabei kommt es, wie in Bild 17 vereinfacht dargestellt, zu *Einfach-* oder *Doppelstrang-*

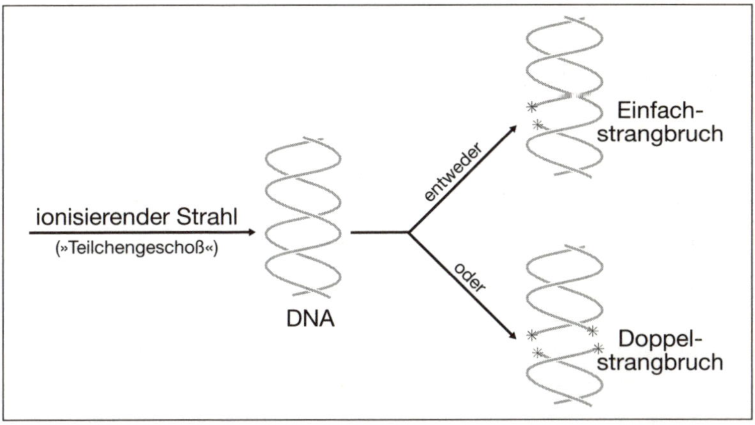

Bild 17: Schädigungsmöglichkeiten der DNA durch Strahlung

brüchen und auch zum Austausch oder zur Schädigung von DNA-Molekülbausteinen. Diese *Mutationen* sind letztlich der auslösende Faktor für die Bildung einer *Krebszelle.*

Auch hier gilt das alte Gesetz von Paracelsus, wonach die Wirkung *dosisabhängig* ist. Eine Tatsache, die bei den Ökozündhütchen gar nicht gut ankommt. Denn unseren regierenden Gutmenschen geht es um die Kultivierung der Ängste und nicht um die tatsächlichen Gefahren. Hauptsache: hysterischer Ökofaschingsrummel, schellenlauter Radau, Demoschunkelei samt Ökonarrenkappe und Tusch!

Wie bereits auf S. 197 beschrieben wurde, setzen *Reparaturenzyme* die DNA sehr erfolgreich wieder instand. *Mutationen durch Strahleneinwirkung sind somit das Ergebnis fehlerhafter Reparaturen.* Als besonders problematisch erweisen sich Doppelstrangbrüche, weil sie schwieriger zu beheben sind. In einer tierischen und menschlichen Zelle müssen trotzdem *40 bis 50* solcher DNA-Doppelstrangbrüche auftreten, bevor sie irreversibel geschädigt ist. Allein diese Tatsache spricht dagegen, daß bereits eine einzige Schädigung zur Entartung der Zelle führt.[68]

Letztendlich geht es bei unserem Strahlenhorror darum, ob die Schädigung bei einer geringfügig über 0 Sv liegenden Strahlung beginnt oder nicht. In der Wissenschaft werden die in Bild 18 darge-

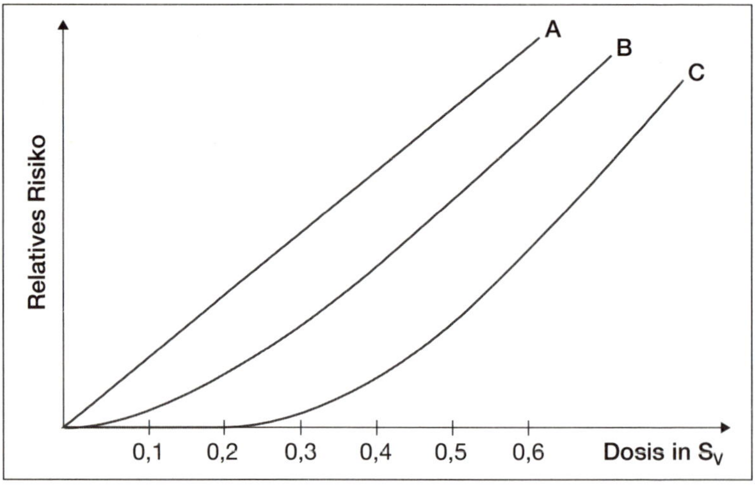

Bild 18: Dosisabhängigkeit des Strahlungsschadenrisikos

stellten Risiko-Dosis-Kurven diskutiert. Bei der linearen Kurve A hat jede noch so geringe Dosis ein Schädigungspotential, während nach dem Verlauf von Kurve C unterhalb von 0,23 Sv keine Mutation zu erwarten ist, die zu bösartigen Neubildungen führen könnte. Bei der Kurve B ist zwar das Risiko bei einer kleinen Dosis nicht null, aber verschwindend gering. Für die *Kurve B* sprechen viele Beobachtungen, von denen neben den schon erwähnten Reparaturenzymen noch zwei weitere genannt seien.

1. Es ist zunächst einmal verblüffend, daß *eine schwache Strahlenexposition offensichtlich das Immunsystem stimuliert und das Wachstum fördert.* Der amerikanische Wissenschaftler T. D. Luckey hat in einer Monographie rund 1250 Publikationen über biopositive Strahlenwirkungen gesammelt.[69] So kam es bei Kaninchen, Mäusen und Meerschweinchen durch niedrig dosierte Radioaktivität zu Gewichtszunahme, geringerer Infektionsanfälligkeit, verbesserter Fertilität und höherer Lebenserwartung. Die Wasserlinse *(Lemna minor)* legt im Wachstum bis zu 25 % zu, wenn sie mit einer Ionendosis zwischen 100 und 800 R bestrahlt wird. Höhere Dosen schädigen.
2. Es gibt die *natürliche Radioaktivität,* mit der der tierische, pflanzliche und menschliche *Organismus seit Anbeginn gut zurechtkommt. Sämtliche irdischen Lebewesen sind an Strahleneinwirkungen gewöhnt.* Sehr wahrscheinlich benötigen wir sogar ständig eine geringe Strahlendosis, um gesund zu bleiben.

Die BEIR-Kommission der amerikanischen Akademie der Wissenschaften hat einmal das Risiko berechnet, das gemäß den Kurven A und B (Bild 18) gegeben ist. Demnach ist unter der Annahme, die *Kurve A* sei richtig, mit einer Erhöhung der »natürlichen« Krebsmortalität um *0,1 %* zu rechnen, wenn eine zusätzliche Belastung von 0,01 Sv vorliegt. Gemäß *Kurve B* erhöht sie sich nur um *0,006 %.*[70]

Bei *höheren Dosen* beobachtet man folgende Wirkungen:

- 0,2–0,3 Sv: leichte, nur klinisch erfaßbare Schäden in Form eines vorübergehenden Absinkens der Leukozytenzahl und vollkommener Rückbildung. Dies würde mit der *Kurve C* gut übereinstimmen, wonach unterhalb von 0,23 Sv keinerlei Risiko besteht.
- 0,75–1,5 Sv: Strahlenkrankheit.
- 3–6 Sv: allgemeine schwere Strahlenkrankheit, wobei etwa 50 % der betroffenen Personen sterben.
- 6–10 Sv: fast sichere tödliche Dosis.

Um die Gefährdung durch radioaktive Strahlung richtig einschätzen zu können, muß noch etwas zur *natürlichen Radioaktivität* gesagt werden. Zunächst einmal wird die α-, β- und γ-Strahlung generell von zerfallenden Atomkernen abgegeben. Diese bezeichnen wir als *radioaktive Isotope* oder als *Radionuklide.* Die ohne Atomwaffenversuche, Hiroshima und Kernkraftwerke schon immer vorhandenen *natürlich vorkommenden Radionuklide* verursachen die *terrestrische Strahlung.* Damit sind also nicht die berühmte »Erdstrahlung« über Wasseradern und andere unheimliche Dinge gemeint, die manchen veranlassen, das Bett in einer bestimmten Richtung aufzustellen und Kupferringe unter die Matratze zu legen.

Ein Teil der natürlich vorkommenden Radionuklide, wie das Kohlenstoffisotop mit der relativen Masse 14 (Kohlenstoff-14), wird ständig in der Stratosphäre unter Einwirkung der sehr energiereichen kosmischen Strahlung neu gebildet. Daneben gibt es Radionuklide, die bei der Entstehung der Erde gratis mitgeliefert wurden. Ein Beispiel hierfür ist das β-Strahlung emittierende Kalium-40. Die Halbwertzeit dieses Isotops beträgt $1{,}29 \cdot 10^9$ Jahre.

Auf dem Globus sind 10^{18} t Kalium verteilt, die 0,0118 % radioaktives Kalium-40 enthalten. Das sind $1{,}2 \cdot 10^{14}$ t strahlendes, sich auch in der Kindernahrung verteilenden Kalium-40. Dies entspricht 2,4 Billionen Lkw-Ladungen radioaktivem Kalium-40 zu je 50 t. Da muß doch jeder Ökohamster im Hysterielaufrädchen durchdrehen! Wie kann man da nachts noch schlafen, wenn diese Menge einer Aktivität von 30.000.000.000.000.000.000.000.000 Bq entspricht? Das ist immerhin in etwa die Aktivität, die eine Million Kernkraftwerke in zehn Jahren ansammeln![71]

Im menschlichen Körper macht die Kalium-40-Aktivität 90 % der inneren Bestrahlung aus. Mit jeder Mahlzeit haben schon unsere Urgroßeltern und alle unsere Vorfahren einiges an natürlicher Radioaktivität konsumiert. So bringt es 1 kg Erbsen auf 284, 1 kg Äpfel auf 41 Bq. Aufgrund des Kaliumgehalts im Körper lebt *jeder Mensch* ganz kommod mit etwa *4000 bis 6000 radioaktiven Zerfällen pro Sekunde.* Ein zehnjähriges Kind hat etwa 1.000.000.000.000 Bq allein durch das Kalium-40 erlebt, überlebt und wird auch kaum Schaden davon nehmen.

Besonders in Häusern ist es ultragefährlich zu leben. Hier lauert das heimtückische Radon-222 nebst seinen Geschwistern. Es handelt sich um ein Edelgas, das beim Zerfall des Radium-226 entsteht. Unheilverbreitend kriecht es aus allen Ecken und Winkeln und wird von Hund, Katze und Mensch eingeatmet. In den ostbayrischen Granitgebieten beträgt die Belastung ökohaarsträubende 60 Bq/m³, während es in Norddeutschland 40 Bq/m³ sind. Am stärksten sammelt sich das Meuchelgas in Kellerräumen. Achtung Ökochonder, keine Kartoffeln mehr hochholen und Angst haben!

Raucher belasten sich zusätzlich, und zwar mit einem Vielfachen der Radonmenge durch die im Rauch vorkommenden Radionuklide Blei-210 und Polonium-210. Das allerdings ist ein selbstbestimmtes Risiko und deshalb eine Mindergefährdung.

Die natürliche Radioaktivität wird auch ohne Ozonloch durch *kosmische Strahlung* verstärkt, denn aus dem Weltall hagelt ständig ein Schauer atomarer Bausteine (subatomarer Teilchen) auf die Erde nieder. In erster Linie sind das Protonen, α-Teilchen, Elektronen und Neutronen. Diese kosmische Strahlung, mit der wir ganz gut leben, macht 0,38 mSv aus.

In der Summe beträgt die auf den menschlichen Körper einwirkende natürliche Strahlung 2,40 mSv pro Jahr. Wird ein Mensch nach seinem Ableben verbrannt, so verbleibt ein Teil der natürlichen Radioaktivität in seiner Asche. Diese strahlt aufgrund der Anreicherung pro Kilogramm stärker als der lebende Organismus. Wenn der deutsche Weltuntergangs-Michel weiter so ökoverrückt hysterisch bleibt, dann ist der Zeitpunkt absehbar, in dem seine Urne nicht mehr beerdigt werden darf, sondern in ein Endlager für radioaktive Abfälle kommt.

Natürlich vorkommende radioaktive Elemente sind allgegenwärtig. In einem Aufsatz schreibt Professor K. Ebert vom Kernforschungszentrum Karlsruhe:[72] »Sechs Siebtel der Erdwärme, ohne die wir eine permanente Eiszeit hätten, rührt von der radioaktiven Strahlung her. Das andere Siebtel stammt aus der thermischen Abkühlung der Erde … Legen wir durchschnittliche Werte zugrunde, könnten wir in einem mittelgroßen Garten von 500 m² aus einer einmeterdicken Schicht immerhin 2 kg Natururan, 6 kg Thorium und 700 kg Kalium gewinnen, alles Elemente, die radioaktiv strahlen.«

Wie aus der Tabelle auf S. 203 ersichtlich ist, gehen 1,5 % der Krebserkrankungen auf diese natürliche Strahlenexposition zurück. Das heißt nicht, daß 1,5 % der Bevölkerung dadurch erkranken. Unsere Ökostrahlinisten argumentieren so, als gäbe es diese natürliche Strahlenbelastung nicht und als sei nur die künstliche Strahlenbelastung gefährlich. Nach der o. a. Aufzählung werden aber nur 0,01 % auf atmosphärische Kernwaffenversuche und sogar nur 0,0001 % der Erkrankungen auf Kernkraftwerke im Normalbetrieb zurückgeführt. Das ist der 150. bzw. der 15.000. Teil der Krebsfälle durch natürliche Radioaktivität. Alles hat ein Risiko, das wird nie bestritten. Dennoch sollte auch einmal das Risikoverhältnis natürlicher und künstlicher Radioaktivität zur Kenntnis genommen werden!

Herrscht mal gerade die Horrorflaute, so verbreiten Strahlinisten gerne die Meldung, daß in der Nähe von Kernkraftwerken und von Wiederaufbereitungsanlagen ein Ansteigen der Leukämierate vor allem bei Kindern zu beobachten sei. Diese Behauptungen stehen auf äußerst wackligen statistischen Beinen, denn: »In den USA sterben im langjährigen Mittel von 50.000 Personen jährlich 3,5 an Leukämie. Die mögliche Abweichung innerhalb der Fehlergrenzen beträgt 0 bis 11 Fälle. Wird in einem Einzeljahr der Maximalwert von 11 Leukämien erreicht, so bedeutet dies gegenüber dem langjährigen Mittel eine Zunahme von 210 %. Nimmt man eine noch kleinere Gemeinde mit 5000 Einwohnern, so kann man, falls man ein Extremjahr auswählt, statistisch gesichert und der Realität entsprechend beweisen, daß die Leukämie um 1300 % zugenommen hat.«[70] Aus diesem Grund ist die Erhöhung der Krebsrate selbst um 500 % in der Nähe einer Anlage, in der mit radioaktivem Material gearbeitet wird, kein Beweis für deren Gefährlichkeit.

Auch ist interessant, daß die oberirdische Versuchsexplosion einer Megatonnenbombe in den 60er Jahren jedesmal die Radioaktivität eines mehr oder minder großen Tschernobyl-GAUs freisetzte, der die gesamte Weltbevölkerung ausgesetzt war. Trotzdem ist es zu *keinem Anstieg* der Leukämierate oder anderer Krebserkrankungen gekommen. Ohne Frage gehören solche Versuchsexplosionen dennoch schon allein wegen der sinnlosen Freisetzung von Radioaktivität eingestellt.

Bereits in den 50er Jahren stieß man auf ein Paradoxon, als man die Krebssterblichkeit im Gasteiner Tal untersuchte.[73,74] Obwohl die Bevölkerung einer *60fach erhöhten Strahlenbelastung* ausgesetzt ist, zählt die Krebstodesrate zu der *niedrigsten* im ganzen Land Salzburg. Während eines 50jährigen Lebens ist der Bad Gasteiner 7 Sv ausgesetzt, der Bundesbürger im Schnitt nur 0,12 Sv. Das Badepersonal stirbt auch nicht früher, obwohl es sogar von einer 100fachen Strahlendosis bombardiert wird. Dasselbe wird im indischen Kerale beobachtet, in dem die Bevölkerung eine 20mal höhere Strahlenbelastung als der durchschnittliche Bundesbürger abbekommt.

Unsere Ökogutmenschen füllen die Hosen bereits randvoll, wenn sie nur hören, daß die Stollenluft in Badgastein mit 150.000 Bq/m^3 strahlt. Haarig wird es, wenn Bergarbeiter in Joachimsthal, Uranbergleute in den USA, in Rußland, in den Flußspatminen Gesamtdosen von 100 Sv erwischen. Denn ab 27,5 Sv ist ein signifikanter Anstieg der Krebsrate zu beobachten.[74] Aus dem DDR-Krebsregister wissen wir, daß Neuerkrankungen an Lungentumoren im Kreis Aue, dem Zentrum des Uranbergbaus im westlichen Erzgebirge, »im Zeitraum von 1983 bis 1987 um mehr als 50 % über dem Durchschnitt« lagen.

Beruflich strahlenexponierte Personen dürfen mit bis zu 50 mSv belastet werden. Die zusätzliche Strahlenbelastung durch die künstliche Radioaktivität beträgt mickrige 1 mSv (0,001 Sv). Eine solch geringe Dosis ist, wie das Beispiel Bad Gastein belegt, zu vernachlässigen. Um den Effekt herauszufinden, den ein Anstieg von 1 mSv bringt, müßten 10 Millionen Menschen 50 Jahre lang beobachtet werden. Eine Veröffentlichung von 1989, die sich mit dem Risikoproblem auseinandersetzte, schloß folgerichtig mit der Bemerkung: *»Insgesamt verbleibt, daß die in den letzten Jahren, z. T. in unverantwortlicher Weise, erzeugte Strahlenangst keine wissenschaftliche Grundlage hat.«*[70]

Vater Angstmeier sinniert, und Mutter Angstmeier will es nicht glauben. Hatte sie doch letzte Woche in ihrem Bibelkreis im evangelischen Pfarrhaus von einem eingeladenen Experten noch etwas ganz anderes gehört. Nur der vorlaute Sohn ruft: »Papa, der Radioaktivitäts-Kaiser da hinten, friert der nicht?« Und weiter rumpelt das Kirmeswägelchen in der Ökogeisterbahn. Klapp, da geht die nächste Tür auf.

Der Plutonium-Teufel

Wenn gerade mal wieder große Lustangst angesagt ist, dann lassen die Betreiber der Öko-Geisterbahn gerne den Plutonium-Teufel aus dem Boden rausklappen.

Zweifellos gehört die Substanz nicht aufs Butterbrot. Aber bezüglich des Gefährdungspotentials wird auch hier wie beim gesamten Ökologismus kräftig auf den Putz gehauen.

Plutonium ist ein unedles Metall, das als einziges »künstliches Element« in größeren Mengen hergestellt wird. An feuchter Luft überzieht sich das silberweiße Metall schnell mit einer Oxidschicht von Plutonium(IV)-oxid (PuO_2). Soll es als Metall einige Zeit aufbewahrt werden, so muß es deshalb luftdicht und sehr gut verpackt sein. Es gilt als gesichert, daß Plutonium bei der Verfestigung der Erdkruste in merklichen Mengen vorhanden war. Heute wird die Gesamtmenge *natürlichen* Plutoniums in der Erdkruste auf einige Kilogramm geschätzt. Obwohl man 1941 erst wenige millionstel Gramm Plutonium künstlich hergestellt hatte, waren es 1945 schon so viel, daß man die ersten Bomben bauen konnte.

Plutonium gelangt vor allem durch Unfälle im Militärbereich in die Umwelt. Als 1966 und 1968 zwei B52-Bomber abstürzten, kam es zu einem Plutoniumaustritt. Durch dieses Ereignis und ähnliche Vorkommnisse dürften *weltweit zur Zeit etwa 4 t des Materials auf der Erdoberfläche verteilt sein.*[129]

Plutonium ist vor allem für die Militärs interessant. Die am 19. August 1945 um 11.02 Uhr über Nagasaki abgeworfene Plutoniumbombe hatte den sinnigen Namen »Fat Man«. Bis Ende 1945 starben 70.000 Menschen, und in den darauffolgenden fünf Jahren stieg die Todesrate auf 140.000 an. Weil noch heute Menschen an den Folgen leiden, weiß man über die Langzeitwirkung von Plutonium recht gut Bescheid.

Nach Ende des kalten Krieges tauchte das Problem auf, was mit dem Waffenplutonium geschehen solle. Die Amerikaner haben genügend Anlagen, in denen das Material zu MOX-(Mischoxid-) Brennelementen konvertiert werden kann, die dann in Kernkraftwerken zur Stromerzeugung eingesetzt werden. Nicht aber die Russen, in deren Depots 100 t Waffenplutonium lagern. Hermann Otto Solms von der FDP machte 1995 den Vorschlag, dieses Material in der für über eine Milliarde Mark gebauten und zu 95 % fertiggestellten Anlage in Hanau zu verarbeiten. Zuerst war nur die FDP dafür, dann auch die CDU. Es folgte das übliche Pingpongspiel. Vorsichtig wurde bei den Russen sondiert. Dann aber lehnte die rot-grüne hessische Landesregierung mit dem Argument ab, »ein Transport des hochgiftigen Plutoniums nach Hanau sei viel zu riskant«. Fachleute wiesen darauf hin, daß dieses Problem in den Griff zu bekommen sei und daß die Anlage 20 Jahre lang ausgelastet wäre, wenn jährlich 5 t russisches Waffenplutonium umgearbeitet würden. Die Initiativgruppe Umweltschutz Hanau (IUH) kündigte an, mit Protestaktionen und rechtlichen Schritten gegen die »Megaidee des atomaren Wahnsinns« vorzugehen. So läuft es halt, wenn die ökopaxische Glaubensgemeinde reale Abrüstungspolitik tatsächlich einmal in die Praxis umsetzen soll.

Die Brennelementefabrik Hanau ist ein beredtes Beispiel dafür, wie durch den Ökologismus Arbeitsplätze vernichtet werden. Die Anlage wurde 1963 genehmigt. Nach der Änderung des bundesdeutschen Atomgesetzes mußte 1975 das Genehmigungsverfahren neu ablaufen – diesmal aber mit »Bürgerbeteiligung«. 20 Jahre später wurde sie den Gutmenschen zuliebe aufgegeben. Die Siemens AG erlitt dadurch, nebenbei bemerkt, 1994 einen Verlust von 200 Millionen Mark.

Siemens erklärte im Juli 1995: »Unter den herrschenden politischen Rahmenbedingungen halten die deutschen Kernkraftwerksbetreiber und der Bereich Energieerzeugung (KWU) der Siemens AG die Fertigstellung der sogenannten Neuanlage zur Verarbeitung von Plutonium aus deutschen Kernkraftwerken zu Mischoxid-(MOX-)Brennelementen in Hanau für nicht mehr machbar.«[75] Die rot-grüne Landesregierung schickte ihren Regierungssprecher Schmidt-Deguelle als Nebelwerfer vor und ließ erklären, »die Entscheidung der Firma Siemens, das Werk in Hanau aufzugeben, sei aus rein betriebswirtschaftlichen Gründen gefallen«.[76] Wer hätte das gedacht? Offensichtlich glauben Ökogutmenschen ernsthaft, daß nicht nur die larmoyanten Endzeit-Enthusiasten, sondern sämtliche Bürger etwas schlicht im Geist sind! Bleibt anzumerken, daß von den in Hanau vorgesehenen 2000 Arbeitsplätzen nur noch rund 400 übrigbleiben. Der Rest findet sich im belgischen Dessel, im britischen Sellafield und in der französischen Catarashe-Anlage wieder.

Besonders interessant ist das Plutonium-239, weil es im Kernreaktor aus dem an sich »nutzlosen« Uran 238 unter Neutronenbeschuß über Zwischenstufen entsteht. Es zerfällt mit einer Halbwertszeit von 24.110 Jahren unter α-Strahlung mit einer Energie von 5,2 MeV, weshalb es sich ständig von selbst erwärmt. Eine an der Entwicklung der Atombombe beteiligte amerikanische Physikerin beschreibt das Phänomen: »Wenn man einen Klumpen davon in der Hand hält, fühlt er sich warm an, wie ein lebendiges Kaninchen.«[77] Mußte die Frau nicht sofort daran sterben? Nein, denn α-Strahlen werden schon in der Haut von einer ganz dünnen Schicht (nach 0,03 mm) vollständig absorbiert. Was ist dann so ultragiftig? Plutonium wirkt in erster Linie *radiotoxisch,* das heißt, die α-Strahlung des Metalls wirkt stark krebserregend, was nicht sonderlich verwundert. Dazu muß es aber in den Körper gelangen; hierfür gibt es drei Wege:

- über Wunden oder durch Injektion in die Blutbahn,
- durch Verschlucken,
- durch Einatmen.

Da Plutonium ein unedles Metall ist und die durch Oxidation an der Oberfläche haftenden Stäube von Plutoniumoxid leicht in die Luft gelangen können, sollte es besser nicht einfach in die Hand genommen werden, wie das die oben zitierte Physikerin tat.

Injizierte Plutoniumsalze wirken fünf- bis zehnmal giftiger als Radium. Nur: Wer läßt sich schon Plutoniumsalze spritzen? Doch, so etwas gibt es. In einem heroischen Selbstversuch mit Plutonium hatten sich mit Genehmigung der englischen Ethikkommission Harwell der Nuklearwissenschaftler Eric Voice und ein Freiwilliger im Mai 1992 jeweils die ökohaarsträubende Menge von 20.000 Bq Plutonium-237 (Halbwertszeit 45 Tage) injizieren lassen. Sie wollten damit beweisen, daß die vom Plutonium ausgehende Gefahr ein »Schreckgespenst (sei), das von den Medien produziert wurde«.[78] Daß Medien Gefahren gewohnheitsmäßig gigantisch aufblasen, dürfte jedem logisch-nüchternen Menschen klarsein, dennoch dürfte hier an der Grenze zur Fahrlässigkeit operiert worden sein. Als ich im Mai 1996 diese Zeilen schrieb, hatte man noch nichts vom Ableben der Versuchspersonen gehört. Inzwischen befinden sich allerdings in ihren Körpern nur noch $1{,}7 \cdot 10^{-8}$ % der Plutonium-Ausgangsmenge. Sehr wahrscheinlich passiert auch nicht mehr allzuviel, wobei es im unwahrscheinlichen Fall auch nach 30 Jahren noch zu einer Krebserkrankung kommen kann.

Durch Verschlucken wird nur eine relativ geringe Menge des Plutoniums, nämlich 0,001 %, im Körper aufgenommen. In einer Untersuchung heißt es: »Bisher ist kein Vergiftungsfall dokumentiert, wo ein Mensch nachweislich durch Einatmen, Verschlucken oder durch verletzungsbedingte Inkorporation von Plutonium oder Plutonium-Verbindungen Schaden an seiner Gesundheit genommen hätte oder gestorben wäre.«[79]

Wenn überhaupt, dann sind es vor allem die über die Lunge aufgenommenen Plutoniumoxidstäube, die die größte Gefährdung bedingen. Im *Tierexperiment* reagieren Ratten besonders schnell und bilden schon nach einigen Monaten bösartige Tumoren aus. Bei Hunden dauert es immerhin bis zu zehn Jahren. Nach 30 Tagen beträgt die LD_{50} (Ratte) = $2{,}2 \cdot 10^6$ Bq, und die kleinste Menge PuO_2, mit der man beim Hund Lungenkrebs hervorrufen konnte, ist 22.000 Bq.[80]

Auch beim Menschen liegen Erfahrungen über die Toxizität des Plutoniums vor. Im Jahre 1952 untersuchten die US-Wissenschaftler Louis Hempelmann und Wright Langham eine Gruppe von 26 ehemaligen Mitarbeitern des Manhattan-Projektes, die an der Plutoniumbombe mitgearbeitet hatten. Die Betreffenden hatten bis zur sechsfachen Dosis des nach der Strahlenschutzverordnung zulässigen Höchstwertes abbekommen. Ergebnis: Die Sterblichkeitsrate der 26 Personen war *geringer* als die durchschnittliche Sterblichkeitsrate der amerikanischen Bevölkerung. Nach vorsichtigen Schätzungen »sind Milligramm-Mengen von Plutonium-239 im menschlichen Skelett möglicherweise krebserregend«.[79]

1995 berichtet der *Stern* über die 42 Atombomben, die die Amerikaner bis in die 60er Jahre auf dem Eniwetok-Atoll zündeten. Das war und ist eine Schweinerei, da gibt es nichts zu diskutieren, aber in notorischer Verschlimmbesserungsart verstärkt das bebilderte Zentralorgan für Ökohorrorsüchtige die Gefahren des Plutoniums und schreibt: »Schon ein Stäubchen des radioaktiven Metalls von wenigen Tausendstel Milligramm Gewicht kann Krebs auslösen, wenn man es verschluckt oder inhaliert.« Wer seine Informationen nur aus solchen Quellen bezieht, muß logischerweise halbverrückt vor Angst werden.

Aufgrund wissenschaftlicher Toxizitätsuntersuchungen läßt sich abschätzen, daß in einer dichtbesiedelten Stadt wie New York nach 15 bis 45 Jahren mit einem zusätzlichen Krebstoten pro 1,3 g Plutoniumoxid gerechnet werden müßte, wenn 100 g davon über dem Stadtgebiet freigesetzt würden.[81] Das Gefährdungspotential durch Plutonium darf nicht verharmlost, aber auch nicht übertrieben werden. Der Toxikologe Arnulf Seidel hat sich über 15 Jahre mit Plutonium beschäftigt. »Er wehrt sich gegen alle Versuche, das Plutonium zu einem toxikologischen Popanz hochzustilisieren: ›Sicherlich ist Plutonium ein sehr gefährlicher Stoff, was seine chronische Toxizität betrifft. Aber wir wissen doch sehr genau, welche biologische Wirkung es im Körper hat. Plutonium ist kein mystisches, diabolisches Etwas, von dem noch böse Überraschungen zu befürchten sind.‹«[79]

Während sich Familie Angstmeier darüber streitet, ob der Plutonium-Teufel nicht doch megagefährlich sei, wie das die Experten in den Medien behaupten, nimmt das Wägelchen eine scharfe Kurve, und klapp, da geht die nächste Tür auf.

Das GAU-Festival

Erwartungsgemäß feierte die deutsche Endzeitgemeinde im April 1996 ihr zehnjähriges Tschernobyl unter großem Tamtam und engagierter Betroffenheit. Familie Angstmeier landete mitten in der Gedächtnisfeier und schunkelte kräftig mit.

Greenpeace drohten die Horrorfelle davonzuschwimmen, als die am 10. April 1996 in Wien tagende Internationale Atomenergie-Organisation (IAEO) eine Studie vorlegte, in der festgestellt wurde, daß durch das Unglück »nur« 30 Menschen an Verstrahlung gestorben und 237 verletzt worden waren. Noch etwa 200 Leukämie-Tote seien unter den 200.000 Menschen zu erwarten, die 1986/87 in unmittelbarer Nähe des explodierten Reaktors gearbeitet hatten.

Sofort reagierte Greenpeace: »Die IAEO belügt uns alle.« Als der amerikanische Arzt Robert Gale 1987 feststellte, daß in den nächsten 50 Jahren bis zu 75.000 infolge des Reaktorunfalls an Krebs sterben würden, strahlte nicht nur die Reaktorruine, sondern auch die ganze Ökoszene. Gale machte sogar ganz exakte Angaben und schätzte die Zahl der zusätzlichen Krebserkrankungen auf 5000 bis 150.000.

In einer im Frankfurter Raum verteilten Umweltzeitung war im Frühjahr 1996 über Tschernobyl zu lesen: »Tatsache ist, daß diese Katastrophe 28.000 qkm Land verstrahlte, daß über 100.000 Menschen teilweise grausam gestorben sind und 200.000 Menschen umgesiedelt wurden.« Auch eine Kinderredaktion hat die Umweltzeitung.[82] In dem Artikel »Besuch bei Pfarrer Ullrich« klärt die Kinderredaktion die kleinen Erwachsenen darüber auf, daß in Tschernobyl eine »Atomexplosion« stattgefunden habe und daß Atomreaktoren nicht zu beherrschen seien. Auf die Frage »War es vor zehn Jahren auch schon so schlimm wie heute?« (sic!) antwortet der klerikale Atomexperte: »Es war vor zehn Jahren schon so schlimm wie heute, und es wird auch noch einige 1000 Jahre so schlimm bleiben, denn Radioaktivität vergeht nicht.« Pfarrer Ullrich gibt noch einige erstaunliche Proben seiner physikalischen Kenntnisse zum besten, indem er die Verteilung der Radioaktivität anhand des Schornsteineffekts beschreibt: »Das heißt, die Energie, die mit der Radioaktivität in dic Luft geblasen wird, geht viele Kilometer hoch. Also, die geht bis in die Sphären rein, wo die Kälte des Weltalls die Radioaktivität veranlaßt auseinanderzugehen.«

Möglicherweise kümmern sich dort die Engel um die radioaktiven Partikel. Man sieht, die Mystiker sind im 12. Jahrhundert nicht ausgestorben, sondern leben noch unter uns!

Zunächst ist festzustellen, daß im Gegensatz zur Behauptung des Pfarrers in Tschernobyl keine Atomexplosion stattfand. Darunter versteht man nämlich eine Kernspaltung oder Kernfusion, wie sie in einer Uran-, Plutonium- oder Wasserstoffbombe gegeben ist. Es war »lediglich« eine Knallgasexplosion, die das Reaktorgebäude zerstörte. Das explosionsfähige Gasgemisch hatte sich unter großer Hitze (über 900 °C) aus dem Reaktorgraphitblock (Graphit ist ganz normaler Kohlenstoff, chemisches Symbol C) und dem Metall Zirkonium (Zr) des Brennstabmantels gebildet. Folgende Reaktionen fanden statt:

$$C + H_2O \rightarrow CO + H_2$$
$$Zr + 2\,H_2O \rightarrow ZrO_2 + 2\,H_2$$

Hoffentlich schrecken die chemischen Formeln nicht allzusehr ab. Ich kann sie mir aber nicht verkneifen, weil sie in der gebotenen Kürze das Wesentliche erklären. Der RBMK-1000-Reaktor von Tschernobyl enthielt 1200 t Graphit und 140 t Zirkonium, aus denen sich entsprechende Mengen Kohlenmonoxid (CO) und Wasserstoff (H_2) bildeten, die, mit Luft gemischt, äußerst heftig explodierten.

Entgegen einer oft verbreiteten Behauptung hat die Explosion des RBMK-1000-Reaktors *keinen* signifikanten Beitrag zur Plutoniumbelastung der Umwelt erbracht, denn der Plutoniumanteil betrug lediglich 1/100.000.000 der gemessenen Strahlung. Nach heutiger Kenntnis wurden in Tschernobyl am 26. April 1986 radioaktive Partikel mit einer Aktivität von $6{,}3 \cdot 10^{18}$ bis $6{,}9 \cdot 10^{18}$ Bq freigesetzt, was rund dem fünfmillionstel Teil der natürlichen Radioaktivität des Kalium-40 entspricht.

Auch wurde das radioaktive Material nicht bis ins Weltall, sondern nur bis in eine Höhe von etwa 1,5 km geschleudert. Es bestand aus einer Vielzahl von Radionukliden. Zur Abschätzung des künftigen Risikos sind die wichtigsten das Iod-131 (Halbwertszeit acht Tage), das Cäsium-137 (Halbwertszeit 37 Jahre) und das Strontium-90 (Halbwertszeit 20 Jahre). Die anderen gemessenen Radionuklide, wie die der Elemente Molybdän, Tellur, Ruthenium und Lanthan, sind ohne Bedeutung, weil sie nicht im menschlichen Stoffwechsel vorkommen und deshalb kaum aufgenommen werden.

Vom Iod-131 war nach 213 Tagen nur noch ein millionstel Prozent übrig! Ist es deshalb ungefährlich? Nein, denn während der relativ kurzen Lebensdauer konnte es Krebserkrankungen auslösen. Allerdings *nicht* in Deutschland (s. S. 203), sondern dort, wo es in hoher Aktivität auftrat; und das war eben im Umkreis von Tschernobyl, wo vor allem Kinder erkrankten. In den Bezirken Gomel und Brest ist heute die Schilddrüsenkrebsrate durch die Aufnahme von Iod-131 40mal höher als in nicht betroffenen Regionen.

Problematisch ist auch die Belastung mit Strontium-90. Weil das Element eine große Ähnlichkeit mit Calcium besitzt, wird es in die Knochensubstanz eingebaut. Für Cäsium-137 gelten ähnliche Überlegungen. Von den jährlich rund 200.000 Krebstoten in Deutschland sind höchstens 0,002 % als Tschernobylopfer zu beklagen. *Das sind maximal vier Fälle.* Und selbst das ist noch *unwahrscheinlich* und kaum zu belegen, denn eine Schwankung um ± 4 Fälle macht schon 100 % Fehlerbreite aus. Allein diese Überlegung zeigt, daß wegen der Geringfügigkeit die Folgen von Tschernobyl in der Bundesrepublik statistisch überhaupt nicht zu sichern sind.

Nicht von ungefähr äußert sich der an der Universität Würzburg tätige Toxikologe Dietrich Henschler in seinem Aufsatz »Verhältnismäßigkeit im Umweltschutz« folgendermaßen: »Vergleicht man an sich Unvergleichbares, etwa Lungenkrebs durch Rauchen mit Schilddrüsenkrebs durch Strahlen, so entspräche die *Gesamtbelastung* eines Bundesbürgers durch Tschernobyl *20 über das ganze Leben gerauchten Zigaretten oder alle drei Jahre einer Zigarette.*«[83]

Übrigens sind die kurz nach dem GAU bei Tieren beobachteten Mutationen zurückgegangen. Ein strahlenkranker Stier und drei ebenfalls stark geschwächte Kühe, die man nach dem Reaktorunfall im Umkreis von 5 km eingefangen hatte, erholten sich so gut, daß 1990 der erste Nachwuchs zur Welt kam. 1996 lebte die Rinderfamilie vom Metzger unbehelligt in der fünften Generation, und die heute geborenen Tiere haben nur noch 5 % der Chromosomenschäden der ersten Kälber. Interessanterweise hat sich auch die Zahl der Wildschweine nach einem anfänglichen Rückgang innerhalb von drei Jahren verzehnfacht.[84]

1986 kam es in Europa zu 50.000 zusätzlichen Abtreibungen. Vorneweg in Dänemark und Schweden, wo man wegen der befürchteten Erbgutschädigungen die Empfehlung zum Schwangerschaftsabbruch ausgegeben hatte. Hierzu die Fakten: Die *natürliche Mißbildungsrate* liegt bei etwa 2 % aller Geburten – auch bereits bei den alten Ägyptern. Diese erhöht sich bei einer Bestrahlung mit 10 mSv um 0,1 %.[85] Durch den Reaktorunfall in der Ukraine kam es in der Bundesrepublik zu einer Strahlenmehrbelastung von 1 mSv!

Genau betrachtet ähnelt die Radioaktivität nach Tschernobyl der des Fallouts von Kernwaffentests der 60er Jahre. Messungen an der Universität in München ergaben 1963 einen Maximalwert von 50.000 Bq/m². Bis *vor* dem Unfall von Tschernobyl ist der Wert auf 7000 Bq/m² gesunken und dann im Gefolge der Explosion in der Ukraine auf 20.000 Bq/m² angestiegen. Das sind 40 % des Wertes während der Hochphase der Atomtests! Wozu die Panik?

Während Familie Angstmeier im Geisterbahnwägelchen aus dem 1986er-Nostalgiker-Raum rollt, liest sie auf einer Tafel die Einschätzung des Publizisten Erich Wiedemanns: Tschernobyl war eine »Fiesta furiosa für Fatalos, Krawallos und Katastrophalos. Durch große Teile Westeuropas brandete eine hektische Protestwelle. Doch die Entrüstung wandte sich nicht gegen die Urheber, sondern gegen die eigenen AKW-Industrien – auch als die Sowjets den Betrieb in Tschernobyl wieder aufnahmen.« Klapp, da geht die nächste Tür auf.

Warum Biblis nicht in der Ukraine liegt

In der nächsten Horrorkammer wird Familie Angstmeier mit den Rufen empfangen: »Angst, Angst, Angst! Megagefährliche, ultraleichtsinnige, unverantwortliche Kernenergie. Harrisburg! Three-Miles-Island! Tschernobyl!«

Sind westeuropäische Kernkraftwerke tatsächlich so gefährlich wie die russischen RBMK-1000-Reaktoren? Nein, zunächst einmal handelt es sich bei den letzteren um vergleichsweise bessere Wellblechhütten mit radioaktivem Inhalt, während man bei uns alle problematischen Bereiche innerhalb einer mehrschichtigen Sicherheitshülle (Containment) unterbringt. So ist in einem Druckwasserreaktor vom Biblis-Typ der Reaktordeckel mit 750 kg (!) schweren Schrauben auf dem dickwandigen hochdruckfesten Stahlreaktorbehälter gesichert, der sich innerhalb einer sehr massiven Betonabschirmung befindet. Die wird von einer zentimeterdicken druckfesten Stahlkugel umgeben. Damit hat es noch kein Ende, denn das Ganze ist von meterdickem Stahlbeton umhüllt, der einen Flugzeugabsturz aushält.

Im Gegensatz zu Deutschland, wo man zu zwei Gürteln noch gerne fünf Hosenträger anzieht, hat man solche Sicherheitsüberlegungen bei Reaktoren des Tschernobyltyps nicht angestellt. In einem russischen Standardlehrbuch von 1974, das auch in deutscher Übersetzung in der DDR vertrieben wurde, heißt es:[86] »In Kernkraftwerken mit Druckröhrensiedewasserreaktoren RBMK-1000 besteht kaum die Gefahr des Austretens größerer Mengen radioaktiver Substanzen bei Havarien. Daher besitzen sie kein Containment.«

Noch etwas anderes ist wichtig: Alle sicherheitsrelevanten Teile jedes Kernkraftwerks sind mehrfach *redundant* ausgeführt. Das bedeutet, daß beim Ausfall eines Anlagenteils, etwa eines Ventils, ein anderes immer noch funktioniert (Bild 19).

Versagt bei beispielsweise drei Ventilen eines mit einer Wahrscheinlichkeit von 10^{-4}, so beträgt die Versagenswahrscheinlichkeit bei zwei Ventilen 10^{-8} und bei drei Ventilen nur noch 10^{-12}. Mit anderen Worten: Wenn ein Ventil bei 10.000 Schließungen oder Öffnungen einmal versagt, so geschieht dies bei drei Ventilen gleich-

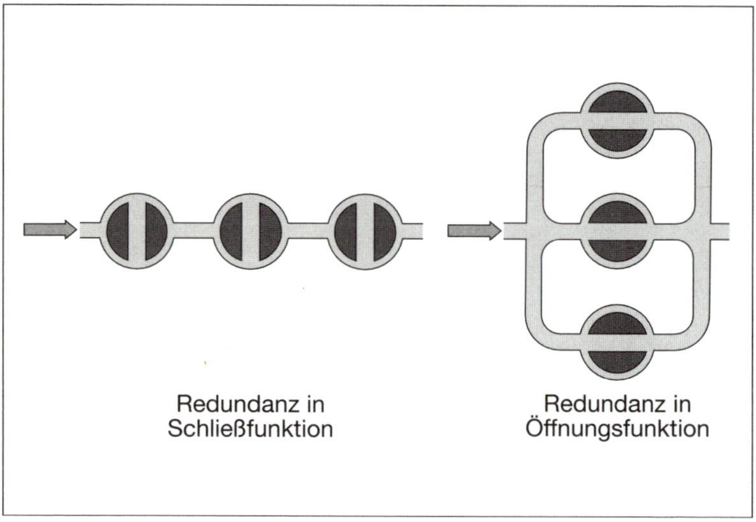

Bild 19: Redundanzprinzip bei Ventilen

zeitig nur einmal in einer Billion der Fälle. Wird die Schließ- oder Öffnungsfunktion 100mal am Tag betätigt, so kommt es theoretisch einmal in 27,4 Millionen Jahren zu einem Versagen.

In jedem Kernreaktor bildet sich beim Abbrand Plutonium, von dem man mindestens 2 kg zum Bau einer Bombe benötigt. Um an das Material zu kommen, müßte ein Siede- oder Druckwasserreaktor deutschen KWU-Typs stillgelegt und geöffnet werden, was bei uns nicht geschieht. Vielmehr benutzt man das entstandene Plutonium als zusätzlichen Brennstoff.

Der Tschernobylreaktor war ein Produkt des kalten Krieges. Bei einem RBMK-1000-Reaktor konnten und können die russischen Plutoniumliebhaber die angereicherten Brennstäbe nach 80 Tagen während des laufenden Betriebs wechseln. Der Vorteil liegt auf der Hand. Einerseits *erzeugt man Energie,* und andererseits kann man *gleichzeitig Waffenplutonium* abzapfen. Man stelle sich einmal den Ökoradau vor, wenn die KWU solche Reaktoren in Westdeutschland aufgestellt hätte!

Und jetzt kommt der wesentliche Unterschied: Damit die Plutoniumbrutreaktion ohne Unterbrechung ablaufen kann, wird in einem RBMK-1000-Reaktor mit *Graphit* als Moderatorsubstanz gearbeitet. Westliche Kernreaktoren vom Biblis-Typ werden dagegen mit *Wasser* moderiert.

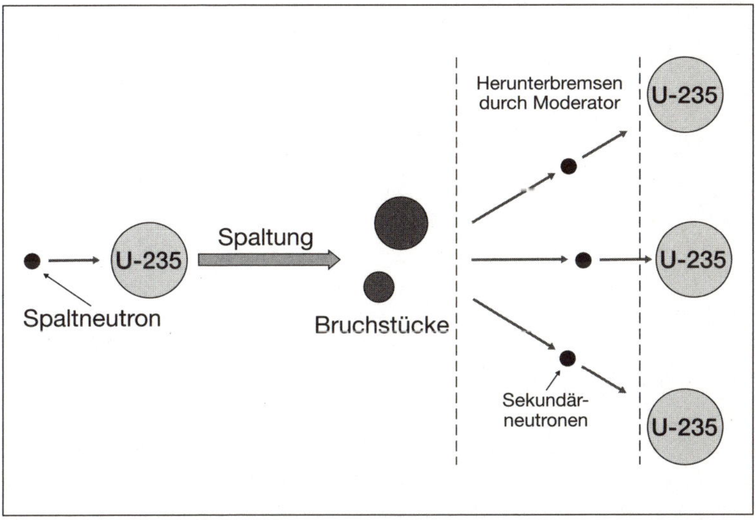

Bild 20: Kettenreaktion und Moderation bei der Kernspaltung

Was ein Moderator ist? O ja, das ist wichtig. Hierzu muß man wissen, daß im Reaktor eine *Kettenreaktion* abläuft. *Ein* Neutron spaltet einen Uran-235-Kern, wobei je Kilogramm reinen Urans-235 eine Energie von 81,2 Millionen Megajoule (!) und *je Spaltungsvorgang zwei* bis *drei* zusätzliche Neutronen *(Sekundärneutronen)* freigesetzt werden. Und jetzt kommt etwas auf den ersten Blick Verblüffendes. Die freigesetzten Neutronen sind mit 19.600 km/s (!) viel zu schnell, um von einem weiteren Kern eingefangen zu werden und diesen zu spalten. Würden die bei der Spaltung freigesetzten Sekundärneutronen nicht durch *Moderatorsubstanzen* auf eine Geschwindigkeit von »nur« 2,2 km/s *abgebremst,* so wäre das ganze Schauspiel nach wenigen Spaltungen *beendet.* Die Kernreaktion würde abbrechen und der Reaktor erlöschen (vgl. Bild 20).

Und jetzt kommt der physikalische Grund dafür, weshalb Tschernobyl schon allein wegen der *Gültigkeit physikalischer Gesetze nicht* am Rhein liegt. Der größte *a*nzunehmende *U*nfall (GAU) ist der, bei dem aus dem Hochdruckbereich (Primärkreis) des Reaktors (300 °C, 154 bar) durch den Bruch einer Leitung das Kühlmittel Wasser entweicht. In einem westlichen *KWU-Kernkraftwerk,* wie es beispielsweise in Brunsbüttel, Grohnde und Biblis steht, dient das Wasser gleichzeitig als *Moderator* und als *Kühlmittel.* Verschwindet es, fehlt die Moderation, und *die Kernspaltung bricht sofort ab.* Wäre nicht die durch den Zerfall der Spaltprodukte freigesetzte *Nachwärme* von 2 bis 5 % der vor dem GAU gegebenen Reaktorleistung, so ließe sich die Kernenergie für zivile Zwecke fast vollkommen gefahrlos nutzen.

Beim Bruch der Kühlmittelleitung in einem RBMK-1000-Reaktor entweicht zwar auch das Wasser, aber der *Graphit* (Verdampfungstemperatur ~3650 °C) ist als *Moderatorsubstanz* immer noch *vorhanden* und tut das, was seine Aufgabe ist. Er bewirkt fleißig weitere Kernspaltungen mit entsprechender Energiefreisetzung! Man spricht von einem *positiven Dampfblasenkoeffizienten,* weil bei Dampfbildung die Moderation nicht abbricht, wie dies bei einem Reaktor westlicher Bauart mit negativen Dampfblasenkoeffizienten der Fall ist.

Daß das Ganze nicht in millionstel Sekundenbruchteilen zu einer Atombombe wird, liegt lediglich daran, daß das spaltbare Uran-235 nicht genügend angereichert ist. Auch fehlen noch ein paar andere Zutaten. Als durch grob fahrlässige Fehlbedienung im besagten ukrainischen Reaktor das Kühlmittel entwichen war, ging der Reaktor wegen des positiven Dampfblasenkoeffizienten in wenigen Sekunden auf das 100fache seiner Leistung hoch. Ein Porsche mit Vollgas bei über 250 km/h und mit einer Fahrradbremse. So etwas hält keine Macht der Welt mehr auf! Da helfen auch die Notkühlaggregate kaum noch.

Zweifellos war Tschernobyl ein Topangebot im (inter)nationalen Panikgeschäft, wie es so schnell nicht wiederkommt, und ein echtes Schnäppchen zum Hysterietanken für ökohorrorabhängige Suchtknochen. Trotzdem, ob es uns paßt oder auch nicht, wir werden für eine Übergangszeit nicht ohne Kernenergie auskommen können. Wir müssen sogar sehr wahrscheinlich irgendwann neue Kernkraftwerke bauen, denn ein einziges Kernkraftwerk mit einer Wärmeleistung von 1300 MW stellt im Jahr 10 Milliarden kWh elektrische Energie für den Verbraucher zur Verfügung. Ob das Kohlendioxid tatsächlich das Gefährdungspotential besitzt, das ihm nachgesagt wird, sei noch einmal dahingestellt, aber eine solche Anlage erspart immerhin 10 Millionen Tonnen CO_2 und schont vor allem auch die Ressourcen an fossiler Energie. Alle deutschen Kernkraftwerke zusammen mindern jährlich die CO_2-Emission um 150 Millionen Tonnen. Deshalb betrachteten 1995 die Umweltministerin Merkel und der Wirtschaftsminister Rexroth die Kernenergie nicht ohne Grund als »verantwortbar und notwendig im Sinne einer nachhaltigen Entwicklung«.

»Gott sei Dank«, ruft Papa Angstmeier, »wir haben ja noch die alterna(t)iven Energieformen, da kann uns gar nichts passieren.« Da liest er: »Wasserkraftwerke bringen 4,5 % der Energie, 0,4 % hat die Windenergie, 0,2 % kommt aus der Nutzung der Biomasse, und die Photovoltaik schafft vielversprechende 0,0002 %. Um ein Braunkohlekraftwerk von 950 MW mit Investitionskosten von 2,6 Milliarden Mark durch Photovoltaik zu ersetzen, müssen 200 Milliarden Mark investiert werden!«[87] Sein Sohn fragt: »Du Papa, stimmt das?« Während der Ökogeisterbahnwagen die nächste Kurve nimmt, erhält er zur Antwort: »Sei ruhig Kind, davon verstehst du nichts. Die Experten in den Medien sehen das anders.« Klapp, da geht die nächste Tür auf.

Der Elektrosmog-Dunst

Nebelschwaden, in denen Blitze zucken, wabern im Raum. Mutter Angstmeier ruft: »Hilfe, Elektrosmog, wir sind von entsetzlichen Gefahren umzingelt! Da hinten liegen ein Toaster und ein krebserregendes Handy herum, und dort steht ein Digitalfunkmast. Gibt es denn hier keine Bürgerinitiative? Hilfe!« Selbstverständlich findet sich in der mediengelenkten Ökochonder-Republik eine BI (Bürgerinitiative), die den armen Angstmeiers beisteht, denn der Elektrosmog ist eines der neuesten Spielzeuge im bundesdeutschen Angstseuchenparadies.

Der Elektrosmoghorror lebt von der Angst vor dem Unerklärlichen, denn nur das, was man nicht mit der Ratio erfassen kann, flößt Furcht ein. Das Prinzip hatten schon die Priester der Steinzeit und des Altertums erkannt und die Furcht vor den als Götter personalisierten Naturgewalten zum Nutzen ihrer Herrschaft instrumentalisiert. Auch heute noch lebt jeder gutgemachte Gruselfilm von der Weckung atavistischer Ängste. Und genau damit kalkulieren die Elektrosmog-BIs – schließlich könnte ja doch etwas dran sein. Aber der Reihe nach.

Seit Beginn des 20. Jahrhunderts überträgt man Informationen mittels elektromagnetischer Felder. In der Nähe von Funkstationen wird seit über 90 Jahren mit Hunderten von Kilowatt »geheizt«, und man hat nichts davon gehört, daß irgendein Anwohner gesundheitlich Schaden genommen hätte. Die abgestrahlten »Elektrosmog«-Felder sind so stark, daß es in der Anfangszeit der Rundfunktechnik pfiffige Leute gab, die mit einer primitiven Antenne in der Nähe eines Rundfunksenders die Energie abzapften und Glühbirnen betrieben. Mit dieser Art des Stromdiebstahls mußte sich sogar das Reichsgericht befassen. Wieso soll ein mittels vergleichbarer elektromagnetischer Wellen sendendes Handy plötzlich so ultragefährlich sein? Wegen der digitalen Übertragungsweise? Da lachen doch die Physikhühner! Ein mit 250 kW betriebener 30 MHz-Rundfunksender hat die 31.000fache Leistung eines 8-W-Handys! Jeder Blitz erzeugt während eines Gewitters ein Milliardenfaches an »Elektrosmog«.

Elektrizität wurde schon für alles mögliche verantwortlich gemacht. So vermutete man Anfang des 19. Jahrhunderts einen Zusammenhang zwischen dem Auftreten der Cholera und der Elektrizitätsmenge in der Luft. Dies brachte einen Quedlinburger

Gymnasiallehrer auf die Idee, ein »Elektrometer« zu konstruieren, mit dem man die Choleragefährdung in einem Gebäude feststellen können sollte.[88] Heute führen moderne Geisterseher u. a. das Waldsterben auf den Elektrosmog zurück.

Mit unverhohlener Lustangst befürchten bundesdeutsche Ökochonder, daß der Elektrosmog sogar Krebs verursachen könnte. Da rentiert es schon einmal, etwas genauer hinzusehen. Zunächst einmal muß hierzu eine »chemische Änderung« in der *DNA* geschehen. Dies kann sein ein *Strangbruch*, ein *Doppelstrangbruch* und anderes mehr. Das Geschehen ähnelt also dem der Strahlenschädigung, wie sie in Bild 17 (S. 251) gezeigt ist. Unabhängig davon, ob solche oder andere Schäden an der DNA als Ursache angenommen werden: *In jedem Fall müssen chemische Bindungen zerstört werden – und hierzu ist Energie notwendig.* Um das weitere zu verstehen, muß man noch wissen, daß die *Energie einer elektromagnetischen Strahlung,* wie sie von einem Handy oder einem Sendemast abgegeben wird, *von der Frequenz bzw. der Wellenlänge der elektromagnetischen Schwingung abhängt.* Und hierfür gilt das einfache Gesetz:

$$\text{Energie} = \textit{Planck}\text{-Konstante} \times \text{Frequenz}$$

$$\text{Oder: } W = h \cdot f = 6{,}63 \cdot 10^{-34}\,\text{J} \cdot \text{s} \cdot f$$

Ein Handy, das mit der Frequenz von 900 MHz = $9 \cdot 10^{8}\,\text{s}^{-1}$ sendet, hat eine elektromagnetische Energiestrahlung von

$$W = 6{,}63 \cdot 10^{-34}\,\text{J} \cdot \text{s} \cdot 9 \cdot 10^{8}\,\text{s}^{-1} = 6 \cdot 10^{-25}\,\text{J}\ (\text{J} = \text{Joule}).$$

Um eine *Wasserstoffbrückenbindung* in einem DNA-Molekül zu zerstören, werden *$3{,}5 \cdot 10^{-20}$ J* benötigt. Das ist:

$$3{,}5 \cdot 10^{-20}\,\text{J} : 6 \cdot 10^{-25}\,\text{J} = 58.333\text{mal}$$

soviel, wie ein Handy abstrahlt. Die Wasserstoffbrückenbindung ist im übrigen die schwächste im DNA-Molekül.

Zur *Spaltung einer Kohlenstoff-Kohlenstoff-Bindung* müßten sogar *$6{,}2 \cdot 10^{-19}$ J* aufgewandt werden, was über einmillionenmal soviel wäre. Dies ist ein erster Hinweis darauf, daß der Verdacht, die elektromagnetische Strahlung eines Handys könne Leukämie oder eine andere Krebsform auslösen, keine naturwissenschaftliche Grundlage hat, sondern bestenfalls eine psychologische.

Ach so, die »Wattzahl« ist entscheidend? Nein, das eben nicht. Die »Wattzahl« sagt etwas über die *Strahlungsintensität* aus, aber nichts darüber, ob eine Strahlungsart *prinzipiell* dazu in der Lage ist, eine chemische Bindung zu zerstören. Vereinfacht gilt: Je größer die Strahlungsintensität (»Wattzahl«), desto weiter reicht der Sender. Desto größer ist aber auch die zerstörerische Wirkung auf den Organismus – vorausgesetzt, daß die *Frequenz (Wellenlänge)* der Strahlung dies grundsätzlich *ermöglicht.*

Der 1899 in Heidelberg verstorbene Professor Bunsen – ja, der mit dem gleichnamigen Brenner – pflegte die Frequenzabhängigkeit der Strahlenwirkung in einem Vorlesungsversuch auf einfache Weise zu demonstrieren. Hierzu muß man wissen, daß *Licht* wie die Funkwellen zur *elektromagnetischen Strahlung* gehört und daß *blaues* Licht eine *höhere* Frequenz als *rotes* hat. Bunsen füllte zwei durchsichtige Christbaumkugeln mit Chlorknallgas und hielt die eine Kugel vor eine *blaue* und die andere vor eine *rote* Glasscheibe. Die Kugel vor der *blauen* Glasscheibe explodierte, weil das energiereichere blaue Licht ausreichte, einige Chlormoleküle zu spalten. Dadurch kam und kommt es auch heute noch als Folge einer Kettenreaktion zur Explosion. Bei strahlendem Sonnenschein funktioniert übrigens der Versuch am besten, weil der Blauanteil des Lichts dann am intensivsten ist; rotes, noch so intensives Licht löst keine Reaktion (Explosion) aus.

Eine erste Abschätzung der Gefährdung durch Elektrosmog kann mit folgender Tabelle geschehen.

Art	*Frequenz*	*Wellenlänge*	*Strahlungsenergie*
Technischer Wechselstrom	50 Hz	6000 km	$3{,}3 \cdot 10^{-32}$ J
Mittelwelle (Radio)	300 kHz	1000 m	$2 \cdot 10^{-28}$ J
UKW (Radio)	$3 \cdot 10^{8}$ Hz	1 m	$2 \cdot 10^{-25}$ J
Mikrowellenherd	$2{,}45 \cdot 10^{9}$ Hz	0,122 m	$1{,}6 \cdot 10^{-24}$ J
Verkehrsradar	$3{,}5 \cdot 10^{10}$ Hz	0,0086 m	$2{,}3 \cdot 10^{-23}$ J
Wärmestrahlung	$6 \cdot 10^{12}$ Hz	0,05 mm	$4 \cdot 10^{-21}$
rotes Licht	$3{,}8 \cdot 10^{14}$ Hz	800 nm	$2{,}5 \cdot 10^{-19}$ J
blaues Licht	$7{,}5 \cdot 10^{14}$ Hz	400 nm	$5 \cdot 10^{-19}$ J
UV-Licht	10^{15} Hz	300 nm	$6{,}6 \cdot 10^{-19}$ J

Sichtbares Licht ist an sich energiereich genug ($2{,}5 \cdot 10^{-19}$ bis $5 \cdot 10^{-19}$ J), um Wasserstoffbrückenbindungen ($3{,}5 \cdot 10^{-20}$ J), wie sie in der DNA vorliegen, zu spalten. Trotzdem wird unser Organismus aus den vielfältigsten Gründen ohne Probleme damit fertig. Interessanter ist die UV-Strahlung, denn sie besitzt $6{,}6 \cdot 10^{-19}$ J und kann somit eine

Kohlenstoff-Kohlenstoff-Bindung ($6{,}2 \cdot 10^{-19}$ J) zerstören. Von der UV-Strahlung weiß man, daß sie Krebs auslösen kann!

Je kurzwelliger die Strahlung ist, desto größer ist auch ihr Gefährdungspotential. Wie man anhand der folgenden Tabelle leicht nachrechnen kann, besitzt die Röntgenstrahlung eine 300mal so hohe Energie wie die Kohlenstoff-Kohlenstoff-Bindung, und die γ-Strahlung übertrifft deren Bindungsenergie sogar um den Faktor 32.000.

Art	*Frequenz*	*Wellenlänge*	*Strahlungsenergie*
Röntgenstrahlen	$3 \cdot 10^{17}$ Hz	1 nm	$2 \cdot 10^{-16}$ J
γ-Strahlen	$3 \cdot 10^{19}$ Hz	0,01 nm	$2 \cdot 10^{-14}$ J

Röntgenstrahlen und γ-Strahlen schädigen in jeder Dosis. Trotzdem werden sowohl Röntgen- als auch γ-Strahlen gut vertragen, wenn die »Wattzahl« nicht zu hoch ist.

So ganz ohne Einfluß ist also die Intensität nicht. Dies wird übrigens auch durch die Beobachtung belegt, wonach ein Brennglas in der Lage ist, Papier zu entzünden. Die Linse erhöht durch Bündelung der Strahlen die Intensität des einfallenden Sonnenlichts, so daß dieses jetzt chemische Bindungen zerstören kann – aber nicht weil die Frequenz des Lichts erhöht wurde. Ähnliche Überlegungen gelten auch für den Mikrowellenherd, bei dem die »Wattzahl« ganz entscheidend für den Garvorgang ist. Die elektromagnetische Strahlungsenergie von $1{,}6 \cdot 10^{-24}$ J des Küchengeräts ist aber noch um den Faktor 22.000 zu schwach, um eine Wasserstoffbrückenbindung zu zerstören, geschweige denn einer Kohlenstoff-Kohlenstoff-Bindung etwas anzuhaben. Und trotzdem werden chemische Bindungen gelöst, was wir ja beim Garen auch erreichen wollen. Was passiert also beim gebündelten Sonnenlicht und beim Mikrowellenherd? Weshalb können chemische Bindungen, wie sie in Proteinen, Kohlehydraten und in der DNA vorliegen, durch Mikrowellenstrahlung zerstört werden? Die Antwort ist einfach: In beiden Fällen hat man es im weitesten Sinne mit *Wärmestrahlung* zu tun, die bekannterweise Moleküle in Schwingung oder Rotation versetzt, wobei die Mikrowellen ganz gezielt *nur* Wassermoleküle ansprechen. Deshalb bleibt der Teller kalt, während die wasserhaltige Mahlzeit sich erwärmt. Jetzt kommt das Wesentliche: *Schwingen die Moleküle sehr heftig, so stoßen sie mit entsprechender Energie aneinander, und chemische Bindungen werden gelöst.* Bei der vermuteten Wirkung elektromagnetischer Strahlung (»Elektrosmog«) auf Moleküle im menschlichen Organismus verhält es sich ähnlich wie bei einem Auto. Man kann es auf zweierlei Art »zerlegen«. Erstens mit einem Schraubenschlüssel (elektromagnetische Strahlungsenergie) oder zweitens, indem man mit einem anderen Auto zusammenstößt (Wärmebewegung).

Seit 1992 der Ehemann von Susan Reynard eine für US-Verhältnisse übliche abenteuerliche Schadensersatzforderung an eine Telefongesellschaft in Florida stellte, ist die grüne Ökokultgemeinde hinter dem Mobilfunk her. Reynard ist fest davon überzeugt, daß seine Frau deshalb einem Gehirntumor erlag, weil sie täglich stundenlang ein Handy benutzt hatte. Die Gefährlichkeit des Elektrosmogs, meint nicht nur Herr Reynards, sondern auch unsere ökoheilige Siechtumsgemeinde, könne durch Versuche mit Ratten und Mäusen belegt werden.

Kann eine elektromagnetische Strahlung eines Handys oder die eines Mobilfunksendemasts auf Moleküle wirken? Nein, denn erstens reicht, wie berechnet, die »frequenzbedingte« Energie nicht aus. Zweitens müßte, damit ein Schaden durch Wärmeschwingung (Prinzip Mikrowellenherd) irgendwo tief im Inneren des menschlichen Körpergewebes geschähe, schon eine Wärmeempfindung zu spüren sein.

Für glaubensfeste Öko-Brüder und -Schwestern ist trotzdem alles ultragefährlich! Jeder Gemeinderat, der etwas auf sich hält, sägt an den Sendemasten, die ohnehin meist nur zum Nutzen der Besserverdienenden mit ihrem Autotelefon aufgestellt werden. So hat die Gemeinde Gilching den bayrischen Staat verklagt, die Betriebsgenehmigung eines Mobilfunkmastes für die Netze C und D1 zurückzunehmen. Man ist der Auffassung, daß der Sender »zu einer Verschlechterung, Störung oder Belastung der Umwelt« führe. So ganz genau weiß man es offensichtlich nicht. In Deutschland reicht aber schon der bloße Verdacht! Insbesondere fürchte man um die Gesundheit von Personen, die im Umkreis der Anlage »elektromagnetischen Wellen« ausgesetzt seien. Fünf Kläger sind aufgeboten worden, die dem Gericht die Beeinträchtigung ihrer Gesundheit beweisen wollen. Sicher werden sich »Experten« für die Richtigkeit der Thesen finden lassen.

Im März 1992 hatte der CDU-Ortsverein der Rheingaugemeinde Kiedrich die Technikwissenschaftler Dr. Hertel und Dr. Varga aus der Schweiz zu einer Podiumsdiskussion mit Professor Eisenried von der Bundespost eingeladen.[89] Im wesentlichen ging es darum, ob eine BI auf dem rechten Weg sei, wenn sie den Bau einer D-Funksendeanlage bekämpfe. Der wackere Professor gestand ein, daß wir zwar keine letzte Gewißheit besäßen, daß aber bei Einhaltung der Grenzwerte keine Gefahr bestünde. Dahingegen sah Dr. Hertel »alle künstlichen, nicht in der Natur vorkommenden Stoffe als giftig an«. Elektromagnetische Strahlen eines Sendemastes sind also *stofflicher Natur* und giftig, weil sie nicht in der Natur vorkommen. Das gelte auch für den Mikrowellenherd. Um die These zu unterstützen, maß sein Kollege Varga die elektromagnetischen Streufelder eines mitgebrachten Mikrowellenherdes. Das Meßgerät piepste auch tatsächlich sehr deutlich und laut. Das Ganze hatte nur einen Schönheitsfehler: Der Experte *vergaß, den Mikrowellenherd einzuschalten* – wie ein aufmerksamer Zuschauer schnell herausfand. Eine entsetzenslüsterne BI-Ökokultgemeinde läßt sich von solch kleinen Pannen nicht beeindrucken. Vielmehr ist so etwas eher ein Beleg für die Megagefährlichkeit der Mikrowellenherde – sogar in ausgeschaltetem Zustand geben sie furchterregende Strahlen ab.

Besonders die Schweden müssen unter Elektrosmog leiden, denn von 1000 Einwohnern telefonieren 159 mit einem Handy. Die bekommen sicher alle Krebs und werden uns Deutsche irgendwann allein im Ökoirrenhaus zurücklassen. Von 1000 Bürgern sind in Norwegen 137, in Finnland 128, in Dänemark 99 und in Österreich 35 vom Handywahn befallen. In Deutschland, wo die Bewohner vor allem unter dem Elektrosmog im tiefenpsychologischen Bereich des Unterbewußtseins, dort, wo die Angst wohnt, leiden, kommen nur 31 Handys auf 1000 Einwohner.

Trotzdem sind einige Bürger gefährdet. Und zwar 0,9 % der Träger von Herzschrittmachern. Das sind 1800 Personen, deren Geräte auf Handyfunkwellen ansprechen. Und die leben auch nur in ganz besonderen Situationen gefährlich, denn ein Herzschrittmacher ist in der Regel so eingestellt, daß er nur tätig wird, wenn das Herz aussetzt. Wird in genau diesem Moment ein starker Handyimpuls gesendet, so interpretiert der Herzschrittmacher das so, als sei alles in Ordnung, und springt zur Unterstützung des stotternden Herzschlags nicht an.[90] Vielleicht sollte man sich in der Bundesrepublik überlegen, ob nicht der Trend zum Zweitherzschrittmacher geht!

Obwohl es zur Zeit in der Bundesrepublik Dutzende Studien

gibt, die die Ungefährlichkeit des Elektrosmogs belegen, wird unverdrossen weiter gemessen, denn jeder Ökohorror gibt Jobs für irgendein Institut, das den Behauptungen und Thesen nachgeht. Ein Topangebot im Angstgeschäft ist die Hochspannungsleitung. Durch die Messung deren magnetischen und elektrischen Felds meint man dem Elektrosmog-Zeitgeist auf die Spur zu kommen.

Im Herbst 1995 tauchte eine Studie der US-Umweltbehörde EPA auf. Strahlenschutzexperten meinten nach neunjähriger Arbeit belegt zu haben, daß schwache elektromagnetische Felder von Hochspannungsleitungen, Haushaltsgeräten u. ä. den Melatoninhaushalt des Körpers beeinflussen. Dies bewirke eine Störung der Östrogenrezeptoren in der weiblichen Brust und könne folglich zu Brustkrebs führen. Neben Leukämie bei Kindern könnten degenerative Gehirnerkrankungen wie Parkinson und Alzheimer und sogar Herzleiden damit in Zusammenhang stehen. »Die Ergebnisse ihrer Studie, so meinten die Autoren, mache weitere Forschungsanstrengungen zwingend notwendig.« Da geht es doch nicht etwa um Forschungsgelder? Honit soit, qui mal y pense! In jedem Fall solle nach Meinung der Experten der Grenzwert für die magnetische Flußdichte auf 0,2 Mikrotesla ($0{,}2\ \mu T = 2 \cdot 10^{-7}\ T$) gesenkt werden.[91]

Die WHO sieht einen Grenzwert von 1000 µT vor, und in Deutschland sind nach einer DIN-Norm sogar 5000 µT zulässig. Dies entspricht einer magnetischen Feldstärke von 4000 A/m.

Nach den Empfehlungen der amerikanischen EPA-Ghostbusters (Grenzwertvorschlag 0,2 µT) müßten Elektrogeräte (ein Staubsauger bringt in 30 cm Abstand 2 µT und eine Bohrmaschine 20 µT) neu konstruiert und Leitungen in Gebäuden und im Freiland mit Milliardenaufwand neu verlegt werden. Das mag Sinn machen, hat aber keinen, denn da gibt es auch noch den »Bio-Elektrosmog«: das *magnetische Feld der Erde.* Das beträgt nämlich *50 µT* und ist somit 2,5fach so groß wie das Feld einer Bohrmaschine. Direkt unterhalb einer 400.000-V-Hochspannungsleitung werden immerhin erfreuliche 40 µT gemessen. Da kommt man doch glatt auf 80 % des Erdmagnetfeldes!

Das beunruhigende Elektrosmogstrahlenbad kann auch über das elektrische Feld definiert werden. Hier gilt als *Grenzwert 20.000 V/m.* Und jetzt wird es wieder besonders interessant: Unsere *Körperzellen* besitzen eine Membranspannung von 50 bis 200 mV. Verschwindet sie, sterben die Zellen in kurzer Zeit ab. Da die Membran eine Dicke von 5 nm hat, herrscht im Organismus eine Mindestfeldstärke von:

$$E = 0{,}05\ V / 5 \cdot 10^{-9}\ m = \mathit{10.000.000\ V/m}$$

Bei 200 mV sind es sogar *40.000.000 V/m*. Demnach ist der Bio-Elektrosmog zwischen den Körperzellen 500 bis 2000mal so hoch wie der Grenzwert – auch ganz interessant! Bleibt als Fazit: Die neudeutschen Ängste vor dem Elektrosmog sind ökoreligiöser Pietismus unserer Morbiditätssuchtknochen der Eindrittelgesellschaft.

Ausgelöst haben den Klamauk die Amerikaner N. Wertheimer und D. Leeper im Jahr 1979. Nach einer von ihnen angestellten Untersuchung haben Kinder ein zwei- bis dreifach erhöhtes Krebsrisiko, wenn sie elektrischen Feldern von Hochspannungsleitungen ausgesetzt sind. Statistische Geisterfahrer schnitzen sicher daraus, daß jedes zweite bis dritte Kind in der Nähe einer Hochspannungsleitung durch Krebs bedroht sei! Tatsächlich sieht es anders aus. Finnische Wissenschaftler um Professor Markku Koskenvuo von der Universität Turku erhoben in neuerer Zeit eine Krebsstatistik, in die sie 135.000 Jungen und Mädchen einbezogen, die im Zeitraum von 1970 bis 1989 höchstens 500 m von einer Hochspannungsleitung entfernt gelebt haben. 140 Kinder erkrankten an Krebs. Statistisch zu erwarten waren 145.[92]

Auch das paßt nicht zur Ultragefährlichkeit des elektrischen Umweltnebels: Seit dem Kriegsende hat sich der Stromverbrauch verdreißigfacht – bei gleichbleibender Häufigkeit der Krebserkrankung von Kindern und Erwachsenen.

Währenddessen nimmt Familie Angstmeiers Kirmeswägelchen eine scharfe Kurve, und klapp, da geht die nächste Tür auf.

Die Saunameister

Drückend heiß ist es. Ein schwüler Luftzug umstreicht die Angstmeiers. Aus dem Lautsprecher tönt es: »Fünf Milliarden Tonnen Kohlendioxid werden jährlich durch den Verbrauch fossiler Brennstoffe in die Atmosphäre eingetragen. Das sind in jeder Sekunde 158,5 Tonnen, die vor allem in den hochentwickelten Industrieländern eingetragen werden. Dies verursacht einen zusätzlichen Treibhauseffekt, der in wenigen Jahren die Erde unbewohnbar machen wird.«

Außerdem steht im *Spiegel*, daß die entfesselten Winterstürme von 1990, die einen Schaden von vier Milliarden Mark anrichteten, Vorboten der Klimakatastrophe gewesen seien. Seit 1930 hat sich die Zahl der Tiefdruckwirbel verdoppelt. Weltweit schwinden die Gletscher. Die Meeresspiegel sind in den letzten 100 Jahren um 20 cm angestiegen. Die Meere erwärmen sich. »Seit langem haben die Meteorologen davor gewarnt, daß der Mensch dabei sei, das Klimageschehen tiefgreifend zu verändern. In immer gewaltigerer Tonnage werden Treibhausgase wie vor allem Kohlendioxid (CO_2) und Methan von Industrie, Verkehr und Landwirtschaft in die Atmosphäre gepustet ... So ist die bodennahe Luft seit Erfindung des Automobils um 0,7 Grad wärmer geworden.«

Mutter Angstmeier argumentiert kämpferisch engagiert mit entsetzter Stimme: »Siehste Vater, du bist mit daran schuld, mit deinem neuen Auto. Daß du noch nicht einmal ein schlechtes Gewissen hast. Denk doch an die Kinder! Bereits die letzten Sommer waren brütend heiß. Das sind sicher die Vorboten der Klimakatastrophe. Sogar unser ehemaliger Umweltminister Töpfer glaubt das.« Nicht verbreitet wird, daß diese vom Minister 1994 der *Bild*-Zeitung offenbarte Erkenntnis keinerlei wissenschaftliche Grundlage hatte. Der Diplommeteorologe Swantes vom Deutschen Wetterdienst in Offenbach widersprach Töpfer deshalb schleunigst. Dennoch schaut Vater Angstmeier betroffen und kaut an den Fingernägeln. »Mama, ich habe Angst«, ruft die Tochter.

Damit der volkspädagogische Ökozirkus so richtig das Rad schlägt, wird gerne darauf hingewiesen, daß 1995 das Jahr der Naturkatastrophen gewesen sei, die selbstverständlich vor allem durch menschliche Eingriffe in den Naturhaushalt ausgelöst worden seien. Als Beleg dient die Meldung der »Münchener Rückversicherung«, wonach 1995 durch Naturkatastrophen ein ungewöhnlich hoher volkswirtschaftlicher Schaden von 180 Milliarden Dollar entstanden sei. Hinweise auf das Januar-Hochwasser an Rhein, Mosel und Maas und die Wirbelstürme in der Karibik und in Nordamerika machen dann Ökohorrorjunkies richtig »high«. Was aus didaktischen Gründen geschickt verschwiegen wird, ist, daß von den 180 Milliarden Dollar allein auf das japanische Erdbeben vom 17. Januar 1995 in Kobe 100 Milliarden entfielen.[93]

Klimaängste hatten schon immer Konjunktur, und Hungersnöte konnten im Gefolge von Klimaanomalien nicht ausbleiben. Hugh Thomas schreibt:[94] »Zu Beginn des 14. Jahrhunderts setzte in

Europa eine kalte nasse Periode ein, die durch ein geringfügiges Anwachsen der Gletscher bedingt war. Schwere Regengüsse vernichteten nicht allein die Ernte, sondern auch die englischen Weingärten des frühen Mittelalters ... Man hatte die Jahrhunderte nach dem 14. Jahrhundert auch die ›kleine Eiszeit‹ genannt ... Der Hagelsturm vom 13. Juli 1788 vernichtete die ganze Ernte des Jahres in Frankreich und führte mit zu der berühmten Krise von 1789 ... 1816 war der schlechteste Sommer, den man in Nordeuropa je erlebt hatte. Im Juli gab es Frost.«

Wenn ich mich recht entsinne, regnete es in den frühen 70er Jahren fast durchweg den ganzen Sommer. Rudi Carell trällerte im Radio: »Wann wird mal richtig wieder Sommer, ein Sommer, wie er früher einmal war?« Die Frage, ob uns nicht eine neue Eiszeit bevorstehe, bewegte die Öffentlichkeit und die wissenschaftliche Welt. In einem Wissenschaftsmagazin[95] war nachzulesen, daß von Anfang Oktober 1973 bis Ende September 1974 ununterbrochene Kaltluftvorstöße vom Nordpolargebiet für die Hochgebirgsregionen eine neue Eiszeit erwarten ließen. Der Biesgletscher wuchs so stark, daß 500.000 m^3 Eis auf das Walliser Dorf Randa niederzugehen drohten. Der Simmingferner wuchs damals um 25 m, der Sulzenauferner um 16 m und der Kesselwandferner um 19 m. Eiszeitängste waren der Ökorenner. 1975 erschien ein Buch mit dem Titel »Die Wettermaschine«. Nigel Calder schilderte darin, mit vielen Daten glaubhaft unterlegt, daß wir einer neuen Eiszeit entgegengingen.

Ähnliches war überall nachzulesen. »Möglicherweise steht uns eine kleine Kälteperiode bevor«, schrieb 1977 der Klimaforscher Reinhard Breuer in *Bild der Wissenschaft* und begründete seine Meinung mit dem seit 1974 beobachteten Rückgang der *Sonnenfleckenrelativzahl.* Die Sonnenfleckenbeobachtung ist keine Kaffeesatzleserei. Es besteht ein Zusammenhang zwischen der Häufigkeit der Sonnenflecken während eines Elf-Jahres-Zyklus und der mittleren Temperatur auf der Erde. Das letzte Mal waren sie im 17. Jahrhundert fast völlig *ausgeblieben* – strenge Winter und abnorme *Kälteeinbrüche* waren die Folge. Ende der 40er Jahre erreichte die Sonnenfleckenaktivität ein Maximum. Tatsächlich waren die Sommer damals sehr heiß. In den 70er Jahren gingen die Sonnenflecken stärker zurück und steigen seit dieser Zeit wieder beträchtlich an.[96]

1978 wurde befürchtet, daß der Feldberg im Schwarzwald vergletschere, weil die Mitteltemperatur in den Jahren davor, trotz des heißen Sommers von 1976, ständig gesunken war. 1978 konnten sogar noch im Juni auf einem Schneefeld Slalomrennen ausgetragen werden. Die wenigen Beispiele belegen, daß es offensichtlich in der Klimaforschung Modeerscheinungen gibt. Momentan haben die Saunameister Saison. Wenn aber nach einigen extrem heißen Sommern wieder ein paar Jahre mit größerer Abkühlung folgen, kann man sicher sein, daß die Eisbären plötzlich die Oberhand gewinnen. Eine mit öffentlichen Geldern geförderte neue Forschergruppe wird dann mit einem Rechenmodell herausfinden, weshalb die Menschen und vor allem die Autofahrer daran schuld sind.

Die Saunameister machen nicht erst seit den letzten Jahren Furore. Um die Jahrhundertwende vertrat der amerikanische Klimatologe F. B. Hough die Auffassung, daß der Mensch das Klima verändert habe. Er forderte Aufforstungsmaßnahmen in Amerika, um ein weiteres Austrocknen des Kontinents zu verhindern. Auch wurden etliche parlamentarische Untersuchungsausschüsse eingesetzt. Wie sich die Zeiten gleichen. Als die Menschheit andere Probleme bekam, wie den Ersten Weltkrieg, die Weltwirtschaftskrise und totalitäre Regime, hörte die heftige internationale Diskussion über Klimaschwankungen und ihre sozialen Folgen schlagartig auf.

Als wichtigster Kronzeuge für ihre Treibhausthese dient den Saunameistern der schwedische Physikochemiker und Nobelpreisträger Svante Arrhenius, der 1896 auf das CO_2 als Treibhausgas aufmerksam machte. Der Effekt, so Arrhenius, sei allerdings so gering, daß eine Steigerung des Kohlendioxids in der Atmosphäre sich bestenfalls auf lange Sicht (1000 Jahre) bemerkbar mache.[97] Dies wird von den Saunapädagogen gerne verschwiegen, wenn sie Arrhenius zitieren. Vielmehr wird argumentiert, »daß die fast 100 Jahre alte Voraussage von Arrhenius sich jetzt zu erfüllen beginnt«.

In folgender Tabelle ist die jährliche Kohlenstoffbilanz angegeben:

Globale Kohlenstoffbilanz

Fossile Brennstoffe	⇒	5 Milliarden Tonnen
Atmung der Pflanzen	⇒	50 Milliarden Tonnen
Photosynthese der Pflanzen	⇐	100 Milliarden Tonnen
Waldrodung	⇒	2 Milliarden Tonnen
Verwesung im Boden	⇒	50 Milliarden Tonnen
Diffusion aus den Meeren	⇒	100 Milliarden Tonnen
Diffusion in die Meere	⇐	104 Milliarden Tonnen
Jährliche Nettozufuhr in die Atmosphäre		3 Milliarden Tonnen

Die Menge, um die hauptsächlich gestritten wird, das sind die 5 Milliarden Tonnen Kohlenstoff-Emissionen, die durch die Verbrennung fossiler Brennstoffe wie Kohle, Erdgas und Öl in die Atmosphäre eingetragen werden. Bilanziert man einmal, so steht einem Eintrag in die Atmosphäre von 207 Milliarden Tonnen Kohlenstoff ein natürlicher Verbrauch von 204 Milliarden Tonnen gegenüber. Dies ergibt eine jährliche *Nettozufuhr* von *3 Milliarden Tonnen Kohlenstoff.*

Seit 1870 hat die CO_2-Konzentration von angeblich 270 ppm auf heute 360 ppm zugenommen. Dabei emittierten um 1850 unter geringem Komfort 1,2 Milliarden Menschen 0,1 Gt CO_2.* 1995 geht man von 5,7 Milliarden Menschen aus, die 29 Gt CO_2 erzeugen. 1991 stammten 75 % des vom Menschen in die Atmosphäre eingetragenen CO_2 aus der Verbrennung von Kohle, Öl und Erdgas, 20 % aus Waldrodungen, und die restlichen 5 % kamen durch Holzverbrennung in den Entwicklungsländern dazu.

Termiten emittieren übrigens jährlich $5 \cdot 10^{10}$ t CO_2, das 1,9fache der anthropogenen Emission. Die Kerbtiere verbrauchen aber keinerlei fossile Energien, um ihre Nahrung zuzubereiten, die genau wie beim Menschen in der Atmosphäre letztlich als CO_2 wieder auftauchen würde. Ihre Bilanz ist ausgeglichen, was beim Menschen – auch in den Entwicklungsländern – nicht der Fall ist. Um 1 kJ biologischen Brennwert nach konventionellem Landbau zu erzeugen, werden beim Weizen 0,345 kJ fossile Energie verbraucht. Da ist aber noch kein Brot daraus geworden! Im Gegensatz zum Ökoromantikerglauben kommt die biodynamische Landwirtschaft nicht ohne Fremdenergie aus. Sie benötigt für den gleichen Nährwert immerhin noch 0,188 kJ. Nur bei Müslifreaks landen die Körner direkt auf dem Teller. Beim Durchschnittsbürger ist das anders. Bis schließlich 1 kg Brot zum Verkauf gelangt, ist nach konventioneller Methode 1 kg Erdöl verbraten worden. Man sieht: Die CO_2-Emission der menschlichen Existenz unterscheidet sich massiv von der der Termiten. Wir können nur dann unseren Ernährungs-CO_2-Input/Output auf das gleiche Verhältnis der Kerbtiere bringen, wenn wir wie diese leben. Also uns das Backen und Kochen abgewöhnen; Landwirtschaft ganz aufgeben und vom Sammeln der

* Gt = Gigatonnen, s. S. 123

Feldfrüchte – natürlich zu Fuß – leben, in Erdhöhlen hausen, keine Viehzucht betreiben, sondern rohen Fisch und rohes Fleisch essen!

Bis zum *Jahre 2005* will die Bundesregierung die *CO_2-Emission* in Deutschland um mindestens *25 %* gesenkt haben. Das ist nicht schwierig zu erreichen, denn immer mehr produzierende Firmen werden u. a. durch eine überbordende Umweltgesetzgebung veranlaßt, auszuflaggen und unternehmensfreundlichere Standorte zu suchen.

Die Bundesregierung ist stolz darauf, daß die CO_2-Emission zwischen 1987 und 1993 von 1060 Millionen auf 908 Millionen Tonnen gesenkt werden konnte. Das war eine ihrer leichtesten Übungen. Die Minderung beruht fast ausschließlich auf dem Abwürgen der Industrie in den neuen Ländern. Dort hat sich nämlich der Wert halbiert, während er im Westen sogar um 11 Millionen Tonnen geringfügig anstieg.

Gegenüber 1995 lebt bis zum Jahre *2005* voraussichtlich *eine Milliarde* Menschen *mehr* auf der Erde und wird CO_2 ausatmen. Wie, das ist unbeachtlich? Nun ja. Machen wir einmal das, wovor sich Ökoromantiker drücken, nämlich rechnen. Die Zahlen lassen sich recht gut abschätzen, und das Ergebnis ist verblüffend. Ohne lange nachzudenken, geht man meist davon aus, daß nur das »Wertvollste« aus der Nahrung in den Stoffwechsel gelangt und ein erheblicher Teil des aufgenommenen Kohlenstoffs mit dem Stuhl ausgeschieden wird. Nein, unser Organismus ist ein im Evolutionsverlauf »hochoptimiertes Maschinchen«, und gut 95 % des Nährmittelkohlenstoffs werden über die Atmung als CO_2 wieder ausgeschieden.

Die Fakten: Im Laufe eines etwa 70jährigen Lebens nimmt der Mensch 56 t Wasser und 19 t Kohlehydrate, Eiweiß und Fett, als Trockensubstanz gerechnet, zu sich.[98] Bei einem durchschnittlichen Kohlenstoffgehalt von 47 % in den Nahrungsmitteln werden täglich 350 g Kohlenstoff aufgenommen. Da die 150 g täglicher Stuhl zu 75 % aus Wasser bestehen und Urin relativ wenig Kohlenstoff enthält, beträgt der auf diesem Weg ausgeschiedene Kohlenstoffanteil etwa 15 g. *Somit verbleibt eine tägliche Kohlenstoffmenge von 335 g, die über die Atmung als CO_2 emittiert wird.* Nach den Regeln der Stöchiometrie (des chemischen Rechnens) entspricht dies *625 l oder 1,23 kg Kohlendioxid.* Eine Literaturstelle gibt sogar 1000 l CO_2 als tägliche Emission an.[127] Unter Ruhebedingungen atmet der Mensch am Tag nur 290 bis 350 l CO_2 aus. Geht man von den oben geschätzten 1,23 kg täglicher CO_2-Abgabe aus, so gibt ein Mensch jährlich 0,45 t CO_2 ab. Bei einer *Milliarde zusätzlicher Menschen* sind das *4,5 · 10*^{8} *t Atmungs-*CO_2. Unter der Annahme, daß jeder dieser Menschen untätig ist oder, wie in den Ländern der Dritten Welt, hungert, sind es immer noch gut $2{,}1 \cdot 10^8$ t CO_2.

Halten wir diese Zahl fest und rechnen einmal bei den Autos nach. Bei einem Verbrauch von 12 l/100 km und einer Fahrleistung von 15.000 km werden im Jahr 1800 l Benzin verheizt, die eine Masse von rund 1,4 t haben. Man macht keinen allzugroßen Fehler, wenn man sich die Inhaltsstoffe des Benzins als lauter »CH_2-Bruchstücke« (CH_2-Inkremente) denkt. Damit werden nach den Regeln des chemischen Rechnens aus den 1,4 t Benzin 4,4 t Kohlendioxid. Die oben berechnete *Atmungskohlendioxidabgabe* einer *zusätzlichen* Milliarde Menschen ist folglich ebenso hoch wie die von *102 Millionen Autos* (gegenwärtig sind auf den Straßen der Welt etwa 500 Millionen Fahrzeuge unterwegs, und es gibt fast 6 Milliarden Menschen). Und unsere Gutmenschen meinen tatsächlich, das 3-l-Auto oder Tempo 100 seien mit die wichtigsten Beiträge zur Senkung der CO_2-Emission. Meines Erachtens unterschlägt man bei Ökobilanzen regelmäßig die körperlichen Emissionen des Menschen. Wieso eigentlich? Was bei der obigen Überschlagsrechnung übrigens nicht berücksichtigt wurde, *ist die Energie, die allein zur Nahrungsmittelerzeugung für eine Milliarde zusätzlicher Erdenbürger benötigt wird!*

Gegen den Individualverkehr vorzugehen, wie es nicht nur hierzulande praktiziert wird, ist kein ernsthafter Beitrag zum Umweltschutz, sondern eher ein Beitrag zur Vernichtung von Arbeitsplätzen und ein Beleg für die Hilflosigkeit politischen Handelns. *Die wahre Ökokatastrophe, die Bevölkerungsexplosion, verdrängt man.*

Zum folgenden Absatz muß ich eine Vorbemerkung machen: Ich plädiere nicht für freie Fahrt mit Tempo 70 durch die Innenstadt. Wer aber, so muß man ernsthaft fragen, soll sich noch ein Auto kaufen, wenn er bei dessen Nutzung schikaniert wird? Das geschieht nicht? Doch! Die Ökosavonarolas lassen keinen noch so lächerlichen Aktionismus aus, um die Bevölkerung vom Auto weg in die ÖPNV-Ölsardinenbüchsen zu pressen. Die Vorgehensweise ist schizophren, denn man schafft auch heute noch möglichst viele Anfahrziele in der City, wie Stadtverwaltung, Büros, Geschäfte,

Banken, Versicherungen, und »bewirtschaftet« die Parkplätze weg. Das gibt ordentlich »Knöllchen«, mit denen man die Stadtkassen füllen kann. Regierende Gutmenschen glauben fest daran, der Bürger ist so dumm und merkt das nicht!

Dabei wäre ein vernünftiges Innenstadtparkplatz-Management nicht nur ein Beitrag zum Komfort, sondern würde auch Arbeitsplätze schaffen. In Zürich hat man einmal nachgerechnet und herausgefunden, daß ein City-Parkplatz jährlich von 2700 Autos angefahren wird. Deren 3780 Insassen tätigen 3300 Einkäufe, die den Geschäftsleuten einen Umsatz von umgerechnet 700.000 Mark bringen. In einer kleineren Stadt wie im schweizerischen Fribourg sind es immerhin noch umgerechnet 135.000 Mark. Aber Geschäftsumsatz ist des Ökoteufels. Schließlich ist das nur ökounvernünftiger, spätkapitalistischer Konsumterror.

Gerne werden auch neben breiten Ringstraßen Tempo-60-Schikanierschilder aufgestellt, und die Einhaltung des Limits wird mit Radarwagen kontrolliert. Argument: Das sind alles Unfallschwerpunkte. Manchmal stimmt das sogar. Hauptsächlich hat man es aber, insbesondere in rot-grün regierten Städten und Bundesländern, auf die Geldbörse der Autofahrer abgesehen. Schließlich bringt die legalisierte Wegelagerei jede Menge Spielgeld ein. Sehr beliebt sind auch Fahrbahnverengungen, für die selbst bei der größten Ebbe in der Stadtkasse noch Geld da ist. Eine Firma, die ihre Werkstätten und Büros mit solchen Fußangeln und Unfallschwerpunkten bewußt spicken würde, hätte reichlich Ärger mit der Berufsgenossenschaft! Den Kampf gegen die Pkw-Windmühlen sehen die Ritter von der traurigen Ökogestalt als einen der wichtigsten Beiträge zum Umweltschutz und wollen dabei nicht wahrhaben, daß die Menschen dieser Erde mindestens soviel CO_2 ausatmen, wie alle Pkw der Welt zusammen emittieren. Wir sind schon lange überbevölkert!

In einer Anzeigenkampagne wies die Autofirma BMW 1991 darauf hin, daß der Pkw weniger als 10 % der jährlichen anthropogenen CO_2-Emission verursache, und schreckte damit die Kargheits-Suchtknochen von Greenpeace auf. Da wird doch nicht jemand die Lufthoheit über den Ökoaltären gefährden? Flugs bezichtigten sie den »Pkw-Macher« der Ökolüge und konterten:[99] »15,5 % des Treibhauseffektes machen allein die Gase CO_2, FCKW, Ozon, Methan und Lachgas aus, die aus den Auspufftöpfen der weltweit über eine halbe Milliarde Autos quellen.« Daß FCKWs aus dem

Auspufftopf kommen, finde ich, ist eine interessante Bereicherung der Chemie. Wie weiter unten nachgelesen werden kann, dürfen Lachgas und Methan hier auch nicht miteinbezogen werden, denn diese Gase werden – wenn überhaupt – nur untergeordnet durch den Pkw-Verkehr emittiert. Um auf hohe CO_2-Prozente zu kommen, rechnen die Öko-Jünger noch die CO_2-Emission dazu, die bei der Produktion der Autos sowie beim Straßenbau anfällt, und argumentieren: Dadurch »errechnet sich für den bundesdeutschen Autoverkehr eine Treibhausschuld von knapp 30 % – größer als die von Industrie oder allen Haushalten der Republik zusammen«. Demnach wird der weltweite Treibhauseffekt zu etwa einem Drittel durch den deutschen Autoverkehr verursacht.

Tatsächlich emittierten 1992 in Deutschland Industrieprozesse und Haushalte bemerkenswerte 40,9 % der CO_2-Emission, und nur 18,1 % gehen auf das Konto des Verkehrs.[100] Für 1989 gelten folgende Werte:[101]

Pkw (Benzin und Diesel)	95 Millionen Tonnen
Nutzfahrzeuge (Lkw u. ä.)	30 Millionen Tonnen
Sonstige (Landwirtschaft, Militär)	29 Millionen Tonnen

An den 154 Millionen Tonnen CO_2, die durch den Verkehr emittiert werden, hat der Pkw einen Anteil von 61,7 %. Wird dies auf die Gesamtemission von 18,1 % bezogen, so bläst das Auto, der Umwelt- und Kinderfeind Nummer eins, ganze 11,2 % des insgesamt in der Bundesrepublik emittierten Kohlendioxids in die Luft. An diesen 11,2 % hängen direkt mindestens 20 % der Jobs und jede Menge bequeme Mobilität. Dies wird übrigens auch von Eltern und Kindern so gesehen. Weshalb sonst fahren so viele Ökoschizos morgens ihre Kinder mit dem Auto in die Schule, um sich mittags darüber aufzuregen, daß die Straße als Verkehrsfläche und nicht als Spielplatz gedacht ist?

Im übrigen kann man natürlich wie Greenpeace rechnen, dann muß man aber konsequent sein und vor die Beschäftigten von Ford, VW, BMW, Mercedes, Opel, Audi und die von deren Zulieferbetrieben treten und verkünden, daß ihre Jobs verschwinden müßten, weil die Dinosauriertechnik namens Automobilbau abgeschafft gehört. Auch die Beschäftigten des Straßenbaus, der Chemie- und Stahlindustrie dürften sich dafür interessieren, denn ohne Pkw-Produktion ist ein Großteil ihrer Jobs überflüssig. Man muß es auch den Betreibern von Ausflugslokalen sagen, deren Gäste zu Fuß oder mit dem Fahrrad wohl weniger häufig erscheinen werden.

Mit viel Trara hatte Greenpeace 1995 auf der IAA ein Ökoauto vorgestellt. Der Comprexmotor des sogenannten »Gringo« sollte wie ein 9-PS-Motorroller höchstens 3 l schlucken und bereits serienreif sein. Auffallend war nur, daß die Ökoheilsarmisten niemanden so recht an die Kiste heranließen. Die Bösmenschen von der Autoindustrie unkten: »Die haben Angst, daß sich zu viele Experten ihr Auto angucken.« Und tatsächlich mußten die Ökoakrobaten kurz danach öffentlich einräumen, daß ihr Kabinenroller eigentlich gar nicht fährt und der Motor bisher nur am Prüfstand gelaufen ist, was nicht heißt, daß das 3-l-Auto prinzipiell unmöglich ist.

Ohne Probleme kann man alles mögliche abschaffen, um den CO_2-Ausstoß zu mindern. Wir brauchen keinen Fernseher, kein Radio, keine Wasch- und keine Spülmaschine, keinen Staubsauger und auch vieles andere nicht. Der Ökoschizophantasie sind keine Grenzen gesetzt. Am besten sollen natürlich die anderen ihren Konsum einschränken, denn selbst hat man ja wohl Gründe genug, weshalb man auf die Bequemlichkeit unserer Zivilisation nicht verzichten kann!

Für die Erzeugung von Energie wurden 1989 in Deutschland 1023 Millionen Tonnen CO_2 emittiert, woran die Kraftwerke mit 39,4 % beteiligt waren. Wenn man schon etwas gegen den CO_2-Eintrag in die Luft tun möchte, dann sollte man, statt auf den Individualverkehr einzudreschen, vielmehr verstärkt auf komfortneutrale Energieeinsparung und Kernenergie setzen.

Zurück zum eigentlichen Thema. Schaut man sich den *Treibhauseffekt* näher an, der übrigens nichts mit dem Ozonloch zu tun hat (das ist ein ganz anderer Gruselfilm!), so findet man einige interessante Unstimmigkeiten. Der Effekt kommt vereinfacht betrachtet dadurch zustande, daß die Sonneneinstrahlung zunächst einmal die Erdoberfläche erwärmt. Diese wiederum reflektiert die Wärmestrahlung. *Treibhausgase,* so die Theorie, absorbieren die *von der Erde* reflektierte Wärmestrahlung und heizen dadurch die Atmosphäre auf. Wissenschaftlicher ausgedrückt: Ein klimawirksames Treibhausgas behindert die solare Einstrahlung weniger als die terrestrische Ausstrahlung.

Zunächst einmal sollten wir froh sein, daß es die Treibhausgase gibt, denn ohne sie wäre die Erde unbewohnbar. Die bodennahe Weltmitteltemperatur würde statt + 15 °C lebensfeindliche – 18 °C betragen. Was aber von den Saunameistern und den Medien (bewußt?) verschwiegen wird, ist, daß der *Hauptanteil* des natürlichen Treibhauseffektes vom *Wasserdampf* verursacht wird. Im einzelnen gelten die folgenden Werte:[102, 103]

Spurengas	*Temperatureffekt*	*derzeitige Konzentration*
Wasserdampf	*20,6 °C*	*2,6 % = 26.000 ppm*
Kohlendioxid	7,2 °C	357 ppm
Ozon	2,4 °C	0,03 ppm
N_2O (Lachgas)	1,4 °C	0,3 ppm
Methan	0,8 °C	1,7 ppm
andere Spurengase	0,6 °C	< 0,001 ppm

Der volkspädagogische Trick besteht darin, daß man den *Effekt des Wasserdampfs einfach mit Null* ansetzt und vom *zusätzlichen* Treibhauseffekt spricht. Daraus resultiert:

Spurengas	*allgemeiner Treibhauseffekt*	*zusätzlicher Treibhauseffekt*
Wasserdampf	62 %	*0* %
Kohlendioxid	22 %	57,9 %
Ozon	7 %	18,4 %
N_2O (Lachgas)	4 %	10,5 %
Methan	2,5 %	6,6 %
andere Spurengase	2,5 %	6,6 %

Der zusätzliche Treibhauseffekt ist ein wahrhaftig genialer Einfall, denn damit steigt der Einfluß des CO_2 von 22 % auf 57,9 %. So wird die Endzeitorgel voll auf Drehzahlen gebracht. Wenn überhaupt, dann messen die Kohlendioxid-Apokalyptiker allenfalls dem stratosphärischen Wasserdampf einen anthropogenen Treibhauseffekt von 2 bis 3 % zu.[104] Wer eine Wetterstation zu Hause hat, kann sich jederzeit leicht überzeugen: Vor einem Gewitter ist es deshalb schwül, weil die relative Feuchte stark ansteigt. Auch ist es in einer Waschküche deshalb treibhausartig, weil eine hohe Luftfeuchtigkeit herrscht. Dasselbe gilt für das schwüle Klima in den Tropen. Unsere Apokalyptiker verstecken die Treibhauswirkung des Wasserdampfs gerne hinter dem Ausdruck *»Wolkenrück-*

kopplungsmechanismus«. Damit ist gemeint, daß sich je nach Wolkenbildung der CO_2-Effekt entweder verstärkt oder abschwächt. Dementsprechend wird bei einer *Verdoppelung* des Kohlendioxids mit einem Klimaeffekt von moderaten + 0,7 °C bis hin zu apokalyptischen + 5,2 °C gerechnet.[105] Man sieht, auf welch unsicheren Beinen das Ganze steht, und kann getrost von einem *Verschleierungswolken-Mechanismus* sprechen, mit dem die gegenüber CO_2 fast 73mal so hohe treibhauswirksame Wasserdampfkonzentration unter den Tisch gekehrt wird. Professor Heyke, der sich seit Jahren kritisch (68er-Tugend!) mit dem Thema auseinandersetzt, sieht dies folgendermaßen: »Das gasförmige Wasser total zu negieren und das kondensierte Wasser als unsichere Wolken-Rückkopplung vom CO_2 (und anderen anthropogenen Treibhauseffekten) ›abzukoppeln‹, ist Irreführung, weil sonst das gesamte auf dem CO_2 basierende Klimakatastrophenszenarium zusammenbrechen würde.«[106]

An dieser Stelle sei erwähnt, daß die Anhänger des Ptolemäus (etwa 85–160 n. Chr.) mit epizykelartigen Planetenbahnen ohne Schwierigkeiten wissenschaftlich »beweisen« konnten, daß die Sonne sich um die Erde drehe. Das war Stand der Naturwissenschaft und wurde geglaubt. Unstimmigkeiten bei Planetenbahnen bügelte man mit »Äquaten« und »Exzentern« glatt. K. Simonnyi schreibt: »Das ptolemäische System verdankt seine Attraktivität den Platonschen Prinzipien, auf die es sich stützt, seine Genauigkeit resultiert jedoch aus seiner Anpassungsfähigkeit.« Das heutige platonsche Prinzip ist die These vom »ultraklimagiftigen« Kohlendioxid, und die »Äquanten« und »Exzenter« sind die vielen Tricks, mit denen man die Hypothese passend macht.

Auch paßt die CO_2-These nicht so recht zur Tatsache, daß die Mitteltemperatur trotz des CO_2-Anstiegs zwischen 1940 und 1970 gesunken ist (Bild 21). Vulkanausbrüche führen zu einer meßbaren Abkühlung. Aber erst im März 1956 kam es durch den Bezymianny-Ausbruch nachweislich zu einem Effekt, der die in Bild 21 gezeigte Abweichung bewirkt haben könnte. Auch gibt die Sonnenfleckenaktivität keine befriedigende Erklärung für das wiedergegebene Phänomen.

Übrigens läßt sich auch mit der CO_2-These die Erwärmung während der Eem-Warmzeit (vor 130.000 Jahren) nicht recht erklären. Dies stellt sogar die »Enquete-Kommission des 11. Deutschen Bundestages« fest, die sich mit dem Schutz der Erdatmo-

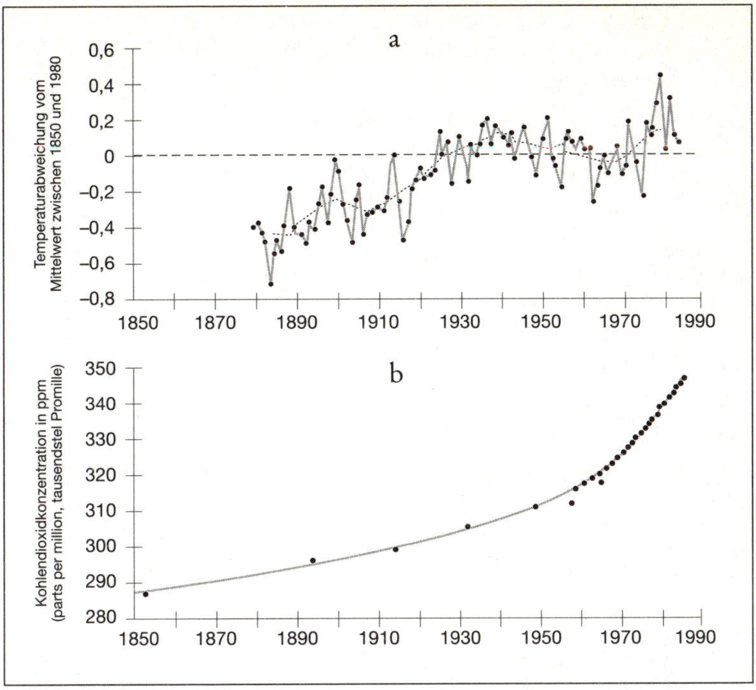

Bild 21: Mitteltemperaturverlauf und Kohlendioxidanstieg[107]

sphäre befaßt hat: »Von Bedeutung für die nachfolgende Diskussion über den zusätzlichen Treibhauseffekt des CO_2 ist die Tatsache, daß selbst in der Eem-Warmzeit, als die mittlere Temperatur um etwa 1 bis 2 °C über dem heutigen mittleren Wert lag, die CO_2-Konzentration Werte von 300 ppmv nicht überschritten hat.« Wenn also die CO_2-Doktrin so stimmen würde, wie aus volkspädagogischen Gründen allgemein verbreitet wird, dann müßte heute bei rund 360 ppmv (v = volumenbezogen) die Mitteltemperatur nicht »1 bis 2 °C« *unter* der der Eem-Warmzeit, sondern sogar beträchtlich darüber liegen.

Der bei einer Verbrennung üblicherweise entstehende Wasserdampf bleibt auch deshalb in den gängigen Klimatheorien vollkommen unberücksichtigt, weil man davon ausgeht, daß seine atmosphärische Verweilzeit nur 1/350 von der des CO_2 beträgt. So einfach ist es aber nicht. Zunächst muß der Begriff »Mol« erklärt werden. Mol ist die Einheit der Stoffmenge. Egal welche Art von

Substanz vorliegt, in einem Mol sind immer 6 · 10^{23} Teilchen, z. B. Moleküle, enthalten. So enthalten 18 g Wasser genauso viele Moleküle wie 44 g CO_2, nämlich jeweils 6 · 10^{23}. Warum exakt diese Mengen, läßt sich in der gebotenen Kürze nicht erklären. In jedem Fall ist nach gängiger Meinung für den Treibhauseffekt vor allem die *Anzahl* der Moleküle (entsprechend der »Molzahl«) in der Luft entscheidend.

Verfolgen wir einmal den Gedanken. Bei der weltweiten Energieerzeugung aus Kohle, Öl, Erdgas und Holz entstehen neben 550 · 10^{12} mol Kohlendioxid auch 550 · 10^{12} mol Wasserdampf, die eine Masse von 9,9 · 10^9 t haben.[108] Das Entscheidende ist, daß die Wärmeabsorption von der *Zahl der Moleküle* (»Molzahl«) abhängt. Obwohl ein H_2O-Molekül weniger Wärme (Infrarotstrahlung) absorbiert als ein CO_2 -Molekül, muß man trotzdem hinterfragen, ob man die Wärmeabsorption von Wassermolekülen so einfach unter den Tisch fallen lassen darf. Denn unabhängig von der Dauer der Verweilzeit des Wassers in der Atmosphäre dürften die bei der Energieerzeugung entstehenden 9,9 · 10^9 t Wasserdampf im Naturhaushalt mitmischen. Rechnen wir einmal nach: Die jährlich über dem Meer und dem Land verdunstende Wassermenge beträgt 5,0 · 10^{11} t, die bei der Verbrennung fossiler Energieträger freigesetzte Wasserdampfmenge 9,9 · 10^9 t und hat somit einen Anteil von:

$$(9{,}9 \cdot 10^9\,\text{t} : 5{,}0 \cdot 10^{11}\,\text{t}) \cdot 100\,\% = 2\,\%.$$

Zurück zum CO_2. Sind die 2 % Wasserdampf unerheblich, wenn das als allein klimawirksam angesehene, von uns Menschen »erzeugte« CO_2 (unser CO_2-Ausstoß durch Atmung nicht mitgerechnet) einen Anteil von nur 2,5 % am insgesamt emittierten Kohlendioxid hat (s. Tabelle S. 280)?

Auch das CO_2-abhängige Pflanzenwachstum darf bei einer ehrlicher Treibhausdiskussion nicht unberücksichtigt bleiben. Aber will man als Naturwissenschaftler eigentlich immer ehrlich sein oder vielleicht viel lieber ein Pöstchen in einem Apokalyptikerinstitut ergattern? Es gibt wohl wenige Forschungszweige, bei denen die Ergebnisse so stark von der persönlichen Weltanschauung abhängen wie bei der »Ökoforschung«. Nirgendwo sonst lassen sich kleinste Effekte so schön gigantisch aufblasen! In jedem Fall werden etwa 3 % des anthropogenen Nettoeintrags von CO_2 sofort von Pflanzen vertilgt. Um vermehrte Ernteerträge bemühte niederländische Turbogärtner halten in ihren modernen, rechnergesteuerten Gewächshäusern die CO_2-Konzentration bei 1 bis 2 % (10.000 bis 20.000 ppm). Das durch menschliche Aktivitäten eingetragene CO_2 ist nämlich ein *zusätzlicher* »Dünger aus der Luft« und führt zu einem verstärkten Pflanzenwuchs. Diese von vielen Wissenschaftlern vertretene These wird auch dadurch belegt, daß es ein nicht so einfach erklärbares Loch von 1 bis 2 Milliarden Tonnen in der CO_2-Bilanz gibt. Nach den bisher abgegebenen anthropogenen Kohlendioxidmengen müßte die heutige CO_2-Konzentration eigentlich um einiges höher als bei 360 ppm liegen. Deshalb vermuten viele Fachleute, daß es wegen des sich verstärkenden Wachstums selbst bei einer Verdoppelung des CO_2-Ausstoßes lediglich zu einer 18- bis 20%igen Erhöhung der Treibhausgaskonzentration in der Atmosphäre kommen wird![109]

1996 rekonstruierten Geowissenschaftler aus Hannover die Klimageschichte der Erde mit modernsten Methoden. Dabei fanden sie heraus, daß das atmosphärische Kohlendioxid noch nie so niedrig war wie in der gegenwärtigen Periode, dem Quartär.[110] Obwohl im späten Präkambrium vor rund 900 Millionen Jahren *tiefere* Temperaturen herrschten, war der CO_2-Wert fast *siebenmal so hoch.* Beim Vergleich mit anderen Epochen stellten sie fest, daß die erdgeschichtlichen Temperaturkurven weniger mit dem CO_2-Gehalt der Atmosphäre als vielmehr mit dem Wasserdampfgehalt korrelieren.

Ein anderer Einwand gegen die Treibhausthese kommt aus der Spektroskopie. Diese Wissenschaft beschäftigt sich mit der Absorption und der Emission elektromagnetischer Strahlung durch Atome und Moleküle. Da Wärmestrahlung (Infrarotstrahlung) eine elektromagnetische Strahlung ist, sollte man also auch ein wenig auf die Spektroskopiker hören. Zunächst muß man wissen, daß die auf der Erde eintreffende Sonneneinstrahlung mit 1368 Watt pro Quadratmeter relativ konstant ist. Davon ist nur ein kleiner Anteil treibhauswirksame Infrarotstrahlung, nämlich der – ebenfalls *konstante* – Teil, der *von der Erdoberfläche* als sogenannte *Albedo* abgegeben wird.

Der Spektroskopiker Jack Barrett vom Imperial College London ist der Auffassung, daß ein Kohlendioxidmolekül seine *aufgenommene Energie nicht* hauptsächlich *durch Infrarotstrahlung* wieder abgibt, sondern durch den *Zusammenstoß* mit anderen Molekülen. Seine Überlegung ist die folgende: Wenn ein CO_2-Teilchen Infrarotstrahlung aufgenommen hat, so gibt es nach den allgemeingültigen Regeln der Spektroskopie seine Energie mit einer Halbwertzeit von 10 Mikrosekunden als elektromagnetische Strahlung wieder ab. Während dieser Zeit ist aber das CO_2-Teilchen in der unteren Atmosphäre bereits mit *10.000* anderen Molekülen zusammengestoßen und hat seine aufgenommene Energie als *Wärmeschwingung* auf diese übertragen. Aus der Teilchendichte in der Nähe des Erdbodens berechnet Barrett[111], daß bereits heute in den untersten *30 m* der Troposphäre genügend Wasserdampf und Kohlendioxid vorhanden sind, um den *maximal möglichen* Treibhauseffekt zu erreichen. Eine weitere Steigerung des CO_2-Gehaltes *kann* deshalb seiner Auffassung nach *keinen zusätzlichen Treibhauseffekt* mehr bringen.

Auch die Meeresforschung zeigt, daß das CO_2 als der Klimafaktor schlechthin wahrscheinlich vollkommen überbewertet wird. Bekannterweise sorgt der Atlantik durch den Golfstrom für ein ausgeglichenes Klima in Europa. Dies beruht darauf, daß am Äquator der Salzgehalt durch Verdunstung auf 37,5 Promille ansteigt. Nun besteht aber grundsätzlich in der Natur die Neigung, ausgeglichene Verhältnisse herzustellen. Mit anderen Worten: Durch die Konzentrierung ist das Gleichgewicht gestört, deshalb fließt das salzreiche warme Atlantikwasser dorthin, wo das Wasser weniger salzhaltig ist. Es bewegt sich also nach Norden und sorgt dort für eine Erwärmung (thermohaliner Effekt). Bei Island wird es abgekühlt, sinkt ab und fließt als Tiefenstrom wieder zurück. Im Verlauf des Vorgangs wird der Salzgehalt genau ausbalanciert. Eine Verminderung um 2 ‰ würde die Wärmepumpe bereits zum Stillstand bringen! Diese Prise Salz ließe das Klima kippen und »uns das Frieren lernen«. Es ist also nicht das CO_2 allein, wobei Kohlendioxidenthusiasten bei den Meeresströmungen einen CO_2-Rückkopplungseffekt einbauen, damit es mit dem treibhausgaszentrierten Klimabild wieder schön übereinstimmt. Eines jedenfalls steht fest: In den 60er und 70er Jahren trieb eine riesige Linse mit salzärmerem Wasser von Labrador nach Island und verschwand im Nordatlantik. Dies hat zu einer regionalen Abkühlung und zu einer merklichen Änderung des Meereswassersalzgehalts um Island geführt.[112] Daß das nicht ohne Einfluß auf unser Klima bleiben kann, liegt auf der Hand.

»Noch 25 Jahre bis zur Katastrophe«, so lautete eine Zeitungsmeldung vom 1. November 1995. Denn bis dahin heizt sich nach dem dritten Gutachten des wissenschaftlichen Beirats der Bundesregierung das Klima bis zur Grenze des Erträglichen auf, wenn weiter wie bisher gewirtschaftet wird. Die Ökofangemeinde war aus dem Häuschen. Soviel Hysterie auf einmal – man kann es vor Horrorglück kaum fassen. Dies paßte ganz toll zu dem am 20. Februar des gleichen Jahres der Bundesregierung vom Direktor des Klimarechenzentrums in Hamburg, Professor Hasselmann, mitgeteilten Ergebnis eines Computerklimamodells. Danach hat der Mensch seit Beginn der Industrialisierung mit einer 95%igen Wahrscheinlichkeit die mittlere Jahrestemperatur um + 0,7 °C erhöht.

In ihrem globalen Klimamodell teilen die Forscher, die sich auch als »Modellierer« bezeichnen, die Atmosphäre und den Ozean in eine Vielzahl einzelner Schichten ein und bilden aus jeder Schicht ein Gitternetz mit 500 × 500 km.[113] Man geht bei den Berechnungen also ähnlich vor wie bei der Wettervorhersage, nur daß die Klimamodelle wegen des sonst nicht bewältigbaren Rechenaufwands mit einem wesentlich *gröberen Raster* arbeiten müssen.

Als Ergebnis finden die Modellierer, daß die Rechenmodelle sowohl der Atmosphäre als auch der Ozeane für sich allein »im wesentlichen das heutige Klima wiedergeben, andererseits aber systematische Fehler machen«. Und jetzt wird es spannend: Koppelt man das Atmosphärenmodell mit dem Ozeanmodell, so läuft alles schief, und man erhält eine »Klimadrift«. Im Ergebnis wandelt sich im Rechenverlauf das gekoppelte Modell langsam von einem »realistischen Zustand« in einen vollkommen »unrealistischen Zustand«. Und da ziehen die Modellierer das Kaninchen aus dem Hut. Sie führen in ihre Rechnung kurzerhand »Flußkorrekturen« ein, mit denen sie das Klimamodell so *anpassen,* daß das herauskommt, was realistisch erscheint: »Eine unsichtbare Hand« (Flöhl, *FAZ*) lenkt die Klimamodelle.

Die Horrormunitionslieferanten schreiben zu ihrer Manipulation: »Man hat als Modellierer also die Wahl, entweder ohne Flußkorrektur mit einem unrealistischen Klimazustand zu operieren oder die Flußkorrektur mit ihren Schwächen zu akzeptieren, dafür ein realistisches Klima zu erhalten.« Außerdem kann man nachlesen: »Wir wissen beispielsweise, daß die Wechselwirkungen zwischen den Wolken und dem Strahlungshaushalt kaum verstanden sind.« Auch haben die Modellierer sogenannte »Kaltstartprobleme«. Diese hängen damit zusammen, »daß man jegliche durch Treibhausgase verursachte Erwärmung, besonders im Ozean, vor

1985 nicht berücksichtigt«. Mit einem einfachen linearen Rechenmodell schätzen sie ab, daß der Fehler nach dem von ihnen entwickelten Hamburger Modell nach 50 Jahren etwa 0,4 °C ausmacht. Dennoch sind sich die Hamburger Klimaforscher sicher, mit einer *»Fingerprint-Methode«* herausgefunden zu haben, »daß die in den letzten 20 Jahren aufgetretene globale Erwärmung mit 95 % Wahrscheinlichkeit *nicht* auf natürliche Klimaschwankungen zurückgeführt werden kann«.

Zunächst ist einmal ganz naiv zu fragen, inwieweit sich prinzipiell ein solch komplexes Geschehen wie die Klimaentwicklung »berechnen« läßt. Einen ersten Hinweis gibt ein in den 70er Jahren entwickelter neuer Zweig der Mathematik, die »Chaostheorie«. Danach sind chaotische Systeme wie das Wetter und letztlich auch das Klima über einen bestimmten Zeitraum grundsätzlich nicht berechenbar. Wie? Es gibt doch meteorologische Rechenzentren, die das Wetter durchaus befriedigend vorhersagen. Richtig, aber nur für wenige Tage – und selbst da liegen sie häufig falsch. Ob der Himmel in 50 Tagen bedeckt ist oder ob die Sonne scheint, das ist nur in der Kristallkugel der berühmten Frau mit der Katze auf dem Buckel zu erkennen.

Es hat nicht an Überlegungen gefehlt, wonach man »die Welt« doch berechnen könne, wenn man alle Größen, selbst die winzigste Kleinigkeit, kennen würde. Der französische Mathematiker Pierre Laplace (1749–1827) hat den nach ihm benannten *»Laplaceschen Dämon«* geschaffen: »Eine Intelligenz, welche für einen gegebenen Augenblick alle in der Natur wirkenden Kräfte sowie die gegenseitige Lage der sie zusammensetzenden Elemente kennte und überdies umfassend genug wäre, würde in derselben Formel die Bewegungen der größten Himmelskörper wie des leichtesten Atoms umschließen; nichts würde ihr ungewiß sein, und Zukunft und Vergangenheit würden ihr offen vor Augen liegen.« Aber genau das ist nach der Chaostheorie nicht möglich, die sich mit dem Verhalten von *nichtlinearen dynamischen Systemen* beschäftigt, wozu mit Sicherheit auch das Erdklima gehört.

Üblicherweise arbeitet die Physik mit *linearen Beziehungen,* mit denen man beispielsweise recht genau berechnen kann, wie lange ein Fahrzeug benötigt, um bei einer gegebenen Fahrleistung und festgelegter Fahrtroute von Dortmund nach Dresden zu fahren. Bei nicht zu großer Fahrzeugdichte auf der Autobahn, sagen wir einmal fünf Fahrzeuge pro Kilometer, befindet sich das System

Straße im *Gleichgewicht,* und der Verkehr fließt. Zwischen Ursache (Bewegung) und Wirkung (Ankunft) besteht ein berechenbarer (proportionaler) Zusammenhang.

Wächst die Verkehrsdichte auf der Fahrtroute immer mehr, so befindet sich die Autobahn ab einem *kritischen Punkt* plötzlich *außerhalb des Gleichgewichts* und wandelt sich in ein »nichtlineares dynamisches System« um. Die Zahl der Fahrzeuge je Autobahnkilometer *koppelt* auf die Durchschnittsgeschwindigkeit *zurück.* Eine leidvolle Alltagserfahrung in einem längst überbesiedelten Land. Kleinste Verzögerungen, die die Fahrtzeit bestenfalls um zwei Sekunden verlängert hätten, können plötzlich zu einer stundenlangen Verspätung und einer prinzipiellen Nichtberechenbarkeit der Reisezeit führen. Diese kleinste Verzögerung kann dadurch entstanden sein, daß ein Fahrer ohne besonderen Anlaß in einer leichten Autobahnkurve etwas vom Gas gegangen ist. Der nächste vermindert die Geschwindigkeit etwas stärker, ein weiterer muß schon geringfügig bremsen, und ohne weiteres hat sich bei einer bestimmten *kritischen* Verkehrsdichte (dem kritischen Punkt) ein *Stau* aus dem Nichts *selbst organisiert.* Auch kann der Stau durch einen Unfall verursacht werden. Wann der passiert und an welcher Stelle, entzieht sich völlig der Berechenbarkeit. Irgendwann löst er sich wieder auf, weil beispielsweise weniger Verkehrsteilnehmer hineingeraten.

Beim Autobahnverkehr handelt es sich um ein nichtlineares chaotisches System, das bei den üblichen Verkehrsdichten ständig zwischen den zwei Zuständen »Stau« und »flüssiger Verkehr« pendelt, die man als *Attraktoren* bezeichnet. Die ab dem kritischen Punkt erfolgende Verzweigung in die beiden Zustände wird als *Bifurkation* bezeichnet.

Könnte man nicht doch durch Messung aller denkbaren Größen, wie der Stimmungslage aller Fahrer, Profiltiefe aller Reifen, Zustand aller Stoßdämpfer, Neigung der Wassermoleküle, als Regen zu kondensieren, usw., die exakte Fahrtzeit vorausberechnen? Nein, die Chaostheorie zeigt, daß der Laplacesche Dämon unmöglich ist.

Genauso verhält es sich mit dem *Erdklima.* Auch dieses ist ein *nichtlineares dynamisches System, das sich definitionsgemäß außerhalb des Gleichgewichts* befindet. Ständig springt es zwischen einer Unzahl von Klimazuständen hin und her, die sich als mehr oder minder stabile Wärme- oder Kälteperioden bemerkbar machen.

Wenn man schon »die Welt« auch bei Kenntnis aller atomaren Zustände nicht »berechnen« kann, wieso soll dann das Klima berechenbar sein, zumal wenn, wie beim Hamburger Modell, ein Gitternetz von 500 × 500 km verwendet wird? Das Weltklima hat in Wirklichkeit einen »eigenen Willen«, mit dem es unvorhersehbar aus dem Chaos eine *vorübergehende* neue Ordnung (Wärmeperiode oder Kälteperiode) schafft. Der Nobelpreisträger Ilya Prigogine spricht in anderem Zusammenhang von der »aktiven Materie«. Diese befindet sich im Ungleichgewicht und »ist die Quelle von Ordnung«.

Obwohl es also über bestimmte Zeiträume hinweg beim Erdklima gewisse Regelmäßigkeiten gibt, ist eine zuverlässige Berechnung des Klimas der nächsten 100 Jahre schon allein wegen der Gesetzmäßigkeiten der Chaostheorie kaum möglich. Damit es trotzdem paßt, fügen die Hamburger Modellierer in ihre Klimarechnungen die oben beschriebenen »Flußkorrekturen« ein. Besonders schwierig sind die Wolken in den gängigen Klimamodellen zu erfassen, weshalb sie nur als »Mittelwerte« berücksichtigt werden.

Wie feinmaschig ist eigentlich das Netz, mit dessen Hilfe die Modellierer den »Nachweis« erbrachten, daß die bösen Wohlstandsfetischisten mit 95%iger Wahrscheinlichkeit das Klima ruinierten? Der Laplacesche Dämon der Hamburger Ökogruselfilmemacher entspricht dem in Bild 22 oben wiedergegebenen T21-Netz. Für Sachunkundige: Es soll Europa und Grönland darstellen. Das untere T106-Netz wird beispielsweise in der Wettervorhersage benutzt. Weitere Kommentare erübrigen sich.

In einem Leserbrief an die *FAZ* greift der von den ZDF-Nachrichten her bekannte Meteorologe Dr. Wolfgang Thüne die »Fingerprint-Methode« des Hamburger Klimamodellierers Professor Hasselmann auf und schreibt unter anderem: »Was besagt ein ›95-Prozent-Beweis‹, wenn man willkürlich aus einem Kontinuum die globale Mitteltemperatur der letzten zwanzig Jahre (1974 bis 1993) herausgreift und mit dem globalen Temperaturverlauf der letzten 100 Jahre korreliert? Damit läßt sich zwar eine vorgefaßte Meinung quasi objektiv bestätigen, doch nähme man statt dessen die Periode 1954 bis 1973, dann könnte man auch den ›Anti-Beweis‹ führen.« Und dann erfährt der Leser etwas sehr Interessantes. Es geht um Geld, und zwar um viel Geld! Für die Inszenierung der Treibhaustheatervorstellung wird Hasselmanns Horrortrupp jährlich mit 100 Millionen Mark vom Steuerzahler subventioniert. Bis

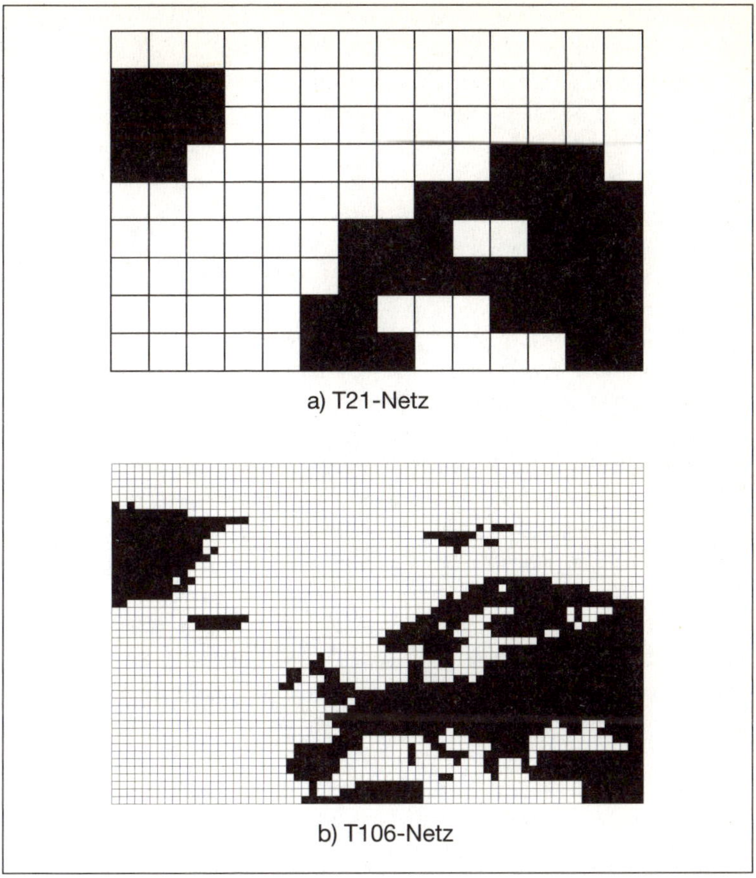

Bild 22: Rechen- und Beobachtungsnetz in der Klimaforschung und in der Wettervorhersage[113]

1995 hat das Klima-Monopolunternehmen des Professors 540 Millionen Mark auf den wissenschaftlichen Kopf gehauen.

Für Computerspiele zur Klimaforschung ist uns nichts zu teuer. So bekam das Deutsche Klimarechenzentrum (DKRZ) in Hamburg 1994 für 21 Millionen Mark den »Cray C916-Rechner«. Damit hofft man auf ein 200-km-Raster zu kommen. Aber auch das kann »kleinräumige« Erscheinungen von erheblichem Einfluß, wie Ozeanwirbel und Wolkenbildung, nicht in die Klimamodelle einbinden. Das Daten- und Beobachtungsnetz müßte mindestens auf 50-km-Einheiten ausgelegt und die Rechenleistung noch einmal um den Faktor 600 gesteigert werden. Hierfür müßte der Steuerzahler sicher noch ein paar Peanuts abdrücken. Vielleicht findet man dann heraus, daß das Klima wegen des chaotischen Verhaltens prinzipiell nicht berechenbar ist.

Auf keinen Fall aber kann man den Treibhausklamauk zurücknehmen. Erstens ist er mit massiver deutscher Geburtshilfe inzwischen multinational, und zweitens: Wie stünde die Politik da? Schließlich müßte man die Vergeudung von Steuergeldern begründen, die besser in die Entwicklung erneuerbarer Energien gesteckt worden wären.

Mehr oder minder extreme Klimaschwankungen sind allein wegen der Gesetzmäßigkeiten der Chaostheorie ganz natürlich. So hat sich das Klima seit der letzten Eiszeit vor etwa 10.000 Jahren nicht gleichmäßig, sondern in Sprüngen geändert. Es läßt sich nachweisen, daß sich die mittlere Jahrestemperatur auf ganz natürliche Art und Weise innerhalb weniger Jahrzehnte (!) um bis zu 10 Grad änderte und auch heute noch ändern kann. Durch Sedimentuntersuchungen konnte 1993 belegt werden, daß in den letzten 90.000 Jahren ein gutes Dutzend Klimazyklen stattfand, in denen sich die Erde zunächst über einen Zeitraum von mehreren tausend Jahren langsam abkühlte und sich dann innerhalb weniger Jahrzehnte (!) sprunghaft um einige Grad aufheizte. Zwischen 300 v. Chr. und 400 n. Chr. (Klimaoptimum der Römerzeit) war es mit Sicherheit wesentlich wärmer als heute, und zwar so warm, »daß in den Alpen dort Bergbau betrieben werden konnte, wo heute Dauerfrost herrscht. Einige Alpenübergänge waren wahrscheinlich den ganzen Winter über passierbar.«

»Im achten Jahr hintereinander zu warm«, so schrieb die *FAZ* am 1. Februar 1996 und kommentiert: »Jegliche Rückschlüsse auf eine herannahende Treibhauskatastrophe wären allerdings wissenschaftlich so seriös wie die Vorhersage der Wirtschaftsentwicklung anhand der Länge der Damenröcke.« So ist es. Es hätte auch im achten Jahr hintereinander zu kalt sein können. Selbst wenn es die nächsten zehn Jahre eine nach oben vom Mittel abweichende Jahresdurchschnittstemperatur gibt, ist das kein Beleg für die »Treibhauskatastrophe«. Das Klima veranstaltete, wie aus der Analyse grönländischer Eisbohrkerne ersichtlich wird, im Verlauf der letzten 150.000 Jahre auch ohne anthropogene CO_2-Emission die tollsten Bocksprünge, weil es seit jeher ein dynamisches System außerhalb des Gleichgewichtes ist.

Solange in den »sophisticated computer models« wichtige Parameter, wie Ozeanströmungen, Wolken, Eisschilde, Rußteilchen, Bevölkerungsdichte und Vegetation, fehlen, könnte man sich genausogut damit beschäftigen, die Lottozahlen mit einer Cray-C916 Maschine vorherzusagen. Es soll Leute geben, die glauben, daß das möglich sei! In Wirklichkeit scheint es bei der Beurteilung des »CO_2-Klimagifts« in der Wissenschaft zu einer Schweigespirale gekommen zu sein. Unbewußt drückt das der Klimaforscher Mojib Latif vom Hamburger Max-Planck-Institut für Klimaforschung mit folgenden Worten aus: »95 % aller Klimaexperten halten die Treibhaustheorie heute für bewiesen.«

Selbstverständlich ist es auch nach der Chaostheorie denkbar, daß sich das Klima aufgrund einer marginalen Änderung der Atmosphärenzusammensetzung sprunghaft ändert. Wenn sich die CO_2-Konzentration in der Luft von momentanen 0,035 % (35 l/m^3) erhöht, beispielsweise auf 0,045 % (45 l/m^3), so ist es nicht mit letzter Sicherheit auszuschließen, daß dadurch tatsächlich ein plötzliches Umkippen des Klimas eingeleitet wird. Daher kann an der Apokalyptikerthese vom CO_2-Treibhaus Erde etwas daran sein. Sehr wahrscheinlich aber wesentlich weniger, als landläufig behauptet wird. Zumindest ist der Anstieg der CO_2-Konzentration ein Beleg dafür, daß der Mensch in das natürliche Gleichgewicht eingreift. Und das kommt in erster Linie davon, daß wir einfach zu viele sind. Das ist der eigentliche Punkt!

Auch die anderen Treibhausgase sind recht unterhaltsam. So stehen die Rindviecher in Verdacht, die Polkappen zum Schmelzen zu bringen, weil sie aus ihrem Verdauungstrakt Methan ablassen. Was für ein Glück, daß das beim Menschen nicht stattfindet. Oh, pardon, darüber spricht man nicht. Schaut man aber einmal ins Lehrbuch[114], so findet man, daß die Darmgase zwischen 1 und 60 % aus Methan bestehen. Was sonst von der Verdauung übrigbleibt, wandelt sich im übrigen auch zu einem erheblichen Teil in Methan um. Selbstverständlich sind die rein existentiellen Emissionen des Menschen nicht nur tabu, sondern bei »nur« 6 Milliarden »punktförmigen Eintragern« auch ziemlich unerheblich. Nebenbei bemerkt: In der Methangasbilanz hat man eine bis heute nicht erklärbare Lücke.

In Amerika lief 1994 ein Forschungsprojekt »Burping Cow« (rülpsende Kuh).[128] Man befürchtet, daß die Tiere für 20 bis 30 % aller Methanemissionen verantwortlich sind. Das US-Umweltministerium ließ 300.000 Dollar springen, um herauszufinden, was da so abgelassen wird. Das Ergebnis war niederschmetternd. Allein am hinteren Ende kommen bis zu 100 m^3 Methan/Jahr/Kuh zusammen. Noch schlimmer ist der »schlechte Atem« der Tiere, denn vorne kommt nach den Ergebnissen der Forscher sogar 20mal soviel Gas heraus. Man rechnete nach und fand heraus, daß dies viermal soviel Methan ist, wie es auf der Erde gibt. Auch interessant!

Auf dem Weltklimagipfel im März 1995 wurden natürlich die deutschen Bauern an den Pranger gestellt. Bußfertig sei der Bundesbürger, zerknirscht und in Sack und Asche wandelnd. Um dennoch nicht ganz der Melancholie zu verfallen, konnte der besorgte Landwirt in seinem Verbandsorgan *Hessenbauer* die aufmunternde Erkenntnis nachlesen: »Kühe rülpsen das Klima nicht allein kaputt.« Recht haben die Landwirte, denn die Hauptquelle der 6 Millionen Tonnen bundesdeutschen Methans ist mit 37 % die Abfalldeponierung. (Warum verbrennt man den Krempel nicht? Ach so, der Dioxinweltuntergang!) Dann kommt erst die Landwirtschaft mit 30 %. »Die restlichen Emissionen stammen im wesentlichen aus dem Kohlebergbau oder strömen aus undichten Erdgaspipelines.«[115] Wenn diese Literaturangaben stimmen, dann ist das Auto im Gegensatz zur Behauptung von Greenpeace (s. S. 284) so gut wie überhaupt nicht an der wundersamen Methanvermehrung in der Luft beteiligt.

Würden die Industrieländer, um das Klima zu retten, beschließen, weltweit die Rinder abzuschaffen, gäbe es nicht nur mit den Rumpsteakliebhabern, sondern auch mit den Indern erhebliche Konflikte. Abgesehen davon bringt es ein mittelgroßer Elefant sogar auf die 24fache Methanemission einer Kuh. Kaum jemand dürfte auf die Idee kommen, wegen des Klimaschutzes die Elefanten abzuschießen.

Stickstoff(I)-oxid (N_2O), besser bekannt als Lachgas, hat ein relatives Treibhauspotential (THP) von 270 und ist also um diesen Faktor wirksamer als CO_2. Wegen seiner geringen Konzentration ist es aber nur zu 4 % am *allgemeinen* Treibhauseffekt beteiligt (s. S. 287). 1990 wurden in Deutschland 220.000 t N_2O emittiert. 45 % entfielen auf die Produktion von Adipinsäure[115], die zur Nylonherstellung benötigt wird. Man erkennt unschwer: Selbst die Strumpfhose bringt die Gletscher zum kalben! Vielleicht sollten wir auch das Tragen von Nylons mit einer Ökosteuer belegen?

Ökozündhütchen sei aber gleich gesagt, daß die industrielle N_2O-Emission von untergeordneter Bedeutung ist, denn über 90 % der anthropogenen Lachgasemission machen die *Nahrungsmittelproduktion* für die explodierte *Weltbevölkerung* und die Verbrennung von Biomasse aus. Vor allem dadurch steigt der Gehalt des Gases in der Atmosphäre jährlich um 0,2 bis 0,3 % an. Rechnet man nach, so kommt man zu dem Ergebnis, daß es mindestens 230 Jahre dauert, bis sich der gegenwärtige N_2O-Gehalt von 0,000.05 % auf 0,000.1 % verdoppelt haben wird.

Die Landwirtschaft trägt mit 35 % zur globalen Emission des Lachgases bei. Interessant ist, daß nach Untersuchungen des »Forschungsverbunds Agrarökosysteme München« (FAM) der umweltfreundliche integrierte oder auch der rein ökologische Landbau nicht unbedingt besser als die konventionelle Agrarbewirtschaftung abschneiden. Im Verlauf eines Forschungsprojekts auf dem Hofgut Scheyern in der Hallertau stellten die Wissenschaftler fest, daß die *höchsten N_2O-Werte* von einem *ökologisch bewirtschafteten* Sonnenblumenfeld und von einem Kartoffelacker des integrierten Landbaus abgegeben wurden.[116]

Nicht vergessen werden darf, daß Stickstoff(I)-oxid auch ganz gezielt industriell hergestellt wird, da es in der Medizin als Narkosegas hervorragende Dienste leistet. Als Treibgas für die Spraydosensahne wird es ebenfalls geschätzt und landet somit auf der Obsttorte. Dies hat die Fachhochschullehrerin und Bundestagsabgeordnete Monika Ganseforth (SPD) ins Grübeln gebracht. Die Professorin stellte deshalb 1993 die ernstgemeinte Anfrage: »Was hält die Bundesregierung davon ab, die Zulassung von Lachgas als Treibmittel für Schlagsahne zurückzunehmen?«[117]

Warum halbe Sachen machen? Vielleicht sollte man darüber nachdenken, ob nicht der CO_2-Gehalt von Mineralwässern reduziert werden sollte. Insbesondere wäre an ein Verbot des Champagners mit seiner ultragefährlichen Kohlendioxidemission zu denken. Um soziale Härten zu vermeiden, könnte man wegen der Einzelfallgerechtigkeit und aus sozialen Gründen die preiswerteren 3,59-Mark-Sektsorten für eine Übergangszeit zulassen. Die werden wenigstens nicht von den Besserverdienenden konsumiert. Für Staatsempfänge und in den Bundestagsrestaurants müßte man aus Repräsentationsgründen natürlich alles beim alten lassen.

Im Wägelchen der Ökogeisterbahn kann sich Angstmeiers

Sohn wegen der Lachgas-Nummer der Frau Professor kaum noch einkriegen und fragt den Papa, ob er jetzt die vollen Sektflaschen aus dem Keller zur Sondermülldeponie bringen solle, damit sie umweltfreundlich entsorgt werden könnten. Sein Vater raunzt: »Sei ruhig, dummer Bub, davon verstehst du nichts. Die Experten beurteilen das ganz anders! Mama, ab nächster Woche gibt es nur noch stilles Mineralwasser.« Klapp, da geht die nächste Türe auf.

Die bodennahe Ozonklamotte

Bunte Bänder flattern von der Autobahnbrücke, und bei näherem Hinsehen erkennt man die Aufschrift »Ozonalarm – Tempo 90«. In der Ecke der Besorgniskammer läuft ein Fernseher. Gerade wird feierlich der Ozonhorrorwert des Tages zelebriert. Schreckliches tut sich da, und es ist schon erstaunlich, was die moderne instrumentelle Analytik leistet. Da wurden 1996 schon im Juni Megagrauen erregende 0,000.000.240 g Meuchel-Gas in einem Liter baden-württembergischer Luft gemessen. Wenn das kein Siechtum gibt!

Das Rumpelwägelchen der Familie Angstmeier kommt vor einer Rock-Band zum Stehen, die gerade den Ozon-Blues spielt. Ein Sänger mit Schlapphut röchelt den Song von der Atemnot und der Allergie ins Mikrofon. Da heißt es aufgepaßt: Antreten zur Kollektivhysterie, an die Gesundheit denken und wegen der Zukunft der Kinder vom Gas gehen. Schließlich haben die regierenden Ökagogen die Ultragefährlichkeit des bodennahen Ozons lange genug ins Gehirn gehämmert – Big brother watches for you! Was steckt dahinter? Nicht, daß das Ozon vollkommen ungefährlich wäre, nein, es wird aber wie immer *maßlos übertrieben!* Das dreiatomige Gas zählt zu den *Photooxidantien,* die den berüchtigten Los-Angeles-Smog ausmachen. Und jetzt kann ich mir zwei der unverständlichen Buchstabengleichungen nicht verkneifen. Demnach entsteht das dreiatomige Ozonmolekül aus NO_2 unter Lichteinwirkung nach folgendem Schema:

$$NO_2 \xrightarrow{\text{energiereiches Sonnenlicht}} NO + O$$

$$O + O_2 \text{ (Luftsauerstoff)} \longrightarrow O_3 \text{ (Ozon)}$$

Enthält die Luft viel NO, wird das Ozon auch schnell wieder abgebaut. So kommt es, daß in den Straßenschluchten der Großstädte mit hoher NO-Konzentration relativ wenig Ozon vorhanden ist, während in städtischen Wohngebieten und in den daran anschließenden ländlichen Gebieten eine wesentlich höhere Ozonkonzentration herrscht.

Nicht nur *Stickoxide* (NO_x), sondern auch *flüchtige organische Verbindungen,* wie unverbrannter Treibstoff, lassen das Horrorgas entstehen. Die beiden *Vorläufersubstanzgruppen* stammen jedoch nicht nur aus dem Auspuff und schon gar *nicht* aus dem geregelten Kat-Auspuff! Der ist wahrhaftig von untergeordneter Bedeutung. Dazu folgende Rechnung:

1995 fuhren 40,4 Millionen Pkw durch die Landschaft, von denen aber 30,5 Millionen mit einem wirksamen Katalysator ausgerüstet waren. Da diese 30,5 Millionen Fahrzeuge nur ein Zehntel der Abgase eines alten Stinkers produzieren, entspricht die ozonerzeugende Schadstoffbelastung *aller* Pkw der von

$$\frac{30{,}5}{10} \text{ Millionen} + 9{,}9 \text{ Millionen} \approx 13 \text{ Millionen}$$

alten Fahrzeugen. Und dies war in etwa der Bestand in den 60er Jahren.

Der Grund für die stärkere Ozonbildung liegt ganz woanders. Das Umweltbundesamt erläutert:[118] »Lastkraftwagen sind wegen ihrer leistungsstarken Motoren überproportional an den von Kraftfahrzeugen verursachten Emissionen beteiligt. So verursachen Lkw im innerstädtischen Verkehr bei einem Anteil von 10 % der Fahrleistungen 40 % der Stickstoffoxidemission und 75 % der Rußpartikelemission. Wegen des steigenden Anteils schadstoffarmer Pkw wird sich diese Relation künftig verstärken.«

Wie die Werte für die Bundesrepublik von 1989 zeigen, sind andere Quellen für die Ozonvorläufersubstanzen nicht unbeträchtlich:[119]

	Stickoxide	*Kohlenwasserstoffe*
Straßenverkehr	59,2 %	47,4 %
andere Quellen	40,8 %	52,6 %

Unter »andere Quellen« sind hier zusammengefaßt die Industrieprozesse, die Haushalte und der übrige Verkehr (Bahn, Luft u. ä.). Bei den Stickoxiden machen übrigens die Gewitter hochgerechnet 32 % des gesamten umgeschlagenen Stickstoffs der Erde ($47 \cdot 10^6$

t/Jahr) aus, während es unsere technogenen Prozesse (industrielle Prozesse, Heizungen, Verkehr) auf 42 % bringen.[120] Würden weniger Menschen die Erde bevölkern, insbesondere in den »ökologisch überbevölkerten Industriestaaten« (E. U. von Weizsäcker), wäre dies ein Segen für die Natur!

Los Angeles wurde zur Welt-Smoghauptstadt, weil erstens die Stadt mit einer Fläche von 4000 qkm 8.000.000 Menschen oder 2000 Menschen/qkm beherbergt, die nicht nur Klimaanlagen betreiben, sondern auch reichlich Auto fahren. Zweitens verhindert die Kessellage dieser Stadt den Abzug des *photochemischen Smogs,* der bis zu 90 % aus Ozon bestehen kann.

Hätte die Bundesrepublik nur die Bevölkerungsdichte von den USA, dann würden nur 27 und nicht 228 Einwohner auf einem Quadratkilometer leben. Unsere Schadstoffemission wäre bei gleichem Wohlstand nur 11,8 % der gegenwärtigen. Was wäre daran schlimm? Ach so, die Frage unserer Altersversorgung. Die knöpfe ich mir im letzten Kapitel vor.

In jedem Fall hat sich die NO_x-Emission durch den Straßenverkehr in Deutschland zwischen 1970 und 1989 von 800.000 t auf 1.600.000 t erhöht[119], wobei sich heute die Zahl der Pkw fast verdreifacht und die der Lkw verdoppelt hat. Da die Pkw-NO_x-Emission wegen des Einsatzes von Kat-Fahrzeugen nur in etwa der von 15 Millionen alter Autos entspricht, muß die Stickoxid-Emission vor allem auf den Anstieg des Lkw-Verkehrs zurückzuführen sein. Dabei fällt der relativ geringe Bestand an einheimischen Fahrzeugen (2,2 Millionen) nur bedingt ins Gewicht, weil der größte Teil der Lkw-Emissionen zunehmend von außerdeutschen Billigst-Transporteuren erbracht wird.

Sehr ärgerlich ist, daß ein erheblicher Teil dieses Wirtschaftsverkehrs nur aus rein betriebswirtschaftlichen Gründen stattfindet. So wird ganz gerne die Lagerhalle auf die Autobahn verlegt (»Just in time«-Verfahren), oder man transportiert bayrische Milch nach Griechenland, um dort Joghurt daraus zu machen, den man anschließend autobahnverstopfend wieder nach Deutschland schafft. Sehr beliebt sind auch die Büsumer Krabben, die nach Polen gekarrt, dort gepult werden und anschließend per Lkw wieder bei uns landen. Gerne werden auch Waren ausgeführt, im Ausland nicht abgeladen, sondern nur die Papiere getauscht. Der Reimport bringt dem Unternehmer nach EU-Regelungen beträchtliche Steuerentlastungen. Mit anderen Worten: Ein erheblicher Teil des

Lkw-Verkehrs nebst den Leerfahrten ist sinnlos und dient nur dem Polieren der Unternehmensbilanzen.

Wie umweltfreundlich ist eigentlich der Diesel? Hier die Zahlen:[121]

	Ottomotor ohne Katalysator	*Ottomotor* mit *Katalysator*	*Dieselmotor*
Stickoxide	100 %	10 %	50%
Kohlenmonoxid	100 %	10 %	10 %
Kohlenwasserstoffe	100 %	10 %	25%

Die Tabelle zeigt zunächst einmal, daß der Ausstoß von Kohlenmonoxid *kein* Kriterium für die Umweltfreundlichkeit eines Motorsystems sein kann, denn der Diesel emittiert im Vergleich zu einem Fahrzeug mit Katalysator fünfmal soviel NO_x und das 2,5fache an Kohlenwasserstoffen. Weil man vor Jahren nur das CO leicht messen konnte, führte man es als Richtgröße ein. Hätte man damals das NO_x mit einfachen Bordmitteln erfassen können, wäre der Diesel niemals als umweltfreundlich eingestuft worden. Und noch eine Komponente steckt hinter der scheinbaren Umweltfreundlichkeit des Diesels. Er ist der Antrieb unserer heiligen Kühe, der Busse (ÖPNV) und des Wirtschaftsverkehrs.

So taumeln wir von einer Öko-Schizophrenie in die nächste. Autos, so hätte es der Wirtschaftsminister ganz gerne, sollen weiterhin gekauft werden. Nur benutzen, so hätte es das Umweltministerium viel lieber – benutzen sollten wir sie nicht. Ein Lob allerdings muß man auch auf den Diesel ausbringen. Er ist deshalb etwas umweltfreundlicher als der Ottomotor, weil sein Spritverbrauch wegen des höheren Wirkungsgrades günstiger ist. Wenn es also gelingt, den NO_x- und Rußausstoß des Diesels massiv zu mindern, dürfte das Antriebsprinzip eine gute Zukunft haben. Auch würde der Diesel besser dastehen, wenn man ihm endlich seinen charakteristischen Gestank nehmen könnte.

Nachdem sich Länder und Bundesregierung jahrelang gestritten hatten, ab welcher Ozonkonzentration Verkehrsbeschränkungen verfügt werden sollen, legte man 1995 den Grenzwert für die Auslösung des Aktionismus auf 240 $\mu g/m^3$ fest. Wenn bei drei Meßstationen dieser Wert überschritten wird, sollen Verkehrsverbote ausgesprochen werden. So kommt es, daß einige Landesregierungen dem ersten Ozonalarm des Jahres entgegenbibbern wie eine

Jungfrau um 1910 der Hochzeitsnacht. Endlich Tempo-90-Hysteriebänder an Autobahnbrücken. Und dann erst die tollen Polizeikontrollen! Das gibt dringend benötigte Knete für die eindrittelbürgernahe Politik!

Das Auto, wenn man es doch nur endlich ausgerottet hätte! Weg mit den ganzen Autofabriken, zum Teufel mit den Werkstätten, den Tankstellen, dem Komfort, der modernen Zivilisation, den Steuergeldern, den Arbeitsplätzen ... Öko-Savonarolas meinen ernsthaft, bei Tempo 100 auf der Autobahn würden signifikant weniger Schadstoffe emittiert. Da ist schon einmal zu fragen, wieviel der Verkehrsleistung wird eigentlich auf den »Betonbändern für Raser« erbracht? In der Bundesrepublik gibt es[122]

- 395.000 km Innerortstraßen mit 50 km/h,
- 227.000 km Außerortstraßen mit 60 bis 100 m km/h
- und gerade einmal 11.000 km Autobahnen, die zum erheblichen Teil bereits heute mit Geschwindigkeitsbeschränkungen versehen sind.

Es läßt sich nachrechnen, daß nur etwa *5,3 %* der gesamten in der Bundesrepublik erbrachten Fahrleistung außerhalb des geschwindigkeitsbeschränkten Bereichs erbracht werden. Da muß man schon Anhänger einer besonderen Logik sein, um in der Geschwindigkeitsdrosselung auf Tempo 100 einen wichtigen Umweltbeitrag zu sehen. Noch nicht einmal die vom Verkehr verursachte CO_2-Emission läßt sich damit merklich reduzieren: Es konnte nicht ausbleiben, daß der Heilbronner Ozonversuch vom 23. bis zum 26. Juli 1994 für 2,81 Millionen Mark ein Flop wurde, da sich das Meuchelgas nicht ideologiegemäß verhält. Trotz des verordneten Tempo 60 auf der Autobahn blieb der Ozonwert gleich und stieg kurzzeitig sogar geringfügig an! Allerdings wurde darauf hingewiesen, daß den Bewohnern am Rand der Autobahn während des Versuchs mehr Ruhe gegönnt war, und das scheint mir eigentlich auch der Hauptpunkt zu sein, weshalb Verkehrseinschränkungen Zuspruch finden. Die Ruhe, darum geht es den meisten. Immerhin waren 1989 über 70 % der Bürger durch Straßenlärm belästigt, wobei 23 % sogar von einer starken Belästigung sprachen.

Aber die Zunahme der Allergien, insbesondere bei Kindern, die hat doch sicher etwas mit dem Ozon zu tun? Kaum! Denn Ozon selbst ist zunächst einmal kein Allergen.[123] Es verursacht jedoch bei *lang andauernder* körperlicher Anstrengung (über sechs Stunden) bei einer Konzentration von 180 µg/m³ Veränderungen im peripheren Lungengewebe. Diese sind aber vollkommen reversibel.

Über die physiologischen Veränderungen durch Ozon in der Lunge schreibt der Mediziner Professor Wagner vom ehemaligen Bundesgesundheitsamt in Berlin:[124] »Dies kann möglicherweise dazu führen, daß gleichzeitig anwesende chemische oder biologische Allergene durch die erhöhte Permeabilität (Durchlässigkeit, d. Verf.) tiefer in das geschädigte Gewebe eindringen, was eine Allergisierung begünstigen könnte.«

Die indirekte Allergieauslösung durch Ozon kann aber nicht so effektvoll sein, sonst hätte man in *Los Angeles*, wo auch nach der Einführung strenger Abgasvorschriften die Ozonkonzentration an *über 70 Tagen bei 400 µg/m³* liegt[125], längst eindeutige Hinweise darauf gefunden. Die Stadt ist trotzdem kein flächendeckendes Krankenhaus mit nach Luft japsenden Patienten, die aus dem letzten Asthmaloch pfeifen! Neuere auf Los Angeles bezogene Untersuchungen zeigen, daß Ozon nur als Teilfaktor einer Allergieauslösung, »neben der Wirkung der erheblichen Schwebstaubbelastung in diesen Gebieten«, in Frage kommt.

Dennoch: Ganz ohne Auswirkungen auf unser Befinden sind hohe Ozonkonzentrationen nicht, denn unsere Lungenfunktion wird beeinträchtigt. Als Meßwert dient das sogenannte *Sekundenvolumen (FEV_1)*. Und dieses nimmt unter Ozonbelastung ab. Allerdings reagieren die Menschen unterschiedlich empfindlich, so daß sich folgende Gesundheitseffekte feststellen lassen:[124]

Ozonkonzentration in µg/m³	*Reizung, Entzündung von Augen, Nase und Hals*	*Reduktion des FEV_1 bei allen*	*Reduktion des FEV_1 bei den anfälligsten 10 % d. Bevölkerung*
< 100	0 %	0 %	0 %
> 200	bei wenigen empfindlichen Personen	5 %	10 %
300	< 30 %	15 %	< 30 %
400	> 50 %	25 %	> 50 %

Diese Reaktionen wurden aber nur bei *mehrstündiger Exposition* und *gleichzeitiger körperlicher Belastung* festgestellt. Deshalb ist es bei höheren Ozonkonzentrationen ratsam, die Arbeitszeit vorzuverlegen, Pausen einzulegen und keine Sportarten zu betreiben, die »schon wegen der meist hohen Außentemperaturen nicht sinnvoll sind«. Die Reduktion des FEV_1 verschwindet wieder. Ein besonderes Risikokollektiv sind Säuglinge, da sie auf ihre Körpergröße bezogen ein erhöhtes Atemminutenvolumen haben.

Interessanterweise ist Ozon äußerst instabil und *zerfällt mit einer Halbwertszeit von nur zwei bis sechs Minuten.* Der Aufenthalt in Innenräumen bei geschlossenen Türen reduziert die Ozonkonzentration in ganz kurzer Zeit auf eine Menge unterhalb der Nachweisgrenze, weil sich die Moleküle an der Oberfläche von Raum- und Einrichtungsgegenständen zersetzen. In einem geschlossenen Raum ist also auch bei extremen Ozonaußenwerten niemand gefährdet.

Asthmatiker reagieren äußerst heftig auf SO_2, wie es bei der Verbrennung von Kohle vor allem in Kraftwerken entsteht. Beim Sommersmog ist die Gefahr für diese Personengruppe gemindert, weil nur bei *wenigen* Patienten die »Vorexposition gegenüber Ozon möglicherweise zu einer stärkeren Reagibilität als bei Gesunden« führt. Wenn überhaupt, muß es sich auch hier um einen äußerst geringen Effekt handeln, denn: »Eine ganze Reihe von Studien findet … keinen Zusammenhang zwischen Ozon-Immissionen und täglicher Morbidität bzw. Asthma-Anfallhäufigkeit.«[123] Der bereits zitierte Professor Wagner schreibt: »Es besteht weitgehend Einigkeit, daß Konzentrationen zwischen 360–400 $\mu g/m^3$ (bei entsprechend langer Exposition und besonders bei gleichzeitiger körperlich anstrengender Tätigkeit) zu länger anhaltenden gesundheitlichen Beeinträchtigungen führen können – allerdings bedeutet dies noch keine unmittelbare Gesundheitsgefahr.«

Zwischen hohen Außentemperaturen und der Sterblichkeit gibt es eine eindeutige Korrelation. Es lag daher nahe, den Einfluß des Ozons bei hohen Temperaturen auf die tägliche Morbidität genauer zu untersuchen. Inzwischen existieren auch hierzu mehrere Studien. »Keine der Analysen ließ einen Zusammenhang erkennen.« Auch der Krebsverdacht ließ sich nicht erhärten, obwohl das Ozon in vitro (»im Laborglas«) bei Bakterienkulturen mutagene Wirkung gezeigt hat (vgl. Ames-Test, S. 197).

Dennoch drängen angstsurfende Politiker auf Restriktionen, denn damit lassen sich WählerInnen-Stimmen fangen. Es ist deshalb nicht verwunderlich, wenn Hessens Umweltminister von

Plottnitz (Grüne) der Ansicht ist, daß Fahrverbote für Nichtkatalysatorfahrzeuge vollkommen unzureichend seien. Nach seiner Auffassung macht es Sinn, den Ozonalarm-Auslösegrenzwert von 240 auf 180 µg/m³ zu senken. Vor allem möchte er die heißgeliebten Tempolimits für *alle* Fahrzeuge verhängen. Für Lastkraftwagen seien zunächst Ausnahmegenehmigungen notwendig.[126]

Welche Regelungen hat man in anderen Ländern? In Kalifornien gibt es bereits seit über zwei Jahrzehnten eine Sommersmogverordnung. Der *Auslösewert* für einen *Verkehrsstopp* liegt für die Region um Los Angeles bei *700 bis 1000 µg/m³*.[125] Auch in Athen und in Japan kennt man ähnliche Regelungen. Wie sehen die Spitzenwerte aus? 1976 wurden in Mannheim für eine halbe Stunde 664 µg/m³ gemessen und 1981 in Köln-Gendorf während der gleichen Zeitspanne 546 µg/m³. 1988 gab es in Ludwigshafen an elf Tagen eine Ozonkonzentration von über 240 µg/m³. Solche Werte waren 1985 in Los Angeles an 141 Tagen Standard; dazu kamen an 68 Tagen 400 µg/m³ und an fünf Tagen über 700 µg/m³. Der Spitzenwert lag in dieser Stadt bei 1160 µg/m³ in den 70er Jahren. Trotz dieser Werte leben die Leute ganz gut in Los Angeles.

Der Hauptanteil unseres Ozonhorrors dürfte auf dem Acker unserer schrulligen Ängste gewachsen sein. Damit sind wir bei den *psychischen Wirkungen* der Horrorgas-News. Bekannt ist, daß Informationen unbestimmte Bedrohungsängste auslösen können, die sich in Abhängigkeit von der individuellen Vorprägung unterschiedlich auswirken. Eine große Rolle spielen dabei die Persönlichkeitsstruktur und der Bildungsgrad. In der Literatur spricht man von der *Toxikopie*, was frei übersetzt als »Giftbedrohungsempfinden« bezeichnet werden kann. Wie nicht anders zu erwarten, reagieren bestimmte Personen auf ideologiekonforme Wetterlagen und »empfinden die Symptome, die sie aus den Medien als ›ozontypisch‹ erfahren haben: Augenreizung, Schluckbeschwerden, erschwerte Atmung, Schmerzen beim tiefen Einatmen, Kopfschmerz, Schlaffheit, Kreislaufbeschwerden. Daß die bei solchen Wetterlagen herrschenden hohen Temperaturen und die trockene Luft allein schon diese Beschwerden erzeugen können, wird bei den auf Ozon ›programmierten‹ Personen oft nicht erkannt bzw. akzeptiert.«[124]

Verlassen wir aber die Ökogeisterbahn. Familie Angstmeier rumpelt noch durch viele Horrorkämmerchen, die manches Unterhaltsame bieten. Da gibt es den Horror auf vier Rädern, von dem manche Landesregierung ihren politischen Honigseim bezieht. Im Ultragefährlichraum erlebt Familie Angstmeier megagrauenhafte Chemieunfälle. Unterwegs lassen die Tannen die Nadeln fallen, und die Chlorchemie läßt sämtliche Horrorhaare zu Berge stehen.

Überall steckt ein kleines Quentchen Wahrheit drin, nur daß eben maßlos übertrieben wird. Der Krebskaiser sitzt zu 97 % nackt auf seinem Gaul. Der Ozonkaiser bedeckt seine Blöße notdürftig. Der Giftkaiser, der Arzneimittelnebenwirkungskaiser, der Dioxinkaiser, der Strahlenkaiser und der Saunakaiser reiten mehr oder minder unbedeckt durchs Land. Auch dem Kunststoffmüllkaiser fehlen 96 % seiner Kleider.

Kurz: Der überwiegende Teil unseres täglichen Ökohorrors wird von Medienmachern und Politikern offensichtlich inszeniert, damit die ÖkotanzbärInnen bei der Zeitung und bei der Wählerstange bleiben. Ganz nebenbei verdienen »Experten« und ihre Institute recht gut an der »neuen deutschen Angstwelle«.

5. Crescendo oder Horch, was explodiert denn da?

These: *Der Wohlstand, wie er in den entwickelten Industrieländern üblich ist, ist nicht nur die einzige erstrebenswerte Lebensform für alle Menschen, sondern auch der Garant für den inneren und äußeren Frieden. Deshalb brauchen wir mehr Wohlstand und nicht weniger. Die dem Wohlstand zugrundeliegenden Vorräte der Erde sind aber endlich. Auch können die bewohnte und die landwirtschaftlich genutzte Fläche nicht beliebig ausgeweitet werden.*

Um einen globalen Wohlstand zu gewährleisten, muß deshalb das Bevölkerungswachstum nicht nur eingeschränkt, sondern die Erdbevölkerung wahrscheinlich sogar auf den Stand der vorindustriellen Zeit zurückgeführt werden. Zur Erreichung dieses Ziels brauchen wir einen ethischen Umdenkungsprozeß, den die Geisteswissenschaften einleiten müßten. Daneben benötigen wir nicht weniger, sondern mehr naturwissenschaftlich-technische Forschung und mehr industriellen Einsatz zur Schaffung erneuerbarer Energien und sinnvoller Recycling-Systeme. Die zeitgeistgetragene ökoduselige Schadstoffkammerjägerei begeistert allenfalls Endzeitlemminge, lenkt aber von dem eigentlichen Problem ab und bewirkt letztlich nur eine Vergeudung von Kapital, von immer knapper werdender Zeit und leider auch von Ressourcen.

Wachstum ohne Ende oder Ende der Fahnenstange?

Als am 11.4.1996 bei einem Großbrand am Düsseldorfer Flughafen 17 Menschen umkamen, stellte sich heraus, daß Fahrlässigkeit und Baufehler dafür verantwortlich waren. Obwohl auch PVC brannte, sind alle Opfer durch Kohlenmonoxid, das bei sämtlichen Bränden auftritt, umgekommen. So berichtet es im April 1997 die offiziell eingesetzte wissenschaftliche Untersuchungskommission. Dennoch veranstalteten unsere Hysterieprofis das übliche Ökotrara. In der Bundestag-Drucksache 13/4729 behaupteten die Grünen wahrheitswidrig, daß die PVC-Kabelisolierungen für die schnelle Brandausbreitung ursächlich verantwortlich gewesen wären. Durch den sogenannten »Zündschnureffekt« hätten mit diesem

Material ummantelte Kabel den Brand »dramatisch rasch« weitergeleitet. Das kann nur von naturwissenschaftlichen Legasthenikern geglaubt werden, denn PVC ist schwer entflammbar.

Dann aber kam der Öko-Kindergeburtstag. Greenpeace rückte mit einem Meßtrupp an, und auch Messungen der Flughafengesellschaft ergaben »erschreckende« 123 µg Dioxin/kg Ruß. Damit war der geltende Grenzwert um das Zehnfache überstiegen worden. Hätte man den Grenzwert aus ökopathischen Gründen um ein Zehntel niedriger festgelegt, so wäre sogar ein 100fach überhöhter Wert gefunden worden. Was soll's? Erstens ißt kein Mensch den Ruß, zweitens liegen keine Tonnagen davon herum, und drittens gilt nach wie vor das auf den Seiten 207 bis 217 Geschriebene! Im übrigen hat man bei den heute geltenden Dioxingrenzwerten aus politischen Gründen einen Sicherheitsfaktor von 1000 und mehr eingebaut. Hätten wir 20fach höhere Grenzwerte festgelegt, wäre immer noch ein Sicherheitsfaktor von 50 gegeben und der Dioxingrenzwert am Düsseldorfer Flughafen nur zur Hälfte erreicht worden.

Die ökohysterische Mikrogramm- und Becquerel-Sackhüpferei lenkt vom eigentlichen Problem ab, das übrigens nicht nur die Bundesrepublik betrifft. Trotzdem vergeuden wir für umweltkosmetische Bemühungen Kraft, Zeit, Energien, Kapital und wissenschaftliche Anstrengungen, die anderweitig sinnvoller eingesetzt wären. Die Musik spielt am ganz anderen Ende – und das sind äußerst schräge Töne!

Eine Schätzung der Menschen, die in den letzten 600.000 Jahren lebten, kommt auf eine Zahl von etwa 77 Milliarden.[1] Geht man davon aus, daß diese Zahl stimmt, so leben allein heute 7,5 % dieser 77 Milliarden. Vor 10.000 Jahren, also in der Jungsteinzeit, lebten schätzungsweise 5 bis 10 Millionen. Um 6000 v. Chr. waren es immer noch nicht mehr als 6 bis 10 Millionen. Dies entspricht in etwa der heutigen Bevölkerung einer Großstadt wie Tokio (6,7 Millionen) oder New York (12,3 Millionen). Wie gesagt, das war damals die gesamte Erdbevölkerung. Um Christi Geburt lebten 252 Millionen, die sich bis zum 30jährigen Krieg auf etwa 610 Millionen vermehrten. Kurz danach aber setzte die Bevölkerungsexplosion ein; der Zeitraum, in dem sich die Bevölkerung verdoppelte, wurde immer kürzer. Um 1800 gab es knapp eine Milliarde Menschen, 1950 waren es bereits 2,5 Milliarden, und heute, nur 45 Jahre später, bevölkern knapp 6 Milliarden die Erde (Bild 23).

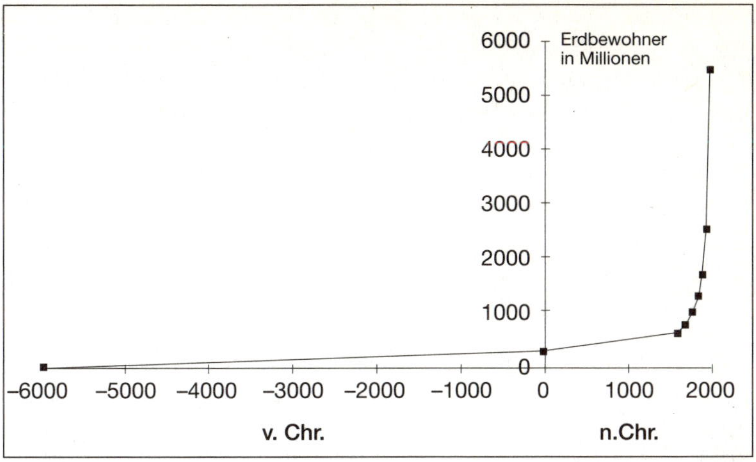

Bild 23: Die Entwicklung der Erdbevölkerung in den letzten 8000 Jahren

Es handelt sich hierbei um eine *stille Explosion,* deren Auswirkungen sich *schleichend* bemerkbar machen. Das Ganze geschieht so unauffällig wie das Altern: Man betrachtet sich jeden Tag im Spiegel und stellt fest, daß man noch so wie gestern aussieht. Kaum ein Politiker beschäftigt sich ernsthaft mit der Eindämmung der Bevölkerungsexplosion! Da ist es schon einmal wohltuend, wenn jemand wie der FDP-Generalsekretär Guido Westerwelle im *FAZ-Magazin* auf die Frage »Was ist für Sie das größte Unglück?« antwortet: »Die Überbevölkerung.«

Die in den letzten Jahren angeschwollene Verkehrslawine, der sich in den nächsten Jahren verdoppelnde Flugverkehr, auf dessen beschäftigungswirksamen Effekt unsere Dienstleistungsgesellschafts-Enthusiasten so sehr setzen, das sind laute, hörbare Ereignisse, die niemandem verborgen bleiben. Die bekommt jeder mit. Genauso wie den alltäglichen Gutmenschenklamauk, wenn beispielsweise ein Castor-Behälter von ökomarxistischen Schwesterchen und Brüderchen in die Zwischenlagerhöhle begleitet wird. Dies ist für unser eigentliches Problem ebenso uninteressant wie die »ultragefährlichen« Arsenspuren im Sand von Kinderspielplätzen oder in Babysäften.

Die *Bevölkerungsexplosion,* die die eigentliche *Ursache aller Umweltverschmutzung* ist, ist in den Medien und der Politik ein *Tabuthema.* Unter dem Stichwort »Vergreisung der Gesellschaft« tun deutsche Politiker sogar alles, damit die Bundesbürger wieder mehr Kinder in die Welt setzen. Der Öko-Musterknabe Deutschland gibt angesichts der herannahenden Betonwand volkspädagogisch Gas, damit der Aufprall nicht so hart wird! Die Eltern, die heute hellauf empört sind, wenn Mikrospuren eines Pflanzenschutzmittels in der Babynahrung gefunden werden, und ernsthaft glauben, die Gesundheit ihres Kindes sei dadurch gefährdet, machen sich keine Gedanken darüber, daß ihr Sprößling dereinst vielleicht von den Enten im Wald plattgetreten wird, nämlich dann, wenn die Erdbevölkerung bei einem jährlichen Wachstum von 97 Millionen in 40 Jahren auf 11,1 Milliarden explodiert ist. Jede Sekunde beträgt der *Geburtenüberschuß* drei Erdenbürger. Das ist *täglich eine Großstadt* mit rund 265.000 Einwohnern, so groß wie etwa Magdeburg oder Wiesbaden.

Bereits um 1810 hatten wir die erste Milliarde Erdenbürger erreicht. Über 12.000 Jahre hat es gedauert, bis diese Milliarde erreicht war! Heute schaffen wir eine solche Milliarde locker in der Zeitspanne von 1995 bis 2005!

Weil es hinreichend Absurditätsvirtuosen unter den Politikern gibt, die sich immer noch hinstellen und die Geschichte von der aussterbenden Bevölkerung herunterleiern, rentiert es sich, ein paar vollkommen absurde Rechnungen aufzustellen. Geht man von einer Verdoppelungszeit von 41 Jahren aus, so gibt es bei ungebremstem Wachstum um das Jahr 2630 nur noch Stehplätze auf dem Globus.

Isaac Asimow rechnet noch weiter:[1] Die Gesamtmasse aller menschlichen Körper wird im Jahr 3550 gleich der Gesamtmasse der Erde sein. Und wenn es dann immer noch genügend Unwohlmeinende gibt, die uns einreden, wir müßten bei unserem generativen Verhalten auch einmal an unsere Rente denken, und wenn genügend religiöse Wahrheitsbesitzer immer noch den Fruchtbarkeitskult predigen, dann werden wir uns bis zum Jahr 3550 schon längst immer weiter fortpflanzend ins Weltall aufgemacht haben.

Schon jetzt kommt es immer häufiger zu handfesten Konflikten um knappen Siedlungsraum und um Agrarfläche, wie in Ruanda. Auch wenn der Saunakaiser mehr Fiction als Science sein dürfte, atmet heute bereits jeder der 5,7 Milliarden Menschen mindestens 0,21 t CO_2 aus, die meisten dürften es sogar auf 0,45 t bringen (s. S. 283). Geht man von der letztgenannten Zahl aus, so werden jährlich $2,6 \cdot 10^9$ t Kohlendioxid allein durch die menschliche Atmung emittiert. Zur Erinnerung: Das entspricht der CO_2-Emission der 1994 weltweit vorhandenen über 500 Millionen Pkw. Aber im Kampf gegen den automobilen Wahnsinn meinen die regierenden Ökokosmetiker einen wichtigen Beitrag zur Rettung der heilen Welt zu leisten. Da lachen doch die Ökohühner!

Die theoretische Maximalbevölkerung wird nicht nur vom Mindeststehplatz her beschränkt, sondern auch von der Zahl der Zellen. Die Gesamtzahl der Zellen aller Lebewesen auf der Erde beträgt 10^{30}. Die Gesamtzahl der Zellen aller heute lebenden Menschen ist 10^{23}. Demnach könnten theoretisch zehnmillionenmal so viele Menschen wie heute leben, bis alle Zellen auf die menschlichen Körper verteilt wären. Da jeder Organismus und ganz besonders der Mensch nur auf Kosten eines anderen leben kann, müßten wir uns aber ein besonderes Recyclingsystem ausdenken, damit wir nicht schon vorher die Erde kahlfressen.

Auch die chemischen Elemente begrenzen die maximal mögliche Menschenzahl. Ihre Verteilung in der Erdrinde und im menschlichen Körper sieht folgendermaßen aus:

Element	*Erdrinde (%)*	*Mensch (%)*
Sauerstoff	50	63
Eisen	5	0,004
Kalzium	3,6	1,5
Kalium	2,6	0,25
Wasserstoff	0,9	10
Kohlenstoff	0,09	20
Stickstoff	0,03	3
Phosphor	0,08	1

Kohlenstoff ist das limitierende Element. Spätestens wenn *es* unter bzw. in den Menschen aufgeteilt ist, ist Schluß mit der Fortpflanzung, und wir müssen uns ein neues Rentensystem ausdenken. Wann ist das der Fall?

Ein Mensch mit 70 kg Gesamtgewicht enthält 14 kg Kohlenstoff. Das Gesamtvorkommen des Elements in der Erdrinde beträgt $2 \cdot 10^{16}$ t. Demnach wären $1{,}43 \cdot 10^{18}$ Menschen möglich. Bei der oben angegebenen Verdoppelungszeit von 41 Jahren haben wir den Kohlenstoff der Erdkruste im Jahr 3141 verteilt. Die angegebene Kohlenstoffmasse umfaßt aber auch den anorganischen Kohlenstoff. Nimmt man nur die in der Biosphäre verfügbare Kohlenstoffmasse von 1,84 · 10^{12} t, so sind maximal nur 1,3 · 10^{14} Menschen möglich. In dem Fall haben wir die Grenzen des Wachstums der menschlichen Körper bereits um das Jahr 2590 erreicht. Bis dahin wird sich auch die Kirche etwas Neues einfallen lassen müssen. Vielleicht ist der Spruch »Seid fruchtbar und mehret euch« nur ein Übersetzungsfehler. Schon heute beansprucht die Menschheit 40 % der durch Photosynthese an Land erzeugten organischen Materie für sich![2] Man muß sich hier schon einmal fragen: Ist der Mensch als Krone der Schöpfung und sind die Regierenden als Krone des Durchblicks noch ganz klar im Kopf, wenn sie für mehr Kinder plädieren? *Jede Bevölkerung, die von sich aus ihr generatives Verhalten reduziert, verhält sich vernünftiger als ihre Politiker.*

Die Überbevölkerungsdebatte ist alt. 1798 führte der englische Pfarrer und Sozialforscher Thomas R. Malthus in seiner Streitschrift »An Essay on the Principle of Population« das Elend seiner Zeit auf das Anwachsen der Bevölkerung zurück. Nach seinen Überlegungen wächst die Bevölkerung in einer geometrischen Reihe, während die Bodenerträge nur arithmetisch anwachsen. Da die Nahrungsmittelversorgung nicht nur die Zahl der Menschen begrenzt, sondern Ursache des Pauperismus ist, gibt es nach Malthus nur einen Ausgleich durch Vorbeugung (späte Heirat, Enthaltsamkeit) oder durch Wiedervernichtung von Leben durch Seuchen und Kriege. Der erste Teil der These von Malthus ist inzwischen widerlegt. Schließlich ist es der Chemie gelungen, den Ernteertrag gegenüber dem 19. Jahrhundert zu vervielfachen, und außerdem hat man die »Pille« erfunden. Das ist ein Segen und kein Fluch, denn: »Jedes heute nicht gezeugte Kind bedeutet einen Arbeitslosen und damit einen Unzufriedenen weniger im Jahr 2010.«[3] Die Malthussche Seuchen- und Kriegsthese ist heute aber nach wie vor brandaktuell!

Der 1972 erschienene Bericht des Club of Rome »Die Grenzen des Wachstums« lenkte die Öffentlichkeit leider vom Problem der Bevölkerungsdynamik ab und nannte die industrielle Betätigung des Menschen mit ihrer Umweltbelastung und die Endlichkeit der Ressourcen als limitierende Faktoren. Im Klartext: Das Bevölkerungsproblem löst sich, weil wir an unserem eigenen Dreck ersticken werden. Aber vorher gehen die Rohstoffe zu Ende. Daß aktiv etwas gegen die Überbevölkerung getan werden muß, klingt zwar hier und da an, ist aber nicht die eigentliche Botschaft der Ökotanzlehrer. Zunächst drücken sich die Club-Mitglieder etwas zurückhaltend aus und formulieren: »Umweltverschmutzung könnte die Lebenserwartung der Menschen beeinflussen.« Aber auf Seite 107 ihrer Home-made-Apokalypse[4] sind sich die Endzeitpropheten sicher: »Umweltverschmutzung beeinflußt die Lebenserwartung mit Sicherheit negativ.« Wer hätte das gedacht. Auf solch eine Offenbarung haben 68er Hobbydurchblicker gewartet. Mit der Umweltverschmutzung als Menschheitsproblem Nummer eins erlöste 1972 der Club of Rome die jungen Patentrezeptler vom Frust und gab den Startschuß zum heute grassierenden sanften Öko-Wahn.

Auf Seite 137 seines Berichts läßt der »Club of Foam« (Erich Wiedemann) schließlich die ökomarxistische Katze aus dem Sack und vertritt die Auffassung, daß auf der Welt zuviel Kapital vorhanden sei: »Die Feststellung, daß das weitere Wachstum von Bevölkerung und Kapital jetzt bald gebremst werden muß, wird sehr viel Widerspruch erregen. Dennoch wird kein vernünftiger Mensch ernsthaft behaupten wollen, daß das materielle Wachstum auf diesem Planeten endlos fortgesetzt werden könne.«

In einem Land wie der Bundesrepublik, in dem man den Neid und die Mißgunst erfunden haben könnte, trifft so etwas auf offene Ohren. Zur Erinnerung: Der posthum zum Grundlagenforscher der heutigen Neidgickel-Hackerei gewordene Karl Marx wurde nicht nur in Trier geboren, sondern hat trotz der x-fach belegten Untauglichkeit seiner Philosophie noch jede Menge offene und heimliche Anhänger in der Bundesrepublik.

Statt sich mit dem Umweltproblem Nummer eins, der Überbevölkerung, zu befassen, wurden die Wohlstandsmäkelei und die Nanogrammjägerei (0,000.000.001-g-Jägerei) zum Ökorenner mit Fetischcharakter erhoben. *Damit haben die intellektuellen Empörungsprofis letztlich erreicht, daß 20 Jahre aktive Bevölkerungspolitik verschenkt wurden! Bleibt zu fragen: Wie intelligent sind eigentlich Intellektuelle?*

Zum Waldsterben braucht's keine Technikgesellschaft

Nicht das Kapital, sondern schon allein die ganz schlichten *Grundbedürfnisse der Menschen* verursachen erhebliche *Umweltbelastungen*, und das wiederum hat ausschließlich etwas mit der *Bevölkerungsdynamik* zu tun! Hierzu ein Beispiel. Im Mittelalter war Europa etwa zu 70 % mit Urwald bedeckt. Er war zwar nicht mit von Baum zu Baum springenden Affen bevölkert, aber mit Bären, Auerochsen, Wildschweinen, bösen Geistern, Hexen, Einsiedlern und Räubern. Heute hat die europäische Waldfläche nur noch einen Anteil von 38 %. Dies aber nicht, weil wir die Bäume fällten, um den Boden mit Straßen zu versiegeln, sondern weil bereits im Mittelalter eine Bevölkerungsexplosion stattfand. Im 14. Jahrhundert lebten in England, Frankreich und Deutschland 40 Millionen Menschen. Wäre die Zuwachsrate gleichgeblieben, so würden heute in den genannten Ländern nicht 200 Millionen leben, sondern 1000 Millionen, sprich eine Milliarde.

Die oben genannten 40 Millionen Menschen verbrauchten den Wald als Energie- und Rohstofflieferanten, wobei der Schiffsbau, die Salinen und die Glashütten die größten »Waldfresser« waren. Auch Bäcker, Brauer, Köhler, Schmiede, Töpfer, Kalk- und Ziegelbrenner hielten sich nicht zurück. Jedes Jahr hat man, allein um das Grundbedürfnis an Salz zu befriedigen, unter den Sudpfannen von Lüneburg und Reichenhall 200.000 Festmeter Holz verheizt. Es ging also nicht um Luxus, mit dem man heute das schlechte Gewissen in den »reichen Ländern« anheizt, sondern nur um die Befriedigung der Grundbedürfnisse!

Um 1500 holzten die 10.000 Einwohner des Großdorfes München jährlich einen kleinen Wald ab, indem sie 14.000 Festmeter Brenn-, Bau- und Werkholz verbrauchten. Obwohl kein saurer Regen fiel und niemand den Zündschlüssel umdrehte, lebte man vor 500 Jahren auch nicht gerade nach dem ökologischen Reinheitsgebot. Auch das ist interessant: Um 1 t Roheisen zu gewinnen, wurden seinerzeit 8 t Holzkohle eingesetzt, zu deren Herstellung wiederum 30 t Holz geschlagen wurden. Wenn nicht die Pestzüge und der 30jährige Krieg die Bevölkerung dezimiert hätten, wäre der Wald längst verschwunden![5]

Apropos Wald. Trotz über 20jährigen Waldsterbens nimmt die Waldfläche in Deutschland heute ständig zu – weil eben kein Raubbau mehr betrieben wird. So gab es 1950 in der alten Bundesrepublik nur noch 7,018 Millionen Hektar Wald. Diese Fläche stieg bis 1989 um 5,5 %.[6] Würde jeder Erdbewohner 1,4 Festmeter verbrauchen, wie das die Münchner um 1500 taten, so benötigten wir jährlich 8 Milliarden Festmeter. Das wäre das Fünffache der Rundholz-Weltproduktion! Auch das belegt: Wir sind bereits jetzt schon zu viele!

Das Waldproblem macht sich nur deshalb nicht so stark bemerkbar, da seit dem 19. Jahrhundert die Kohle und im 20. Jahrhundert das Erdöl den Wald als Energie- und Rohstofflieferant entlasten. Für PVC-Kunststoffenster, die aus Erdöl gefertigt werden, wird kein Baum gefällt. Betonfußböden aus Kies, Stahl (für die Armierung) und Zement, der wiederum unter Erdöleinsatz und Altreifenverbrennung hergestellt wird, enthalten kein Holz usw. Richtig ist, daß wir Zeitung lesen, zu deren Herstellung Holz verbraucht wird. Aber deshalb müssen wir uns von Kargheitsschwärmern kein schlechtes Gewissen einreden lassen, denn der Löwenanteil des bundesdeutschen Zeitungspapiers stammt zwischenzeitlich aus dem Recyclingprozeß.

Um 1978 begann das Waldsterbenlamento. Zur Abrichtung von ÖkotanzbärInnen liefen im Fernsehen Horrorfilme, wonach die Umgebung von Heidelberg 1990 eine entwaldete Wüste sein werde. Damals war es der saure Regen, der natürlich nur von unserem Wohlstand und nicht von den Braunkohleschloten der mittlerweile untergegangenen Ostblockländer verursacht wurde. Heute stirbt der Wald, weil wir noch kein »Tempo 100« auf der Autobahn haben. Wer so etwas glaubt, muß schon eine besondere psychische Grundstruktur aufweisen (vgl. S. 306). Wenn die Frugalitätsschwärmer im Jahr 2028 ihr 50jähriges Waldsterben unter dichtem Nadel- und Laubdach feiern, hat man zur Erklärung der ständig ansteigenden Baumsterbenstatistik bestimmt einen neuen Hysterie-Renner. Auf die naheliegende Schlußfolgerung, daß zu viele Menschen da sind, die das Waldsystem verschleißen und unter Streß setzen, kommt man nicht.

Würde man, nebenbei bemerkt, die Schadensstufe 1 fallenlassen, so hätten wir von 1981 bis 1989 einen Rückgang des Waldsterbens von 17 auf 16 % statt ein Anwachsen von 50 auf 53 % gehabt. Eine Abschaffung der Schadensstufe 1 wäre keine Kosmetik, sondern wurde 1988 von den Amerikanern W. Blank, T. M. Roberts und R. A. Skeffington in einem Artikel in *Nature* deshalb vorgeschlagen, weil bei dieser Stufe *normale Wachstumsschwankungen mitgezählt* werden. Da aber die Bäume in Mangeljahren überschüssiges Grün abwerfen, müssen ökosterbenskranke Bäume auch dann mitgezählt werden, wenn einfach nur Trockenheit herrscht. Natürlich gibt es kaputte Bäume, das wird niemand bestreiten. Man braucht sich nur einmal im Erzgebirge, an einigen Stellen des Schwarzwalds und des Bayrischen Waldes umzusehen.

Aber mit dem unbegrenzten Tempo auf Teilstrecken unserer Autobahnen hat das soviel zu tun wie König Herodes mit dem Kinderschutzbund.

Die ökolarmoyanten Anhänger der Fahrrad- und 2-CV-Kultur behaupten einfach, daß trotz Abgaskatalysatoren die Belastung gleich geblieben sei, weil eben heute mehr gefahren werde. Das ist schlicht Quatsch. Da die Pkw-Abgase seit der Einführung des Katalysators um 1985 um 90 % gereinigter den Auspuff verlassen, müßte etwa zehnmal soviel gefahren werden. Tatsächlich wurden 1985 in den alten und neuen Bundesländern zusammengerechnet 726,4 Milliarden Personenkilometer gefahren. Bis 1993 hat sich die Ziffer um den Faktor 1,24 auf 903,1 Milliarden Personenkilometer erhöht, aber nicht verzehnfacht![7]

Was zugenommen hat, ist vor allem der stauverursachende Lkw-Transitverkehr. Wurden in den alten Bundesländern 1980 nur 48,7 % der Güter über die Straße transportiert, so waren es 1992 bereits 60,4 %. Gleichzeitig sank der Anteil der Bahn von 25,4 % auf 17,8 %. Dabei wurden die Autobahnen hauptsächlich für den Personenverkehr konzipiert und nicht für den Massenmaterialtransport im Fernverkehr. Aber der ist eine heilige Kuh, weil damit viel EU-Aktionismus verbunden wird. 1990 schätzte man, daß der grenzüberschreitende Lkw-Verkehr wegen des europäischen Binnenmarktes um die Jahrtausendwende noch einmal um bis zu 50 % steigen wird. Wenn schon etwas gegen den Straßenverkehr unternommen werden soll, dann an dieser Stelle!

Die ganz schlichte *Anwesenheit des Menschen* läßt in einem Land wie der Bundesrepublik nur noch wenigen Arten genug Lebensraum.[8] Zur Erinnerung: Die Bevölkerungsdichte beträgt hierzulande 228 Menschen/qkm. Das sind 2,28 Menschen je Hektar. Ein Steinadler benötigt 10.000 bis 14.000 ha ungestörten alpinen Lebensraum. Ein Luchs braucht 5.000 bis 15.000 ha Fläche, und der Uhu kommt nicht unter 6.000 ha aus. Selbst der Hermelin wird auf seinen 3 ha theoretisch von fast sieben Menschen gestört. Nur die Wühlmaus mit 0,01 ha kann sich entsprechend breitmachen. Wann taucht endlich der Politiker auf, der die Trommel dafür rührt, daß wir auch in der Bundesrepublik weniger werden müssen?

Die siebenköpfigen Raupen

Abgesehen davon, daß sich die Prognosen des Club of Rome von 1972 vielfach als falsch herausstellten, sind die Ressourcen selbstverständlich begrenzt.

Die landwirtschaftlich nutzbare Fläche der Erde beträgt etwa $3{,}3 \cdot 10^9$ ha. Das sind rund 22 % der Landfläche. Um 6000 v. Chr. kamen auf jeden Erdenbewohner theoretisch 330 ha Ackerland. Um Christi Geburt waren es noch 13,1 ha, heute sind es lediglich 0,6 ha. Das reicht durchaus noch aus, aber nur weil wir eine *intensive* Landwirtschaft mit Dünger und Chemie betreiben und eben nicht den Boden mit dem Stock aufkratzen, um vorsintflutlichen Emmer zu säen! Deshalb muß selbst dann kein Mensch hungern, wenn, wie in der Bundesrepublik, nur 0,2 ha/Kopf zur Verfügung stehen. Trotz Flächenstillegung versorgten 1993 die 567.295 Betriebe mit ihren 11,7 Millionen ha die Bundesbürger ausreichend. Unser *Selbstversorgungsgrad* beträgt *95 %*.[9] Wie sieht es mit den Ökolandwirten aus, die den Boden *extensiv* nutzen? Riesenhaft. Nur 4385 anerkannte »ökologisch wirtschaftende Betriebe« gibt es. Diese 0,7 % alternativer Landwirte mögen sich zwar um das Seelenheil der Hühner verdient machen, ernähren werden sie uns kaum können.

In Bangladesh, wo 833 Menschen auf einem Quadratkilometer leben, stehen sogar nur 0,08 ha Ackerland pro Kopf zur Verfügung. Ich kann mir kaum vorstellen, daß man sich dort viel um die seelische Ausgeglichenheit von Huhn, Rind oder Schwein und um das Gedeihen von Wildkräutern kümmert.

Alternaivos meinen ernsthaft, daß die extensive Landwirtschaft an die Stelle der herkömmlichen industriellen mit ihren »lebens feindlichen Eingriffen (z. B. Pestiziden, Antibiotika, wachstumstreibenden Mineraldüngern)« treten solle. Dazu folgendes: Um 1930 wuchsen auf einem Hektar 23 dt (Dezitonnen) Getreide. Mitte der 80er Jahre war es nicht zuletzt dank der bösen Chemieonkels und -tanten mehr als das Doppelte, nämlich 50 dt. Auch hatte sich die Produktivität je Arbeitskraft in dieser Zeitspanne um den Faktor 8,3 erhöht. Noch um 1900 ernährte in Deutschland eine landwirtschaftliche Arbeitskraft nur fünf Personen, 1978 bereits 43. Die Ausgaben für Nahrungsmittel eines bundesdeutschen Vier-Personen-Arbeitnehmer-Haushaltes sanken in der Zeit von 1949 bis 1980 von 47,8 auf 20,1 % und haben sich seit der Zeit auf diesem Level gehalten.[10] Anhängern des Folklore-Landbaus sei die folgende Feststellung des ehemaligen Landwirtschaftsministers Ertl ins Stammbuch geschrieben:[11]

»Meine Mitarbeiter haben einmal ausgerechnet, was erforderlich wäre, um unsere heutige Nahrungsmittelproduktion mit den Methoden von 1949/50 zu erstellen. Wir würden benötigen: 7 Millionen Arbeitskräfte, 2,2 Millionen Pferde, 700.000 Zugkühe und -ochsen und 25 Millionen Hektar landwirtschaftlich genutzte Fläche (statt jetzt 12,3 Millionen Hektar). Von dieser Fläche würden allein 3 Millionen Hektar zur Erzeugung des Futters für die Zugtiere erforderlich sein. Das wäre der Weg zurück zur Natur, von den Kosten gar nicht zu reden.«

Würden wir unseren gesamten Landbau unter ökologischen Gesichtspunkten betreiben, läge unser Selbstversorgungsanteil nicht bei 95, sondern nur bei rund 72 %. Und selbst dieser Anteil dürfte nach einigen Jahren noch sinken, weil wir nur 20 bis 25 % der aus Fäkalien gewonnenen Klärschlämme auf den Acker fahren. Die Biobauern würden somit nach einiger Zeit den Böden den Phosphor entzogen haben, und wir müßten noch mehr Lebensmittel importieren.

Alternativer Landbau ist etwas für Wohlhabende, die nicht allzusehr auf die zur Verfügung stehende Anbaufläche achten müssen. Besonders interessant wird es, wenn um das Jahr 2005 eine Milliarde Menschen mehr versorgt werden muß. Dann stehen jedem Erdenbewohner schon 17,5 % weniger Landbaufläche zur Verfügung, und um das Jahr 2060 treten sich bei weiterhin ungebremster Fortpflanzung $1{,}65 \cdot 10^{10}$ Menschen gegenseitig auf die Füße. Auf jeden Erdenbürger kommen dann, wie bereits heute in der Bundesrepublik, nur noch 0,2 ha Landbaufläche. Man darf gespannt sein, wie sich dann unsere Spontangrün-Liebhaber die Versorgung der Erdbevölkerung ohne »Chemie in der Landwirtschaft« vorstellen. Sollen wir uns dann vielleicht von biotopgerechten Wildkräutern ernähren?

Am liebsten hacken die Ökos auf unserem Fleischverbrauch herum, denn der ist, da gibt es nichts zu beschönigen, äußerst energieintensiv. »Für eine Kalorie Rindfleisch werden zuweilen über 30 Kalorien Fremdenergie aufgewandt.« Der Durchschnittsamerikaner hat nur ein Zehntel der Energie auf dem Teller, die vorher an technischer Energie hineingesteckt wurde. Bei wenigen Menschen ist das kein Thema. Bei einer Milliardenbevölkerung sehr wohl, und so verwundert es nicht allzusehr, daß für einen »ökologisch sauberen« Hamburger eigentlich 200 (!) Dollar auf den Tresen der Imbißbude gelegt werden müßten.[12]

Überzeugte Veganer finden nichts dabei, auf Fleisch zu verzichten. Sie können aber nicht davon ausgehen, daß sie den Rest der Menschheit mit ihrer Überzeugung beglücken können. Die 1,17 Milliarden Zwangsvegetarier in China sind ein beredtes Beispiel dafür, daß das nur in einer Diktatur klappt. Nebenbei darf man auch nicht vergessen, daß nur die Pflanzenfresser, wie das Zebra, echte Ökos sind. Nur sie leben von der ausschließlich durch Sonneneinstrahlung gewachsenen Biomasse. Ein Löwe, der das Tier frißt, holt wegen der Entropie (s. S. 222 bis 223) nur einen Bruchteil der Energie heraus, die das Zebra vorher mit dem Gras gefressen hat. Der Mensch braucht nun einmal die in Proteinen enthaltenen essentiellen Aminosäuren. Beispielsweise benötigt ein erwachsener Mann täglich 0,8 g der Aminosäure L-Valin. Bei Mangel kommt es zu Störungen des Nervensystems, die sich in Ataxie und Krämpfen ausdrücken. In der Bundesrepublik haben wir wahrhaftig keinen Mangel an Proteinen. Anders sieht es in den Hungergürteln aus.

Wachstumsstörungen sind das mindeste, was ohne ausreichende Proteinzufuhr zu erwarten ist. Deshalb sollten wir uns unseren Hamburger oder unser Rumpsteak auf dem Teller nicht durch Öko-Frugalos versalzen lassen.

Aus den Weltmeeren können wir uns nur bedingt bedienen, denn der Energieaufwand ist noch viel größer als in der konventionellen Landwirtschaft, und die Hochsee ist inzwischen rettungslos überfischt. Heutzutage werden dem Ozean jährlich 80 Millionen Tonnen Meerestiere entnommen. Das ist mehr als 20mal soviel wie zu Beginn des Jahrhunderts. Damit aber genügend Futter für kommende Generationen übrigbleibt, muß die Politik darüber aufklären, daß wir weniger werden müssen. Nach Ernst U. von Weizsäcker hat die Politik, nachdem sie bereits 1975 auf die Gefahr hingewiesen wurde, die »friedliche« Lösung des Bevölkerungswachstumsproblems 20 Jahre lang verschlafen. Sie ist heute noch nicht aufgewacht.

Bei den Rohstoffen unterscheidet man zwischen *Reserven* und *Ressourcen.* Der erste Begriff umfaßt die momentan bekannten Mengen, die sich mit heutiger Technik rentabel gewinnen lassen. Die Ressourcen dagegen entsprechen den vermuteten Gesamtmengen. Interessant ist ein Vergleich zwischen der aktuellen Schätzung, in wie vielen Jahren die Rohstoffe erschöpft sein werden, und den Vorhersagen des Club of Rome von 1972. Beide Quellen gehen von einem ansteigenden Verbrauch aus.

Rohstoff	*Reserven ab 2030*[13]	*Ressourcen ab 2030*[13]	*Club of Rome ab 1972*[14]
Aluminium	124	407	55
Kupfer	4	26	48
Kohle	29	457	150
Erdöl	3	7	50

Prognosen sind immer schwierig – besonders wenn sie sich auf die Zukunft beziehen. Beim Aluminium liegt der Club of Rome am weitesten daneben. Trotzdem sind die Vorräte endlich. Deshalb bedarf es einer vernünftigen Wiederverwendungsstrategie, die nichts mit der albernen Joghurtbecherspülerei zu tun hat. Deren ökologischer Ertrag ist, auf den grünen Punkt gebracht, geringer als der Aufwand, den man beim Einsammeln und Sortieren des Kunststoffs investiert.

Die »Renten sind sicher«-Legebatterien

Jetzt wird es Zeit, einmal wirklich querzudenken. Wenn es richtig ist, daß die 15 % der im Wohlstand lebenden Menschen 80 % der Rohstoffe und Energien verbrauchen, dann leben bereits heute in den Industrieländern zu viele Menschen. Auf gut deutsch: *Auch die hochindustrialisierten Länder sind schon lange überbevölkert – nur die Verantwortlichen wollen es nicht wahrhaben!* Statt dessen wird uns wegen der Rente ständig das Liedchen von der Kinderfeindlichkeit, von der überalterten Bevölkerung und den aussterbenden Deutschen vorgedudelt.

Ernst U. von Weizsäcker und seine Mitautoren greifen das Problem auf:[15] »Ein neuer Volkszorn wird auf weltreisende Pensionäre sowie auf Yuppie-Paare gelenkt, die als Inbegriff der Egoisten gelten, weil sie sich später von Kindern anderer durchfüttern lassen werden. Als Abhilfe gilt folglich die finanzielle Besserstellung der Kinderreichen beziehungsweise die wesentlich stärkere Steuerbelastung der Kinderlosen. Dagegen ist sozialpolitisch und rentenpolitisch nichts einzuwenden. *Aber ökologisch betrachtet ist die Förderung des Kinderreichtums vor allem in den* ***ökologisch*** *überbevölkerten Ländern des Nordens, um die es bei der Rentendiskussion ausschließlich geht, der helle Wahnsinn.«* (Hervorhebung durch den Verfasser)

So ist es. Bei Licht besehen ist unsere Rentenversicherung nichts anderes als ein verklausulierter Kettenbrief. Nur mit dem Unterschied, daß man zur Rentenbeitragszahlung verdonnert wird, während man beim Kettenbrief aus Dummheit teilnimmt. Genauer betrachtet, hat kein einziger Beitragszahler den »Generationenvertrag« unterschrieben. Noch schlimmer: Die Rentenbeiträge, die ein junger Arbeitnehmer im Alter von 25 Jahren einzahlt, werden fast am selben Tag von denjenigen verfrühstückt, die schon in Rente sind. Ein toller Aberwitz! Zu allem Überfluß hat man die Rentenkassen mit versicherungsfremden Verpflichtungen belastet.

Das ganze System kann nur so lange funktionieren, wie jeder Mensch bereit ist, als »Teil einer Legebatterie« *(FAZ)* mitzumachen. Abgesehen davon handelt es sich bei unserer Altersversorgung wahrhaftig nicht um eine echte Versicherung. Die müßte nämlich auch dann noch auszahlen können, wenn weniger Beitragszahler einzahlen. Hierzu haben beispielsweise Lebensversicherungsgesellschaften erhebliche Vermögenswerte und Rückstellungen angehäuft.

Niemand zeugt ein Kind, weil er dabei an seine Rente denkt! Trotzdem tun manche Politiker so, als würden sich die Ernährer kinderreicher Familien für die gesinnungslosen Hedonisten opfern, die lieber ihr Geld verleben, statt Kinder großzuziehen.

Andere Politiker sind da schon weiter. Obwohl sie sich eventuell auch über süße Enkelchen freuen, akzeptieren sie das aus umweltpolitischen Gründen vernünftige generative Verhalten der deutschen Bevölkerung und suchen andere Wege. In einem *Focus*-Interview äußert der Ministerpräsident von Sachsen, Kurt Biedenkopf: »Eine Neuordnung der Alterssicherung rechtfertigt eine Erhöhung der Mehrwertsteuer – aber nur sie.« Der Vorteil wäre, daß die *Altersversorgung* dann arbeitsmarktunabhängig *aus der Stärke der Volkswirtschaft erwüchse!* Man könnte beispielsweise die jetzigen Rentenbeiträge als Grundrentensteuer »umetikettieren« und nach und nach durch die Mehrwertsteuer ablösen. Koppelt man dann die Auszahlung der Altersversorgung an die Lebensarbeitsleistung, kann man verhindern, daß sich jemand, statt nach der

Ausbildung zu arbeiten, gleich in die soziale Hängematte schmeißt. Wer im Alter mehr als die Grundrente haben will, kann sich während seiner Lebensarbeitszeit zusätzliche Anteilsscheine kaufen. Klar kann man das Modell nach Lust und politischer Laune zerreden. Das bisherige Legebatterienmodell ist aber auf keinen Fall zu retten.

Heuchlerisch wollen tränenerstickte Gutmenschen unsere Rente durch »Einwanderung« sichern. Stillschweigend setzen sie dabei voraus, daß die Leute Arbeit finden und auch Rentenbeiträge entrichten. Auf eine entsprechende Interviewfrage antwortete Ende 1995 Bundesinnenminister Kanther:[16] »Wie groß sind denn die Chancen von Zuwanderern auf dem deutschen Arbeitsmarkt – bei 3,5 Millionen Arbeitslosen? Das Bundesarbeitsministerium hat in einer Studie nachgewiesen, daß die Mehrzahl der Zugewanderten in der Sozialhilfe landet, weil die deutsche Wirtschaft keine für sie geeigneten Arbeitsplätze bereithält.

Die Zahl der arbeitslosen Ausländer hat sich in den vergangenen Jahren verdoppelt; bringen wir doch sie erst mal in Lohn und Brot. Die Behauptung, aus dem Zustrom jüngerer Ausländer ergäbe sich ein Zuwachs an späteren Rentenzahlern, ist daher abwegig.«

Sowohl die Werbung für mehr Nachkommen als auch die für mehr Zuwanderung sind umweltpolitisch unsinnig, wenn nicht gar debil. Die Chinesen haben das Überbevölkerungsproblem, das irgendwann auch die Menschenrechte aushebeln wird und heute die Umwelt bedroht, eher erkannt als wir. Genauer betrachtet handeln sie mit ihrer strikten Ein-Kind-Politik humaner als unsere zynischen Gutmenschen, die mit tollen Computerprogrammen Kurven berechnen, wonach das Bevölkerungswachstum nebst der Industrieproduktion so lange zunehmen wird, bis die Umweltverschmutzung und der Rohstoffverbrauch Grenzen setzen.

Obwohl China mit 122 Einwohnern/qkm nur etwa halb so dicht wie die Bundesrepublik besiedelt ist, geht man das Problem entschlossen an. Die Mittel, die man wählt, sind keinesfalls etwas für zimperliche Gemüter und nicht ohne Nebenwirkung. Dies kann auch nicht anders sein, denn die strikte Ein-Kind-Politik geht noch nicht einher mit einer Bewußtseinsänderung in der Bevölkerung. Da man traditionsverbunden noch immer den Sohn als Nachkommen bevorzugt, lassen chinesische Ehepaare weibliche Föten abtreiben – tolle Aussichten für die späteren jungen Männer. Auch kann kein Mensch die Zustände in chinesischen Waisenhäusern gutheißen, in denen nach einem Bericht von Human Rights Watch/Asia über 50 % der Kinder das erste Jahr nicht überleben.

Den bedeutendsten Beitrag zur Umweltpolitik hat die Bevölkerungspolitik zu leisten. Deshalb ist die humanste Umweltpolitik nicht das Einschränken von Komfort und Wohlstand und nicht das Zuwarten, bis sich das Bevölkerungsproblem durch Kriege und Seuchen löst, sondern die beschleunigte Ächtung des Kindersegens und das Absenken der Bevölkerung in allen Ländern durch Verhütung – und sonst nichts.

Nehmen die reichen Länder den armen die Butter vom Brot?

Im Herbst 1994 fand in Kairo eine Weltbevölkerungskonferenz statt. Bezüglich der Bevölkerungsexplosion brachte man außer heißer Luft, Absichtserklärungen und einiger Bankette wenig zustande. Die Weltreligionen, mit ihrem jahrtausendealten Fruchtbarkeitswahn die Hauptverursacher der Überbevölkerung, blieben politisch korrekt ausgeklammert. Eine der erstaunlichsten *Ablenkungsthesen* wurde von der bunten Truppe der NRO (Nichtregierungsorganisationen) aufgewärmt: Vor allem die Industrieländer hätten durch ihren *Wohlstand* und *Konsum* zu verantworten, daß 95 % des Bevölkerungswachstums in der Dritten Welt stattfänden, da dort die Armut grassiere.

Es wird einfach behauptet, daß die Armut die Überbevölkerung verursache. Das ist genauso falsch wie die Aussage, eine geringe Bevölkerungsdichte sei schon allein der Garant für Wohlstand. Wäre das richtig, dann müßte die Bundesrepublik Deutschland mit 228 Menschen/qkm zweifellos ärmer sein als die westafrikanische Republik Niger mit sechs Bewohnern/qkm. Deutschland hat je Einwohner ein Bruttosozialprodukt von 23.030 Dollar, während in der Republik Niger nur 280 Dollar zusammenkommen.

Ganz so einfach kann es also nicht sein. Deshalb hat man dem »Eine Welt«-Singsang noch ein paar Strophen angehängt. Eine lautet: Die »ungleichen weltwirtschaftlichen Partizipationschancen«, der »Protektionismus« und das »Exportdumping« der Reichen sind schuld an der Armut der Dritten Welt. Wenn das stimmte, dann hätten die ostasiatischen Tigerstaaten in den 90er Jahren kein

Wirtschaftswachstum von über 8 % erreichen können, denn sie hatten am Ende der Kolonialzeit die gleichen Ausgangschancen wie jedes andere Dritte-Welt-Land. Außerdem gäbe es dann keine Globalisierung der Wirtschaftsstandorte.

Die nächste Strophe ist die von der Schuldenkrise. Nach dieser Theorie haben die reichen Länder den Entwicklungsländern Kredite aufgeschwätzt, die mit dem Export von Rohstoffen zurückgezahlt werden sollten. »Weil praktisch alle rohstoffexportierenden Länder den Ressourcenverkauf gleichzeitig forcierten, kollabierten schließlich die Rohstoffpreise auf den Weltmärkten.«[17] Die These setzt voraus, daß die Länder sich mit ihrem Warenangebot gegenseitig Konkurrenz machten. Wie sieht es tatsächlich aus? Nigerias Export besteht zu 96 % aus Erdöl. Nicaraguas wichtigste Exportziffern lauten: 21 % Kaffee, 20 % Fleisch, je 11 % Zucker und Baumwolle. Indiens Export setzt sich hauptsächlich zusammen aus 23 % Textilien, 20 % Kunsthandwerk (Schmuck u. ä.), 17 % Agrarerzeugnissen, 13 % Maschinen und Geräten. Kap Verde (Westafrika) exportiert hauptsächlich Fisch (Anteil 54 %) und Bananen (Anteil 36 %). Für Kenia lauten die Ziffern: 54 % Nahrungsmittel (Tee, Kaffee) und Blumen, 22 % Industriebedarf. Die Komoren (Ostafrika) exportieren hauptsächlich Vanille (69 %), Ylang-Ylang, ein ätherisches Blütenöl für die Parfümindustrie (15 %), Gewürznelken (12 %). Die Bewohner Lesothos (Südafrika) exportieren vor allem Bekleidung, Schuhe und Wolle (Mohair). Liberia exportiert zu 80 % Eisenerz und Naturkautschuk. Marokko beteiligt sich am Welthandel mit Konsumgütern (28 %), Nahrungsmitteln (26 %), Halbwaren (24 %), Phosphat (8 %). Mexiko lebt zu 82 % vom Export der verarbeitenden Industrie (darunter 27 % Elektrotechnik/Elektronik, 17 % Kraftfahrzeuge). Der Export von Naura (Ozeanien) besteht zu 100 % aus Phosphat. Papua-Neuguinea (Ozeanien) macht Kap Verde kaum Konkurrenz, weil es seinen Export zu 75 % durch Bergbauprodukte, darunter zu 47 % Kupfererze, bestreitet. Sicher gibt es auch Schnittmengen, in denen sich die Exportinteressen zweier Schwellen- oder Entwicklungsländer decken. Das kann aber nicht die Ursache kollabierender Rohstoffpreise sein. Genausowenig wie die Autopreise zusammenbrechen, nur weil Italien, Japan, die USA, Deutschland, Frankreich und andere Industrieländer sich gegenseitig Konkurrenz machen.

Brasilien konkurriert mit Australien beim Export des Aluminiumminerals Bauxit. Das australische Bruttosozialprodukt liegt je Einwohner bei 17.260 Dollar, während die Brasilianer sich mit 2770 Dollar begnügen müssen. Verkaufen etwa die Australier ihr Bauxit teurer? Nein, es liegt am jeweiligen System. Abgesehen davon wäre es für Länder wie Brasilien ein großer Vorteil, wenn wir unsere Recyclingbemühungen einstellen würden. Dann ließe sich wegen der Ressourcenknappheit mehr Geld herausholen, und den Leuten ginge es vielleicht besser. Auch Chile hätte dann 1991 an dem Export von 1,9 Millionen Tonnen Kupfer mehr verdient.

Eine andere Strophe lautet: Die Armut der Dritten Welt beruht auf dem Kolonialismus. Demnach müßten ehemalige Kolonialmächte reich sein. Gunnar Sohn schreibt: »Diese These ist nicht nur außerstande, den Reichtum der Schweiz oder Finnlands zu erklären, sie versagt auch vor der – bis vor kurzem – ziemlich miserablen Situation Spaniens oder Portugals, die ja doch als zwei der Hauptplünderer und Kolonialmächte ökonomisch wie eine Eins dastehen müßten.«

Die Wahrheit ist: Viele Entwicklungsländer produzieren mehr Menschen, als ihre unterentwickelte Volkswirtschaft trägt, und die verantwortlichen Regierenden schüren das noch. Beispielsweise hat man im Sudan, dessen Bruttosozialprodukt heute bei 400 Dollar pro Einwohner liegt, 1984 sogar einen Orden fürs Kinderkriegen eingeführt. Die Goldmedaille gibt's bei neun, die silberne für mehr als sieben und die Bronzemedaille bei fünf Kindern.

Programme zur Eindämmung des Bevölkerungszuwachses versagen in afrikanischen Ländern nicht deshalb, weil keine Empfängnisverhütungsmittel verfügbar wären, sondern weil kein Mensch sie haben will. Unfruchtbarkeit gilt als Fluch. Die Yoruba im Sudan glauben beispielsweise, daß eine unfruchtbare Frau vor ihrer Geburt einen Pakt mit bösen Geistern geschlossen habe. Demnach würde sie bewußt ihre Kinder töten, damit sie sich selbst nach ihrem Ableben mit den bösen Geistern zusammentun könne.

Die Wahrheit ist auch, daß die westliche Welt meistens mit engagierter Betroffenheit zuschaut, wenn in einem Land der Dritten Welt irgendein Operettengeneral die Macht ergreift. Ja, die Pfeife wird sogar hofiert und gelegentlich zum Staatsbesuch eingeladen.

Auch unternimmt man nichts, wenn Entwicklungsgelder sachfremd verwendet werden. Mobutu, der nach einem Militärputsch bis 1997 in Zaire herrschte, ist so ein Beispiel. Jährlich steckte er Millionen von Hilfsgeldern in seine europäischen Schlösser, während sein Volk sich mit einem Pro-Kopf-Bruttosozialprodukt von 210 Dollar begnügen muß. »Die totalitären Staaten«, schreibt Erich Wiedemann, »sind – ganz gleich, ob rechts oder links – durchweg Dropouts und Habenichtse. Negatives Musterbeispiel: Uganda. Knapp zehn Jahre Parteien- und Militärdiktatur reichten aus, um ein fruchtbares blühendes Land, die ›Perle Afrikas‹, wie Winston Churchill es nannte, in einen qualmenden Trümmerhaufen zu verwandeln.«

1993 ließ sich Greenpeace in seiner Hauspostille über die Ökodiktatur aus. Nicht daß die Organisation diese anstrebt, bewahre – aber man wird ja mal denken dürfen. In einer Öko-Fiction-Story wird die Arbeit des Abteilungsleiters Paul Strahten im Naturgesetz-Ministerium beschrieben. Selbstverständlich haut der allen Bösewichtern auf die Finger. »Allen, die nicht Maß hielten, die nicht an das Ganze dachten, wie diese asozialen Renegaten, die das Teilen mit der Dritten Welt nicht lernen wollten, würde er zeigen, was das Naturgesetz auch ist: das Recht des Stärkeren.« Es ist schon interessant, was diesen Leuten so durch den Kopf geht.

Ginge es der Bevölkerung in der Dritten Welt wirklich besser, wenn das Weltbruttosozialprodukt gemäß dem ökomarxistischen Kinderglauben gleichmäßig verteilt würde? Die Frage ist schnell beantwortet. Man braucht nur einen Taschenrechner und den *Fischer Weltalmanach* von 1995. Zunächst multipliziert man das Pro-Kopf-Bruttosozialprodukt eines jeden Landes mit seiner Bevölkerungszahl. Dann bildet man die Summe der Einzelergebnisse und dividiert durch die Erdbevölkerung. Man erhält:

$$2{,}26 \cdot 10^{13} \text{ Dollar} : 5{,}7 \cdot 10^{9} \text{ Menschen} = \textit{3965 Dollar/Kopf}$$

Würden wir teilen, wie sich das die Gutmenschen so vorstellen, dann hätte jeder Bundesbürger im Schnitt nicht 23.030 Dollar im Jahr zur Verfügung, sondern nur 3965 Dollar, etwa soviel wie die Bevölkerung von Trinidad und Tobago. Richtig ist, daß es einigen Ländern besser ginge, Uganda mit einem derzeitigen Pro-Kopf-Bruttosozialprodukt von 170 Dollar beispielsweise um den Faktor 23. Aber das in der Bundesrepublik zu verteilende Einkommen betrüge nur noch etwa ein Sechstel. Ob das den Bundesbürgern und ihren Gewerkschaften, die über Nullrunden stöhnen, zu verkaufen ist, das bezweifle ich. Wenn die Umweltverschmutzung an das verfügbare Kapital geknüpft ist, wie das der Club of Rome 1972 postulierte, wäre durch die Umverteilung die Umwelt kein bißchen entlastet, denn das Weltbruttosozialprodukt wäre nicht geringer, sondern läge *nach wie vor* bei $2{,}26 \cdot 10^{13}$ Dollar.

Ach so, natürlich sollen nicht die Arbeitnehmer mit ihrem krummen Rücken den Buckel hinhalten, nein, dazu haben wir unsere Egoisten, die Besserverdienenden und vor allem die Einkommensmillionäre. Betrachtet man einmal die letzte Gruppe, so gab es 1989 in der Bundesrepublik folgende Verteilung:[19]

Zahl der Einkommensmillionäre	*zu versteuerndes Einkommen*
11.200	1 bis 2 Millionen Mark
4.900	2 bis 5 Millionen Mark
1.200	5 bis 10 Millionen Mark
900	mehr als 10 Millionen Mark

Diese grünfriedlich so taxierten 18.200 Egoisten hatten 1989 ein zu versteuerndes Einkommen von 71,5 Milliarden Mark. In Amerika fände man nichts dabei. Einem deutschen Bundesbürger kommt hier der blanke Neid hoch. Das gehört gefälligst gerecht verteilt! Richtig, dann hätte jeder Bundesbürger 893,75 Mark jährlich mehr in der Tasche, und die Einkommensmillionäre wären auf das richtige Maß gestutzt. Endlich Gleichheit und wirkliche Demokratie – eine wahre Wohltat! Was man sich für die 893,75 Mark alles kaufen kann. Drei bis vier Paar Schuhe oder 350 Päckchen Butter. Phantastisch!

Noch interessanter wird es, wenn die Mega-Egoisten mit der Dritten Welt teilen müßten. Nach Angaben der UN leben 1,3 Milliarden Bewohner des Planeten in Armut. Teilten die bundesdeutschen Einkommensmillionäre mit diesen meist in Afrika und Südasien lebenden Armen, so hätte jeder ein zusätzliches Jahreseinkommen von 55 Mark (etwa 35,7 Dollar). Am Tag wären dies 15 Pfennige mehr. Nein, damit ist dem Elend nicht beizukommen!

In der *FAZ* kommentiert Klaus Natorp das gutmenschliche Märchen von den bösen Wohlstandsländern, die den armen Aschenputteln die Butter vom Brot nehmen: »Glaubt jemand allen Ernstes, arme Leute in Bangladesh oder in Mexiko würden auch nur ein einziges Kind weniger in die Welt setzen, wenn Europäer oder Amerikaner in Zukunft auf Kurz- und Urlaubsflugreisen verzichten? Autofreie Innenstädte sind zwar erstrebenswert, aber sie werden weder die tropischen Regenwälder retten noch die letzten Sträucher am Himalaja davor bewahren, für das Kochen der einzigen warmen Mahlzeit am Tag verfeuert zu werden.«

Denkt man über den berühmten »Tellerrand« hinaus, so kann man sich dem Fazit nicht entziehen, daß die Verlagerung von Arbeitsplätzen in Billiglohnländer des fernasiatischen Raums schon der Anfang vom Teilen mit der Dritten Welt ist.

Schlußbetrachtungen: Damit der Sprit nicht ausgeht

Was ist zu tun? Patentrezepte gibt es nicht, aber ein paar ganz praktikable Möglichkeiten.

1. Punkt: Das größte Problem der Menschheit ist die *Überbevölkerung*. Sie ist die Ursache jeglicher Umweltbelastung schlechthin. Deshalb, so Eilingsfeld, sind »›Grenzwerte‹ in bezug auf die Zahl der Menschen angebracht«, und »eine Ethik (ist gefragt), die das unbeschränkte Kinderzeugen ächtet«. Dem wäre nichts hinzuzufügen.

Würden die Grünen, der BUND, NaBu und alle sonstigen Lichtgestalten dieser Erde es wirklich ernst mit dem Umweltschutz meinen, dann würden sie bei jeder sich bietenden Gelegenheit durch die Dritte Welt fahren und Lkw-Ladungen von Verhütungsmitteln verteilen. Auch Greenpeace würde aus dem Gummiboot steigen, für Gummiartikel werben und vor den Kreißsälen des ökologisch überbevölkerten Nordens protestieren.

Der Hinweis auf den Wohlstand des Nordens als Ursache für das Dritte-Welt-Elend greift zu kurz und ist angesichts 32.000 täglich verhungernder Kinder schlichte Heuchelei. Er taugt bestenfalls zu Tischgesprächen in kämpferisch-engagierten Toskanazirkeln, in denen zwischen Carpaccio und Pasta tiefste Betroffenheit angesagt ist.

Hoffnungslos ist das Überbevölkerungsproblem nicht, denn inzwischen gebrauchen immerhin 57 % der Ehepaare in den Entwicklungsländern Verhütungsmittel. Auch hat sich die durchschnittliche Kinderzahl je Frau von 6,1 in den 50er Jahren auf heute 3,7 verringert. Eine große Rolle spielt dabei die Alphabetisierung, die in den Industrienationen am weitesten vorangeschritten ist. Je mehr Frauen der Dritten Welt schreiben und lesen können, je mehr von ihnen Arbeit finden, desto geringer wird die Fertilität. Hier gibt es eindeutige Zusammenhänge, wie die folgende Tabelle zeigt.

Region	*Alphabetisierung*	*totale Fertilitätsrate*
Schwarzafrika	27 % (z. B. Sudan)	6 bis 8
Indien	48 %	4
China	82 %	2,3
Industrienationen	97 % (z. B. Italien)	1,5 bis 1,9

Ich will gar nicht so weit gehen und den in den Parlamenten vor sich hin dümpelnden gutmenschlichen Expädagogen empfehlen, ihrer eigentlichen Berufung in der Dritten Welt nachzugehen. Zweifellos würde das unserem parlamentarischen System guttun, aber der Norden kann und muß bei der Alphabetisierung der Dritten Welt Hilfestellung leisten.

Bezüglich der Geburtenrate verhalten sich europäische Länder vorbildlich. So hat Spanien die niedrigste Geburtenrate der Welt. Jede Spanierin bringt statistisch, statt den Bevölkerungsstand haltender 2,1 Kinder, nur 1,2 Kinder zur Welt.

Auch in Deutschland hat man die »Hausaufgaben« (regierungsamtliches Sülzsprech) gemacht. Die Geburtenzahl ging von 1964 bis 1978 von 1.065.000 auf 576.000 zurück.

Der einzige Grund, weshalb die deutsche Bevölkerung heute nicht nur 74,4 Millionen zählt, liegt an den zugewanderten Ausländern, die durch ihren Anteil von 8,5 % die Einwohnerzahl 1995 auf 81,3 Millionen hielten.

Im Gegensatz zu den klassischen Einwanderungsländern, die jährlich zwischen 245 (USA) und 479 (Kanada) Personen pro 100.000 Einwohner aufnehmen, leisten wir uns einen Zuzug von 1566 »Migranten« pro 100.000 Einwohner. Damit nimmt, auf den Quadratkilometer berechnet, Deutschland rund 92mal so viele Menschen auf wie Kanada, und im Vergleich zu den USA sind es sogar 170mal so viele.

Irenäus Eibl-Eibesfeldt, der an der Max-Planck-Gesellschaft in Andechs tätige Humanethologe, kommentiert in einem *Focus*-Interview die Deutschland-gleich-Einwanderungsland-Diskussion: »Die Leute, die so demonstrativ ihren Heiligenschein polieren, tun das nicht aus Nächstenliebe, sondern weil sie dadurch hohes Ansehen, hohe Rangpositionen, also auch Macht, gewinnen können – früher als Held, heute als Tugendheld. Der Mensch kann alles pervertieren, auch Freundlichkeit oder Gastlichkeit, und wenn die Folgen sich als katastrophal erweisen, schleichen sich die

Wohlmeinenden meist davon und sagen: Das haben wir nicht gewollt.«

Da man heute die Zahl der potentiellen Mütter bis ins 21. Jahrhundert kennt, kann man abschätzen, daß in der Bundesrepublik ohne Zuzug um das Jahr 2050 nur 38,9 Millionen leben würden und daß sich die Zahl zum Ende des 21. Jahrhunderts sogar auf 19,3 Millionen verringern würde. Es gibt Leute, die finden das grauenhaft. Es tut mir leid, ich kann daran nichts Negatives finden, im Gegenteil: Dies wäre ein ernster und vor allen Dingen der humanitärste Beitrag zum Umweltschutz und zur Wohlstandssicherung.

2. Punkt: Ein weiteres Problem ist das *Gutmenschentum.* Die ÖkopaxtraumtänzerInnen wollen nicht nur andersdenkenden und andersempfindenden Bürgern ihren Lebensstil und ihre Wahrheit als die einzig richtige überstülpen, sondern behindern auch notwendige Maßnahmen – bis nichts mehr geht.

Seit die 68er in allen Parteien mehr oder minder akzentuiert die Politik bestimmen, ist »die Bundesrepublik südlicher, informeller und unordentlicher geworden« (Cora Stephan). Nicht nur das: Wir haben uns zu wehleidigen, von Technik- und Endzeitängsten gepeinigten Ökolamentozwergen entwickelt, über die das Ausland nur noch staunen kann.

Um den deutschen Jammer-Taumel zu beenden, wäre eine Änderung der Parteipolitik unabdingbar. Ehemals konservativ-pragmatischen Parteien, wie der CDU oder der FDP, könnte es nicht schaden, wenn sie sich wieder auf ihre tradierte Wählerklientel besinnen würden. Vielleicht gingen dann auch wieder mehr Bürger zur Wahl, weil es endlich wieder eine richtige Alternative und nicht nur aus einem eng umklammerten Traumtänzerknäuel die am wenigsten schrilli-schrulli Ausgeflippten zu wählen gäbe – damit das Schlimmste verhindert wird.

In jedem Fall wären die Politakteure gut beraten, der Bevölkerung wieder mehr »aufs Maul zu schauen«. Vor allem sollten sie sich weniger und weniger von der Allzweckkeule namens »Populismus« beeindrucken lassen.

Auch in der SPD ist nicht alles verloren. Diese Partei hat durchaus Persönlichkeiten, die rechnen können. Würden diese sich durchsetzen, dann gäbe es eine Sozialpolitik, die nicht immer nur nach dem Wünschenswerten schielt. Das täte nicht nur dem Steuerzahler, sondern auch der Wirtschaft gut. Auch wäre endlich eine standortsichernde Umweltpolitik mit Maß und Ziel möglich.

Bleibt zu fragen: Sind unsere Politiker überhaupt in der Lage, sich den Herausforderungen zu stellen, die mit dem Migrations- und Bedürfnisdruck von einer zusätzlichen Milliarde Menschen um das Jahr 2005 verbunden sein werden? Besitzen sie überhaupt den hierzu notwendigen Sachverstand?

Unter Berücksichtigung, daß ein Politiker etwa 20 Jahre für seine Karriere benötigt, kommt Professor C. Kernig von der Universität Trier 1995 zu folgendem Ergebnis:[20] »Wer also analysiert, welche Personen mit welcher Qualifikation heute in irgendwelchen Ortsvereinen zum Karrierestart antreten, kann den technologischen Urteilslevel des Bundestags im Jahr 2015 bereits heute bestimmen. Und das Urteilsniveau unseres heutigen Bundestags wurde demgemäß vor 20 Jahren festgeschrieben.« Vor 20 Jahren waren die 68er en vogue! Bis diese von der Nachfolgegeneration abgelöst werden, kann es zu spät sein. Wir müssen mit der jetzigen Entscheidungselite leben, und die wird ihr Denken modernisieren müssen, denn unsere Zeit ist knapp!

Auch die Medien müssen erkennen, daß nicht die Technik die Erde bedroht, »sondern die Bevölkerung, die schneller zunimmt, als technische Mittel zur Erfüllung ihrer wachsenden Ansprüche bereitgestellt werden können«. Leider sind »die Medien«, so Professor Kernig, »von Kommentierungs-Eliten besetzt, die sich pro Redaktion im Schnitt drei bis vier Jahrzehnte lang (bis zum Ableben oder Ausscheiden eines Herausgebers oder Chefredakteurs) in ein und derselben Richtung äußern«. Hier hat sich mit dem Erscheinen des Nachrichtenmagazins *Focus* etwas getan. Plötzlich werden Themen anders behandelt, als es sattsam bekannt seit Jahrzehnten vom *Spiegel* und seinem bebilderten Pendant, dem *Stern,* geschieht. Das kann aber erst der Anfang sein, denn noch leben wir, wie das »Brent Spar«-Spektakel zeigte, in einer mediengeheizten Stimmungsdemokratie.

3. Punkt: Das nächste Problem ist die *Chemie-* und *Technikfeindlichkeit.* Natürlich ist in der Vergangenheit nicht alles gut gelaufen. Vieles hat sich erst im nachhinein als schädlich erwiesen. Ein Beispiel ist das DDT, das bereits 1874 im Straßburger Labor des Chemikers Adolf von Baeyer synthetisiert wurde. Erst nachdem 1939 der bei Geigy in Basel arbeitende Chemiker Paul Müller die insektizide Wirkung des DDT entdeckt hatte, wurde die Substanz großtechnisch synthetisiert.

Weil man zum erstenmal etwas in Händen hielt, mit dem man die Verbreitung krankheitsübertragender Insekten wie der Chagas-Wanze und der Anophelesmücke eindämmen konnte, erhielt Paul Müller 1948 zu Recht den Nobelpreis. Die Anophelesmücke ist verantwortlich für die *Malaria,* und folgende Tabelle zeigt die Ausbreitung der Krankheit vor und nach dem Ausbringen von DDT.[21]

Land	*Jahr*	*Malaria-erkrankungen*
Türkei	1950	1.188.969
nach DDT-Anwendung:	1969	2.173
Italien	1946	144.631
nach DDT-Anwendung:	1969	10
Rumänien	1948	338.198
nach DDT-Anwendung:	1969	4
Bulgarien	1946	144.631
nach DDT-Anwendung:	1969	10
Indien	1935	über 1.000.000
nach DDT-Anwendung:	1969	286.962

Deutschland ist keineswegs frei von Bedrohung durch Malaria. 1835 erkrankte in der Festung Jülich ein Viertel der Insassen. Auch waren weder die Westküste Schleswig-Holsteins (28 % der Bewohner 1826/27 erkrankt) noch Duisburg, Grevenbroich und Aachen zu Beginn des 19. Jahrhunderts vom »Wechselfieber« verschont.

Man stelle sich vor: Während der »schönsten Wochen des Jahres« würden Vollkasko-Urlauber in Italien von einer Anophelesmücke gestochen. Die Boulevardpresse hätte ein Thema: »Malaria auch durch Parma-Schinken?« Und das Lamento wäre riesengroß. Besonders bei der schwersten Form, der *Malaria tropica,* besteht auch heute noch akute Lebensgefahr! Die Reiselust bringt es mit sich, daß 1994 830 bundesdeutsche Urlauber an Malaria erkrankten, von denen 28 starben. Prominentestes Opfer dürfte Wirtschaftsminister Rexroth sein, der sich die Malaria im Frühjahr 1996 auf einer Dienstreise eingefangen hat.

Im übrigen wird ganz gern unter den Müslitisch gekehrt, daß sich die Malariamorbidität seit dem Verbot von DDT wieder massiv erhöht hat. 1946 erkrankten in Sri Lanka 2.800.000 Menschen, von denen 12.587 starben. Mit dem Einsatz von DDT sank die Zahl der Krankheitsfälle 1961 um 99,99 % auf 110! Die Einstellung der DDT-Spritzung hatte zur Folge, daß bereits 1969 wieder 2.500.000 Erkrankungen registriert wurden.

1986 gab es nach Schätzungen der WHO weltweit wieder 200 Millionen Malariakranke. Das Beispiel DDT belegt nebenbei, daß die Chemie nicht unschuldig an der Bevölkerungsexplosion ist, denn dem »Gift« verdanken wahrscheinlich mehr Menschen ihr Leben, als der Zweite Weltkrieg gekostet hat.

1972 veröffentlichte die Amerikanerin Rachel Carson ihr Buch »Der stumme Frühling«. In dem Werk, das heute als »Altes Testament« der Weltuntergangspropheten gilt, wies Frau Carson darauf hin, daß sich das DDT in der Nahrungskette anreichere und möglicherweise die Eierschalen des weißköpfigen Seeadlers dünner werden lasse. Es gibt zwar viele Veröffentlichungen, die den Verdacht bestätigen (»gute« wissenschaftliche Arbeiten), aber auch genauso viele, die ihn in Frage stellen (»schlechte« wissenschaftliche Arbeiten). Möglicherweise ist es eine »Die Leberwurst ist schuld daran«-Korrelation (s. S. 27) und läßt sich nie endgültig beweisen oder widerlegen.

Dennoch hat man zu Recht 1972 in der Bundesrepublik und den USA die Herstellung und Verwendung von DDT verboten. Etwas, was Länder wie China überhaupt nicht kratzt. Bittere Kommentare hatten seinerzeit die Malariatoten gegen die Eierschalen von Brutvögeln aufgewogen. Der Makel des DDT liegt vor allem darin, daß die Substanz sich mit einer Halbwertszeit von 60 Jahren sehr langsam abbaut und im Fettgewebe sammelt. (Dennoch ist DDT für den Menschen fast ungiftig, da die Letaldosis zwischen 10 und 30 g liegt.)

Man hat daraus gelernt. Insektizide und generell alle Pflanzenschutzmittel, die heute neu entwickelt werden, müssen *binnen kürzerer Zeit abbaubar* sein. Eine neue Substanz, und mag sie noch so wirksam sein, hat keine Chance, jemals produziert zu werden, wenn ihre Umweltpersistenz zu groß ist.

Auf keinen Fall darf man die Beispiele, in denen es mit der Chemie und der Technik danebenging, zum Anlaß nehmen, alles mögliche zu verbieten und neuere Entwicklungen auszubremsen. Sonst geht eben der Sprit aus.

So wie das DDT ein Beispiel dafür ist, daß auch mal etwas mit der Chemie schieflaufen kann, ist die Entdeckung des Wirkstoffs der »Pille« ein Beispiel dafür, daß die Chemie auch viel Gutes für die Menschheit geleistet hat und leisten wird. Die Entkopplung von geschlechtlicher Aktivität und Fortpflanzung ist eine der segensreichsten Entwicklungen der letzten Jahre. Im Gegensatz zu früher bestimmen heutzutage Paare viel gezielter, wann und vor allem wie viele Kinder sie haben wollen. Die tausendfältigen sonstigen alltäglichen Hilfsmittel, von der Seife über Fensterglas und Arzneimitteln bis zu den Farben, seien nur am Rand erwähnt. Ohne industrielle Chemie läuft da nichts!

Man kann den Kopf in den Sand stecken und darüber lamentieren, ob man den technischen Fortschritt als Segen oder als Fluch betrachten soll. Die Zeitläufte interessiert das nicht. Sie stellen *neue Herausforderungen:*

Ernährung der Weltbevölkerung

Hierzu ist die Entwicklung von Kulturpflanzen notwendig, die auf ärmeren Böden wachsen und einen höheren Hektarertrag bringen. Zwei Möglichkeiten stehen uns offen. Die erste ist die klassische, Jahrzehnte dauernde Züchtung. Die zweite ist die Gentechnik, die prinzipiell zum gleichen Ergebnis führt. Beispielsweise wäre es ein großer Erfolg, wenn wir in absehbarer Zeit einen stickstoffixierenden Mais entwickeln könnten. Weiterhin sind zur Sicherung unserer Ernährung neue Pflanzenschutzmittel notwendig, denn bei knapper werdendem Ackerland können wir uns den Luxus eines geringeren Hektarertrags, wie ihn nun einmal die extensiv-ökologische Anbauweise mit sich bringt, nicht leisten. All das muß in allernächster Zeit geschehen.

Ein Wetterleuchten ist bereits jetzt am Horizont wahrnehmbar. Am 31. Mai 1996 teilte die FAO (Welternährungsorganisation) mit, daß die Weltgetreidereserven die Frühwarngrenze von 18 % des Jahresverbrauchs unterschritten haben. Aus dem Bonner Agrarministerium war zu hören: »Lange hatten wir 20 bis 24 % Reserve. Jetzt sind es 15 bis 16.« Bei einer weiteren Verminderung der Landbaufläche auf 180 bis 360 qm/Kopf wurde empfohlen, uns überwiegend vegetarisch durch Anbau von Hülsenfrüchten zu ernähren. Dies könnte sich als fataler Irrweg herausstellen – wenn die Saunameister mit ihrem Methan recht haben.

Heute sind die 1,17 Milliarden Chinesen praktisch Zwangsvegetarier. Sie werden aber mehr Fleisch haben wollen. Es sei denn, daß Greenpeace nebst grünen Bundestagsabgeordneten dort vorstellig wird und den Chinesen klarmacht, daß das Raubbau an der Natur sei und die Krötenmütter gefährde. Das wird sicher beeindrucken. Für die Reisemittel sollten wir schon einmal sammeln. Nein, ohne moderne Landwirtschaft – und zwar intensive und nicht extensive (= alternative) – geht nichts.

Sicherung der Arbeit

Im Verlauf der Wirtschaftsglobalisierung haben unterbezahlte Arbeitnehmer in den ehemaligen Ostblockländern und in der Dritten Welt den Menschen in den hochentwickelten Industrieländern manchen Job weggenommen. In Deutschland verschärft sich das Problem außerdem, weil eine Flut von Rechtsregelungen den Unternehmen die Luft zum Atmen nimmt. 4874 Gesetze, 84.000 Einzelbestimmungen, 32.000 DIN-Normen mögen zwar für sich betrachtet sinnvoll sein, kosten aber die deutschen Arbeitgeber jährlich 58 Milliarden Mark und nehmen uns 4,7 Millionen Jobs weg![22]

Um künftig auf dem Weltmarkt zu bestehen, benötigen wir neue, international konkurrenzfähige Produkte, zu deren Entwicklung F & E-Arbeitsplätze geschaffen werden müssen. Auch ist die manuelle Produktion mit Hammer und Sichel out und die Produktion mittels moderner Prozeßleitsysteme in.

Alte Seuchen, wie Tuberkulose, und neue, wie Aids und Ebola

In den letzten 20 Jahren ist man auf 30 neue Infektionskrankheiten gestoßen. Der Verbreitung dieser Krankheiten stehen immer weniger Schranken gegenüber, die zunehmende Urbanisierung ist ein idealer Nährboden, und bis zum Jahr 2005 sind wir eine Milliarde potentieller Krankheitsträger mehr. Ein freizügiger Tourismus sorgt dafür, daß die Infektionen weltweit verbreitet werden.

Nicht verdrängt werden darf, daß nach wie vor täglich auf der Erde 50.000 Menschen von Mikroben weggerafft werden. Weil wir nicht auf einer Insel der Stubenreinen leben, werden sich die pharmazeutische Chemie und die Medizin neuen Herausforderungen stellen müssen. Übrigens sind Chemie und Medizin auch gefragt, wenn es darum geht, die typischen Alterskrankheiten, die bei immer höherer Lebenserwartung zunehmen, zu behandeln.

Neue Energien

Das Recycling erfordert wegen der Entropie (s. S. 222 und 228) einen erheblichen Energieeinsatz. Damit der Hintern warm bleibt, ist ebenfalls Energie erforderlich, und ohne Energieeinsatz kommt auch das Futter nicht auf den Teller. Wer uns weismachen will, wir kämen bereits heute mit alternativen Energiequellen aus, wenn wir die zur Verfügung stehenden Windrädchen samt Toilettenabgasverbrennung und Solarzellen nur konsequent einsetzen würden, der nimmt uns nicht ernst, sondern auf den Arm. Nur ein paar Zahlen: 1995 wurden im wiedervereinten Deutschland 428 Milliarden kWh verbraucht, die zu 34 % aus Kernkraftwerken stammten. Die Windenergie brachte im gleichen Zeitraum nur einen Beitrag von 0,35 Milliarden kWh. Rechnen wir einmal nach, dann sind das schlappe

(0,35 Milliarden kWh : 428 Milliarden kWh) · 100 = 0,08 %.

Geht man noch ein Schrittchen weiter, so stellt sich heraus, daß selbst unter den günstigsten Umständen die maximal mögliche Nutzung von Wind- und Wellenenergie in der alten Bundesrepublik höchstens 18 % des benötigten Stroms liefern könnte.[23] Selbstverständlich sollten wir alle wirtschaftlich vertretbaren Möglichkeiten nutzen. 1981, als der Barrel-Preis des Rohöls bei 42 Dollar lag, amortisierte sich ein Wind-Turbinen-System in knapp zehn Jahren. Momentan sieht das anders aus.

Auf Solarzellen wird immer gesetzt. Auch hier finden Traum und Wirklichkeit nicht zusammen. *Sämtliche* auf der Welt produzierten Solarzellen bringen bei voller Leistung gerade einmal 100 Megawatt.[24] Das ist der *13. Teil eines* Kernkraftwerksblocks vom Typ Biblis A oder B. Anders ausgedrückt: Diese 100 MW entsprechen gerade einmal 0,2 ‰ der 1995 in Deutschland benötigten elektrischen Energie. Das reicht noch nicht einmal für den Betrieb unserer Fernsehgeräte. Im übrigen beträgt das in der Bundesrepublik technisch machbare Potential der Photovoltaik 1090 PJ (1 PJ sprich 1 Petajoule $\triangleq 10^{15}$ J). Dies sind 7,7 % des Primärenergieverbrauchs der Bundesrepublik.[26]

Eine große »Energiequelle« sind zweifellos mögliche Einsparungen. Schlagwort »Negawatt«! Das fängt bei besserer Gebäudeisolierung mit »Superfenstern« an, geht über Stromeinsparung bei Lampen und Haushaltsgeräten und endet in der ressourcen- und energieschonenden Industrieproduktion. Aber alles Sparen nutzt uns nichts. Irgendwann »haben wir uns zu Ende« gespart.

Kernreaktoren mit noch höherer Sicherheit als die, die zur Zeit in Betrieb sind, sind durchaus realisierbar. Ein Beispiel hierzu wäre der inhärent sichere Hochtemperaturreaktor (HTR). Ganz abgesehen davon müssen wir noch andere Wege der Energiesicherung verfolgen. Ob das die Entwicklung der Photovoltaik, der Wasserstofftechnologie oder die Kernfusion ist (Angst haben, weil nicht ohne radioaktive Abfälle!), das sei dahingestellt. Tun wir nichts, geht über kurz oder lang der Sprit aus!

Neue Werkstoffe

Dies betrifft Kunststoffe, die sich mikrobiell abbauen lassen, genauso wie Materialien, die eine fünfmal so lange Nutzungsdauer als die heute gebräuchlichen zulassen. Ein hochinteressanter Werkstoff wären Supraleiter, mit denen der Strom verlustfrei über weite Strecken transportiert werden kann.

Neue Verhütungsmittel

Es ist nicht so, daß die Familienplanung in den Entwicklungsländern generell auf Ablehnung stieße. In Indonesien ist man dabei, die Bevölkerung davon zu überzeugen, daß die Familie *»klein, glücklich und wohlhabend«* sein sollte. Da der Islam prinzipiell nicht gegen Empfängnisverhütung ist, wird in den indonesischen Moscheen offen für empfängnisverhütende Methoden geworben, und täglich werden die Frauen gegen 17 Uhr durch ein Sirenensignal daran erinnert, daß es Zeit für die »Pille« ist.[3] Davon könnte sich die katholische Kirche ein Scheibchen abschneiden und gegen 17 Uhr in Brasilien (Verdoppelung der Bevölkerung in 35 Jahren!) die Glocken läuten.

Manches Sirenengeheul könnte man sich sparen, wenn wir eine »Impfung« gegen Zeugungsfähigkeit entwickeln würden, die bei Bedarf wieder aufgehoben werden kann. Auch dürfte eine »Jahrespille« für Mann und Frau eine sinnvolle Entdeckung sein. Dies muß einhergehen mit der Aufklärung der Massen in der Dritten Welt und hat weiß Gott oder Allah nichts mit Fruchtbarkeitsimperialismus zu tun, sondern ist schlicht menschliche Vernunft und ein Gebot der Humanität. Der moderne Samariter ist nicht der, der eine Decke über den Hungernden legt, damit er nicht so friert. Nein, der moderne Samariter ist der, der sich darum kümmert, daß nicht mehr Menschen auf der Erde leben, als diese an Wohlstandsbürgern trägt. Ja, richtig, Wohlstandsbürger! Nicht die Umweltverschmutzung, der Mangel, Kriege und Seuchen müssen die Menschheit reduzieren, sondern sie sich binnen zweier Generationen aus besserer Einsicht selbst!

Schutz der Umwelt mit Maß und Ziel

Dazu gehört nicht das Abwürgen industrieller Arbeitsplätze und des Wohlstands. Das trägt die Bevölkerung zu Recht nicht mit!

In der Chemie ist unter anderem die weitere *Entwicklung intelligenter Produktionsverfahren* gefragt, damit die Abwässer, die momentan am Ende des Syntheseprozesses gereinigt werden (»End of Pipe«-Prinzip), erst gar nicht entstehen. Mit neuentwickelten Katalysatoren und biochemischen Methoden lassen sich in der Chemie sowohl die Abfälle als auch der Rohstoffeinsatz weiter massiv senken.

Niemand will den »Kat« im Auto und die Filter in den Fabrikschloten mehr missen, auch wenn sie dem »End of Pipe«-Prinzip entsprechen. Das gleiche gilt für unsere modernen Kläranlagen, die es erst wieder ermöglichten, daß in den vor 30 Jahren total verdreckten Flüssen langsam wieder Lachse gesichtet werden.

Die Chancen der Technik sind groß, und es gibt eine Menge zu tun! Wieso leisten wir Deutschen uns dennoch eine solch dämliche Technikfeindlichkeit? Ein Grund dürfte sein, daß man aus durchsichtigen Gründen im Bewußtsein der Bevölkerung die »Naturwissenschaft« von der »Technik« getrennt hat. Motto: Naturwissenschaft an sich ist gut, nur die Technik ist schlecht. Die Trennung ist unredlich und ökoschizoid, weil die chemische Forschung in der Industrie (»Technik«) auf genau den gleichen Gesetzen beruht wie die chemische Grundlagenforschung an der Hochschule (»Naturwissenschaft«).

Aus Ökoschizosicht entwickelt der »böse Chemiker« im Auftrag der Schlotbarone in den Industrielabors neue Substanzen, die den profitorientierten Ökoholocaust beschleunigen. Dahingegen ist der »gute Chemiker« auf seiten der Siechtumspropheten und versorgt sie durch seine Messungen im Ultraspurenbereich täglich mit frischem Hysteriefutter. Ob die Messung einer kritischen Überprüfung im Rahmen eines Ringversuchs standhält und was die Meßwerte wirklich bedeuten, ist sekundär. Wenn ein Wissenschaftler eines Ökoinstituts den Weltuntergang verkündet, kommen die Meinungsschickeria und ihre Panik-Junkies nicht auf die Idee, daß er weltanschaulich entsprechend vorgeprägt ist.

Wir können uns heute die Frage, ob wir »die Technik« haben wollen oder nicht, gar nicht mehr erlauben. Ohne sie würden wir nämlich in kürzester Zeit den Bach hinuntergehen. Weil die technologischen Zukunftsaufgaben riesig sind, dürfen wir nicht unsere Zeit mit Ökokosmetik vertrödeln, sondern müssen unsere Kräfte einsetzen. Die Bundesrepublik hat einen der höchsten Lebens-, Umwelt- und vor allem Ausbildungsstandards der Welt. Es ist deshalb nicht zu verantworten, daß wir unseren wichtigsten Rohstoff, nämlich unsere technisch-wissenschaftliche Intelligenz, zum Schaden aller vernachlässigen und uns im Ökojammertal verkriechen.

Niemand kann den bisher benachteiligten Völkern das Streben nach mehr Wohlstand verbieten. Die Erfüllung dieses Wunsches läßt sich auf humanem Weg aber nur über eine Reduktion des Bevölkerungswachstums bewerkstelligen.

Die Ächtung des Kindersegens hat nichts mit Hedonismus oder Kinderfeindlichkeit zu tun. Im Gegenteil, wer Kinder wirklich mag, der betrachtet sie nicht als Spielzeug zur Befriedigung des wie immer gearteten Kinderwunsches oder als potentielle Rentenmelkkühe, sondern sorgt sich darum, daß sie eine menschenwürdige Welt vorfinden, in der der Wohlstand für alle reicht.

Im Sinne einer »nachhaltigen Entwicklung« trägt die Erde nicht mehr als 500 Millionen Menschen, die den Wohlstand Amerikas oder Deutschlands haben.[25] Zurück in die Steinzeit kann es auch nicht gehen, denn der Planet kann höchstens 50 Millionen Jäger und Sammler ernähren. Wir haben es heute in der Hand, ob wir unseren Urenkeln eine liebenswerte Welt mit geringer Siedlungsdichte und mit Komfort hinterlassen oder ob unser heutiges Wegschauen und Verdrängen als größte »Leistung« des ausgehenden 20. Jahrhunderts in Erinnerung bleibt.

Wenn wir jetzt entschlossen handeln und unsere Ökolarmoyanz ablegen, haben wir beste Chancen, die 400-Megatonnen-Freßmaschine namens Menschheit sanft zu landen. Der Bevölkerungszuwachs ist bereits am Sinken. In Indien, so wird beklagt, ist es sogar zu einem »dramatischen« Geburtenrückgang gekommen. Was ist daran schlimm? Hoffnung existiert in jeder Menge. Der Entdecker der nuklearen Kettenreaktion, der Physiker Leo Szilard, äußerte einmal: »Auf dem Papier läßt sich errechnen, daß die Weltkatastrophe mit 85 % Wahrscheinlichkeit eintreffen muß. Aber ich lebe für die restlichen 15 %.«

Literaturangaben

Vorbemerkung: Die zitierte Literatur ist nur ein Bruchteil der tatsächlich recherchierten, wobei die hier genannte Auswahl von mir so getroffen wurde, daß sowohl die weniger bekannten als auch die besonders interessanten Fakten nachgelesen werden können. Einige Abkürzungen betreffen folgende Periodika:

- BWK = »Brennstoff – Wärme – Kraft«, Zeitschrift des Vereins deutscher Ingenieure für Energietechnik und Energiewirtschaft
- CHEMKON = »Chemie konkret«
- Chem. unserer Zeit = »Chemie in unserer Zeit«
- CLB = »Chemie in Labor und Biotechnik«
- Dt. Ärztebl. = »Deutsches Ärzteblatt«
- MNU = »Der mathematische und naturwissenschaftliche Unterricht«
- Nachr. Chem. Tech. Lab. = »Nachrichten aus Chemie, Technik und Laboratorium«
- Pharm. unserer Zeit = »Pharmazie in unserer Zeit«
- VDI = »Verband deutscher Ingenieure«

Kap. 1 Im Gasthof zum Grünkernbratling

[1] FAZ v. 21.11.1994
[2] Umweltdaten Deutschland, 1995, Umweltbundesamt, S. 3
[3] FAZ v. 28.11.1994
[4] FAZ v. 1.8.1995
[5] FAZ v. 30.11.1995
[6] Focus 15/1995, S. 41
[7] Focus Wahl-Spezial v. 18.10.1994
[8] FAZ v. 19.1.1987
[9] Spiegel 39/1995, S. 34
[10] Oswald Spengler, Der Untergang des Abendlandes, München 1973, S. 1139
[11] Bild der Wissenschaft 4/1976, S. 94
[12] Wiesbadener Kurier v. 2.2.1995
[13] Bild der Wissenschaft 1/1975, S. 64
[14] Karl Steinbuch, ja zur Wirklichkeit, München 1976, S. 19
[15] Reginald Rudorf, Die vierte Gewalt, Berlin 1995, S. 35
[16] Nachr. Chem. Tech. Lab. Jg. 40 (1992), S. 476
[17] Privates Eigentum v. 3.1.1994
[18] FAZ v. 4.10.1994
[19] Leserbrief von Alfons Kifmann, Chefredakteur »ADAC Motorwelt« in Focus 32/1995, S. 166
[20] VDI nachrichten v. 3.2.1995
[21] Bild der Wissenschaft, Akzente 1/1975, S. 2
[22] Damals Jg. 21 (1989), S. 652
[23] Der Fischer Weltalmanach 1995
[24] Wiesbadener Kurier v. 29./30.10.1994
[25] Ernst Bäumler (Hrsg.), Damit wir länger leben, Frankfurt/Main 1985, S. 198
[26] CDU-Dokumentation, Bündnis 90/Die Grünen. Eine Partei wird entzaubert, 1995, S. 8

Kap. 2 Die Folgen der Grünkernmahlzeiten

[1] Nachr. Chem. Tech. Lab. Jg. 41 (1993), S. 345
[2] CHEMKON 3/1995, S. 129
[3] Focus 44/1994, S. 192

[4] H. G. Gassen, A. Martin, G. Sachse, Der Stoff, aus dem die Gene sind, München 1986, S. 107
[5] MNU Jg. 46 (1993), S. 105
[6] Hoechst informiert, Öffentlichkeitsarbeit, April 1993
[7] Nachr. Chem. Tech. Lab. Jg. 31 (1983), S. 18
[8] Nachr. Chem. Tech. Lab. Jg. 43 (1995), S. 960
[9] Nachr. Chem. Tech. Lab. Jg. 43 (1995), S. 568
[10] Kürschners Volkshandbuch, Deutscher Bundestag, 13. Wahlperiode 1994, 74. Auflage, Rheinbreitbach 1995
[11] FAZ v. 12.11.1992
[12] CLB Jg. 44 (1993), S. 230
[13] FAZ v. 22.11.1995
[14] CLB Jg. 43 (1992), S. 649
[15] Nachr. Chem. Tech. Lab. Jg. 43 (1995), S. 937
[16] Theo Romahn, Politik gegen die Autofahrer, Düsseldorf 1993, S. 141
[17] Wiesbadener Kurier v. 21.6.1995
[18] Wiesbadener Kurier v. 19.10.1994
[19] VDI nachrichten v. 23.6.1995
[20] J. B. Donges, J. Eekhoff, W. Hamm, W. Möschel, M. J. M. Neumann, O. Sievert, Steuerreform für Arbeitsplätze und Umwelt, Frankfurter Institut, Band 30, Januar 1996, S. 45
[21] Chemiewirtschaft in Zahlen, VCI 1994, S. 101
[22] Nachr. Chem. Tech. Lab. Jg. 35 (1987), S. 42
[23] VDI-Bericht Nr. 899, S. 79–106
[24] Wiesbadener Kurier v. 6./7.6.1996
[25] Focus 44/1994, S. 94
[26] Nachr. Chem. Tech. Lab. Jg. 42 (1994), S. 492

Kap. 3 Gift – das unbekannte Wesen

[1] CLB Jg. 45 (1994), S. 663
[2] W. Braun, A. Dönhardt, Vergiftungsregister, 3. Auflage, Stuttgart 1982, S. 150
[3] FAZ v. 11.9.1990
[4] Bruno Streit, Lexikon der Ökotoxikologie, 2. Auflage, Weinheim 1994, S. 780
[5] Br. Med. J. Bd. 287 (1983), S. 1181
[6] Arch. Fr. Pediatr. Jg. 42 (1985), S. 863
[7] A. Faller, Der Körper des Menschen, 4. Auflage, Stuttgart 1970, S. 170
[8] Chem. unserer Zeit Jg. 6 (1972), S. 33
[9] FAZ v. 10.2.1995
[10] Kontakte (Darmstadt) 2/1989, S. 20
[11] VDI nachrichten v. 14.7.1995
[12] Spiegel 9/1991, S. 71
[13] Wirkstoffe im Pflanzenschutz und Schädlingsbekämpfungsmittel. Physikalisch-chemische und toxikologische Daten, Industrieverband Agrar e. V., 2. Auflage, München, Wien, Zürich 1990, S. 44
[14] Chem. unserer Zeit Jg. 19 (1985), S. 125
[15] K. Lohs, D. Martinez, Gift, Magie und Realität, Nutzen und Verderben, München 1986, S. 86
[16] CLB Jg. 45 (1994), S. 176
[17] Bruno Streit, Lexikon der Ökotoxikologie, a.a.O., S. 661
[18] Chem. unserer Zeit Jg. 19 (1985), S. 125
[19] CLB Jg. 45 (1994), S. 386
[20] Chem. unserer Zeit Jg. 24 (1990), S. 56
[21] Otfried Strubelt, Gifte in unserer Umwelt, Stuttgart 1989, S. 65

[22] W. Forth, D. Henschler, W. Rummel, K. Starke (Hrsg.), Allgemeine und spezielle Pharmakologie und Toxikologie, 6. Auflage, Mannheim, Leipzig, Wien, Zürich 1992, S. 260
[23] Wiesbadener Kurier v. 17./18.2.1996
[24] Damals Jg. 15 (1983), S. 462
[25] K. Lohs, D. Martinez, Gift, Magie und Realität, a.a.O., S. 39
[26] Hildebert Wagner, Rauschgift – Drogen, Berlin, Heidelberg, New York 1969, S. 78
[27] W. Forth, D. Henschler, W. Rummel, K. Starke (Hrsg.), a.a.O., S. 751
[28] W. Forth, D. Henschler, W. Rummel, K. Starke (Hrsg.), a.a.O., S. 301
[29] Suchtreport, Europäische Fachzeitschrift für Suchtprobleme 1987, S. 1
[30] K. Lohs, D. Martinez, Gift, Magie und Realität, a.a.O., S. 32
[31] Hildebert Wagner, a.a.O., S. 75
[32] CLB Jg. 44 (1993), S. 87
[33] Wirkstoffe im Pflanzenschutz und Schädlingsbekämpfungsmittel, a.a.O., S. 28, 58, 119, 282, 316, 357, 363, 170
[34] Wiesbadener Kurier v. 16.3.1992
[35] Bruno Streit, Lexikon der Ökotoxikologie, a.a.O., S. 65
[36] FAZ v. 18.10.1995
[37] K. Lohs, D. Martinez, Gift, Magie und Realität, a.a.O., S. 140
[38] K. Lohs, D. Martinez, Gift, Magie und Realität, a.a.O., S. 80
[39] Gesellschaft Deutscher Chemiker, Fachgruppe Chemieunterricht, Mitteilungsblatt Nr. 7, Dezember 1984, S. 22
[40] W. Braun, A. Dönhardt, a.a.O., S. 73
[41] Bild der Wissenschaft, Aktuelle Wissenschaft 10/1978, S. 3
[42] CLB Jg. 43 (1992), S. 565
[43] CLB-Memory Jg. 43 (1992), S. 70
[44] Chem. unserer Zeit Jg. 17 (1983), S. 146
[45] Nachr. Chem. Tech. Lab. Jg. 32 (1984), S. 363
[46] FAZ v. 3.3.1993
[47] VDI nachrichten v. 15.9.1993
[48] Prof. M. A. Zober, Vortrag, Medizinische Gesellschaft, Ludwigshafen/Rhein vom 7.12.1994
[49] Umweltbundesamt, Presseinformation Nr. 06/96
[50] Daten zur Umwelt 1990/91, Umweltbundesamt, Berlin 1992, S. 187
[51] Umweltdaten Deutschland, 1995, a.a.O., S. 18
[52] Daten zur Umwelt 1990/91, a.a.O., S. 246
[53] CLB Jg. 45 (1994), S. 268
[54] Chem. unserer Zeit Jg. 24 (1990), S. 56
[55] FEBS Lett. Bd. 248 (1989), S. 119
[56] Bruno Streit, Lexikon der Ökotoxikologie, a.a.O., S. 662

Kap. 4 In der Öko-Geisterbahn

[1] A. Bechmann, Ökobilanz, München 1987, S. 206
[2] Erich Wiedemann, Die deutschen Ängste, Berlin 1988, S. 110
[3] Nachr. Chem. Tech. Lab. Jg. 42 (1994), S. 406
[4] Focus 8/1996, S. 80
[5] FAZ v. 4.6.1996
[6] Nachr. Chem. Tech. Lab. Jg. 28 (1980), S. 376
[7] Insights Chemical Carcinogens and Cancer in Perspective. The Texas Institute for Advancement of Chemical Technology, Vol. 1 (No. 1), 1989, S. 1–28 (die Abbildung befindet sich auf S. 3)
[8] Spektrum der Wissenschaft 6/1994, S. 38
[9] Prof. W. Krämer in Focus 11/1996, S. 185

[10] Spektrum der Wissenschaft 11/1988, S. 92
[11] Nachr. Chem. Tech. Lab. Jg. 42 (1994), S. 1148
[12] Bild der Wissenschaft 3/1985, S. 140
[13] B. Alberts, D. Bray, J. Lewis, M. Raff, K. Roberts, J. D. Watson, Molekularbiologie der Zelle, 2. Auflage, Weinheim 1990, S. 257–264
[14] W. Forth, D. Henschler, W. Rummel, K. Starke (Hrsg.), a.a.O., S. 723
[15] Pharm. unserer Zeit Jg. 6 (1977), S. 150
[16] H. Eilingsfeld, Der sanfte Wahn, 3. Auflage, Mannheim 1989, S. 187
[17] H. M. Kepplinger, U. Hartung, Störfall-Fieber, Freiburg, München 1995, S. 53
[18] Bild der Wissenschaft 4/1976, Akzente, S. 1
[19] Science Bd. 249 (1990), S. 970
[20] FAZ v. 4.10.1990
[21] K. Lohs, D. Martinez, Gift, Magie und Realität, a.a.O., S. 116
[22] Chem. unserer Zeit Jg. 28 (1994), S. 133
[23] W. Forth, D. Henschler, W. Rummel, K. Starke (Hrsg.), a.a.O., S. 754
[24] H. Eilingsfeld, Der sanfte Wahn, a.a.O., S. 174
[25] W. Dekant, S. Vamvakas, Toxikologie, Heidelberg, Berlin, Oxford 1994, S. 370
[26] FAZ v. 15.6.1988
[27] Dt. Ärztebl. Jg. 90 (1993), S. A_1–708
[28] Dt. Ärztebl. Jg. 93 (1996), S. A–538
[29] Dt. Ärztebl. Jg. 88 (1991), S. A-2404
[30] Dt. Ärztebl. Jg. 88 (1991), S. A–2402
[31] A. K. Dewney, 200 Prozent von nichts, Basel, Boston, Berlin 1994, S. 137
[32] Chem. unserer Zeit Jg. 20 (1986), S. 165
[33] Spektrum der Wissenschaft 4/1986, S. 38
[34] Bild der Wissenschaft 1/1976, S. 38
[35] CLB Jg. 42 (1991), S. 409
[36] W. Dekant, S. Vamvakas, Toxikologie, a.a.O., S. 26
[37] Int. Arch. Occ. Environ Health Jg. 65 (1993), S. 1
[38] Arbeitsmedizin – Sozialmedizin – Arbeitshygiene 1/1972, S. 12
[39] Nachr. Chem. Tech. Lab Jg. 39 (1991), S. 648
[40] W. Forth, D. Henschler, W. Rummel, K. Starke (Hrsg.), a.a.O., S. 794
[41] Int. Arch. Occ. Environ Health Jg. 62 (1990), S. 139
[42] Int. Arch. Occ. Environ Health Jg. 65 (1993), S. 157
[43] Dioxin – der aktuelle Wissensstand, Boehringer Ingelheim (Hrsg.) 1994, S. 34 ff.
[44] CHEMKON 3/1994, S. 158
[45] Nachr. Chem. Tech. Lab Jg. 42 (1994), S. 1159
[46] Frankfurter Institut, Argumente zur Wirtschaftspolitik, Nr. 39, Oktober 1991
[47] Focus 42/1994, S. 186
[48] Focus 43/1993, S. 145
[49] VDI nachrichten v. 19.8.1994
[50] CHEMKON 3/1995, S. 98
[51] CLB Jg. 43 (1992), S. 618
[52] FAZ v. 19.12.1995
[53] Greenpeace Magazin 1/1993, S. 30
[54] FAZ v. 11.8.1995
[55] Hessische Wirtschaft 8/1994, S. 30
[56] Chem. unserer Zeit Jg. 30 (1996), S. 182
[57] FAZ v. 1.12.1995
[58] Deutscher Bundestag, 13. Wahlperiode, Drucksache 13/1572
[59] Berechnet nach W. F. Ganong, Lehrbuch der medizinischen Physiologie, 3. Auflage, Berlin, Heidelberg, New York 1974, S. 264, 429–432, und S. M. Rapoport, Medizinische Biochemie, 7. Auflage, Berlin 1972, S. 644

[60] Daten zur Umwelt 1990/91, Umweltbundesamt, a.a.O., S. 367 f.
[61] Der Fischer Weltalmanach a.a.O., S. 1071
[62] Spiegel 25/1995, S. 28
[63] Brent Spar Abandonment, BPEO, Prepared for Shell U. K. Exploration and Production by Rudall Blanchard Associated Limited
[64] CRC Handbook of Chemistry and Physics, 72nd Edition, Boston 1991–1992, S. 14–10
[65] Daten zur Umwelt, 1990/91, Umweltbundesamt, a.a.O., S. 421
[66] Chem. unserer Zeit Jg. 11 (1977), S. 31
[67] Die Ereignisse um Brent Spar in Deutschland, Deutsche Shell Aktiengesellschaft (Hrsg.), Dezember 1995, S. 10
[68] Chem. unserer Zeit Jg. 24 (1990), S. 37
[69] T. D. Luckey, Hormesis with Ionizing Radiation, Florida 1980
[70] MNU Jg. 42 (1989), S. 131
[71] MNU Jg. 40 (1987), S. 90
[72] Nachr. Chem. Tech. Lab. Jg. 34 (1986), S. 771
[73] Med. Klinik Jg. 52 (1957), S. 712
[74] MNU Jg. 43 (1990), S. 302
[75] VDI nachrichten v. 14.7.1995
[76] Wiesbadener Kurier v. 18.5.1995
[77] R. Rhodes, Die Atombombe, Nördlingen 1988, S. 667
[78] CLB Jg. 43 (1992), S. 571
[79] Bild der Wissenschaft 6/1988, S. 62
[80] Bild der Wissenschaft 4/1976, S. 68
[81] E. Münch, Tatsachen über Kernenergie, 3. Auflage, Essen 1983, S. 153
[82] KlärWerk, Umweltzeitung für Rhein-Main, Nr. 21, März/April 1996, S. 2
[83] Nachr. Chem. Tech. Lab. Jg. 36 (1988), S. 985
[84] FAZ v. 28.2.1996
[85] MNU Jg. 40 (1987), S. 4
[86] T. Ch. Margulowa, Kernkraftwerke, Leipzig 1976, S. 412
[87] Frankfurter Allgemeine Sonntagszeitung v. 9.6.1996
[88] Damals Jg. 12 (1980), S. 259
[89] Wiesbadener Kurier v. 12.3.1992
[90] VDI nachrichten v. 15.9.1995
[91] VDI nachrichten v. 3.11.1995
[92] FAZ v. 20.10.1993
[93] FAZ v. 28.12.1995
[94] H. Thomas, Geschichte der Welt, Stuttgart 1984, S. 78
[95] Bild der Wissenschaft 8/1975, Aktuelle Wissenschaft, S. 3
[96] Chr. Schönwiese, Klimaänderungen, Berlin, Heidelberg 1995, S. 124
[97] Philosophical Magazine and Journal of Science, Series 5, 41 (251), S. 237
[98] S. M. Rapoport, Medizinische Biochemie, 7. Auflage, Berlin 1972, S. 831
[99] Greenpeace Magazin 3/1992, S. 22
[100] D. Kalusche, Ökologie in Zahlen, Stuttgart, Jena, New York 1996, S. 391
[101] Daten zur Umwelt 1990/91, a.a.O., S. 253
[102] CHEMKON 1/1996, S. 6
[103] Chr. Schönwiese, Klimaänderungen, a.a.O., S. 135
[104] Chr. Schönwiese, Klimaänderungen, a.a.O., S. 175 und S. 178
[105] Chr. Schönwiese, Klimaänderungen, a.a.O., S. 177
[106] Prof. H. E. Heyke, ACHEMA-Vortrag vom 10.6.1994
[107] Spektrum der Wissenschaft 6/1989, S. 106
[108] Energiewirtschaftliche Tagesfragen 8/1993, S. 522
[109] Nachr. Chem. Tech. Lab. Jg. 43 (1995), S. 814

[110] FAZ v. 13.3.1996
[111] NEW SCIENTIST v. 8.10.1994, S. 19
[112] VDI nachrichten v. 23.10.1992
[113] Phys. Bl. Jg. 51 (1995), S. 269
[114] S. M. Rapoport, Medizinische Biochemie, a.a.O., S. 659
[115] CLB Jg. 46 (1995), S. 609
[116] FAZ v. 25.10.1995
[117] Frankfurter Allgemeine Magazin v. 23.4.1993
[118] Daten zur Umwelt 1990/91, a.a.O., S. 27
[119] Daten zur Umwelt 1990/91, a.a.O., S. 246
[120] D. Kalusche, Ökologie in Zahlen, a.a.O., S. 256
[121] M. Engerer, M. Lederer, CHAMBA, Chemieaufgaben mit Bezug zur modernen Technik und Arbeitswelt, Stuttgart 1990, S. 57
[122] FAZ v. 27.7.1994
[123] Wichmann/Schlipköter/Füllgraff, Handbuch Umweltmedizin, 3. Erg.Lfg. 1/94, S. 12
[124] Münch. med. Wschr. Jg. 135 (1993), Nr. 26/27, S. 367/39
[125] Wissenschaft und Umwelt 1–2/1991, S. 15
[126] FAZ v. 4.3.1995
[127] A. Faller, Der Körper des Menschen, 4. Auflage, Stuttgart 1970, S. 170
[128] Wiesbadener Kurier v. 15.6.1994
[129] CLB-Memory Jg. 45 (1994), S. 78

Kap. 5 Crescendo oder Horch, was explodiert denn da?

[1] I. Asimow, Die exakten Geheimnisse unserer Welt, Band II: Bausteine des Lebens, München 1988, S. 272
[2] Spektrum der Wissenschaft 11/1989, S. 48
[3] Spektrum der Wissenschaft 11/1989, S. 98
[4] D. Meadows, D. Meadows, E. Zahn, P. Milling, Die Grenzen des Wachstums, Bericht des Club of Rome zur Lage der Menschheit, Stuttgart 1972
[5] Damals 10/1995, S. 36
[6] Daten zur Umwelt 1990/91, a.a.O., S. 143
[7] Umweltdaten Deutschland, 1995, a.a.O., S. 11
[8] D. Kalusche, Ökologie in Zahlen, a.a.O., S. 353
[9] Der Fischer Weltalmanach, a.a.O., S. 919–924
[10] Fakten zur Chemiediskussion, Bundesarbeitgeberverband Chemie e. V., März 1994, Nr. 22
[11] Nach H. Eilingsfeld, Der sanfte Wahn, a.a.O., S. 365
[12] FAZ v. 16.2.1996
[13] Spektrum der Wissenschaft 11/1989, S. 128
[14] D. Meadows, D. Meadows, E. Zahn, P. Milling, a.a.O., S. 46–49
[15] E. U. von Weizsäcker, A. B. Lovins, L. H. Lovins, Faktor vier. Der neue Bericht an den Club of Rome, München 1995, S. 307
[16] Focus 46/1995, S. 46
[17] E. U. von Weizsäcker, A. B. Lovins, L. H. Lovins, a.a.O., S. 256
[18] G. Sohn, Die Ökopharisäer, Berlin 1995, S. 237
[19] Statistisches Bundesamt 1996
[20] Hardy & Co., Privatbankiers, »Welt-Trends 2000«, Mai 1995
[21] Chem. unserer Zeit Jg. 6 (1972), S. 83
[22] Focus 22/1996, S. 202
[23] BWK Jg. 41 (1989), S. 536
[24] Frankfurter Allgemeine Sonntagszeitung v. 4.9.1994
[25] E. U. von Weizsäcker, A. B. Lovins, L. H. Lovins, a.a.O., S. 291
[26] BWK Jg. 47 (1995), S. 134

Sachregister